厚德博學
經濟匡時

国家级精品课程教材

普通高等教育“十一五”国家级规划教材

大学经济学与商学核心课系列

第5版·通用版

市场营销学

晁钢令　楼　尊　主编

上海财经大学出版社

图书在版编目(CIP)数据

市场营销学(通用版)/晁钢令,楼尊主编. —5版. —上海:上海财经大学出版社,2019.7
(匡时·大学经济学与商学核心课系列)
ISBN 978-7-5642-3296-2/F·3296

Ⅰ.①市… Ⅱ.①晁…②楼… Ⅲ.①市场营销学-高等学校-教材 Ⅳ.①F713.50

中国版本图书馆CIP数据核字(2019)第129805号

责任编辑:李宇彤
封面设计:张克瑶
版式设计:朱静怡

市场营销学(第5版·通用版)

著　作　者:晁钢令　楼尊　主编
出版发行:上海财经大学出版社有限公司
地　　址:上海市中山北一路369号(邮编200083)
网　　址:http://www.sufep.com
经　　销:全国新华书店
印刷装订:上海华业装璜印刷厂有限公司
开　　本:787mm×1092mm　1/16
印　　张:23
字　　数:449千字
版　　次:2019年7月第5版
印　　次:2025年6月第5次印刷
定　　价:49.00元

第五版序言

距《市场营销学》(第四版)出版至今又过去了四年多。在国内外政治经济形势动荡变革和现代科学技术特别是网络和信息技术飞速发展的情况下,市场营销的环境条件也在发生着重大变化。短短的四年,当我们再去打开第四版教材时,发现其中的内容好像隔了一个时代。这四年中,实践和理论的变化与发展有些令人目不暇接,对本教材的修改和充实变得迫不及待。《市场营销学》(第五版)就是在这种形势下被催生出来的。

这四年,中国的改革开放迈出了新的步伐。2013 年 9 月在上海建立的中国(上海)自由贸易试验区拉开了中国新一轮改革开放的序幕,中国在进一步吸引外国投资和增加贸易便利性方面做出了前所未有的大胆尝试。以“负面清单”管理模式增强了外商投资的透明度和便利性;以“一线放开,二线管好管住”的方式大大提高了国际贸易的通关效率;以开放促改革,大幅度地进行政府管理制度和管理方式的改革,创造出了良好的国际化营商环境。继而建立的天津、福建、广东自由贸易试验区更使扩大开放、深化改革的试验逐步延伸,并向全国复制推广。2018 年 4 月,中央决定在海南省全省范围建立自由贸易试验区和中国特色的自由贸易港,更促使我国的改革开放迈上了一个新的台阶。在习近平总书记的倡导下,2015 年 3 月国家发展改革委、外交部、商务部联合发布了《推动共建丝绸之路经济带和 21 世纪海上丝绸之路的愿景与行动》,中国的“一带一路”国家战略计划正式启动,中国和沿线国家的经济合作与文化交流正在不断地扩大深化,同时也为我国的许多企业创造了新的市场机会。从国际上看,尽管全球经济已逐步走出了由美国次贷风波所引发的经济危机的阴影,开始出现了复苏的迹象。然而,2017 年上台的美国新总统特朗普却开始推行以美国为中心的贸易保护主义政策,不仅同中国的贸易关系开始恶化,同其欧洲和北美盟国的贸易关系也出现了危机。这使得包括中国在内的世界各国都面临着严峻的挑战,这也势必影响着国内外市场的变化。我们在研究和编写市场营销学的相关理论和教材时,就不能不面对这些新的政治经济形势带来的市场环境的变化,以及其对市场营销实践和理论发展所带来的影响。

网络信息技术和大数据技术在这四年中的飞速发展及其在实践中的广泛应用,也是导致市场营销环境发生深刻变化的重要原因。移动通信技术的快速发展是当代网络信息技术发展的主要标志，其促成了网络信息技术应用的广泛性和便利性。云计算技术的应用和5G时代的即将到来，更促使我们的经济社会生活将出现翻天覆地的变化。2012年，维克托《大数据时代》一书的问世，给我们揭示了大数据对社会与生活的深刻影响，而在短短的两三年中，大数据技术已在我国的各行各业得到了广泛应用。2015年3月，中央提出了“互联网＋”的行动计划，进一步推动了移动互联网、云计算、大数据、物联网等向各行各业的渗透与融合。目前，我国网上购物的比重已占社会消费品零售总额的15%。网上第三方支付的总额已超过60万亿元人民币，其中移动支付的比重超过60%。2016年中国即时配送用户规模达到2.31亿人次，农村也有25.1%的村设有电子商务的配送站点。中国在电子商务和网上购物方面已稳居世界领先地位。大量新型的零售业态开始涌现，线上线下交融的经营模式越来越广泛。特别值得关注的是，人工智能已经开始进入零售领域，无人货柜、无人商店、无人配送，甚至无人银行等都已出现。网络信息和大数据技术已融入人们生活的方方面面。

与迅速变化的市场环境相适应，市场营销理论在近几年中也出现了一系列的发展与创新。其中具有代表性的是：2013年，唐·舒尔茨的《整合营销传播——创造企业价值的五大关键步骤》一书出版；2016年，菲利普·科特勒推出了其第15版《营销管理》。舒尔茨在他的书中指出，“如今，通信技术超乎想象的进步，为整合营销传播提供了一个全新的平台”，基于此，他在书中重新设计了一个整合营销传播的五步骤理论。科特勒则在其新版教材中增加了许多同移动信息技术和大数据有关的新的营销概念和营销思想，如“付费、自有和免费媒体”、“印象和融入”、“数字化世界的定价”、“数字化渠道的革命”以及“数字化传播”等等。“顾客参与”在新的营销理论中被放在了十分重要的地位，其在新产品开发、品牌管理、产品定价以及营销传播过程中都发挥着十分重要的作用，对一些传统的相关理论具有颠覆性的创新。这些新时期营销理论的发展与创新，对本教材的改版具有积极的指导意义。

《市场营销学》(第五版)根据以上的环境变化和理论创新，进行了以下一些主要的增补和改变：

1. 在章节上，撤销了第十九章“营销策划与组织”，将其中的一些主要内容并入了第二章“企业战略与营销管理”，从而使得全书架构更加紧凑，逻辑更为合理，符合其作为基础教材的要求。

2. 大幅度改写了第一章“市场营销概述”。增加了其中的第二节“市场营销过程”，把原来一些概念放到市场营销的各个过程中去陈述。这主要是借鉴了科特勒《市场营销学原理》(第16版)的编排格式。这样就使得市场营销活动的行为逻辑更为清晰，实践指导意义更强。增加了“数字化时代的市场营销”内容，并将其作为市场营销发展的一个重要阶段进行介绍。

3. 鉴于互联网与大数据已对市场营销进行了全方位的渗透，故这次改版在多个相关章节进行了相应的介绍和论述。如在第四章“营销信息管理”中增加了“社会化媒体营销调研方法”内容；在第五章“消费者购买行为”中增加了“消费者在线评论”内容；在第十二章“分销策略”中增加了“互联网与传统渠道整合”内容；在第十七章“顾客价值和顾客关系管理”中增加了“社会化顾客管理”内容；等等。

4. 同互联网营销相适应，产品的数据标志日益重要。条形码、二维码等已十分普及。故在第八章“产品与品牌策略”中，对商品标签，特别是二维码等进行了详细介绍。

5. 同快速发展的网上购物相适应。我国快递业得到了迅猛的发展，改版教材在第十三章“中间商和物流管理”中，对快递业及其运营模式进行了较为详细的介绍。

6. 此外，改版教材还对“情景定价”“网络红包”等互联网环境下新的营销手段和营销工具进行了详细的介绍。

《市场营销学》(第五版)仍是由上海财经大学市场营销专业的教师们共同编写。改版教材仍由晁钢令教授和楼尊副教授主编，郭芳芳、陶婷芳、王晓玉、叶巍岭、江晓东、曾晓洋等老师参与了各章节的编写工作。具体分工如下：

晁钢令编写了第一、二(前两节)、八、九、十四、十五章。

楼尊编写了第三、七、二十章。

郭芳芳编写了第二(第三节)、十一、十八章。

陶婷芳编写了第十二、十三、十九章。

王晓玉编写了第五、六章。

叶巍岭编写了第十、十七章。

江晓东编写了第四章。

曾晓洋编写了第十六章。

晁钢令

2019年5月于上海

目　录

第一章　市场营销概述

学习目的与要求

1. 掌握市场营销的基本概念
2. 了解市场营销的主要过程
3. 了解企业经营观念的发展变化
4. 掌握市场营销观念的本质特征
5. 了解数字化时代市场营销的发展动向

人类的经济活动自从有了满足自己需要之外的剩余产品开始，就出现了交换，从而也就产生了对于自己所难以控制的交换对象、交换过程及影响因素进行研究的必要。研究的目的在于如何能按自己的理想实现交换，使自己的劳动价值得到社会的承认，从而使自己的需求也能因此而满足。市场营销的理论和实践，说到底，就是这种研究活动的延续。所不同的是，现代社会的交换活动变得更为复杂，交换的实现变得更为困难。这首先是由于现代化的大生产和专业化分工，使交换的双方——生产者与消费者——之间的背离状况日益严重，企业很难立刻找到合适的交换对象；其次是由于现代生产力的高度发展，已使所供应的产品总量超出消费者的需求总量，激烈的竞争已使相当一部分产品很难实现交换；再次是由于现代的消费需求及影响因素已变得越来越复杂，不认真加以研究和把握，就会影响交换的顺利实现；最后是由于各种组织方式和科学技术的介入，已使交换的过程变得越来越复杂，不进行研究和选择就可能降低交换的效率和效益。市场营销学主要是站在企业的角度，以有效实现潜在的交换为目的，研究与其相关的需求、市场、过程、环境以及战略与策略等方面问题的一门学科。

第一节 市场营销基本概念

曾有不少人将市场营销仅仅理解为销售(sales),比如一些企业往往只是要求其市场营销部门通过各种手段设法将已经生产出的产品销售出去,为此,市场营销部的主要任务就是开发和维护其销售渠道,策划组织各种促销活动,但这实际上是对市场营销概念及其内涵的片面理解。管理大师彼得·德鲁克指出,“市场营销的目的在于使推销成为多余”。事实上,市场营销的内涵是比较广泛的,它重视销售,但它更强调企业应当在对市场进行充分分析和认识的基础上,以市场需求为导向,规划从产品设计开始的全部经营活动,以确保产品和服务能够被市场所接受,从而顺利地销售出去,建立起良好的顾客关系,进而占领和控制市场。

市场营销的定义

市场营销的定义来自美国市场营销协会(American Marketing Association, AMA)。1935 年,其前身美国市场营销教师协会就对市场营销进行了定义。但当时的定义主要强调市场营销是把产品和服务由生产者转移给消费者的各种经营活动。直至 1985 年,美国市场营销协会才对市场营销的定义进行了修正,将市场营销(marketing)定义为“市场营销是通过创造和实现交换,对创意、产品和服务的概念、价格、促销和分销进行计划和实施,以实现个人和组织目标的活动”。这一定义第一次明确地把“交换”的创造和实现确定为市场营销的核心内涵,同时将市场营销活动从单纯地销售产品扩展为创意、产品和服务概念的形成以及定价等一系列同交换的实现有关的经营活动。这一定义还明确了市场营销活动不仅是为了实现组织(企业)的目标,也是为了实现个人(消费者)的目标,是企业与消费者互动互利的一个过程。

2004 年,美国市场营销协会又对市场营销的定义进行了修订,定义为:“市场营销是一项有组织的活动,包括创造、沟通和交付顾客价值和管理顾客关系的一系列过程,从而使利益相关者和企业都从中获利。”同原有定义不同的是,修订后的市场营销定义强调了各种产品或服务的交换在本质上是一种顾客价值的交换,这大大扩展和深化了交换客体的内涵,强调了市场营销活动不仅要关注价值的“交付”,还应关注价值的“创造与沟通”,特别是将“管理顾客关系”纳入市场营销活动,成为其中一个重要组成部分。市场营销定义的修订在很大程度上反映了自 20 世纪 90 年代以来市场营销理论和实践的发展:首先是价值链理论的提出,将企业的经营活动高度概括为顾客价值的创造和交付过程;其次是对顾客关系管理的日益重视,企业为实现对目标市场的长期占有，就不能仅仅关注一次交换活动的成功，更要关注同有价值的顾客间关系的建立与维护，以使交换活动能持久地进行。据此，美国著名营销学者菲利普·科特勒将市场营销的概念更为简略地表述为：市场营销就是企业为从顾客处获得利益回报而为顾客创造价值并与之建立稳固关系的过程。

宏观营销与微观营销

市场营销的概念还可以分别从宏观与微观两个角度去认识。宏观市场营销(macro-marketing)是站在整个社会经济系统的角度来看待市场营销，认为市场营销是"引导商品或服务从生产者向消费者流动，以有效衔接商品的供应和需求，实现社会发展目标的一种社会经济活动"。宏观市场营销强调通过宏观营销活动来调节市场供求，协调企业和社会的利益，提高市场交换活动的效率，促进社会发展和提高消费者的福利。宏观市场营销要求通过合理发挥宏观营销机构（商业机构、物流机构、金融机构、其他市场中介组织）的作用，形成社会经济系统中的买卖功能、储运功能、规范功能、金融功能、风险承担功能和市场信息功能，创造出产品的形态效用（服务效用）、时间效用、空间效用和持有效用，以满足社会和个人在各种时间和地点所产生的各种需要，并促使整个社会经济系统得以高效率地运行。瑞德·莫约(Reed Moyer)是宏观市场营销学研究方面的代表人物，他的第一本著作《宏观市场营销学》于 1977 年出版。该书比较系统地讨论了市场营销在一个社会系统中所产生的影响和发挥的作用，提出了如何评价市场营销在实现社会经济系统目标中的绩效问题，并从社会伦理和法律的维度对市场营销的产品、定价、分销和促销策略组合进行了讨论。

微观市场营销（micro-marketing）则是以个别企业为出发点和基础，讨论企业如何以市场为导向，利用其有限的资源创造出能满足消费者需要的产品和服务，并通过有效的市场活动（分销和促销），实现同消费者的交换，同时实现企业的经济利益等一系列问题。一些营销学者将微观市场营销归纳为企业应当如何在适当的时间（right time）、适当的地点（right place），以适当的价格（right price）和适当的方式（right pattern），将适当的产品（right product）销售给适当的顾客（right customer）的"六 R 模式"，具体表现为企业在战略层面的市场研究、市场细分和目标市场定位，以及在策略层面的产品、定价、分销和促销策略的组合。

宏观市场营销和微观市场营销有着不可分割的关系，宏观市场营销是以企业的微观市场营销为基础，而微观市场营销的正常开展又必须以宏观市场营销为前提和背景。宏观市场营销所努力营造的良好的市场环境和健康的市场运行机制能促使微观市场营销活动有效开展，而微观市场营销活动规范与高效的运行又是促使宏观市场营销效率提升的基本条件。但由于人们最初只是站在企业的角度来认识市场营销，市场营销学的理论基础最早形成于微观市场营销，所以本教材也就以微观市场营销的讨论为主体，宏观市场营销只作为一种市场环境因素来讨论。

第二节　市场营销过程

从企业角度而言，市场营销过程可分为四个主要步骤，即：调查并理解顾客的需要和欲望；在此基础上确定企业营销战略；在战略指导下制定企业营销计划；建立稳固的顾客关系并使顾客感到满意；最终达到从顾客处获得相应的价值回报和获取利润的目的(见图 1－1)。

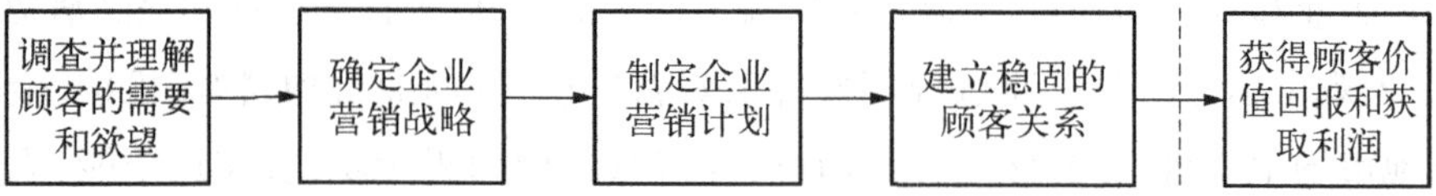

图 1－1　市场营销过程

调查并理解顾客的需要和欲望

自愿交换是市场交换活动的基本原则。企业想要使自己的产品和服务在市场上顺利实现交换，首先取决于顾客有没有同你进行交换的欲望，而欲望又来自顾客对企业产品和服务的需要。因此，调查并理解顾客现实和潜在的需要便成为企业市场营销的首要步骤。围绕这一问题，我们首先需要理解“需要”(needs)、“欲望”(wants)、“需求”(demands)、“市场提供物”(market offerings)、“价值”(value)、“满意”(satisfaction)、“交换与关系”(exchange and relationships)、“市场”(market)等一系列概念。

1. 需要、欲望和需求

在市场营销学中，“需要”“欲望”“需求”这三个看起来十分接近的词汇，其真正的含义却有很大差别。“需要”是指人们生理上、精神上或在社会活动中所产生的一种无明确指向的满足欲，如饥饿了想寻找“食物”，但并未指向是“面条”、“米饭”还是“馒头”；而当这一指向得到明确，“需要”就变成了“欲望”。对企业的产品而言，有购买能力的“欲望”才是有意义的，才能真正构成对企业产品和服务的“需求”。在这里“需要”无疑是最为本质的概念，也是企业研究市场时应当主要关注的问题。例如：当我们看到消费者在市场上寻找钻头时，会认为他们“需要”什么呢？以一般人的眼光来看，消费者的“需要”似乎就是钻头；但若以市场营销者的眼光去看，他们需要的并不是“钻头”，而是要打一个“洞”，他是为了满足打一个洞的需要而购买钻头的。那么这同前者的看法有什么本质区别呢？区别就在于，如果认为消费者的“需要”只是钻头，企业充其量只能在提供更多的钻头上去动脑筋，这样并不能保证企业在市场上占有绝对的竞争优势。而如果认为消费者的“需要”是打“洞”，那么企业也许就能创造出一种比钻头打得更快、更好、更便宜的打洞工具，从而就可能使企业在市场上占据更为有利的竞争地位。所以从本质上认识，企业应当提供的是对消费者某种“需要”的“满足”，而不仅仅是“产品”。

2. 市场提供物

我们把所有可通过交换来满足他人需要的事物统称为“市场提供物”(market offerings)。市场提供物不仅是指那些看得见、摸得着的物质产品，也包括那些同样能使人们的需要得到满足的服务及其他无形产品。如人们会花几千元去购买一台大屏幕彩电来满足休闲娱乐的需要，也可以花费同样的代价去进行一次长途旅游，以同样达到休闲娱乐之目的。而在当今的社会中，一个有价值的“主意”，也许会使创意者获得相当大的回报。所以如果仅仅把对产品的认识局限于物质产品，那就是经营者可悲的“营销近视症”。为了顺利实现市场交换，企业经营者不仅要十分重视在市场需要引导下的产品设计与开发，还应当从更广泛的意义上去认识“市场提供物”的含义，不断进行满足顾客需要的创新与开发。

3. 价值和满意

价值(value)是市场营销中的一个重要概念，是指能满足人们需要的某种效能。正由于人们是为了满足某种需要而去购买产品的，所以只有能很好地满足人们需要，被认为是有价值的产品(或提供物)，才有可能被人们接受和购买。由于人们在购买产品(或提供物)时必须支付相应的代价(即为获得某种价值必须付出的成本)，所以人们还会对在购买活动中所获得的价值和所支付的成本进行比较，当感到所获得的价值大于所支付的成本时，就会感到满意(satisfaction)；反之，就会感到不满。人们对购买和交换活动的满意与否，不仅直接影响着当前交换活动的成功与否，还会影响人们今后同企业重复进行交换的意向，即顾客对企业的忠诚度。然而由于人们的需要、期望及对产品(或提供物)价值的认知是有差异的，所以对购买或交换活动的满意度也会有所不同，这就为企业市场营销活动带来了很大的空间。企业不仅应当尽可能为顾客提供同顾客所能接受的与成本相适应的高质量、高价值的产品(或提供物)，而且应当通过对顾客的期望及感知价值的调整和引导来提高顾客的满意度，这样才能促使市场交易的顺利实现，从而建立企业的稳定市场。

4. 交换与关系

交换(exchange)是市场营销活动的核心概念。交换是指拥有价值物并同时存在不同需要的双方，互换价值物以满足各自需要的活动。我们可以看到，需要的产生才使交换成为有价值的活动，产品的产生才使交换成为可能，而价值的认同才能使交换最终实现。我们所讨论的前几个市场营销概念的构成要素最终都是为“交换”服务的，因“交换”而有意义的。所以说“交换”是市场营销概念中的核心概念。如何通过克服市场交换障碍，顺利实现市场交换，进而达到实现企业和社会的经济效益之目的，是市场营销学研究的核心内容。

交换是买卖双方的共同活动，从本质上讲，并非单纯的经济关系，而是人与人之间的社会关系。买卖双方在交换活动中建立起来的这种关系越是稳定，双方的交换活动就越能够得到持续和发展。在现代市场营销活动中，企业为了要稳定自己的销售业绩和市场份额，就希望能同自己顾客群体之间的交换关系长期保持下去，并得到不断的发展。而要做到这一点，企业市场营销的目标就不能仅仅停留在一次交换的实现，而应当通过营销的努力来发展同自己的供应商、经销商和顾客之间的关系，使交换关系能长期稳定地保持下去。对顾客关系的重视最终使“关系营销”成为一种新的概念和理论充实到市场营销学的理论体系中。“关系营销”和“交易营销”的主要区别在于，关系营销把研究的重点由单纯研究交换活动的实现转为研究交换关系的保持和稳定，研究顾客关系的维护和管理。

5. 市场

市场(market)是交易实现的场所和环境，从广义的角度看，市场就是一系列交换关系的总和，市场主要是由“卖方”和“买方”两大群体构成的。但在市场营销学中，对“市场”的概念有一种比较特殊的认识，其往往用来特指企业的顾客群体，如以后我们会讨论的“市场细分”“目标市场”等概念，其中的“市场”就是单指某种顾客群体。这种对“市场”概念的认识是基于一种特定的视角，即站在企业(卖方)的角度分析市场，市场就主要是由顾客群体(买方)构成的了。生产者、中间商以及消费者之间的关系直接推动或阻碍着交易的实现和发展。企业同与其经营活动有关的各种群体(包括供应商、经销商和顾客)所形成的一系列长期稳定的交易关系就构成了企业的市场网络。在现代市场营销活动中，企业市场网络的规模和稳定性成为形成企业市场竞争力的重要方面，从而也就成为企业市场营销的重要目标。

以上这些概念存在着内在的逻辑关系。一切为了“交换”的顺利实现，这是市场营销的职能所在，而“市场提供物”是交换的必要载体。然而，并非所有提供物都能在市场上被接受而完成交换，只有那些被对方认为对其有“价值”的东西才有可能被接受。交换对方对提供物的价值认知越高，其“满意”度也会越高，交换实现的可能性也会越大，甚至可能促进双方“关系”的建立和巩固，从而使企业的“市场”得以扩大和稳定。然而，交换对方对“价值”的认知及其评价，主要取决于其“需要”存在与否，以及“需要”的类别和迫切程度。所以企业想要促使自身产品和服务能在市场上顺利实现交换，就必须调查和理解顾客的需要和欲求，以便有针对性地向顾客提供产品和服务，并进行有效的营销沟通。

确定企业营销战略

在理解了顾客需要和欲求的基础上，企业就可以确定自己的营销战略。确定营销战略的目的，一是为了使企业能充分发挥自身的优势，在激烈的市场竞争中获得和保持更多有价值的顾客；二是为了整合企业的营销资源，能在统一的目标方向指导下开展营销活动。企业的营销战略应主要回答两个问题：(1)我们将主要为哪些顾客服务？(2)我们应当向这些顾客提供(或是这些顾客认知)什么样的价值？为此"进行顾客选择"和"提出价值主张"是十分必要的。

1. 进行顾客选择

任何企业(只要不是垄断性企业)都不可能满足行业中的所有顾客，其资源的有限性决定了其只能去满足其中的一部分顾客。在这种情况下，企业就应当在顾客需求存在实际差异的情况下，找到企业最能够为其服务并能令其满意的那部分顾客，设计和提供最适合他们需要的产品和服务，并使他们认识到本企业的产品和服务才是他们的最优选择。由此构成企业在营销战略管理中的三项重要工作：市场细分(market segments)，即根据顾客需求的差异性将市场划分为若干细分市场；目标市场选择(targeting)，即在各细分市场中选择企业最适宜为其进行服务的一个或几个目标市场；市场定位(market positioning)，即根据目标市场顾客的差异化需求，确定企业产品和服务的基本特色，并使目标顾客接受认同。这三项工作是企业营销战略的基本内容，根据其英文的首字母也可称其为"STP战略"。

2. 提出价值主张

为了使目标顾客能对企业所提供的产品和服务的价值有更加深刻的认识，进而予以认同，企业还应当根据目标顾客的核心需求，对企业的"市场提供物"进行符合目标顾客需求及认知习惯的价值描述，一般称为企业的"价值主张"。例如：迪士尼公司的主要业务是经营主题公园，但其陈述的"价值主张"则是"我们创造梦想——一个梦想成真、体验美国文化的地方"；耐克公司的主要业务是经营运动服和鞋类，但其陈述的"价值主张"则是"我们带给世界上每一个运动员'灵感和创新'(只要你有身体，你就是运动员)"；以提供网上搜索引擎为己任的谷歌公司的价值主张是"我们帮助你组织世界的信息，使之可接触并有用"；而以经营折扣卖场为特色的沃尔玛提出的价值主张则是"让普通人有机会购买富人享用的东西，省钱，让生活更美好"。这些以"价值主张"方式陈述的企业业务，能使目标顾客更深切地理解企业的经营宗旨和价值观，从而缩短顾客与企业之间的距离。

制定企业营销计划

营销战略确定以后必须要有一套完善的营销计划来保证企业营销战略目标得以实现。所谓营销计划就是通过对企业营销资源的整合,形成具有谋略艺术和实战意义的营销方案和实施步骤,以协调企业各相关部门在统一战略的指导下开展各项营销活动。企业最基本的营销活动可分为四个部分,即同产品和服务提供相关的活动,以构成价值载体;同产品和服务定价相关的活动,以形成价值评估;同产品和服务分销相关的活动,以完成价值传递;同产品和服务促销相关的活动,以促成目标顾客的价值认知。1960 年,美国市场营销学家杰罗姆·麦卡锡根据这四方面的活动将企业的市场营销策略归结为四个部分,即"产品策略""定价策略""分销策略""促销策略"。

● 产品策略(product strategy),主要是指企业以向目标市场提供各种适合消费者需求的有形和无形产品的方式来实现其营销目标。其中包括对同产品有关的品种、规格、式样、质量、包装、特色、商标、品牌以及各种服务措施等营销策略的组合和运用。

● 定价策略(pricing strategy),主要是指企业以按照市场规律制定价格和变动价格等方式来实现其营销目标,其中包括对同定价有关的基本价格、折扣价格、津贴、付款期限、商业信用以及各种定价方法和定价技巧等营销策略的组合和运用。

● 分销策略(placing strategy),主要是指企业以合理地选择分销渠道和组织商品实体流通的方式来实现其营销目标,其中包括对同分销有关的渠道覆盖面、商品流转环节、中间商、网点设置以及储存运输等营销策略的组合和运用。

● 促销策略(promotioning strategy),主要是指企业以利用各种信息传播手段刺激消费者购买欲望,促进产品销售的方式来实现其营销目标,其中包括对同促销有关的广告、人员推销、营业推广、公共关系等营销策略的组合和运用。

这四种营销策略的组合,因其英文的第一个字母都为"P",所以通常也称之为"4P's"。麦卡锡的"4P's"组合由于抽象适度、简明易记,很快得到了广泛认同。营销计划就是要很好地利用企业的可控资源进行有效的策略组合,使其达到最好的营销效果,最终锁定企业的目标顾客,扩大和巩固企业的市场份额。在以后的章节中,我们将详细讨论企业营销计划的制定步骤,以及各项营销活动及营销策略的谋划与实施。

建立稳固的顾客关系

美国市场营销协会 2004 年将市场营销活动定义为"包括创造、沟通和交付顾客价值和管理顾客关系的一系列过程"。这意味着企业市场营销的目标已不仅仅是为了实现一次性的交换,而应当是努力建立同目标顾客间的稳定关系,以使其成为企业的顾客权益。所以企业必须在建立和巩固顾客关系方面进行不懈的努力。首先,应当在充分了解顾客需要、欲望和需求的基础上不断提高产品和服务的质量与水平，以创造能为顾客所认同的高额顾客价值，并以此获得顾客的满意和忠诚；其次，要不断保持同目标顾客之间的联系与沟通，以密切和巩固同有价值的目标顾客之间的关系；最后，要积极吸纳顾客的意见和建议，并让顾客参与企业产品和服务的创新与管理，进一步使顾客同企业融为一体。而且企业还应当运用适当的工具和方法，对自身所拥有的顾客权益(customer equity)，即企业现有和潜在的顾客终身价值的贴现总和，进行评价，从而使企业不仅能拥有不断扩大的市场份额，而且能获得不断增值的顾客权益。

通过企业的市场营销活动，企业有可能同最有价值的顾客群体建立稳定的关系，从而获得持续的利润回报。同时企业的顾客权益也可能成为企业巨大的无形资产，从而为企业在扩大投资和开展合作方面争取更多的机会。这就是企业开展市场营销活动的主要目的。

第三节　市场营销哲学

在最早的企业活动中，市场营销只是表现为在某种偶然的经营活动中的个别经营技巧；大量的经营活动和经营技巧抽象出了有规律的营销策略，对营销策略的组织和实施形成了企业的营销职能；而从根本上讲，对市场营销的认识还不能仅仅停留在“策略”或“职能”的层面上，还应当把市场营销看作是一种经营哲学。菲利普·科特勒在《营销管理》(第8版)的序言中说过：“毫不奇怪，今天能取得胜利的公司必定是那些最能使它的目标顾客得到满足并感到愉悦的公司。这些公司把市场营销看成是公司的整体哲学，而不仅仅是某一部门的个别职责。”所谓“哲学”，就是人们认识问题、分析问题的基本角度和方法。指导企业经营实践的思想观念的发展与变化，充分说明了市场营销是一种新的经营思想和经营观念，是企业在其经营实践的发展中对自身经营哲学的调整。实践也证明，企业在市场上的表现和业绩方面的差异，并不主要是由于策略和技巧上的差异，而更重要的是经营观念上的差异。

以企业为中心的经营观念

在早期的企业经营活动中，企业经营观念的基本特征是以企业为中心，以资源和利润为导向。这是由于当时产品在市场上主要表现为供不应求，企业在销售方面基本上不成问题，企业间的竞争主要表现为以成本为基础的价格竞争。以企业为中心的经营观念按其发展顺序来看主要有以下三种：

1. 生产观念

生产观念(production concept)是最陈旧的一种企业经营观念。以这种经营观念为指导的企业认为,获得产品的基本效用是消费者的主要目的,企业的任务就是生产并向市场提供顾客买得起的产品。提高生产效率和降低生产成本是经营者所关心的全部问题。企业主要以提高劳动生产率、扩大生产规模,并以此降低产品价格来吸引顾客,获得自己的市场地位,很少关注除此之外的其他市场因素,甚至不注意对产品的更新和改良。

当年美国福特汽车公司的创始人福特先生曾对建议其生产彩色汽车的人说过这样的话,“不管顾客需要什么,我们生产的汽车就是黑色的”。因为他认为福特公司的汽车价廉物美,不愁没有销路。然而,当其他公司生产的彩色汽车开始风靡市场之后,福特才醒悟到自己决策的错误。单纯的“生产观念”给他带来了很大的损失。中国在20世纪80年代之前,大多数企业奉行的主要是“生产观念”,直到80年代中期,当有些产品已出现明显的供过于求的情况时,一些企业仍在按既定的计划大量生产。比如缝纫机、手表、自行车等产品,有些三十多年设计都没有大的改变。

以生产观念为导向的企业基本上是处于三种市场环境条件之下:一是产品明显地供不应求。企业将产品生产出来,总归销得出去。西方在20世纪20年代以前,中国在20世纪80年代以前的情况基本上都是如此。中国当时许多消费工业品,如手表、缝纫机、自行车、电视机等,都要凭票凭证供应,所以生产企业只需要扩大生产,提高产量,而根本没必要去考虑市场销售问题。二是价格竞争是市场竞争的基本形态。在这种情况下,企业竞争的主要手段是降低产品的价格,而降低价格的前提则是通过生产规模的扩大和生产成本的控制。所以企业必然会以主要精力去扩大生产和降低成本。三是实行计划经济体制。在计划经济体制下,企业实际上只是政府计划的附属体,是一个严格按照计划进行生产的工作部门,资源和产品的分配不属于企业的责权范围,所以企业也无须考虑除生产之外的其他问题。

显然,在市场经济条件下,当产品的供应已相当丰富时,生产观念的弊病就会明显暴露出来。20世纪80年代以前,中国老工业基地上海曾一度在全国消费工业品市场上占有四分之一份额,但由于长期受“生产观念”的影响,产品更新能力差,市场营销能力弱,至90年代,上海产品在全国的市场占有率已下降为6%;而在中国较早接受市场导向经营观念的福建、广东等地区,工业企业的产品在全国市场占有份额却不断扩大,形成了很强的竞争优势。这是因为20世纪80年代以后,中国开始导入市场经济机制,中国生产力的发展导致市场供应日益丰富,从而使生产观念面临了不可避免的挑战。

2. 产品观念

产品观念(product concept)是在生产观念基础上发展出来的,但仍属于一种比较陈旧的经营观念。其特征是:企业经营者不是主要靠降低成本,而是主要靠提高产品质量来开发和占领市场。经营者认为,顾客关注的主要是产品的性能、质量和特色,设计和开发优良产品是企业市场竞争的主要手段。确实,产品的品质和特色是企业争取顾客的主要因素。能注意以产品质量的改变和提高去赢得企业的市场地位比只重视产量和成本的"生产观念"要前进了一步。但是问题在于进行产品设计开发的出发点在哪里?是企业还是消费者?产品观念的局限性就在于对于产品的设计与开发只是从企业的角度出发,以企业为中心进行的。经营者认为,顾客想购买的只是产品,而并没有认识到顾客所购买的实际上是对于某种需要的满足。所以企业经营者仍只是把眼光注视到企业内部的生产领域,而没有把眼光转移出去,注意研究企业外部的市场,即所谓的"营销近视症"。如中国的许多制造企业都以仿制进口产品为主,所以产品的同质化程度很高,在激烈的市场竞争面前,也只能通过降低成本来开展价格竞争,甚至造成严重的产能过剩。但是由于缺乏必要的营销观念和市场研究,不会及时创新产品和转移市场,在供过于求的情况下,终因产品积压、资金链断裂而走向衰败。这也是"营销近视症"所造成的恶果。

产品观念产生的市场环境条件同生产观念差不多,但此时产品的供应已经比较丰富,出现了品种和类型上的差异,顾客对产品的选择也开始增强,从而使企业在一定范围内面临市场竞争,促使企业开始重视产品的改良和提高。但是只要市场上总体的供求状况仍然是求大于供,新的经营观念就很难为企业所接受。

3. 推销观念

当市场经济发展到一定阶段,推销观念就必然会成为许多企业所奉行的经营观念。持推销观念(selling concept)的企业经营者认为,仅有优良的产品和低廉的成本并不一定会本能地吸引顾客,而必须通过企业对顾客的宣传和推销,促使顾客对产品理解和接受。推销观念将顾客看成是被动的、迟钝的,认为只有强化刺激才能吸引顾客。

当市场刚刚进入供过于求、竞争激烈的阶段时,推销观念确实产生过很强的实际效应。一些企业通过大量的广告宣传和人员推销使产品的销路有明显的上升。20世纪三四十年代,美国的不少企业就曾在包括中国在内的全世界各地市场组织大规模的推销活动,从而使不少在美国本地严重饱和的产品在世界各地重新打开了市场。如在中国推销美孚公司的煤油时,美孚公司就组织了一批推销人员挨家挨户地送煤油灯,使普通的中国老百姓接受了美国人的"洋油",从而打开了一个很大的新的市场。中国在20世纪80年代改革开放初期,广东、福建等南方省市的一些乡镇企业和民营企业迫于不具有国有企业那样的市场地位,只能靠大量的推销活动来拓展自己的市场,结果确实使其产品很快在全国打开了销路，确立了市场地位。

推销观念同生产观念和产品观念相比，是有明显的进步，其主要表现为企业经营者开始将眼光从生产领域转向流通领域，不仅在产品的设计和开发，而且在产品的销售促进上投入了精力和资本。但是推销观念仍然是以企业为中心，是以说服和诱导消费者接受企业已经生产出来的产品为目的，仍然没有把消费者放在企业经营的中心地位。再好的推销手段也不能使消费者真正接受他所不需要或不喜欢的产品，特别是当市场竞争变得日益激烈的时候，推销的效应就会逐渐递减。20 世纪 90 年代中期，中国的消费品市场供大于求的趋势日益明显，企业的推销大战也愈演愈烈；但尽管有奖销售、削价活动天天可见，消费者的反应却越来越冷淡。这说明，推销观念的局限性是十分明显的。

当大量的推销活动仍不能使企业摆脱产品滞销积压、经营每况愈下的局面时，一些企业就会从市场上去寻找原因，考虑根据顾客的需要和市场的变化来调整自己的经营，从而导致新的企业经营观念应运而生。

以顾客需求为中心的经营观念

1. 营销观念

营销观念(marketing concept)是以消费需求为中心、整体战略性很强的企业经营观念。营销观念的产生和应用是对以前各种经营观念的一种质的变革，其核心是以企业的需要为经营出发点变为以消费者的需要为经营出发点。图 1－2 展示了营销观念与推销观念在出发点、中心、手段和目的方面的差异。

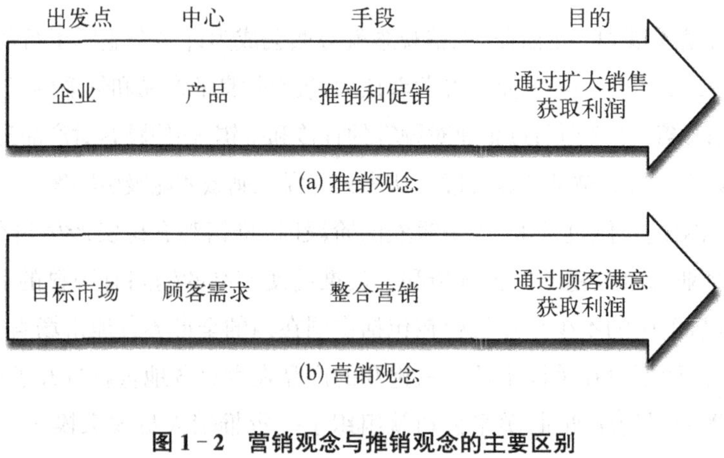

图 1－2　营销观念与推销观念的主要区别

总的来讲，营销观念的基本特征可表现在三个方面：

(1)企业的经营是以顾客需求的满足为中心；

(2)企业注重市场的占有和长远战略目标的实现；

(3)企业通过各种营销策略及各部门的整合营销来实现自己的目标。

以顾客需求满足为中心是营销观念的本质特征，这在本章一开始讨论市场营销的核心概念时已经强调过。这一思想应当说是企业在其经营实践中自然形成的。在市场竞争日趋激烈的情况下，以企业为中心的推销活动必然会受阻，经营者们最终会发现，真正成功的销售并不主要取决于推销的力度，而是主要取决于企业满足顾客需求的程度。当顾客有可能在大量商品面前从容选择的时候，他们一定会对那些最符合自己需求的商品产生兴趣。于是企业就会逐渐重视对顾客需求的研究。

注重市场占有和长远战略目标的实现是营销观念的又一基本特征，其不同于推销观念只注重当前产品的销售和短期利润的获取。持有营销观念的经营者认为，不顾及企业的长远发展目标而进行的盲目生产或倾力推销对企业不仅无利而且有害。因此，一些营销学者认为，对于企业来说，适应市场变化的战略业务创新和稳定的市场占有可能比高额的短期利润更为重要。例如，中国海尔集团是一个20世纪90年代初起始于青岛电冰箱总厂的家电企业，在短短的十多年时间里，已成为跻身美国市场并进入世界最有影响力品牌前100强的跨国企业，其主要原因可能得益于海尔具有前瞻性的战略业务创新。从1998年开始，当国内家电制造业正热衷于拼价格、抢市场的时候，海尔集团就开始同高校、研究机构及国外企业合作，开始了数字软件的开发业务，并建立了海尔信息产业园。之后又推出了海尔电脑、手机等信息产品，同时又将信息技术运用于家电产品的创新和升级。2001年，海尔同爱立信公司合作，率先利用“蓝牙”技术，实现了海尔网络家电产品的无线连接。2003年，海尔向海外出口了中国第一台大型商用空调机，改变了中国商用空调机依赖进口的历史。正是由于海尔具有长远发展的战略眼光，才使得其在中国不少家电企业面临市场变化、纷纷亏损倒闭的情况下，仍能稳步发展，占据市场领先地位。

营销观念比单纯的推销观念更具优势。这一经营思想强调防止由于对个别经营职能短期效应的追求而影响企业总体目标的实现，营销观念不仅强调每一个部门和员工都必须在“以顾客需求为导向”的思想指导下去开展工作，还强调企业各职能部门的相互协调，从而体现了营销观念是一种系统的哲学观念。

2. 生态学营销观念

以消费者需求为中心的营销观念，使企业建立了以市场为导向的经营指导思想，确实使很多企业的经营活动取得了很大的成功，但也有不少企业抱怨它们采取了这一观念却并不很成功，产品仍然不受欢迎，市场仍然很难打开。于是人们发现，只考虑市场需求这一面是不全面的，同时也应当考虑到企业对市场需求满足的资源和能力。若不量力而行，去做自己做不到或不占优势的事情，结果还是要失败的，于是就产生了

“生态学营销观念”(bionomics marketing concept)。

生态学营销观念是强调市场需求与满足需求的资源相一致的经营指导思想。其借鉴了生态学中“适者生存”的原理。自然界中的各种生物如果能根据自身的生存能力,各取所需地寻找到适应的生存环境和生存方式,就能生存下来,并得到持续发展;而那些无法寻找到所适宜的生存环境和生存方式,又不能调整自己的生存能力的生物,最终会被淘汰。在企业的经营活动中同样如此。无论是大企业还是小企业,只要能根据自己的资源和能力寻找到适合自己进入的目标市场,就有可能获得成功。

生态学营销观念告诉我们,企业经营者的任务就是要合理地组织自身的资源去满足相适应的市场需求。这里的“相适应”包含两方面的意思:一是企业有能力去满足相应的市场需求;二是企业在这一市场中占有竞争优势或具有相应的抗衡能力。

3. 社会营销观念

所谓社会营销观念(societal marketing concept),即企业在其经营活动中必须承担起相应的社会责任,保持企业利益、消费者利益同社会利益的一致性。企业是一种营利性组织,处于经济循环系统之中。然而企业又不可避免地属于社会生活中的一员,处于整个社会系统之中。因此,企业的经营活动不仅要受到经济规律的制约,也会受到社会规律的制约。随着企业经营活动的发展,企业行为对于社会的影响会变得越来越大。首先是企业的产品、服务及其宣传直接影响着社会的生活方式和思想意识;其次是企业生产经营行为所产生的一些污染会对社会环境产生影响;再次是企业在国民经济中所发挥的作用会对整个社会发展带来影响。因此,企业在其经营活动中必须同时兼顾企业的利益、顾客的利益和社会的利益,谋求企业同社会的共同发展。

图 1-3 展示了企业建立社会营销观念的三个基本要素及相互之间的关系。它说明了企业的营销活动应当在企业利益、消费者利益和社会利益三者之间取得平衡,这样才能使企业得以顺利发展。否则有可能受到社会力量的反制而使企业的经营和发展受阻。

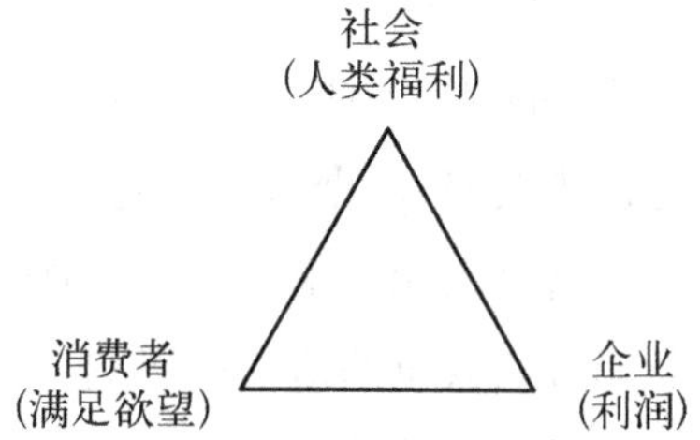

图 1-3 社会营销观念的基本要素

社会营销观念也是随着企业经营实践的发展而逐步为企业所接受的。因为企业在其经营活动中如果不顾社会利益,造成社会利益的损害,就必然会受到社会公众和舆论的压力而影响企业的进一步发展;另外,近年来社会对于环境保护和健康消费的重视,也使得政府的政策对于有损社会利益的生产行为和消费行为约束得越来越严厉,从而迫使企业不得不通过树立良好的社会形象和主动协调各方面的关系来改善自己的经营环境,社会营销观念也因此而被普遍接受。

4. 整合营销观念

20 世纪 90 年代后半期,“整合营销观念”(integrated marketing concept)开始成为企业的一种新的营销观念。整合营销是指企业必须调动其所有的资源,并有效地协调各部门的努力来提高对顾客的服务水平和满足程度。当满足顾客的需要成为企业全部经营活动的中心之后,企业内部资源的协调配置就成为提高企业经营效益的重要问题。我们经常会发现,由于企业内部各部门在为顾客提供利益满足的认识和行动上的不一致,导致企业的营销目标无法顺利实现。如产品设计和生产部门会抱怨销售部门过于迁就顾客的利益而不顾公司的利益;各地销售部门为了完成销售指标而相互“窜货”,破坏了企业的统一价格政策;某一部门的营销行为无法得到其他部门的支持和配合;等等。因此,企业越来越需要加强内部的组织和协调,以提高营销资源的利用效率。整合营销作为市场营销的一种策略思想,是从营销策略组合的思想发展而来的。从 20 世纪 50 年代尼尔·鲍顿最早提出营销策略组合的概念以后,曾有不少营销学者对于企业营销策略的组合进行过归纳,其中以杰罗姆·麦卡锡在 1960 年提出的“4P's”组合最具代表性。营销策略组合在理论上指出了系统协调的重要性,而整合营销则进一步强调了如何通过加强内部营销,激励所有部门的团队精神来实现这种系统协调。整合营销强调两个方面:一是企业的各部门必须围绕企业总体的营销目标加强彼此的协调;二是各部门(不仅是营销部门)的人员都必须确立为顾客利益考虑的思想观念。整合营销观念的形成反映了系统哲学理论在企业经营观念发展方面的深化。

5. 关系营销观念

关系营销观念(relationship marketing concept)强调企业的营销活动不仅是为了实现与顾客之间的某种交易,而且是为了建立起对双方都有利的长期稳定关系。关系营销观念起源于 20 世纪 70 年代欧洲的服务营销学派和产业营销学派(Industrial Marketing & Purchasing,IMP),主要致力于顾客关系管理,通过发展长期稳定的顾客关系来建立顾客忠诚,提高企业的市场竞争力。以后,美国等一些国家和地区的学者对关系营销的思想进行了发展,开始对关系的营利性、关系价值(顾客终身价值)、关系生命周期甚至关系资产等问题展开研究,形成了比较完整的顾客关系管理理论。关系营销观念的提出和发展使市场营销哲学有了很大的发展。它突破了交易营销的思想局限,把企业在市场上竞争制胜的焦点着眼于忠诚顾客的培养和关系资产的积累。

进入 20 世纪 80 年代以后,有些营销学者提出了企业经营观念由以企业为中心、以顾客需求为中心发展到以竞争为中心的新阶段。其背景是进入七八十年代,寡头竞争态势在全世界范围内基本形成,企业集团、跨国公司之间“捉对”竞争的情况十分普遍,对于那些处于激烈竞争的企业来说,竞争对手的策略变化比消费市场的需求变化对其经营活动具有更大的影响。因为消费需求的变化对竞争双方的影响是同时存在的，而竞争者对手策略的变化则可能改变双方的竞争位势，所以企业在制定自己的营销战略和策略时，往往十分注意对竞争对手的研究。进入90年代，营销学者们更进一步提出“基准营销”（bench marketing）的概念，把研究竞争对手，并以竞争对手在一些经营要素上的做法作为企业制定战略和策略的基准的经营思想从理论上加以确定，所以说企业经营观念发展到以竞争为导向的新阶段并不是没有道理的。然而，从根本上讲，取得竞争优势的关键还在于能尽早地发现和满足市场的消费需求，及时地抓住市场机会，离不开以市场为导向这一核心。所以有些人认为，以竞争为导向的本质还是以市场为导向，因此不大赞成将其单独列为一个发展阶段。

新经济时代的营销观念

世界进入21世纪之际，一个以数字化经济为代表的新经济时代开始形成，数字、网络、信息经济开始深入社会生产和生活的各个方面，从而也对市场营销的理论和实践提出了挑战。新经济时代的主要特征是什么？对此，学术界曾有过多种解释。而菲利普·科特勒在《营销管理》（第11版）中指出了新经济时代在市场中所表现出来的四种基本特征：(1)数字化和连通性。即信息技术的发展可以将所有信息的传统表现方式，如文本、图像、影像、声音等，都转化为一组以0和1字节表示的数据流，通过互联网在最广泛的范围内进行高速传输，从而使市场的空间范围得以无限扩大。(2)非居间化和再居间化。即互联网和网络销售的发展，使传统中间商的作用开始弱化，非居间化（disintermediated）的趋势开始出现。然而，一批网络中间商的兴起和发展，又成为新型的市场中介，从而导致再居间化（reintermediation）现象的形成。(3)定制化和顾客化。即在信息技术和网络技术的支持下，企业可针对各种顾客个性化的要求，对他们提供差异化的产品和服务。这种完全针对个性化需要所进行的定制化（customization）服务则形成了颇具人性化的顾客化营销。(4)行业趋同化。即在信息技术发展和推动之下，企业更容易向产业的广度和深度拓展，从而导致企业的行业界限开始变得模糊，各种行业相互交叉和相互渗透的现象日益普遍，行业趋同化的趋势开始出现。新经济时代市场特征的变化必然会催生出新的市场营销哲学，一些新的营销观念在企业的实践中逐渐生成。

1. 全方位营销观念

以菲利普·科特勒为代表的一些营销学者开始对新经济条件下的市场营销哲学进行了新的探索。他们认为，在新经济条件下，买方（消费者）与卖方（企业）的能力都有了新的提升。从消费者的角度看，其获取商品和服务信息的能力大大增强，从而可供其选择的范围也随之扩大。于是消费者对其需求满足的要求也越来越高，企业能否有针对性地提供个性化的商品和服务便成为争夺目标市场顾客的竞争焦点；而从企业的角度看，其获取市场及顾客信息的渠道也越来越广泛，其同顾客实施沟通的手段也越来越丰富，其市场范围因互联网的广泛覆盖而突破了狭隘的地域界限，同时也因为能与顾客进行即时的双向沟通而使按照顾客的个性化需要来实行定制化营销成为可能。基于以上的变化，他们提出了新经济条件下的“全方位营销”(holistic marketing)观念，认为在新经济条件下，企业必须把重心由“产品投资组合”转向“客户投资组合”；将“客户价值”“核心能力”“合作网络”作为塑造市场的三大基本要素。企业应当通过由“需求管理”“资源管理”“网络管理”所构成的全方位营销管理来实施由“价值探索”、“价值创造”和“价值传递”所构成的“以价值为基础”的营销活动过程，其相互之间的联结与互动构成了全方位营销的架构(见图 1-4)。

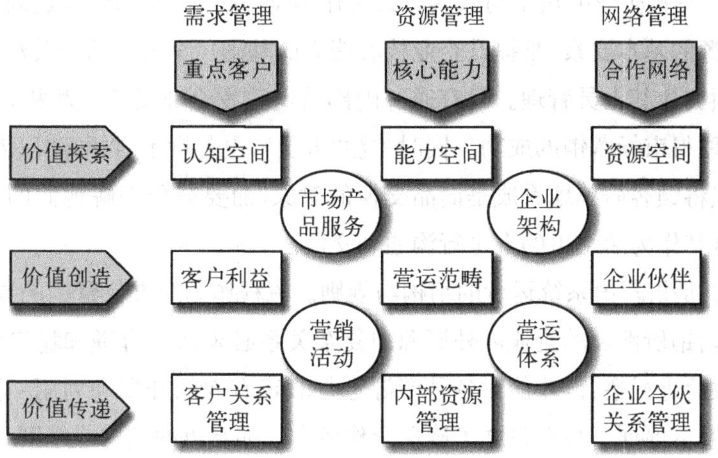

图 1-4 全方位营销架构

在这一架构中，“价值探索”“价值创造”“价值传递”的营销活动过程并不是一种新的表述，早在 1988 年迈克尔·兰宁(Michael J. Lanning)等人就已经提出了。全方位营销观念的主要特点表现为其将认识、开发和保持企业在满足市场需求方面的核心能力，以及积极开发、利用和维护企业的外部资源两个方面纳入了营销管理的范畴。这是由于在新经济条件下，因信息不对称而形成的相对竞争优势日益减弱，企业只有通过在核心能力方面的不断创新，才能形成在某一领域的绝对竞争优势，从而始终保持其在该领域的领先地位。同时，还要求企业能充分利用信息网络技术所带来的与合作者沟通协调的便利性，积极开发和利用企业的外部资源，形成稳定的合作网络，以扩大企业在满足目标市场需求方面的综合能力。在这一思想的指导下，“全方位营销”强调企业的营销活动应当包含内部营销、整合营销、关系营销和社会责任营销四个方面。通过“内部营销”，能够充分激发企业员工的工作热情和创新能力，从而不断提高服务于顾客的水平；通过“整合营销”，则能使企业的内部资源实现最优组合，取得更大的合作效益，促使企业形成更强的核心竞争力；通过“关系营销”，可以不断地推进企业外部合作网络的发展和稳固，从而最大限度地利用企业的外部资源；通过“社会责任营销”，则可以有效地协调企业同社会各方面的关系，为企业的市场营销活动创造最为有利的市场环境。所以说，“全方位营销”观念针对的是现代市场活动的宽广度与复杂性，从更高的层面上拓展了营销者的视野。

2. 新“4P”组合

以全方位营销观念来指导企业的营销活动，也导致了对于营销策略组合的新认识。在对全方位营销进行诠释的基础上，又提出了新的“4P”组合，即人员（people）、流程（process）、项目（program）和绩效（performance）四种要素的组合。

● 人员。是指企业的员工与顾客。人员作为全方位营销的要素，是因为其是形成企业内部资源的基本要素，是提升企业核心能力的基础。全方位营销关注企业的资源管理，就必须关注其人员管理。只有通过内部营销激发企业员工的积极性和创造力，企业才可能取得市场营销的成功。同时关注“人员”，也包含了对顾客“以人为本”的营销观念，不能将顾客简单地看成是商品交换的对象，而要充分理解他们的生活背景和人格特征，将其作为活生生的人进行沟通和交流。

● 流程。是指营销系统运行的结构与规则。流程作为全方位营销的要素之一，是因为全方位营销所涉及的企业内外资源的复杂关系必须通过合理和稳定的结构与规则，才能有效地进行整合，才能对各种资源进行真正有效的开发和利用。流程是系统正常运行的基本保证。只有建立了确保合作各方长期互惠的结构与规则，才能使全方位营销系统产生令人满意的绩效。同时，好的流程还应当促进创新，不断促使新的思想和产品诞生。

● 项目。是指企业面对顾客开展整合营销的具体活动。项目作为全方位营销观念的要素之一，是因为全方位营销复杂交错的关系和流程必须落实为一个个具体的项目，才能有效地加以执行。这些项目往往融合了传统“4P”的各种活动，也融合了企业内外资源整合的具体方案，甚至包含了线上线下营销活动的协同和整合。所以说，项目实际上就是整合营销的具体体现，是全方位营销活动的基本形式。

● 绩效。是指对全方位营销执行结果的各种评价指标，包括财务指标和非财务指标。绩效作为全方位营销的要素之一，是因为其是衡量全方位营销成效的基本工具。全方位营销在需求管理、资源管理、网络管理方面的综合绩效，需要用一系列的指标进行衡量，但不仅仅是销售、利润等财务指标，还应当包括品牌资产、顾客资产、关系资产等重要指标，甚至包括对企业社会责任、社区形象、法律道德等方面的测量。

3.“4C”和“4R”营销组合

随着新经济时代消费者在市场交换活动中主动性的不断提高和互联网的普及，市场交换方式发生了重大改变，营销学者们从不同的角度对企业营销策略组合的观念进行了创新和发展。除了以上所说的新“4P”组合外，还有1998年罗伯特·劳特伯恩(Robert Lauterborn)提出的以顾客(customer)、成本(cost)、便利(convenience)、沟通(communication)为要素的“4C”组合，2001年美国营销学者艾略特·艾登伯格(Elliott Ettenberg)提出的以关系(relationship)、节省(retrenchment)、关联(relevancy)、回报(reward)为要素的“4R”组合。

“4C”组合中的“顾客”是指顾客的需要与期望；“成本”是指顾客获得满足的代价；“便利”是指顾客时间与精力的节省；“沟通”是指顾客与企业之间的信息与情感的交流。劳特伯恩认为，在新时期的营销活动中，不应当仅站在企业的立场考虑如何开展营销，而应当站在顾客的立场考虑如何更好地满足顾客的需要。所以应当以“4C”来取代“4P”。

“4R”组合中的“关系”强调营销的主要目标不应当仅仅是完成交易，而应当是努力建立和维护与最佳顾客之间的关系；“节省”强调降低顾客成本的关键是帮助顾客“节省”，特别是购买时间上的节省，要主动去“接近消费者”，而不是诱使他们来接近我们；“关联”强调企业在新经济时代要十分注意自身的品牌资产与消费者购买动机的关联性，要努力去研究和适应消费者的购买动机；“回报”强调对于忠实顾客的切实酬谢，其中最重要的是让顾客充分感受到同企业进行交易所得到的超值价值和心理愉悦。

尽管“4C”组合和“4R”组合的提出一般被认为是对“4P”组合的一种替代和颠覆；但是仍有不少学者认为“4C”和“4R”组合的提出只是进一步明确了企业营销策略的基本前提和指导思想，以及在新的市场环境条件下需要注意的一些基本特征，而从操作层面上讲，仍然必须通过以“4P”为代表的营销活动来具体运作。所以“4C”和“4R”只是深化了“4P”，而不可能取代“4P”，“4P”仍然是目前为止对营销策略组合最为简洁明了的诠释。

数字化时代的市场营销

从20世纪末开始，互联网和数字化技术开始逐步渗入经济生活和社会生活。随着手机的普及以及其同互联网应用的对接，移动互联网已成为影响人们日常生活的重要技术。相关数据显示，截至2017年初，全球互联网用户的数量已达到34.9亿，约占全球总人口的41%。而拥有可以上网的智能手机的用户数也已达到27.5亿。Facebook网站上每天的评论信息多达30亿条以上，谷歌的Twitter每天发布的微博数量超过4亿条。2008年《自然》杂志推出了一期名为“大数据”的专刊。2013年英国的维克托·迈尔—舍恩伯格(Viktor Mayer-Schönberger)教授所著的《大数据时代》(*Big Data*)一书出版。书中指出世界已进入一个“大数据”的时代,“大数据正在改变我们的生活以及理解世界的方式,成为新发明和新服务的源泉”,“大数据已经成为一种商业资本,一项重要的经济投入,可以创造新的经济利益”。在这一互联网和大数据的时代,市场营销也不可避免地发生着重大的变化。企业利用大数据的分析处理系统,可以更为全面和准确地掌握顾客及市场的特征与变化,越来越多的消费者开始在网上完成他们的购物和消费,商业已打破了时间和地域的限制,顾客也可以通过互联网开展社群间的交流甚至参与企业产品与服务的创新。在互联网和数字化时代,市场营销的实践和理论也在不断地发展,产生了一系列新的思想和行为。

● 数据库营销(database marketing),是在对收集、形成的各种顾客资料,经分析整理后作为制定营销策略的依据,并作为保持现有顾客资源和开发新顾客资源的重要手段。1999年汉格(Hagell)和辛格尔(Singer)论述了网络营销和数据库营销的关系,主张通过输入、处理和输出来构架一个模型,并主张通过网络来收集信息,更多的是基于组织已有的数据库来分析并做出策略性输出。如招商银行曾通过对其信用卡优质用户主要消费场所的数据分析,同这些商家共同策划了“多倍积分累计”“积分店面兑换”等活动,使其优质用户的流失率大幅下降。网络购物以及各种互联网资源的应用,使得顾客必须通过输入自身的个人信息来进行网络注册和身份认证,从而使企业有可能收集到大量的顾客身份及行为信息来建立自己的数据库。云系统和大数据分析技术的发展,更使企业可以通过对各类大数据的挖掘和分析,更清晰和准确地识别出目标顾客,了解顾客行为,进行市场定位和开展有的放矢的营销活动。

● 社交媒体营销(social media marketing),又称社会化媒体营销、群体营销,是指企业通过参与各种社交网站,并同社会公众开展各种信息交流,来实现企业经营目标的营销策略。社交媒体营销的形式主要有微博营销、社交网站营销、论坛营销、合作项目营销等等。企业可通过各类社交媒体发布信息、参与讨论、接受顾客点评和组织相关活动。社交媒体的群体聚合性能使企业更方便地识别顾客的群体特点,从而有针对性地开展营销活动;社交媒体的公众参与性能使顾客的思想和意志得以充分表达,并相互影响,从而生成对企业有价值的内容,扩大企业的营销效果;企业可以通过社交媒体同目标顾客保持频繁沟通,密切并巩固顾客关系;企业还可以通过社交媒体开展各种活动,吸引顾客参与,增加顾客的流量和交易量。如春秋航空公司于2012年成立了专门的社会化媒体部,2013年通过社交媒体营销就为公司带来了3.5亿元的营业收入。

● 移动营销(mobile marketing)。是指企业通过移动媒介、设备、技术和网络与顾客进行双向或多向沟通,传递信息、促销产品、提供服务和管理顾客关系的营销活动。

随着手机和平板电脑等移动终端设备的普及，信息的获取和发布不再受到时空的限制，从而为顾客查询商品和服务的信息，购买商品和服务提供了很大的方便。同时也使企业能更加方便和准确地对顾客进行定位，能同顾客进行一对一或一对多的沟通，从而为其提供更为个性化的服务。移动营销一般会采用创建手机 APP，设置企业公众号，利用公用的移动 APP（如天气预报、健康指数、GPS 导航等）进行营销广告或信息的推送，吸引顾客的关注和参与。如麦当劳就曾通过手机 APP 开展过一次营销活动，在其 APP 中推出四款小游戏，吸引顾客参与并送出相应的奖励。可口可乐（上海）公司也曾利用手机上的“墨迹天气”APP 进行富有特色的形象宣传，取得了良好的效果。

● 零售终端数字化改造。现代数字化技术的发展已使各种商业技术发生了革命性的变化。二维码的应用使商品不仅能够方便地被识别管理，而且能对其生产来源进行追溯，大大提高了消费者的安全感。数字化支付手段的应用使得交易的效率大大提高，同时也降低了交易的差错率。终端的数字化应用还能更为方便快捷地收集顾客的相关数据，并对忠诚顾客和高价值的顾客进行筛选。目前，人脸识别技术以及无人商店的产生和发展，不仅为顾客提供了前所未有的消费体验，也使商业的运营成本逐步下降。随着数字化技术在零售终端的不断开发和应用，一场新的零售革命正在悄然兴起。

互联网和数字化技术的发展和应用使市场营销进入了一个全新的时代，企业、产品、渠道、媒体包括消费者都在发生着快速的改变，同时也为市场营销的创新开辟了很大的空间，新时代的市场营销将会涌现出更多新的实践，同时也会产生更多新的理论，从而推动市场营销向新的高度不断发展。

思考题

1. 为什么说市场营销不单纯是产品的推销活动？市场营销的核心概念是什么？
2. 请说明营销观念与推销观念的主要区别。营销观念有哪些主要特征？
3. 市场营销过程可分为哪几个主要步骤？每个步骤主要做哪些事？
4. 什么是新经济时代的“全方位营销”？它有哪些主要特点？
5. 数字化时代的市场有哪些主要变化？数字化时代有哪些新的营销观念和营销策略？

第二章　企业战略与营销管理

学习目的与要求

1. 正确认识市场营销在企业中的地位
2. 了解企业战略计划与业务战略计划的内涵
3. 了解波士顿矩阵等战略分析工具
4. 学会用 SWOT 分析等方法进行营销战略决策
5. 了解企业市场营销的管理过程和管理方法

我们在讨论整合营销观念时提到，企业必须加强内部各部门之间的协调，以保证企业的总体目标得以顺利实现，这就涉及企业的营销活动同企业总体战略之间的关系。我们将在本章中讨论企业战略的含义及其形成过程，明确如何在企业战略的指导下开展营销活动和制定营销方案。

第一节　市场营销在企业中的地位

市场营销在企业中到底应当处于怎样的地位？我们认为，首先，市场营销仍然应当是企业多种职能活动中的一种，其并不凌驾于其他职能活动之上，同企业的战略决策活动还是有区别的；其次，市场营销介于企业与市场之间，主要是通过对市场的分析和研究，发现对企业经营发展有影响的各种变数，然后引导企业以市场为导向来开展经营活动；最后，鉴于现代企业经营活动的系统性，市场营销对企业经营的影响必然涉及各个方面。因为以市场为导向、以满足顾客需要为中心来开展企业的经营活动，是在一定的市场环境条件下对企业经营活动的普遍要求和一般规律，企业每一个层次和每一个部门都应当建立起这样的意识。然而这并不显示出市场营销的特殊性，因为从企业财务的角度完全可以要求整个企业的人员都必须建立起成本和效益的意识。从产品研发的角度也可以要求企业的各方面都能为产品的创新和推广做出努力。图 2－1 显示了企业各职能部门的工作从不同的角度对企业整体经营所产生的影响。

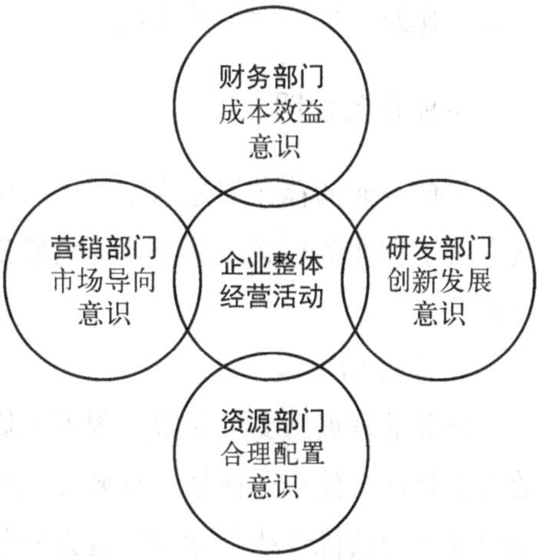

图 2－1　企业各职能部门对企业总体经营的影响

正由于市场营销活动必然从属于企业整体经营活动，所以市场营销的决策与计划也必然服从于企业的总体战略计划。它们之间的关系可用图 2－2 来表示。首先根据社会的分工和企业的性质确定企业的基本任务（企业的任务与目标）；然后根据市场的实际情况确定或改变企业的业务组合；接着根据企业的业务组合制定相应的战略计划；再在企业战略计划的指导下制定各职能部门（包括市场营销部门）的计划；在市场营销计划确定后，设计出具体的市场营销方案。从表面上看，后者必然受前者的影响，但实际上公司战略计划的制定乃至公司业务组合的确定，必须在很大程度上依靠营销部门提供的市场分析报告以及其他部门所提供的相关资料。在以市场为导向的营销观念指导下，后者对前者的影响也会变得越来越重要。但是，尽管以市场需求为导向的经营观念使得市场营销部门对企业经营活动的作用和影响变得越来越重要，但从企业整体经营活动的角度来看，市场营销的计划与方案仍然必须从属于企业的整体战略计划。

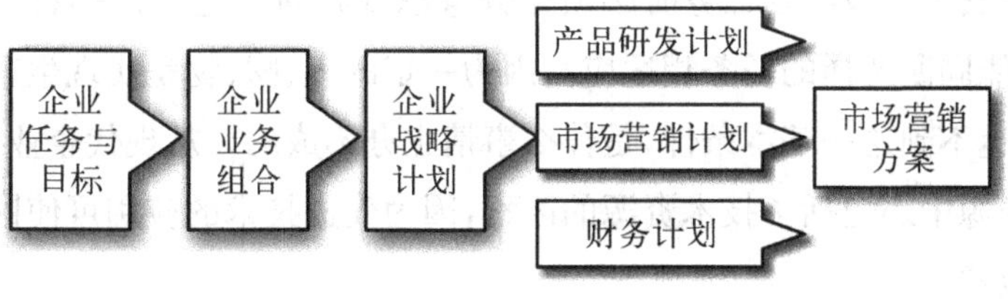

图 2－2　企业经营决策过程

第二节　企业战略计划

企业战略计划是企业对于其经营活动具有总体的、长远的指导意义的规划与部署，一般会由企业任务说明、企业目标描述、企业业务组合、业务战略计划的制定等一系列工作及其指导性文件构成。

企业任务说明

任何企业的存在都是为了完成一定的生产和经营任务，离开了这些任务，企业也就失去了存在的意义。从企业的角度讲，企业任务的确定一般应当考虑以下五个基本要素：

1. 企业历史

企业的发展历史可在很大程度上影响企业任务的确定，这是因为企业生产和经营的历史状况会使企业在某一领域形成自己的特征和优势，如生产、技术方面的优势，市场声誉方面的优势或是营销渠道方面的优势等等。企业自然应当根据自身特定的优势来选择企业的任务，因此必须同时尊重自己的历史。

2. 管理者偏好

企业任务的选择在一定程度上还取决于管理者的偏好。个人心理状况会影响对各种各样市场机会的评价，如好高骛远的管理者往往会选择期望利润高而风险较大的生产和经营任务；谨小慎微的管理者则往往会选择风险较小的生产和经营任务。

3. 市场环境

市场环境的变化会在不同程度上导致企业市场机会的变化，各种政治、经济、社会、自然因素的变化都可能导致社会总需求在数量和结构上发生变化，从而使某些需求减退、某些需求增长，使企业执行某种生产和经营任务的利益和风险也随之发生相应的变化。所以企业必须根据市场环境因素的变化来调整自己的生产或经营任务。

4. 企业资源

企业选择其生产或经营任务时必须充分考虑资源的可能性，考虑企业的人力、财力、物力是否能同所选择的任务相适应。因为一定的人、财、物是实现生产和经营任务的必要条件，达不到这一基本条件，是什么事情也办不成的。从现代企业的角度来看，人、财、物的资源中还包括了技术资源的因素，因为先进技术的应用可使同样的资源产生出成倍的效益。

5. 企业核心能力

企业任务的选择应当建立在自己核心能力的基础上，这样才有利于发挥自身的特长。尽管企业的现有资源和能力有可能使企业执行多种生产和经营任务，但是只要这种经营能力并非企业独有，就有可能带来强大的竞争压力；如果这种能力不如他人，则有可能在竞争中失败。所以企业应当寻找出自己具有相对优势的某种核心能力（在资本、技术、成本、资源或是环境方面的独特优势），扬长避短，选择那些自己具有独特经营能力或相对优势的生产和经营任务。

确定和调整企业的生产和经营任务是企业开展经营活动的首要条件。企业必须时刻明确自己是干什么的,自己的服务对象是谁,自己的社会价值何在,自己的业务范围应当包括哪些。尤其是当企业经营发展不利之时,更应当重新考虑这些问题,从而能够对企业的任务及时进行调整,使企业积极稳步地向前发展。

企业的《任务说明书》是向目标市场、社会公众和企业成员说明企业的业务范围和奋斗目标的重要文件。《任务说明书》不仅可以使公众对企业有清晰的了解,而且可以使企业的广大员工明确自身的工作价值和工作目标,在明确企业总任务的前提下,同心协力地为实现企业的总目标而努力。一些企业也将《任务说明书》称为企业的"使命陈述"(mission statement)。

好的《任务说明书》应符合两方面的要求:

一是任务的目标指向性应当十分明确,不应当是空洞或模棱两可的。一般应明确说明以下几点:(1)企业经营的行业范围。如果企业实际上投入多种行业的经营,也必须明确其主营业务的行业范围是什么。(2)应说明其主要产品及其应用领域。(3)应说明企业在该领域可能投入的资源能力以及可实现的市场满足程度,还应当明确企业主要面对的市场群体和地域范围。(4)有时还必须说明企业在相关业务经营中的地位和角色。如有些公司可实现从原材料基地建设到最终产品生产的垂直一体化经营,而有些公司只是联络产品的供应方和需求方的中介公司。

二是要强调公司的主要政策和价值观,明确公司如何处理同股东、雇员、顾客、供应商、分销商的关系以及公司对内、对外行为的基本准则,以使企业员工的行为目标能趋于一致。第一章中所提到的企业"价值主张",就是以强调企业的价值观,以获得市场和员工普遍认同的一种企业任务陈述方式。

企业目标描述

在明确企业任务的基础上,企业应当进一步确定生产和经营的总目标。因为对于某项任务的执行,确立的目标可以是不同的。例如,目标方向的不同,企业的目标可以是销售额的增长、盈利水平的提高、市场份额的扩大、竞争地位的改变或是技术水平的更新等等;目标层次的不同,根据企业进取性的不同,其目标可以是高层次的、中层次的或是低层次的;目标跨度的不同,企业的目标可以是全面的,也可以是某一方面或某几方面的。企业目标体系的形成应当贯彻层次化、数量化、现实性和协调性的原则。

1. 层次化

企业目标体系的层次化首先表现为构成目标体系的各个目标中应当有主有次、突出重点。如前面所提到的摩托车企业若将提高市场占有率为主要目标,其他目标就应当服从这一主要目标,并为这一主要目标的实现服务。如在不同目标市场销售额的增长速度就必须有利于从总体上提高企业的市场占有率。具体来说，应当更重视新市场的开发和新市场的销售增长速度；同时，只要有利于市场占有率的提高，企业的利润增长速度可以暂时放慢一些；等等。企业目标体系的层次化还表现为企业的总目标应当能进行分解，可将其层层分解为能被各个职能部门和企业员工具体执行的分目标或子目标。

2. 数量化

企业的目标反映了企业执行其生产或经营任务的期望水平和期望效果，应当是可以被衡量的，所以企业的目标应当数量化。如上述例子中，摩托车市场占有率的提高若笼统表述为“使市场占有率有较大的提高”将使人感到不得要领，而若明确表述为“两年内使市场占有率提高 20%”就会使目标变得清晰可辨了。与此同时，对于各目标市场销售额的增长和企业利润的实现也应当有相应的期望指标，这样就能根据企业目标制定出生产和经营计划，并对计划执行的全过程加以有效控制。

3. 现实性

企业选择的生产或经营目标必须切实可行，必须经过努力能够实现。这就要求目标的确定不能只从主观意愿出发，而必须充分考虑客观环境的各种约束条件；同时还应当从企业的现实基础出发，比如，目前企业的市场地位是处于第四位，企业将自己的目标确定为经过一段时间的努力，使企业的市场地位跃居第二位，甚至第一位，这可能并不为过；但是如果企业目前的市场地位还进不了前十名，在短期内就想使企业的市场地位跃居榜首，恐怕就不太现实了。但是现实的目标，并不等于保守的目标，应当是经过一定努力才可能达到的，这样才能使企业得以不断地发展和前进。

4. 协调性

在一个目标体系中，诸目标间应当保持协调一致，应当追求最佳的综合效益，而不是某一目标的最优化。如企业若企图“以最低的销售费用获得最高的销售增长率”，或在“实现最高利润的同时，占据最大的市场份额”，实际上是完全做不到的。根据系统管理的原理，在系统综合效益最优的情况下，各部分的个别效益只能是“次优”的，所以在确立企业生产和经营的目标体系时，必须考虑各具体目标之间的协调。特别是一些可能相互矛盾的目标，如：短期效益和长期效益，稳定和发展，挖掘老市场和开发新市场，增加盈利和扩大市场份额，等等。企业在确定目标体系时必须权衡抉择、有取有舍，这样才能保证企业综合效益的最优化。

企业业务组合

企业必须通过所经营的各项具体业务去实现任务和目标，这也直接影响着企业的资源配置。一般情况下，具有一定规模的企业往往会将其资源投放在几种不同的业务上，以形成自己的业务组合。因为这样就有可能有效地避免市场风险，并能保持企业有稳定的利润增长源。

（一）对业务组合的正确认识

从企业的角度去认识其所经营的业务，和从满足顾客需要的角度去认识所经营的业务，会产生相当不同的感觉，从而也会在企业进行业务组合决策时产生不同的结果。如当前我国许多城市零售业设施严重饱和，如果单纯从商业企业的角度来看，我们可以认为超级市场之类的商业设施只是“商品买卖的场所”，既然已经饱和且经营效益下降，就应当收缩关闭，不再投资。然而，如果从满足顾客需要的角度去认识，我们就会把超市之类的商业设施看成是“居民各种日常生活需要的满足者”，从而能从更为宽泛的角度去挖掘居民日常生活的需要，并通过调整自身的业务组合，全方位地满足顾客之需要，建立自身具有竞争力的经营特色。一般而言，可从以下三个方面来考虑企业的业务组合。

一是顾客群体的分析。例如，目前的电话机满足的也许主要是在办公室和家庭的顾客，而处于流动状态的顾客（如在飞机、火车或轮船上的顾客）对电话机的需要能否得到满足，因为他们也有远程通信的需要。

二是顾客需要的分析。如目前电话机主要是进行语音通信，那么可视通信的需要是否已充分满足；电话机作为一种家庭用品，其是否能进一步满足家庭装饰的需要；等等。

三是满足程度的分析。例如，电话机的语音清晰度、来电鉴别与选择、来电的文字转换和同步打印等等。如何通过技术上的开发与创新来进一步提高对“远程通信需要”的满足程度。

如果有了这样的认识和思考，企业决策者也许就不会作出退出“生产电话机”业务的选择，而在发展这一业务上做更大的投入。从满足顾客需要的角度去认识企业的业务组合，体现了市场营销的基本准则。

（二）合理安排业务组合

企业必须对其业务组合进行合理的安排和规划，才能保证资源得到合理的运用，也才能使企业在市场上始终保持有利的竞争地位。因而企业必须不断地对业务组合进行梳理和评估，以发现同市场发展变化的不适应之处，以及潜在的具有成长性的业务。在此基础上，应经常对自身的业务组合进行调整，合理配置有限的资源，保持业务组合与市场变化的适应性。

企业在对其业务组合进行梳理和调整时，可以考虑利用波士顿咨询公司首创的“BCG 市场增长—份额矩阵”（BCG Growth Share Matrix）来协助进行（见图 2－3）。

BCG 市场增长—份额矩阵主要是根据企业已有业务组合在市场中的不同表现来对其进行评估，以为企业业务组合进行进一步的调整提供依据。该矩阵图中的纵坐标表示市场增长率，一般以10%为分界线，即10%以上为高市场增长率，10%以下为低市场增长率；横轴表示相对市场占有率，以对数尺度来表示。所谓相对市场占有率，是指企业各个产品的市场占有率与同行业中最大的竞争对手的市场占有率之比。比如，企业某产品的相对市场占有率为0.3，这表示该产品的市场占有率为最大竞争对手产品市场占有率的30%；如果产品相对市场占有率为3.0，这表示企业的该产品是市场领先者，它的市场占有率为名列第二位的竞争对手产品市场占有率的3倍。矩阵图中的8个圆圈代表了构成企业目前业务组合的8个业务单位，可根据它们各自的市场增长率及相对市场份额确定它们在图中的位置。圆圈的大小代表了各个业务单位的销售额的大小。如图2-3所示，5号产品和6号产品目前是企业中销售额最大的产品。

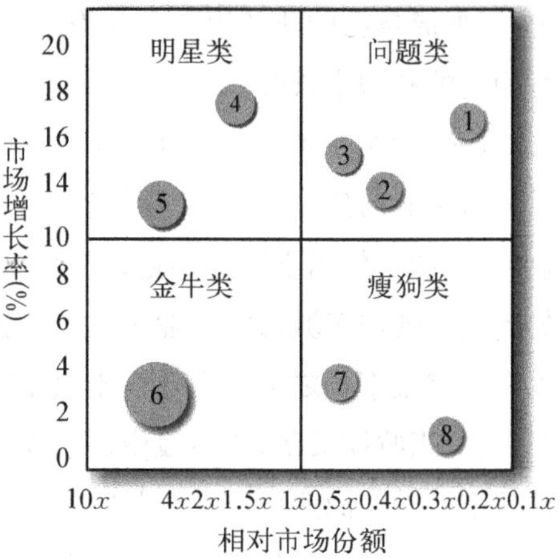

图2-3　BCG市场成长—份额矩阵图

该矩阵图的纵轴以10%为分界线、横轴以1x为分界线把整个图分成四个部分，将处于不同部分的业务单位分别称为问题类单位、明星类单位、金牛类单位和瘦狗类单位。下面就这四种类型的产品特征进行分析。

● 明星类(stars)。这是处于高市场增长率与高相对市场占有率的业务。明星类业务往往是同类市场中的领先者，对企业来讲，是最具有发展潜力的业务，所以企业会毫不犹豫地投入资源加以发展。但是，由于明星类业务的市场发展前景已经十分明显，必然会引起竞争对手的关注，因此企业必须继续进行大量的投入以求维持相对市场占有率的优势来击退竞争对手；同时，企业还必须继续维持一个较高的市场增长率。这样，明星类业务在产生现金的同时仍需大量地消耗现金，尚不能成为企业可坐享其成的业务。

● 问题类(question mark)。这是市场增长率较高而相对市场占有率较低的业务单位。称其为“问题类”，是由于这一类业务单位的发展前景有时很不明确：也许会很快使市场的占有率大幅度提高，从而使“问题类”业务转化为“明星类”业务；但也可能由于市场竞争过于激烈或市场需求变化太大而使该类业务的市场份额很难有所上升。由于推进一项业务的发展需要企业有很大的投入，所以对处于这一位置的业务或产品就必须十分认真地加以分析、相当谨慎地进行决策，风险性较大，故称其为“问题类”业务。可以说，企业在进行开发性投资时，所面临的大多是“问题类”业务。

● 金牛类(cash cow)。当某项业务的市场增长率下降到10%以下，同时继续保持较高的相对市场占有率，就成为金牛类业务。此时企业在该项业务上仍然保持着市场的领先地位，同时它能为企业带来大量的现金收入，就像奶牛不断挤出牛奶一样，为企业生产出现金来。而且由于市场增长率的下降，说明市场已趋向成熟，对竞争对手的吸引力不会很大，所以企业不必再通过大量投资来维护自己的市场地位。金牛类业务是企业最能通过规模经济效益获取较高利润的业务，企业可以用金牛类业务的收入来支持明星类和问题类业务的发展。

● 瘦狗类（dogs）。这是指市场增长率低、相对市场占有率也低的业务。企业在这类业务上不占优势，而且市场发展的潜力也不大。总的来讲，瘦狗类业务对企业的战略发展产生不了多大影响，所以除了某些特殊需要之外，企业一般没有必要保留这样的业务，以免浪费资源。

BCG 市场增长—份额矩阵图的作用如下：

（1）判断企业的战略业务组合是否合理。把企业的各类业务在矩阵图上定位以后，就可以很明确地判断目前业务组合的合理与否。一般来讲，不合理的业务组合就是有太多的瘦狗类或问题类业务以及太少的明星类和金牛类业务。

对于问题类产品，企业必须认真考虑是对它进行大量投资，还是及早摆脱出来；一个企业如果缺乏明星类业务就要引起高度重视，因为这将影响企业的发展，要仔细研究其原因；企业应当拥有相当数量的金牛类业务，如果企业没有或只有一个金牛类业务，就可能没有足够的现金来支持其他业务的发展；企业要特别注意瘦狗类业务的存在是否有必要，如果该业务的市场增长率会回升，或者企业的产品有可能重新成为市场领先者，则有保留的必要，否则应予剔除。

（2）针对不同的业务状况来确定企业的战略业务发展目标。

● 发展。目的是扩大业务的市场占有率。为了达到这一目标，企业甚至愿意放弃近期的利润。这一目标适用于问题类业务，因为问题类业务要上升为明星类业务就必须扩大市场占有率。

● 维持。目的是保持现有的市场占有率。这一目标适用于金牛类业务，只有维持住较高的市场占有率，才能保证为企业带来现金收入。

● 收获。目的是取得眼前的现金收入，而不去考虑长期的目标。这一目标适用于衰退之中的金牛类业务以及部分问题类业务和瘦狗类业务。

● 放弃。目的是把企业的经营资源转移到更有利可图的业务中去。该目标适用于瘦狗类业务与发展前景不大以及发展成本过高的问题类业务。

（三）业务组合的发展和调整

企业经常要对自己的业务组合进行适当的调整。一方面是因为随着市场的发展与变化，一些老的业务市场会发生萎缩，而一些新的业务市场却会逐渐形成；另一方面是由于现有业务组合预计所能产出的销售量和利润还达不到企业发展所期望的目标，即存在着所谓的“战略计划缺口”，于是需要通过业务组合的扩展来弥补这一缺口。

企业业务组合的扩展主要有三种途径（见图 2－4）：一是在企业现有的业务领域中继续投资和发展，一般称其为“密集型成长机会”（intensive growth opportunities）；二是发展同企业现有主要业务相关的业务，一般称其为“一体化成长机会”（integrative growth opportunities）；三是在与企业当前业务无关的领域发展新的业务，一般称其为“多角化成长机会”（diversification growth opportunities）。

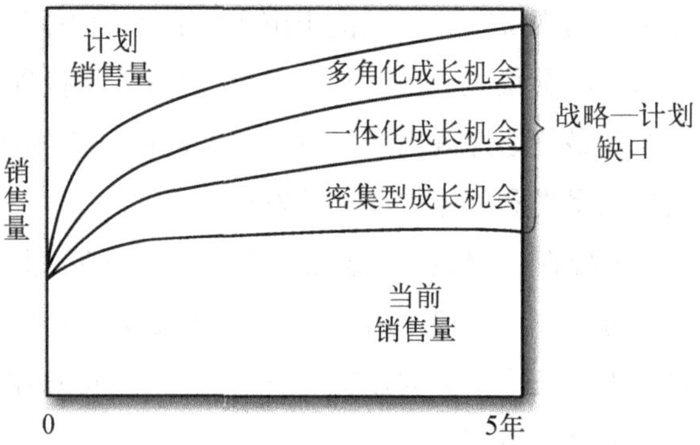

图 2－4 战略计划缺口

1. 密集型成长机会

密集型成长机会由于是在企业比较熟悉的领域进行业务组合的扩展，所以相对比较容易。但由于仍然是在从事原有的业务，很可能因为本身的市场发展空间较小，而难以使企业的销售和利润有明显的增长。一般来说，其只有在提供新的产品和开拓新的市场这两方面进行努力，由此而构成了安索夫（Ansoff）的“产品—市场扩展方阵”（product-market expansion grid）（见图 2－5）。

	现有产品	新产品
现有市场	市场渗透战略	产品开发战略
新市场	市场开发战略	多角化战略

图 2－5 产品—市场扩展方阵

“产品—市场扩展方阵”以产品发展和市场发展的二维模型构成了企业密集型成长的四种基本战略：市场渗透战略（market penetration strategy），即使现有产品在现有的市场上进一步深入推广，以争取更大的市场份额；市场开发战略（market development strategy），将现有的产品推向新的市场（如进行区域的转移或消费群体的转移）；产品开发战略（product development strategy），即在原有的业务领域通过开发新的产品来满足顾客的潜在需要；多角化战略（diversification strategy），即为满足新的市场需要而开发新的产品。但由于其仍然是在原有的业务范围之内进行的多样化产品开发，所以同“多角化成长机会”还是有层次上的区别的。

2. 一体化成长机会

一体化成长机会主要是指企业可通过向所经营业务的上游产业或下游产业进行扩展和延伸，来增加企业的经营效益。企业对于一体化成长机会的开发，由于同原有业务有很强的相关性，所以成功的概率较大；而且由于通过上下游产业的一体化经营，能够很好地实施企业的整体营销战略，并能在一定程度上降低总体的经营成本，应当说是十分有利的。因此，一体化经营战略往往是一些资本实力雄厚的企业所喜欢采用的战略。

根据企业的资源条件和发展需要不同，“一体化成长机会”的开发又可以分为向上游产业扩展的“后向一体化”（backward integration），如建立自己的原材料供应基地；向下游产业发展的“前向一体化”（forward integration），如建设自己的垂直分销网络或专卖店；还可以通过收购兼并一些竞争企业来扩大自己的销售量和市场份额，实施“水平一体化”（horizontal integration）。

企业通过开发“一体化成长机会”来扩展自己的业务组合可采用不同的做法。一种是由企业重新投资建设，建立一个全新的企业或部门；另一种是通过收购从事该业务的现有企业来扩大自己的业务组合。一般只有在企业感到从事该业务的现有企业在技术水平上已相当落后，收购改造的成本过高，或客观上不存在收购兼并的可能的情况下，才会倾向于自己重新投资建设，而大多会倾向于通过收购或兼并现有的企业来实现自己的“一体化”战略。

3. 多角化成长机会

多角化成长机会是指企业在同目前经营的业务无直接关系（如供应或销售关系）的领域去扩展新的业务。多角化成长机会也存在三种不同的扩展途径：一是以消费关联性为主的多角化，或称“水平多角化战略”（horizontal diversification strategy），其主要是指企业进一步开发同目前自身的产品或业务消费有配套和协同作用的产品和业务，如经营宾馆的企业可成立自己的出租车公司或旅行社，甚至可投资宾馆酒店设备的制造或流通产业。二是以资源（生产）关联性为主的多角化，或称“同心多角化战略”（concentric diversification strategy），其主要是指企业可利用现有的资源和技术条件开发和生产一些新的产品或业务，投入新的市场，如生产木制家具的企业会考虑开发木制工艺品、装饰品以及木制玩具或旅游纪念品等新的产品投入市场。三是无关联多角化，或称“跨行业多角化战略”（conglomerate diversification strategy），即企业在同目前业务的生产和消费完全无关的业务领域进行投资和开发，如家电生产企业去投资房地产业，石油公司去开发主题公园等。无关联多角化从本质意义上讲是一种资本的运作，从而也是最为名副其实的“多角化战略”。

企业在寻找新的机会进行业务的扩展，以弥补自己的“战略计划缺口”的同时，也应当主动地从一些已有的业务中转移和退出。因为如果将企业的资源和经营者的精力分散在太多的业务领域中，有可能降低资源的利用效率、加大企业的经营成本；相反，如果企业能从一些收益相对较低、市场已呈萎缩趋势的业务中主动撤出，将资源投入发展前景和收益率更好的业务中去，根据机会成本的原理，企业将会大大提高自己的资源利用效率。所以放弃和退出也是企业业务发展战略的重要组成部分。

企业在什么时候从原有业务中退出最为合适？根据以上的业务评价方法，似乎应当是在该业务已经萎缩或衰退(即进入“瘦狗类”业务状态)时。但实际上如果真的到了这样一种状态，企业要想放弃和退出已经比较困难，因为那时企业的技术和设备要想出让，就很少有企业愿意接盘，退出的成本会比较高；而如果企业能在已有业务还比较兴旺，但发展速度已经趋缓的时候“急流勇退”，由于此时愿意接盘的企业很多，企业的技术和设备可以较高的价格转让出去，其退出的成本往往是最低的。同时，由于企业可以将潜在的竞争者滞留在看来还不错的传统业务上，就可能有充足的时间去发展更有前景的新业务。

业务战略计划的制定

业务战略计划是企业的各具体业务单位根据企业的总体战略而制定的具体的战略计划，它是直接指导企业各项业务开展的指导性文件。业务战略计划的制定，不仅是一个工作程序的安排，而且具有很强的谋略性，所以实际上是企业开展某项业务的策划过程。它一般包含以下七个步骤(见图 2－6)。

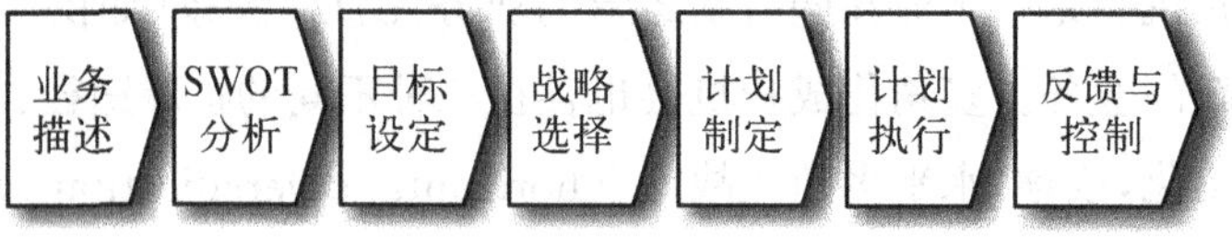

图 2－6 业务战略计划过程

1. 业务描述

业务描述(业务单位任务书)是具体业务单位对于将要开展的某项业务的一种界定和认识过程，通常会以业务单位任务书的形式来描述。任务书必须明确说明本单位所开展的具体业务以及同企业总体战略之间的关系。例如，当一个药业公司将其战略定位锁定在中老年市场时，其保健部门的业务单位任务书就可能会将“开发适应中老年人群的高钙类保健品”界定为其具体的战略任务。

2. SWOT 分析

SWOT 分析是业务单位对其将开展的具体业务所进行的一种环境分析，并会依此来决定所采用的基本战略及战略目标。其包括开展此项业务的内部环境的分析，即优势(strength)和劣势(weaknesses)分析以及外部环境分析，即机会(opportunities)和威胁(threats)的分析。

内部环境分析(S/W 分析)主要是通过同竞争对手(或行业平均水平)的比较，了解业务单位自身的优势和劣势，以便在业务战略计划制定中扬长避短，突出自身的优势和特色，避免在竞争中遭到失败。比如在中老年保健产品的开发中，产品的功能、系列化程度、服用的便利性、品牌声誉或是成本价格，都可能成为超越竞争对手的某一因素。业务单位若能发现自己在某一因素方面所具有的优势，就可能在战略计划中将其列为发展的重点和主要方向，从而形成自身的特色和核心竞争力。

内部环境分析还应当发现业务单位所存在的一些弱点，以便在业务战略计划中有相应的措施给以补救和克服。因为这些弱点往往可能成为竞争对手攻击的主要目标；若不能及时发现、有所防范，往往可能成为导致业务最终失败的致命伤。

外部环境分析（O/T 分析）主要是通过对影响该业务的各种宏观和微观环境因素的分析，来认识开展此项业务的发展前景、市场潜力、盈利空间以及潜在风险等方面的问题。如对中老年保健品市场的分析，就可能涉及人口的老龄化程度及其发展趋势，常见病、多发病的种类及其主要原因，人们收入水平的变化及在各种人群中的结构分布，人们生活习惯和消费习惯的变化及其影响因素，以及本土文化与外来文化的冲突与交融等各方面的问题。通过对这些问题的梳理和分析，才可能找出最有发展前景的市场机会和最佳业务。

同时，外部环境分析还可能发现业务开展过程中所面临的风险，如原材料供应的短缺，竞争产品或替代产品的出现，市场需求状况的变化，政策的限制，突发事件的产生，甚至自然环境的变迁等，都可能对业务的发展带来影响。所以在进行业务的评价和选择时，一定要对机会和风险进行比较分析，然后才可能做出正确的决策。

外部环境分析同内部环境分析必须结合起来，才能使得业务战略目标和手段变得更为清晰。因为业务单位的优势和劣势都是基于一定的环境条件而言的，环境条件发生了变化，业务单位的优劣势也就会发生变化。

将优劣势分析同机会分析、威胁分析相结合，就能为业务的发展提供四种基本的战略选择（见图 2－7）。

	优势	劣势
机会	SO 战略	WO 战略
威胁	ST 战略	WT 战略

图 2－7 SWOT 战略选择

● SO 战略，为积极进取的战略。即以企业的优势去把握与之相应的市场机会。在企业的优势同所出现的市场机会相一致的情况下，SO 战略的胜算把握会较大。

● ST 战略，为积极防御战略。即以企业的优势去应对可能出现的市场风险。在这种风险出现时，其他企业有可能无力承受而被淘汰；企业如果在这方面具有优势，则可能因此而获得成功。

● WO 战略，为谨慎进入战略。面对某种市场机会，企业可能并不具有相应的竞争优势。但如果机会的吸引力足够大，企业也可能依然要去把握。只不过通过SWOT分析，了解自身在面对机会时所存在的弱点，就能够对此引起足够重视，并能以相应的策略予以防护。只要准备充分、策略得当，也可能取得成功。

● WT战略，即谨慎防御战略。企业高度重视在业务发展中所可能出现的各种风险，并注意到在面对风险时所存在的不足之处，从而能使企业在事先就做好充分的应对准备，在风险出现时，能从容面对。

企业的各业务单位通过SWOT分析，在四种基本战略中有所选择，就能根据基本战略来制定自己的业务战略计划。

3. 目标设定

在业务战略计划中也必须要有明确的战略目标，它同企业的总体目标相一致，但处于不同的层次。企业总体目标的实现是建立在各业务单位目标实现的基础上的，而业务目标比企业的总体目标更明确、更具体，从而也更具有直接指导意义。如企业的总体目标可能表现为目标市场的定位、销售额的增长、利润的增长等等。而业务单位的目标则必须反映出为目标市场提供什么样的产品和服务，在计划期内提供多少，提供哪几种类型，销售的单位数量（而不仅仅是销售额）以及成本水平，单位毛利率及利润总额等等，这些都是同具体的业务项目相对应的，是可度量、可操作的目标体系。

然而业务目标在设定的原则上同企业总体目标的制定是一样的，也必须体现层次化、数量化、现实性、协调性等基本原则。

有时，业务战略目标的设定还必须有竞争性的描述，即在同样的业务领域，同其他企业相比，企业争取能达到怎样的地位，如市场占有率的大小，销售和利润的排名，品牌声誉的比较等。在市场竞争比较激烈的业务领域，这种市场竞争地位的改变对企业是至关重要的，应当将其列为重要的战略目标之一。

4. 战略选择

业务目标设定之后，必须要对采取何种业务战略进行必要的选择。目标设定是解决向什么方向发展的问题，战略选择则是解决用何种方式去实现的问题。实现目标的战略是多方面的，主要可包括以下一些战略。

● 基本战略。这是通过SWOT分析后得出的业务单位的总体战略，它是对其他战略具有指导意义的。这在前面已作过说明，这里不再重复。

● 竞争战略。这是针对不同的竞争对手和竞争环境而对业务单位所确定的竞争指导思想。根据迈克尔·波特的理论，竞争战略可分为成本领先战略、差别化战略和集中化战略等几种不同的战略。关于这些战略将会在“市场竞争分析”中进行详细介绍，这里也不再赘述。

● 开发战略。在市场开发，特别是市场进入的初期，企业可采用不同的战略，如造势型、渐进型、渗透型、依附型等等。这些战略指导思想的确定，对整个业务计划的制定具有重要影响，必须在战略选择时予以明确。关于这些战略的具体内容将在“新产品开发”中进行讨论。

● 布局战略。业务单位所开展的业务将会在哪些市场上进行覆盖？会进入哪些区域？进入的顺序和方式是怎样的？这都是战略层面上的问题。如企业可以选择对市场的全方位覆盖战略，也可以选择重点覆盖或分片覆盖战略；可以采用跳跃式布局战略（即在各重要的战略目标市场，先行进入一些单位，然后再逐步扩展），也可以采用梯次推进战略（即以重点或已有的市场为基础，逐步向周边滚动发展）。这对于业务计划中的资源配置具有重要影响，也必须事先予以确定。

● 战略联盟。在目前市场普遍处于寡头垄断的环境下，越来越多的企业认识到，要想在竞争中击垮对手难度是很大的，有时甚至会导致“两败俱伤”的结局。而要在市场上保持稳定的份额和长远的利益，更可取的方式是开展企业间的合作和联盟，利用资源、市场、信息等方面的共享，来争取各企业利益的共同提升。于是在业务战略计划中，发展战略联盟也就成为业务战略的重要方面。战略联盟的前提是企业在各种经营要素方面的互补性，而目标则是能使市场的总量得以扩大。因为只有把“蛋糕”做大了，参与联盟的企业才可能得到利益上的增量。

从目前的情况看，企业间的战略联盟可有多种类型，其中包括：

(1)产品与服务的联盟。即不同的企业各自生产具有互补性的产品和服务，共同来满足目标市场的需要。

(2)促销或渠道的联盟。即为合作企业的产品进行促销。如在“肯德基”快餐店进行“百事可乐”的宣传和推广；再如利用合作企业的渠道销售产品，如上海正广和网络销售公司可为其联盟企业提供网上销售的服务；等等。

(3)后勤和物流的联盟。利用合作伙伴的后勤和物流设施分销或配送企业的产品，在不同的地点分别为对方进行储存或转运等等。

(4)价格联盟。多家企业共同介入某种特定的价格合作体系，如旅行社、航空公司和宾馆共同制定针对旅游者的价格折扣计划。但价格联盟并不是指同行业的企业实行价格串通来操纵市场，那是属于违法行为，而不是合理的价格联盟。

5. 计划制定

业务单位在确定其业务战略之后，就应当制定出具体的业务计划来实现其战略。业务计划的制定必须是具体、明确和可靠的。一般应包含计划阶段、阶段目标、重点工作、成本预算和评价标准等。

● 计划阶段。是指将实现某一业务战略目标的过程划分为几个相互衔接的执行阶段，这样就能使业务的开展具有明确的步骤和可操作性。

● 阶段目标。是指对每一阶段的工作都必须设立相应的目标。阶段目标是业务战略目标的分解，各阶段的目标必须相互衔接、递次推进，最后使业务战略目标能顺利实现。

● 重点工作。是指在每个阶段中起核心作用的活动和任务。这是支撑业务战略目标得以实现的具体行为，也是反映各阶段特征的主要标志，是实现业务战略的基本抓手，必须在业务计划中予以明确。

● 成本预算。在业务计划中，由于已经涉及各项具体的业务活动，成本和费用也就能得到反映。所以在业务计划中必须对每项活动乃至整个业务战略计划的成本费用进行预算，以判断开展业务的最后成效。若成本过高，就必须对业务计划加以修正，以保证业务活动能取得理想的效益。

● 评价标准。在业务计划中，还应当对业务的成效提出适当的评价标准，以作为最终检验业务计划执行效果的衡量尺度。评价标准应当根据业务战略目标来制定，必须有明确的、可测量的量化指标体系，同时还应当明确评价的方法，以使评价的结果能够科学合理。

6. 计划执行

业务战略计划的执行也是业务战略计划过程的一个重要组成部分。因为战略计划的制定并不能保证战略计划的成功，在计划执行的过程中，还需要依靠有效的组织体系，高素质的人员队伍，共同的价值认知，以及良好的工作作风，这样才能使业务战略计划得以顺利实施。若计划执行人员的利益目标或价值认知同计划的制定者不一致，就有可能导致行为与计划的偏离，使计划的效果下降，甚至导致整个业务战略计划的流产。如当战略计划的制定者期望通过一次附带问卷的产品促销活动来搜集市场信息，为进一步的市场营销活动做准备时，具体执行人员因怕麻烦，而不能督促顾客将问卷答全，或在统计数据时出现重大差错，就有可能使整个业务战略计划的实施效果受到影响。

因此，在业务战略计划的执行过程中，必须抓好动员、培训和激励三个环节。通过动员，让执行者了解具体行动方案的意义和实现战略目标的价值；通过培训，使执行者掌握落实计划的主要措施和行为原则；通过激励来调动执行者执行计划的主动性和积极性，从而保证计划能够得到完满的落实。

7. 反馈与控制

业务战略计划在执行过程中应当受到及时的控制，这主要依靠对各阶段执行情况的检查和反馈，以了解其与所设定的目标之间是否出现了偏离。若发现出现偏离，就应当及时地检查原因，并予以纠正。这是保证业务战略计划能够顺利执行的重要一环。

同时还必须对计划执行期间所发生的各种环境因素的变化进行了解，并及时反馈。要分析环境因素变化对计划目标实现是否产生影响及其影响程度,并在产生影响的情况下能够采取有效的应对措施,以保证计划目标的实现。有时还应当根据新的环境状况对业务战略计划进行必要的修订,以增强其对环境的适应性。因为对于企业而言,效益目标是首要的,如果计划同环境不适应,就有可能使企业的效益下降。正如彼得·德鲁克曾指出的:"做恰当的事(效益优先)比恰当地做事(效率优先)更为重要。"

第三节 营销管理的基本任务

如前所述,企业的市场营销工作只是企业全部经营活动中的一部分。因此,市场营销的计划与管理也必须在企业战略计划的指导下进行,并同企业的战略计划保持一致。

当企业接受了市场营销观念之后,其全部的经营活动就会纳入以市场为导向的运行轨道,从而对企业整个经营过程会产生不同的认识。如从传统经营观念的角度,企业的经营活动主要表现为制造产品和销售产品;而从市场营销观念的角度,企业的经营活动就可以理解为选择价值、提供价值和传播价值的过程(见图 2-8)。

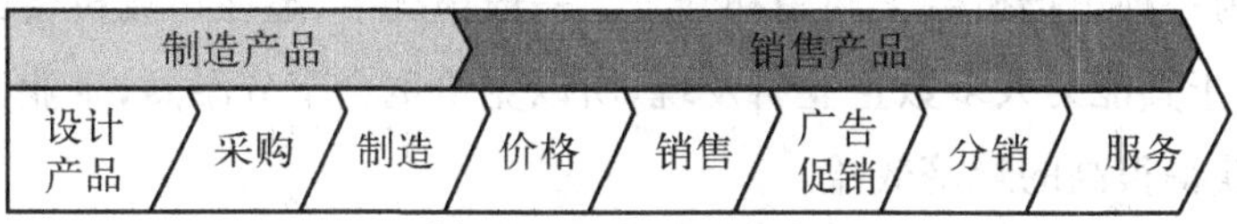

(a) 传统经营观念角度

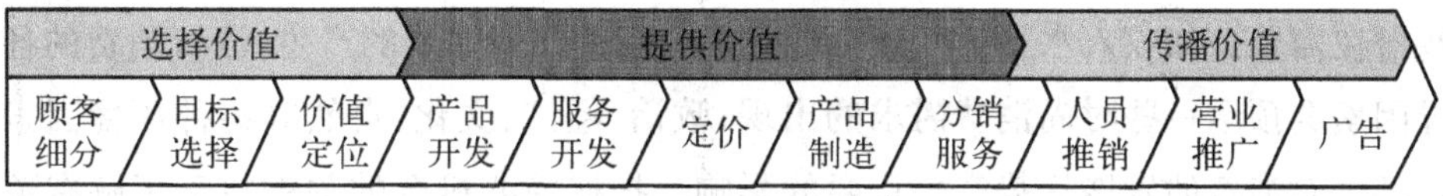

(b) 市场营销观念角度

图 2-8 价值让渡过程的不同视角

从这样的角度出发,营销活动在产品生产之前就开始了。即首先要通过对市场需求的分析、市场机会的发现以及目标市场的选择,来对所提供的产品或服务进行价值定位;而产品和服务的开发、定价、制造和分销的过程则是在价值定位指导下的价值提供过程,依附于产品和服务上的价值能否为市场所接受,还依赖于人员推销、营业推广和广告等价值传播过程。所以,应当认识到市场营销是贯穿于企业经营过程始终的,营销管理也就涉及对贯穿其中的市场营销活动的全过程和全方位管理。

因此,营销管理应当包含分析市场机会、选择目标市场、策划营销战略、设计营销方案和实施营销计划五个方面。其中,前两个方面主要着重于价值的选择,后两方面主要着重于价值的提供和传播,而中间的"策划营销战略"则是对前后营销任务的过渡和衔接。

分析市场机会

分析、评价和掌握市场机会是营销管理的首要任务，因为企业只有捕捉到适当的市场机会才能使其业务有新的发展，只有在收益较大的市场机会上进行投入，才能获取较高的经济效益。成功的企业往往是由于其善于发现和捕捉各种市场机会，才能不断地创造出新的产品、开辟新的市场。

要很好地掌握市场机会，关键是对市场机会要有正确的认识。市场机会应当是一种消费者尚未得到满足的潜在需要。有些企业总是把暂时供不应求的产品作为一种市场机会，而等到它把产品生产出来以后，该产品已经从供不应求转为供大于求。所以企业更应当关注的是市场中尚未有适当产品予以满足的那些需要，这样才能使企业在市场上居于领先地位并获得较大的收益。

市场机会从产生和存在的形式来看，大体上可以分为以下四种：

- 显在的市场机会。即已经存在于市场上的、所有企业都能看到的那部分潜在需要，大多表现为一些已有产品的供不应求。如果其存在着较大的供需缺口，那么企业可以将其作为一种市场机会去利用和开发。一般情况下，显在市场机会的开发成本相对较低，但由于其能为大多数企业所发现，所以竞争也会十分激烈，企业很难在显在机会的开发上获得很高的经济效益。
- 前兆型市场机会。即可通过市场上存在的某些迹象预测到的未来可能产生的某些潜在需要。如收入水平的变化会导致一些新的消费需要的产生；流行消费的各种诱导因素会预示一些时尚消费需求的出现；政治、经济、文化、自然等各种环境因素的变化都会对消费的发展趋势产生重要的影响。把握前兆机会的关键在于了解有关迹象同其所预示的潜在需要之间的必然联系和影响规律，这样才有可能进行准确预测和把握。
- 突发型市场机会。即由于某种突然变化的环境因素而引发的潜在需要。社会上的某些突发事件，如战争、灾害、流行疾病等，都会使一些意想不到的潜在需要随之产生。如果企业能及时发现并迅速予以把握，就可能带来很大的收益。而突发机会能否被捕捉，关键取决于营销者的敏感性。若缺乏对环境突发因素的密切关注和高度敏感，往往会与一些蕴藏巨大商机的突发机会擦肩而过。
- 诱发型市场机会。即消费者本身不能自觉意识，而必须通过营销者加以启发诱导才能发现的潜在需要。如只有当微波炉出现以后，人们才知道不生火也能煮饭；只有当一种消费观念被人们接受，人们才会采取相应的消费行为。所以当企业从技术开发或经验借鉴等角度已经形成了产品开发的创意，却发现市场上相应的消费观念和消费需要尚未产生的时候，就应当主动地对潜在的消费需要加以诱导，并使其成为现实的、可利用的市场机会。

企业要准确、及时地把握和利用市场机会，一般应具备以下三个基本条件：

一是对自身资源和能力的正确估计。市场上的潜在需要，并不是企业都能加以利用的。企业只有对自身的资源和能力有了清醒的认识以后，才可能知道应当把哪些市场机会纳入自己的视野。

二是对市场情报资料的广泛收集。市场上的潜在需要存在于大量的社会和经济活动中间，只有对社会和经济活动的各种影响要素有全面的了解，才能从中分析出可能存在和发展的潜在需要。所以对市场情报资料及时全面的掌握是发现市场机会的必要前提。

三是具有强烈的进取心和高度的敏感性。能否发现和把握有利的市场机会还取决于营销者的积极进取精神。所谓"有心处处是生意"。若没有主动寻找市场机会的强烈欲望，是很难把握住有利的市场机会的。敏感性产生于对市场机会及其变化因素的敏捷反应，而这种敏感性也是建立在把握市场机会的主动进取精神之上的。

选择目标市场

市场机会的发现使企业知道了它应当去满足什么样的需要，但要建立起企业在其将要进入的市场中的相对优势，还必须知道它应当满足哪些人的需要。这是因为对同样需要的满足，不同人群所要求的满足形式、程度和成本等是不一样的，企业只有认识了这些对需要满足方式所存在的差异，才能提供最受欢迎的满足方式，去满足一个或几个消费群体的特定需要，从而在市场中建立自己的相对优势。这就需要对市场进行细分（segmenting）、选择目标市场（targeting）和进行市场定位（positioning）。我们将在第七章中详细讨论这个问题。

策划营销战略

企业进行了市场的选择和定位后，就必须对有关的营销战略问题作出安排，以使自己在市场营销过程中有明确的指导思想。营销战略直接受公司的业务战略计划的指导，只是在具体产品的开发上，要进行更为具体的策划和落实。对于新产品的开发、品牌的管理与经营、市场的进入、市场的布局以及市场的促销等方面都要作出具有新意和实效的战略策划，以保证企业的营销目标能够顺利实现。

同业务战略的制定一样，针对某一个具体产品和具体市场的营销战略也可以分为几个阶段，抓住几个重点，相互衔接，递次推进，最终达到将产品打入市场并占领市场的目的。

营销战略的选择还必须从企业实际的市场地位和竞争实力出发。因为在一个寡头垄断的市场上，企业通常会处于不同的市场地位，如领导者、挑战者、追随着和弥缺者等等(第十八章)，企业只有从实际的市场地位出发去选择相应的营销战略，才可能取得成功。

营销战略策划是为营销活动提供指南，为营销活动提供切实可行的计划。策划与计划根本的不同在于：其要求根据目标和环境的变化不断地进行创新，以使行动能产生最佳效果。在营销策划过程中，创意只是提出一种思路和想法，它还需要转化为具体的营销方案的制定，是一个由抽象到具体、由感性到理性的过程。

设计营销方案

营销战略的实施必须转化为具体的营销方案。营销方案规定了营销活动的每一个步骤和每一个细节，从而可付诸实施。营销方案中一般至少包括以下三项内容：

(1)具体的营销活动。包括产品的开发、价格的制定、渠道的选择、后勤的保障、人员的推销、广告和新闻宣传以及营业推广活动等等。营销计划不仅应当对各项活动作出具体的设计和安排，而且还应当强调它们之间的协调与配合，以形成整合效应。

(2)营销的费用预算。对所要达到的营销目标，必然需要相应的营销费用的投入。营销费用的提取与控制，可依据销售额比率，也可依据达到营销目标的实际需要，有时甚至要根据竞争对手的营销费用水平，以求在竞争实力上能保持均衡。在营销费用预算时，要避免过于考虑同已有的业绩挂钩，因为有时在销售业绩不好的情况下，更需要加大营销的力度，营销费用的预算反而要求更高。

(3)营销资源的分配。在具体的营销计划中，应当对营销资源(包括营销费用)在各项具体的营销中进行合理的分配，以形成整合营销的效果。营销资源的分配不仅要考虑在各种策略工具(如产品、定价、分销、促销)中形成合理结构，而且要考虑在不同区域市场(如北方、南方、东部、西部)中的合理分配，有时还要考虑在不同的阶段和时期中的适量投入，以形成营销活动的节奏感和持续性。

实施营销计划

营销计划的实施是营销目标实现的最终努力，再好的营销计划也只有在得到充分的实施之后才能显示出它的效果。而营销计划的成功实施则取决于一个高效的营销组织系统和一套完备的营销控制程序。

1. 营销组织

企业的营销组织可以根据企业的性质、任务的不同而有所不同。但从一般管理原理的角度讲，都会由一个处于公司决策层次的分管领导(如营销副总经理)、一个专门的职能部门（如营销部或市场部）以及一支从事营销活动的工作人员队伍组成。营销副总经理负责公司营销职能同其他职能乃至公司决策层面的沟通与协调；营销部负责公司营销活动的策划、组织与实施；营销队伍则是开展具体营销活动的基本力量。

企业营销组织根据其业务性质和管理思想的不同，会有不同的类型，最常见的有以下几种：

（1）职能分工型营销组织。这是最常见的营销部门组织类型，即按不同的营销功能建立各职能部门，各司其职，由企业负责营销的副总经理统一领导，协调各部门的活动，见图 2－9。

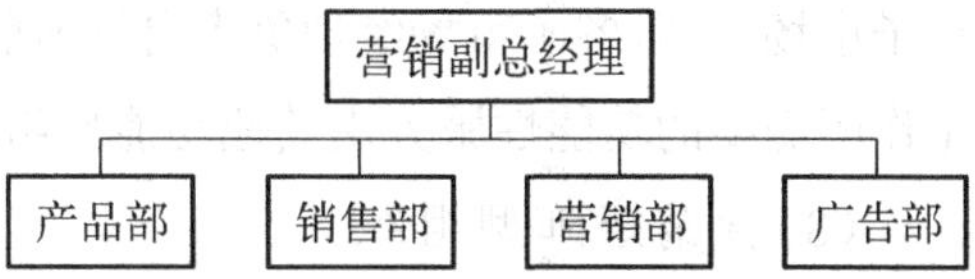

图 2－9　职能分工型营销组织

职能分工型营销组织结构能提高工作效率，是专业化分工的产物。但存在由于各部门人员只关心自己的业务，职能部门之间的协调比较困难的情况，没有一个部门对任何产品或市场负完全的责任。这种结构类型较适用于那些产品种类不多、市场相对集中的中小型企业。

（2）目标导向型组织。这是按企业不同性质的营销目标和任务进行营销的组织安排。可以根据不同产品、不同地区或者不同消费者群体来设置营销组织，其中每一个分支部门相对独立，建立在自己的产品、销售、营销、广告等职能部门基础上（见图 2－10）。

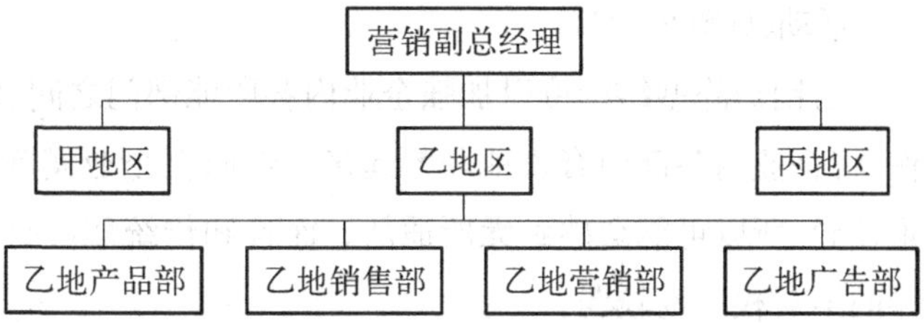

图 2－10　目标导向型营销组织

目标导向型营销组织有专人负责某一产品、某一地区或某一顾客群，本部门内能较好协调，有利于提高营销业绩。但同时由于重复设置各个职能部门，人员数的增加，会造成费用开支的增加，从而提高企业的营销成本。一般适用于经营多种类或多品牌的企业，或是营销区域广泛且复杂的企业。在具体操作中有以下几种情况：

● 地区性营销组织（geographic organization）。营销范围比较大的企业，会按地理区域设立营销组织，安排自己的销售队伍。在营销总监下面，按层次设全国销售经理、大区销售经理、地区销售经理、分区销售经理、销售人员等。一般而言，地区性营销组织各级经理的管理幅度逐级增大，呈“金字塔”形组织结构。

● 产品/品牌管理组织（product/brand management organization）。拥有多种产品或多种不同品牌的企业，可以按产品或品牌建立营销组织。在营销总监下面设产品经理，产品经理下面按产品线分别设产品线经理，在产品线经理下，再按产品品种分别设产品经理或品牌经理。这种营销组织实行分层管理，产品经理或品牌经理能很快对市场情况做出反应，所以比较适合于那些产品组合差异性大的企业。

● 市场/顾客管理组织(markets/customers management organization)。目标市场营销要求企业根据目标群体特有的消费要求和购买习惯，确定自己的营销策略，区别对待不同的市场。那么，针对不同购买行为和特点的市场，建立市场/顾客管理型营销组织是企业比较合适的选择。这种组织结构的特点是由一个总市场经理管辖若干个子市场经理，各子市场经理负责自己所管辖市场的年度计划和长期计划，他们开展工作所需要的功能性服务由其他功能性组织提供。

(3)营销矩阵型组织(matrix organization)。这是在职能分工管理的基础上，根据企业的具体情况，同时设置特需的各产品项目主管的组织安排。各职能部门仍各司其职，由负责营销的副总经理统一领导协调各部门的活动(见图 2-11)。

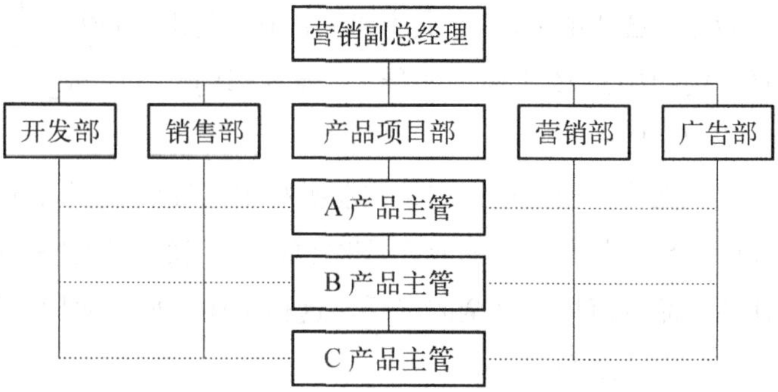

图 2-11　营销矩阵型组织

营销矩阵型结构可以加强企业内各职能部门之间、职能部门与产品项目之间的协作，将企业内各部门有机地联系起来。然而在企业实际营销活动中，由于员工须受双重领导，所以可能会感到无所适从。而且和传统职能分工型结构相比，各职能部门领导的绝对权威性较弱。

2. 营销控制

营销控制是保证营销计划顺利实施的重要环节，一般主要抓好三个方面的控制：年度计划的控制，即从数量和进度上保证营销计划的实施；盈利能力的控制，即从营销的质量上进行检验和提高；战略控制，则是注意营销计划同环境的适应性，以及保证营销活动能促使企业总体战略目标的实现。营销控制一般会通过一些指标体系的设定与检查来进行。常用的营销指标体系有以下几种：

(1)目标达成率。营销目标是企业营销活动的努力方向，目标达成率是其内容的数量表现形式，通过评价具体的目标值，可以从最直观的角度说明企业营销目标的完成情况。

企业在制定营销目标时规定了什么内容，评价目标达成率时就依照这个内容。但是由于企业营销活动过程会受到多方面因素的影响，营销情况会经常发生变化，因此需要实事求是地对某些目标值进行适当的调整。对目标达成率的评价标准，除了包括初期目标值以外，还应该包括企业在营销活动中新增加的目标值，同时扣除因为某种原因而减少的目标值。

(2)效果递进率。市场营销的实施效果并不仅仅是对企业自身目标的对照与衡量,而主要看市场上所反映出来的实际效果。如目标市场顾客忠诚度的变化、企业市场竞争地位的变化,以及企业品牌影响力的变化等等,有时并不完全取决于企业自身的因素,还取决于市场环境与竞争环境的变化。所以营销效果的评价与控制,必须同环境的变化相结合。如市场环境状况很好的情况下,即使已经达到了企业预定的目标值,也不意味着企业的营销效果就很好。若低于市场平均的增长水平,就说明营销效果相对比较差。反之,在市场环境状况很差的情况下,即使未能达到原定的目标值,但在市场总体水平方面仍处于领先地位,就说明营销效果还是好的。

(3)营销投资回报率(marketing return on investment,营销 ROI)。营销投资回报率就是营销投资的净回报同营销投资成本的比率。它是结合营销投资成本来检验和控制营销效果的一种评价方法。由于营销的净回报是一种比较难以进行精确衡量的指标,所以一些企业通常会对诸如顾客价值与满意度、品牌影响力、销售量及市场份额等指标进行综合分析来确定营销的实际净回报。而且可以通过这些指标在一定时期(即营销投入后的一段时期)的实际增长率同营销投资成本的增长率的对比来测量营销投资回报率,这样就有比较好的可行性和合理性。

思考题

1. 如何认识市场营销部门和市场营销活动在企业中的地位与作用?
2. 说明企业战略计划和业务战略计划的过程与内涵。
3. 什么是“波士顿矩阵”? 如何利用“波士顿矩阵”来决定和调整企业的业务战略计划?
4. 什么是“SWOT 分析”? 如何用“SWOT 分析”来决定企业的基本战略?
5. 营销管理的基本任务是什么?
6. 营销组织有哪些基本类型?

第三章 市场营销环境

学习目的与要求

1. 掌握市场营销环境的概念和特点
2. 了解影响企业营销活动的主要直接和间接环境因素
3. 理解当前营销环境的重要变化
4. 认识企业如何应对营销环境的变化
5. 了解中国市场营销环境的基本特征

任何事物的存在和发展都离不开特定环境的影响，市场营销活动也是这样。从本质上看，市场营销活动就是营销者努力使企业可控制的因素同外界不可控制的因素相适应的过程。因此，认识与分析营销环境就成为营销管理的基础和重要内容，而对环境的认识和分析过程也就是不断地发现机会和识别威胁，以选择达到企业营销目标最佳途径的过程。

第一节 营销活动与营销环境

市场营销环境的含义

环境是指事物外界的情况和条件。企业的市场营销环境（marketing environment）指的是与企业市场营销活动相关的所有外部因素和条件。

根据营销环境对企业市场营销活动产生影响的方式和程度，可将市场营销环境大致上分成两大类：直接营销环境和间接营销环境。直接营销环境因其与企业具有一定的经济联系，直接作用于企业为目标市场服务的能力，从而又被称为作业环境、微观环境。间接营销环境的诸要素与企业不存在直接的经济联系，是通过直接营销环境的相关因素作用于企业的较大的社会力量，又称宏观环境。这两种环境之间不是并列关系，而是包容和从属的关系，直接（微观）营销环境受间接（宏观）营销环境的大背景制约，间接（宏观）营销环境则借助于直接（微观）营销环境发挥作用（见图 3－1）。

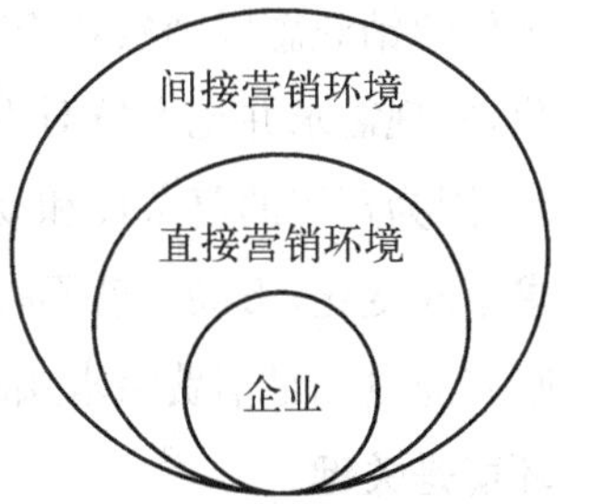

图 3－1　营销活动与营销环境

营销环境具有以下一些特点：

（1）客观性。客观性是营销环境的首要特征。营销环境的存在不以营销者的意志为转移。主观地臆断某些环境因素及其发展趋势，往往会造成企业盲目决策，导致其在市场竞争中的惨败。

（2）动态性。动态性是营销环境的基本特征。任何环境因素都不是静止的、一成不变的。相反，它们始终处于变化甚至是急剧的变化之中。例如，顾客的消费需求偏好和行为特点在变，宏观产业结构在调整，等等。企业必须密切关注营销环境的变化趋势，以便随时发现市场机会和监视可能受到的威胁。

（3）复杂性。营销环境是一个复杂的系统，包括影响企业市场营销能力的一切宏观和微观因素，这些彼此独立又相互作用和联系的因素涉及多方面、多层次，既蕴含着机会，也潜伏着威胁，共同作用于企业的营销决策。

（4）不可控性。相对于企业内部管理机能，如企业对自身的人、财、物等资源的分配和使用来说，营销环境是企业无法控制的外部影响力量。

能动地适应营销环境

市场营销环境复杂而动态的发展变化不胜枚举，但基本上可分为两大类：环境威胁和环境机会。所谓环境威胁，是指环境中一种不利的发展趋势所形成的挑战，如果不采取果断的市场营销措施，这种不利趋势将会伤害到企业的市场地位。营销者应善于识别所面临的或潜伏的威胁，并正确评估其严重性和可能性，进而制定应变计划。所谓环境机会，是指对企业市场营销管理富有吸引力并易于建立企业竞争优势的领域。企业应对市场机会的吸引力和成功的可能性做出恰当的评价，结合自身的资源和能力，及时将市场机会转化为企业机会，即符合企业实力范围的、企业可真正获利的机会。

每一个环境因素的变化，都可能为某些企业创造机会，也可能对另一些企业造成威胁。而且，鉴于营销环境的动态性，市场营销机会和环境威胁在一定的条件下还会互相转化。例如，德国政府对环境保护苛刻的要求使许多企业感到压力和威胁，但也为新材料、新能源产业和环保产业带来巨大商机；而若干年后，德国的绿色产品和绿色营销成为企业在国际市场明显的竞争优势。

企业对营销环境的适应，既是营销环境客观性的要求，也是企业营销观念的要求。现代营销观念以消费者需求为出发点和中心，它要求企业必须清楚地认识环境及其变化，发现需求并比竞争对手更好地满足需求；否则，就会被无情的市场竞争所淘汰。而且，因为环境的复杂性和动态性，企业对环境的适应必须是永不松懈的。消费者的需求不断变化，市场上就不存在永远正确的营销决策和永远受欢迎的产品，对企业来说，唯有通过满足消费需求实现盈利目标的任务是永恒的。而成功地完成这一任务，适应环境是关键。

在客观环境面前，强与弱的划分标准是对环境的适应能力，善于适应环境就能创造竞争优势。市场营销学认为，企业营销活动的成败、营销目标的能否实现，就在于企业能否适应环境的变化，并比竞争对手更加快速地以创新的对策去驾驭变化了的营销环境，做到"以变应变"。在风云变幻的市场竞争中，"适者生存"同样是颠扑不破的真理。企业的大小决策、各种活动都应是有理有据的，这便有赖于对市场营销环境的分析。而企业的营销活动从本质上说，就是企业利用自身可控的资源不断适应外界环境不可控因素的过程。

企业对环境的适应并不仅仅是被动地接受，而应该是能动地适应，既有对环境的依赖，又有对环境的改造，即采取积极主动的行为影响营销环境因素。在企业与环境这对矛盾中，我们要承认客观环境的制约作用，但也不可忽视企业营销活动对环境的反作用。在企业与环境的对立统一中，企业是居于主动地位的，成功的营销者往往是那些主动地认识、适应和改造环境的人。所以，企业还需要学会运用自己有限的能力影响某些宏观环境和条件。

企业对营销环境的影响主要表现在两方面：

首先，营销环境虽然有不可控性，企业仍可借助于科学的营销研究手段认识并预测环境的变化趋势，及时地调整营销计划。例如，目前许多企业意识到消费者对自身健康和社会环境的关注将对市场需求产生深远影响，纷纷开发绿色产品，力争在市场竞争中获得先机。

其次，企业可以通过各种宣传手段，如广告、公共关系等来创造需求、引导需求，促使某些环境因素向有利的方向发展变化。在现实生活中，绝大多数的消费流行或时尚潮流都是由企业创造出来的。例如，"温饱以后要健身"的广告揭开了健身器材热销的序幕，企业正是通过引导人们追求健康美丽，创造出对自己产品的需求。

从企业的营销实践来看，企业对环境的反作用既受企业实力影响，也与环境因素本身有关。一般来说，企业对直接营销环境的影响比对间接营销环境的影响更容易做到。这显然是因为企业与其直接营销环境因素联系得更紧密，互相作用更直接。比如，供应商是企业的直接营销环境因素之一，但同时企业又是供应商的客户，企业可利用商务谈判、长期订单等方法影响或改善与供应商的关系，获得一定的优惠条件。又如，企业无法控制人口规模，但可以通过营销宣传影响特定顾客群的态度，刺激他们的购买欲望；企业无法控制人均收入，但可以通过分期付款等方式加快潜在需求向现实需求的转化。

第二节　直接营销环境

直接营销环境是指对企业服务其目标市场的营销能力构成直接影响的各种力量，包括企业内部各个部门、供应商、市场营销中介、目标顾客、竞争者和公众等与企业具体业务密切相关的个人和组织（见图 3－2）。

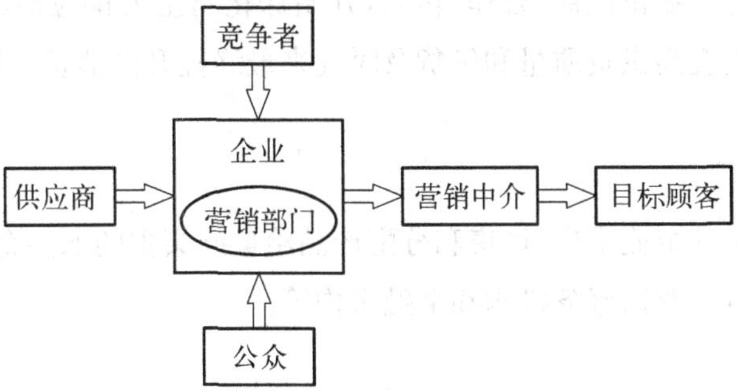

图 3－2　企业的直接营销环境

企业内部环境

除市场营销管理部门外，企业本身还包括最高管理层和其他职能部门，如制造部门、采购部门、研究开发部门及财务部门等，正是企业内部的这些力量构成了企业内部营销环境。

高层管理者确定公司的使命、目标、总体战略和政策。市场营销经理在由高层管理者决定的战略和计划内制定决策。而市场营销部门在制定营销计划和决策时，必须与公司内其他部门紧密合作。例如，财务部门负责解决实施营销计划所需的资金来源，并将资金在各产品、各品牌或各种营销活动中进行分配；会计部门则负责成本与收益的核算，帮助营销部门了解企业利润目标实现的状况；研究开发部门在研究和开发新产品方面给营销部门以有力支持；采购部门则在获得足够的和合适的原料或其他生产性投入方面担当重要责任；而制造部门的批量生产保证了适时地向市场提供产品：其他部门能够影响市场营销部门的计划和行动。在市场营销理念指导下的企业，所有部门都必须"时刻想着消费者"，彼此协调一致，共同提供卓越的顾客价值和关系。

供应商

供应商是向企业及其竞争者供应原材料、零部件、能源、劳动力等资源的企业和个人。供应商是能对企业的经营活动产生巨大影响的力量之一。其提供资源的价格往往直接影响着企业的成本，其供货的质量和时间的稳定性直接影响着企业服务于目标市场的能力。所以，企业应选择那些能保证质量、交货期准确和低成本的供应商，并且避免对某一家供应商过分依赖，以免受该供应商突然提价或限制供应的控制。

对于供应商，传统的做法是选择几家供应商，按不同比重分别从他们那里进货，并使他们互相竞争，从而迫使他们利用价格折扣和优质服务来尽量提高自己的供货比重。这样做，虽然能使企业节约进货成本，但也隐藏着很大的风险，如供货质量参差不齐、过度的价格竞争使供应商负担过重而放弃合作等。认识到这点后，越来越多的企业从使用多个供应商向与少数供应商"合作"转变，开始深化与主要供应商的合作伙伴关系，设法通过帮助他们提高供货质量和供货及时性来最终提升向消费者输送的价值。

营销中介

营销中介是协助企业推广、销售和分配产品给最终买主的那些企业。营销中介包括中间商、物流企业、营销服务机构和金融机构等。

1. 中间商

中间商是协助企业寻找顾客或直接与顾客进行交易的商业组织和个人。中间商分为两类：代理中间商和商人中间商。代理中间商指专门协助达成交易、推销产品，但不拥有商品所有权的中间商，如经纪人、代理人和制造商代表等。商人中间商是指从事商品购销活动，并对所经营的商品拥有所有权的中间商，包括批发商、零售商。除非企业完全依靠自己建立销售渠道，否则中间商对企业产品从生产领域成功地流向消费领域有至关重要的影响。中间商是联系生产者和消费者的桥梁，它们直接和消费者打交道，协调生产厂商与消费者之间所存在的数量、地点、时间、品种以及持有方式之间的矛盾。因此，它们的工作效率和服务质量就直接影响到企业产品的销售状况。如何选择中间商并与之合作，以及如何在激烈的市场竞争中争取和保持一定的"货架空间"都不是简单的事情。

2. 物流企业

物流企业是指帮助企业储存、运输产品的专业组织，包括仓储公司和运输公司。企业从成本、运送速度、安全性和方便性等方面选择合适的物流企业。物流企业的作用在于使市场营销渠道中的物流畅通无阻，为企业创造时间和空间效益。近年来，随着仓储和运输手段的现代化，物流企业的功能愈发明显和重要。

3. 营销服务机构

营销服务机构包括市场调研公司、财务公司、广告公司、各种广告媒体和营销咨询公司等，它们提供的专业服务是企业营销活动不可缺少的。尽管有些企业自己设有相关的部门或配备了专业人员，但大部分企业还是与专业的营销服务机构以合同委托的方式获得这些服务。

4. 金融机构

金融机构包括银行、信贷公司、保险公司等对企业营销活动提供融资或保险服务的各种机构。在现代社会中，几乎每一个企业都与金融机构有一定的联系和业务往来。企业的信贷来源、银行的贷款利率和保险公司的保费变动无一不对企业市场营销活动产生直接的影响。

供应商和营销中介都是企业向消费者提供产品或服务价值过程中不可缺少的支持力量，是价值让渡系统中主要的组成部分。企业不仅仅把它们视为营销渠道成员，更要视为伙伴，以追求整个价值让渡系统业绩的最大化。菲利普·科特勒提出的全方位营销观念认为，从长远利益出发，企业的市场营销活动应囊括构成其内外环境的所有重要行为者。为创造令人满意的顾客关系，公司不能仅仅优化自己的业绩，还必须与供应商、营销中介紧密合作来优化整个价值递送系统的业绩。

目标顾客

目标顾客是企业的服务对象，是企业产品的直接购买者或使用者，也是公司微观环境中最重要的行为者。企业与市场营销渠道中的各种力量保持密切关系的目的就是为了有效地向其目标顾客提供产品和服务。顾客的需求正是企业营销努力的起点和核心。因此，认真分析目标顾客需求的特点和变化趋势是企业极其重要的基础工作。

市场营销学根据购买者和购买目的来对企业的目标顾客进行分类。包括：

(1)消费者市场。消费者市场由为了个人消费而购买的个人和家庭构成。

(2)生产者市场。生产者市场是由为了加工生产来获取利润而购买的个人和企业构成。

(3)中间商市场。中间商市场由为了转卖来获取利润而购买的批发商和零售商构成。

(4)政府市场。政府市场由为了履行政府职责而进行购买的各级政府机构构成。

当然，除了国内市场外，在日益开放的经济下，许多企业还要面对国际市场。国际市场由国外的购买者构成，包括国外的消费者、生产者、中间商和政府机构。

每种市场类型在消费需求和消费方式上都具有鲜明的特色。企业的目标顾客可以是以上五种市场中的一种或几种。也就是说，一个企业的营销对象可以不仅包括广大的消费者，也包括各类组织机构。企业必须分别了解不同类型目标市场的需求特点和购买行为。

竞争者

任何企业都不大可能单独服务于某一顾客市场，完全垄断的情况在现实中不容易见到。而且，即使是高度垄断的市场，只要存在出现替代品的可能性，就可能出现潜在的竞争对手。所以，企业在某一顾客市场上的营销努力总会遇到其他企业类似努力的包围或影响，这些和企业争夺同一目标顾客的力量就是企业的竞争者。企业要在激烈的市场竞争中获得营销的成功，就必须为顾客提供比其竞争者更高的价值和满意。因此，除了发现并迎合消费者的需求外，识别自己的竞争对手、时刻关注他们，并随时对其行为做出及时的反应也是成败的关键。菲利普·科特勒将企业的竞争环境分析为四个层次：

(1)欲望竞争。即消费者想要满足的各种愿望之间的可替代性。当一个消费者休息时可能想看书，也可能想要进行体育运动或吃东西等，每一种愿望都可能意味着消费者将在某个行业进行消费。

(2)类别竞争。即满足消费者某种愿望的产品类别之间的可替代性。假设前面那个消费者吃东西的愿望占了上风，他可以选择的食品很多：水果、冰激凌、饮料、糖果或其他。

(3)产品形式竞争。即在满足消费者某种愿望的特定产品类别中仍有不同的产品形式可以选择。假设消费者选中了糖果，则有巧克力、奶糖、水果糖等多种产品形式可满足他吃糖的欲望。

(4)品牌竞争。即在满足消费者某种愿望的同种产品中不同品牌之间的竞争。比如，或许那个消费者对巧克力感兴趣，并特别偏爱 M&M'S 牌，于是，该品牌的产品在竞争中便赢得了最后的胜利。

品牌竞争是这四个层次的竞争中最常见和最显在的，其他层次的竞争则比较隐蔽和深刻。有远见的企业并不仅仅满足于品牌层次的竞争，而会关注市场发展趋势，在恰当的时候积极维护和扩大消费者的基本需求。

公众

公众是指对企业实现其市场营销目标的能力有着实际或潜在影响的群体。公众可能有助于增强一个企业实现目标的能力，也有可能妨碍这种能力。企业的主要公众包括金融界、新闻界、政府、民间团体、社区公众、一般公众和企业内部公众。有时候公众的态度会直接影响企业营销的成败。因此，成功地处理好与公众的关系格外重要。假设公司希望从某一类公众那里得到特定的反应，比如商誉、良好的口碑，或者人力和资金的捐赠，就必须为这一类公众设计有效的营销方案，以产生所期待的反应。目前，许多企业建立了公共关系部门，专门筹划与各类公众的良好关系，目的是为企业建立宽松的营销环境。

第三节 间接营销环境

间接营销环境指那些作用于直接营销环境，并因而造成市场机会或环境威胁的主要社会力量，包括人口、经济、自然、科学技术、政治法律和社会文化等企业不可控制的宏观因素。企业及其直接营销环境都受到这些社会力量的制约和影响。

人口环境

市场营销学认为市场是由有购买愿望并且具备购买能力的人构成的，人的需求正是企业营销活动的基础。所以，对人口环境的考察是企业把握需求动态的关键。从量的角度看，人口的数量是市场规模的重要标志，在人均消费水平一定的情况下，人口数量越多，市场需求规模就越大。而从人口的分布、结构及变动趋势等方面进行质的分析，则能够刻画出市场需求的特点和发展趋势。我们可以从以下方面讨论人口环境及其变化对企业营销活动的影响。

1. 世界人口数量迅速增长

随着世界科学技术进步、生产力发展和人民生活条件改善，世界人口平均寿命延长，死亡率下降，全球人口尤其是发展中国家的人口持续增长。据统计，2010 年世界总人口已经达到 68 亿，并将在 2040 年达到 90 亿以上。世界人口的迅速增长意味着人类需求的增长和世界市场的扩大。

世界人口的增长呈现出极端不平衡。发达国家的人口出生率下降，人口自然增长率只有 0.1%，有些国家甚至出现负增长，导致这些国家市场需求呈缓慢增长趋势，有的甚至开始萎缩。例如，欧洲儿童数量的减少，给以儿童市场为目标顾客的企业造成威胁，却因为年轻夫妇有更多的闲暇和收入用于旅游和娱乐，为另一些行业带来佳音。世界人口的 80%在发展中国家，而且人口增长最快的往往是那些落后、欠发达的国家。贫穷问题困扰着这些国家的人民，在人口呈几何级数上升的同时，消费者的购买力并没有提高多少，市场需求层次较低，以追求基本需求的满足为主。世界人口的过度膨胀给有限的地球资源带来巨大的压力，由此，可持续发展战略的研究为市场营销提出了新的课题。

2. 人口结构

人口结构可从其自然结构(性别、年龄)和社会结构(文化素质、职业、民族和家庭)两方面进行分析。

(1)人口的自然结构。人口的性别构成与市场需求的关系密切。男性和女性在生理、心理和社会角色上的差异决定了他们不同的消费内容和特点。一些产品有明显的性别属性,只为男性或女性专用。而男女不同的性别心理和社会角色对消费行为有直接影响。一般来说,男性以阳刚粗犷为美,崇尚冒险精神,以事业为重,决策果断,因而男性消费者的需求特征常常表现为粗放型、冒险型、冲动型和事业型;女性比较温柔细腻,善于谨慎从事,以生活和家庭为重,因而女性消费者的需求特点多为谨慎型、生活型和唯美型。

人口年龄结构是企业分析市场环境的主要内容之一,不同年龄层次的消费者因为生理和心理特征、人生经历、收入水平和负担状况的不同,有着不同的消费需要、兴趣爱好和消费模式。目前,人口老龄化是世界人口年龄结构变化的新特点,其原因在于许多国家尤其是发达国家的人口死亡率普遍下降,平均寿命延长。这一人口环境动向对市场需求的影响是十分深刻的:市场对摩托车、体育用品等青少年用品的需求将会减少,而且由于老年人对购买住宅、汽车等高档商品兴趣不大,这部分产品的市场需求也呈下降趋势;另外,老年人的医疗和保健用品、生活服务、旅游和娱乐的市场需求将会迅速增长。中国已于1999年进入老龄社会,是较早进入老龄社会的发展中国家之一。2001年到2020年是中国快速老龄化阶段,其间年均增长速度将达到3.28%,到2020年,老年人口将达到2.48亿,老龄化水平将达到17.17%,其中,80岁及以上老年人口将达到3 067万人,占老年人口的12.37%。我国老年产品与服务的多种需求构成了一个十分庞大、丰富多彩的市场。

(2)人口的社会结构。人口的文化素质对市场消费需求的影响也不能忽视。一般来说,随着受教育人数和受教育水平的提高,市场将增加对优质高档产品、旅游、书籍杂志等文化消费品的需求,而且人们的需求会更加追求个性化和多样化。此外,企业采用的营销手段及其效果也因目标顾客的受教育程度而异。

职业是消费者的社会角色,不同的职业往往和相应的收入水平联系在一起,直接制约消费者的购买能力。特定的职业常常和一定的生活方式相联系,进而影响到消费方式、消费习惯。即使收入水平相同,出租车司机和大学教授的消费兴趣也不会相同。

不同民族的消费者在各自传统民族文化的影响下,其消费行为、消费内容有鲜明的民族性。我国是一个多民族的国家,除占人口绝大多数的汉族外,还有满、藏、回、壮、维吾尔、蒙古等50多个少数民族。每个民族都有特殊的需求和消费习惯。以不同民族消费者为目标顾客的营销者必须尊重民族文化，理解民族文化间的差异。

家庭是社会的细胞，也是某些商品的基本消费单位，例如住房、成套家具、电视机、厨房用品等商品的消费数量就和家庭单位的数量密切相关。目前，家庭规模缩小已经是世界趋势。家庭规模小型化，一方面导致家庭总户数的增加，进而引起对家庭用品总需求的增加；另一方面则意味着家庭结构的简单化，从而引起家庭需求结构的变化。营销者应在产品设计、包装和促销方面做出相应的调整。

3. 人口分布

人口的地理分布指的是人口在不同的地理区域的密集程度。由于各区域的自然条件、经济发展水平、市场开放程度以及社会文化传统和社会经济与人口政策等的不同，不同区域的人口具有不同的需求特点和消费习惯。例如在我国，不同区域的食品消费结构和口味就有很大差异，俗话说“南甜北咸，东辣西酸”，也因此形成了如粤菜、川菜、鲁菜、徽菜等著名菜系。

人口密度是反映人口分布状况的重要指标。人口的地理分布往往不均匀，各区域的人口密度大小不一。人口密度越大，意味着该地区人口越稠密，市场需求越集中。

人口的地理分布并不是一成不变的，它是一个动态的概念，这就是人口流动问题。近几十年来，世界上人口“城市化”是普遍存在的现象，有些国家的城市人口高达百分之七八十。但在一些发达国家，与城市化倾向相反，出现了城市人口向郊区及卫星小城镇转移的“城市空心化”趋势。随着世界各国的开放和旅游市场的发展，世界人口在国家之间的流动量增长迅速。这些人口流动现象无一不造成了市场需求的相应变化，营销者必须充分考虑人口的地理分布及其动态特征对商品需求及流向的决定性影响。

经济环境

市场营销学认为，人的需求只有在具备经济能力时才是现实的市场需求。在人口因素既定的情况下，市场需求规模与社会购买力水平呈正比关系。经济环境包括许多因素，如产业结构、经济增长率、货币供应量、利率等。而社会购买力正是以上一些经济因素的函数。所以，企业必须密切注意经济环境的动向，尤其要着重分析社会购买力及其支出结构的变化，敏感于促成其变化的各种因素。

1. 消费者收入水平

消费者的收入是消费者购买能力的源泉，包括消费者个人工资、奖金、津贴、股息、租金和红利等一切货币收入。消费者收入水平的高低制约了消费者支出的多少和支出模式的不同，从而影响了市场规模的大小和不同产品或服务的需求状况。

对消费者收入的分析绝非简单问题，必须准确理解一系列的相关概念。首先，个人可支配收入和个人可任意支配收入是一对重要概念。个人可支配收入指在个人总收入中扣除税金后，消费者真正可用于消费的部分，它是影响消费者购买力水平和消费支出结构的决定性因素。个人可任意支配收入是在个人可支配收入中减去消费者用于购买食品、支付房租及其他必需品的固定支出后所剩下的那部分收入，一般还要扣除稳定的储蓄。非必需品的消费主要受个人可任意支配收入的限制。

个人可任意支配收入＝个人全部收入－税费－固定开支－储蓄＋现金

在这两种收入中，由于国家税收政策的稳定性，个人可支配收入变化趋势缓慢，而个人可任意支配收入变化较大，而且在商品消费中的投向不固定，成为市场供应者竞争的主要目标。

另一对重要概念是货币收入和实际收入。它们的区别在于后者经过了物价因素的修正，而前者没有。货币收入只是一种名义收入，并不代表消费者可购买到的实际商品的价值。所以，货币收入的上涨并不意味着社会实际的购买力提高，而货币收入的不变也不一定就意味着社会购买力没有波动。唯有考虑物价因素的实际收入，才能反映出实际社会购买力水平和变化。假设消费者货币收入不变，但物价下跌，则消费者的实际收入增加，购买能力有所提高；相反，如果物价上涨，则消费者的实际收入下降，购买能力也降低。即使货币收入随着物价上涨而增长，如果通货膨胀率大于货币收入增长率，消费者的实际收入仍会减少，社会购买力下降。

另外，消费者的储蓄额占总收入的比重和可获得的消费信贷也会影响实际购买力。一般来说，储蓄意味着推迟了的购买力，储蓄额越大，当期购买力越低，而对以后的市场供给造成压力，有人以“笼子里的老虎”来形象地比喻储蓄对未来市场的冲击。与储蓄相反，消费信贷是一种预支的购买能力，它使消费者能够凭信用先取得商品的使用权，然后再按期归还贷款。消费信贷有短期赊销、分期付款和信用卡信贷等多种形式。发达的商业信贷使消费者将以后的消费提前了，这对当前的社会购买是一种刺激和扩大。

除了分析研究消费者的平均收入外，营销者还应了解不同社会阶层、不同地区、不同职业的收入和收入增长率的差别，深入认识各个细分市场的购买力分布。

2. 消费者支出模式

消费者支出模式指消费者各种消费支出的比例关系，也就是常说的消费结构。社会经济的发展、产业结构的转变和收入水平的变化等因素直接影响着社会消费支出模式，而消费者个人收入则是单个消费者或家庭消费结构的决定性因素。对这个问题的分析涉及“恩格尔定律”。德国经济学家和统计学家恩斯特·恩格尔(Ernest Engle，1857)在对英国、法国、德国、比利时不同收入家庭调查的基础上，发现了关于家庭收入变化与各种支出之间比例关系的规律性，提出了著名的恩格尔定律，并得到其追随者的不断补充与修正。目前该定律已成为分析消费结构的重要工具。该定律指出：随着家庭收入增加，用于购买食品的支出占家庭收入的比重就会下降；用于住房和家庭日常开支的费用比重保持不变；而用于服装、娱乐、保健和教育等其他方面及储蓄的支出比重会上升。其中，食品支出占家庭收入的比重被称为恩格尔系数。恩格尔系数是衡量一个国家、一个地区、一个城市、一个家庭生活水平高低的标准。恩格尔系数越小，表明生活越富裕；越大，则表明生活水平越低。企业从恩格尔系数就可以了解市场的消费水平和变化趋势。

消费者支出模式除了主要受消费者收入的影响外，家庭生命周期阶段和家庭所在地点的不同也会造成不同的消费结构。一个家庭的新婚阶段是家用电器、家具等耐用品的需求旺盛期；家庭中有了孩子，消费支出的重心便转移到孩子的需求上，家庭收入的很大比重都用于孩子的食品、服装、教育和文娱等方面；等到孩子长大成人、独立生活后，父母的消费多用于医疗、保健、旅游或储蓄。家庭由于所在地点不同开支也不一样，比较居住在城市中心和郊区的家庭，会发现两者在交通、住房和食品等方面有着不同的支出比例。

自然环境

自然环境是人类最基本的活动空间和物质来源，可以说，人类发展的历史就是人与自然关系发展的历史。自然环境的变化与人类活动休戚相关。目前，自然环境却面临危机，主要表现在：

1. 自然资源逐渐枯竭

传统上，人们将地球上的自然资源分成三大类：取之不尽、用之不竭的资源，如空气、水等；有限但可更新的资源，如森林、粮食等；有限又不能更新的资源，如石油、煤和各种矿物。由于现代工业文明无限度地索取和利用，导致矿产、森林、能源、耕地等资源日益枯竭，甚至连以前认为永不枯竭的水、新鲜空气也在世界某些大城市出现短缺。目前，自然资源的短缺已成为各国经济进一步发展的制约因素甚至反作用力。

2. 自然环境受到严重污染

过去，世界经济是物质经济，是肆意挥霍原料、资源、能源特别是矿物燃料作为发展动力的经济，这种粗放型的经济增长方式使人类付出了惨重的代价，极大地消耗着地球的资源。随着工业化和城市化的发展，环境污染程度日益加重，人类面临资源枯竭、海洋污染、土壤沙化、温室效应、物种灭绝和臭氧层破坏等一系列资源生态环境危机。人们对环境问题越来越关心，纷纷指责环境污染的制造者，力求达到一种与自然环境和谐发展的状态。

1992 年 6 月，联合国环境与发展大会在巴西里约热内卢通过了包括《21 世纪议程》在内的一系列重要文件，指出人类社会应走可持续发展的道路。可持续发展指经济发展应建立在资源可持续利用的基础上，符合生态环境所允许的程度，既能满足当代的发展需求，又不对后代生存和发展构成危害。通过产业结构调整与合理布局，实行清洁生产和文明消费，使社会的发展在代内和代际都达到与环境的和谐。可持续发展理论逐渐被世界各国所接受，并促进绿色产业、绿色消费、绿色市场营销的蓬勃发展。例如：麦当劳规定所有餐厅都采用再生纸制成的纸巾；宝洁公司(P&G)重新设计了塑料包装，以减少塑料用量。从世界范围看，环境保护意识和市场营销观念相结合所形成的绿色市场营销观念(green marketing concept)正成为新世纪市场营销的主流。

科学技术环境

科学以系统的理论反映系统的现象，是人类对自然、社会和思维等现象认识的结晶。技术是人类为实现社会需要、改革客观世界所采用手段的总和。科学、技术与生产的结合、统一是新技术革命的特征之一。作为推动社会生产力发展的主导力量，科学转化为直接的社会生产力的周期日益缩短，科学技术在社会化大生产中的作用呈几何级数递增。第二次世界大战以后，高新技术群继续不断地深化发展，微电子技术、电子计算机技术、原子能技术和生物技术在整个经济结构中的含量急剧上升，新技术革命进入了加速发展的新阶段。人类明确地认识到科学技术是第一生产力。21世纪是高科技继续发展的新世纪。

有人称科学技术是“历史发展总过程的精华”，是“最高意义的革命力量”。每一种科学技术的新成果都会给社会生产和社会生活带来影响甚至是深刻的变化。营销者应准确地把握科技革命的发展趋势，密切注意技术环境的变化对市场营销活动的影响，及时地采取适当的对策。

1. 新技术的发展和运用促成新的市场机会，产生新的行业

由于大量启用自动化设备和采用新技术，许多新行业，包括新技术培训、新工具维修、计算机教育、信息处理、光导通信、遗传工程、海洋技术和空间技术等相继出现。新技术革命的蓬勃发展促进了产业革命，而产业革命所包含的主导技术群和技术体系则催化了社会经济的变革，甚至是整个社会结构、时代文化和价值观的更新。与此同时，新技术也使某些行业遭到环境威胁或毁灭性打击，一些旧行业受到冲击甚至被无情地淘汰。

2. 新技术的发展和运用赋予了企业改善经营管理的能力

竞争战略学家迈克尔·波特指出，技术概念除了可狭义地定义为一种科技类的东西外，还可以有极为广泛的含义，包括管理、组织创新或商业模式的创新，而运用技术的能力是企业获得竞争优势的源泉。

3. 新技术的发展和运用改变零售业的结构和消费者的购物习惯

现代电子技术为营销活动创造了一个由计算机和通信交汇的无形空间，消费者可以在这个空间获取信息、自由购物，企业可以在这个空间进行广告宣传、市场营销研究和推销商品等。所以，看似虚拟的空间，但却开辟了实实在在的竞争新领域。近年来，即使在全球经济下滑的压力下，电子商务也迅猛发展。使用互联网的人群越来越多样化，网民的身份已经超越了年龄、教育水平和地理位置的限制，其连接性和影响越来越大。Facebook、YouTube 和微信等社交媒体平台的发展正改变着世界上许多人的生活方式，也为社会媒体营销创新带来了巨大的挑战和机会。移动支付等技术的发展使购物过程变得越来越智能化、当地化、个人化。

政治法律环境

企业的市场营销决策在很大程度上受政治法律环境的影响。法律是充分体现政治统治的强有力形式，政府部门利用立法及各种法规表现自己的意志，对企业的行为予以控制。政治法律环境由法律、政府机构和在社会上对各种组织及个人有影响和制约的集团构成。我国政治法律环境自改革开放以来有明显改善，表现在以下几个方面。

1. 国家政策法规的不断完善

市场经济是法治经济，我国政府非常重视法制建设，法令、法规、条例，特别是有关经济的立法不断出台。国家立法的目的不外乎这样三种：

(1)维护企业的合法权益，避免不正当竞争，保证良好的市场秩序。例如，我国的《公司法》《反不正当竞争法》《税收法》《广告法》《商标法》《价格法》等，都为市场经济保持健康稳定的发展提供了可靠的保障。

(2)保护消费者的合法权益不受侵害。我国对消费者利益的保护立法非常重视，推出了从规定产品的品质、技术标准，到免受不法经营者欺骗等的一系列保障措施。1994 年 1 月 1 日我国施行了《消费者权益保护法》，明确指出国家保护消费者的合法权益不受侵害，保障消费者合法行使其知晓权、选择权、评价权、公平交易权、索赔权等合法权利。

(3)保护社会利益，防止环境污染。例如，从保护自然环境、防止公害的立场出发，通过《环境保护法》及相关条例严格限制经济活动的外部性，协调人类与环境的共同发展。随着社会对可持续发展观的进一步认同，企业的经营活动越来越不可回避其应有的社会责任。

2. 公众利益集团的发展

公众利益集团指代表一定公众利益的民间社团组织，如消费者协会、老年协会、旅游者俱乐部、环境保护组织等等。这些利益集团不是官方组织，不具有强制性，但因为是某个群体的利益代言人，所以颇具影响力和号召力。

社会文化环境

社会文化深远地影响着人们的生活方式和行为模式。消费者的任何欲望和购买行为都有深深的文化烙印。例如，华人的春节和西方人的圣诞节是有着两种不同文化背景的消费高峰期，不同的节日风俗使节日消费各具特色。此外，营销者本身也深受文化的影响，表现出不同的经商习惯和风格。

社会文化基本上可以分成三大要素：物质文化、关系文化和观念文化。物质文化是指人们在从事以物质资料为目的的实践活动过程中所创造出来的文化成果，以生产力为首要；关系文化是人们在创造、占有和享受物质文化的过程中形成的社会关系，包括以生产关系为基础的经济关系、阶级关系、民族关系、国际关系等，还包括为维护这些关系而建立的各种社会组织形式和与之相应的政治法律制度、社会道德规范等；观念文化是在前两种文化基础上形成的意识形态文化，包括人们在长期的文化历史发展中积淀而成的社会文化心理、历史文化传统、民族文化性格等，以及社会有意识地宣传和倡导的思想理论、理想精神和文学、艺术、宗教、道德等。任何一种社会文化都是这三方面的统一。其中，以价值观为内核的观念文化是最深沉的核心文化，有高度的连续性，不会轻易改变。营销者应分析自己的市场营销活动将涉及哪些层次的文化因素，灵活地采取相应的策略。一家美国公司在日本市场推销某产品时用的鼓动性口号是曾风靡美国市场的“做你想做的！”但没有达到效果，颇感意外。调查后得知，日本文化与美国文化在价值观上有很大差异，并不喜欢标新立异、突出个性，而是非常强调克己、规矩。后来，这家公司更改口号为“做你应做的！”市场反应转好。口号中虽一字之差，引发的思考却耐人寻味。

营销者在进行社会文化环境分析时，还要着重研究亚文化群的动向。每一种文化内部都包含若干亚文化群，即那些有着共同生活经验或生活环境的人类群体，如青少年、知识分子等。这些亚文化群的信念、价值观和风俗习惯既与整体社会文化相符合，又因为他们各有不同的生活经历和环境而表现出不同的特点。这些不同的人群也是消费者群，根据各亚文化群所表现出来的不同需求和不同消费行为，营销人员可以选择这些亚文化群作为自己的目标市场。

社会文化的影响深远而广泛，在国际营销活动中尤其如此。国际营销是跨国界、跨文化的活动，不同国家文化差异对其影响很大，营销者必须注意不同国家的文化差异对营销活动可能带来的影响。

第四节 中国市场营销环境的基本特征

中国经济步入转型期后市场营销环境呈现出鲜明的特色，主要表现为：人口众多，市场规模大；发展迅速，市场变化快；结构复杂，市场差异大。

人口众多，市场规模大

1. 人口总量

我国是世界上人口最多的国家，2016 年我国内地人口总量超过 13.5 亿，占世界人口的 19.23%，市场潜在容量极其巨大。

2. 购买能力

除人口因素外，中国经济令世人瞩目的持续快速增长，居民收入水平和购买力稳步提高，是促成潜在市场规模扩大的主要原因。在世界经济增长速度明显放缓，特别是一些发达国家陷入经济衰退或下滑的背景下，2015 年中国的国内生产总值(GDP)超过 68 万亿元人民币，位列世界第二，相比于 2010 年增长了 6.4%，远远高于世界平均增长速度。2015 年人均 GDP 为 50 251 元人民币，其中上海和北京的人均 GDP 均已超过 10 万元人民币，按年平均汇率折合 1.6 万美元，根据世界银行的标准，已经达到了中等富裕国家的水平。2015 年中国城镇居民的人均可支配收入已达 31 194 元人民币，农村居民的人均纯收入也达到 11 422 元人民币。收入的稳定增长推动了消费的增长，2015 年，城镇居民的人均消费性支出约为 21 392 元人民币，农村居民人均生活消费支出为 9 222 元人民币。

3. 市场潜力

尽管近年来，伴随中国经济的发展和市场经济的逐步完善，消费水平有所提高，而且我国连续实行扩大内需政策促进消费稳定增长。2012～2015 年，我国最终消费率从 GDP 的 50.1%仅涨至 51.8%，居民消费率从 36.7%仅涨至 38%。2015 年城镇居民平均消费倾向为 68.6%，比 2012 年(67.9%)上涨 0.7 个百分点，但从总体来看，相比世界平均水平，我国的消费率仍然处于较低的水平。从总体来看，仍然存在消费增长滞后于经济增长、有效需求不足的问题。

从居民收入和储蓄的对比来看，我国居民储蓄率较高。截至 2015 年底，中国城乡居民储蓄存款额达 48 万亿元，是 2012 年(39 万亿元)的 1.23 倍，每年差不多以 4.5 万亿元的速度在增长。居民消费率低而储蓄率高可能导致我国经济增长在今后一段时期内受到严重的国内市场需求约束。而我国居民最终消费率要达到国际水平或接近国际水平,必须依靠消费品市场的发展以创造出更大的空间。

4. 消费政策

在实施一系列增加城乡居民收入政策的同时,为促进市场进一步繁荣和国民经济持续发展,我国政府出台了多项扩大内需的政策。例如,扩大消费信贷的规模和品种,促进和规范个人消费信贷业务的健康有序发展,促进居民改变储蓄与消费的比例;征收利息税,刺激储蓄资金向消费市场分流;扩大高校招生规模,鼓励教育消费支出;完善社会保障制度,增加居民收入;增加节假日数量,鼓励假日消费;等等。这些政策无疑对市场需求的提高有所促进。相应地,目前政府的财政政策和产业政策,为市场需求的繁荣提供了宽松、有利的宏观环境。

发展迅速,市场变化快

随着市场经济向成熟、规范化的方向发展,许多商品的买方市场已经形成,传统的消费模式渐趋瓦解,消费观念正在发生新的变化:消费者主要从质量、价格、服务和品牌等方面来选择消费品,而不太在意消费品的原产地;消费偏好的大类逐渐趋同,对产品多样化的需求日益强烈;由于物质生活水平的提高和环保意识的加强,人们的消费更多地转向休闲、文化和绿色产品,更加重视改善生活品质。

伴随消费观念变化的是消费结构和消费行为的变化,消费水平和消费档次逐年提升。经过多年收入增长的积累,许多城市家庭生活质量明显改善,支出取向已经开始由满足温饱转向提高质量和追求发展。

在各项消费支出中,食品支出比重一再下降,2015 年的城镇和农村居民家庭恩格尔系数分别为 34.8%和 37.1%。饮食结构进一步改善,人们更加注重健康和营养。随着居民消费观念的更新,在外用餐支出迅速增长。

衣着类商品消费和家庭设备用品消费的支出比重趋于稳定。人们对着装更加注意美观、舒适,强调时尚和品牌化。家庭设备用品由于前期积累,普及率较高,基本进入饱和期,用于购置该类产品的支出及其占总消费支出的比重都有所下降;但家庭电脑、家用汽车、移动电话等的购买上升很快。2015 年城镇居民平均每百户家庭拥有电脑 78.5 台,是 2012 年的 1.7 倍;拥有家用汽车 30 辆,是 2012 年的 1.4 倍;拥有移动电话 223.8 部,是 2012 年的 1.05 倍。

在中国居民家庭消费支出结构中增长最快的是交通通信、医疗保健和教育文化娱乐三类消费,2015 年这三类消费的人均消费支出分别达到 2 087 元、1 165 元和 1 723 元,分别是 2012 年的 1.28 倍、1.28 倍和 1.23 倍。外出旅游成为中国居民享受生活的体现。2015 年国内旅游总人次为 40 亿人次,是 2012 年的 1.35 倍;旅游收入为 34 195.1 亿元,是 2012 年的 1.51 倍。

我国消费者消费行为逐步走向成熟，开始注重消费体验，服务水平、个性、人文特色、环境意识正在加强。居民收入差距的扩大表现在消费取向上的差异。一部分消费者的消费以实用为主，讲求节约和理性；一部分消费者则开始追求新潮，讲究精致的生活和消费品位。

另外，城镇居民支出结构中非消费性支出增长速度高于总支出的增长速度，表现在用于股票、债券、储蓄性保险上的金融投资明显增加。显然，快速适应市场需求变化，以消费者的需求来引导企业行为，已经成为赢得竞争的必需。中国市场日益开放，作为全球市场的一部分，中国市场的商品愈加丰富、竞争愈加激烈。

结构复杂，市场差异大

地域辽阔，人口众多，“大”和“变”使得发展中的中国市场结构极其复杂。

1. 年龄结构

人口年龄结构发生了较大变化。2015 年 0～14 岁人口占总人口的比重为 16.5%，比 2000 年第五次人口普查时的 22.9%下降了 6.4 个百分点；15～64 岁的人口占 73%，比第五次人口普查时的 70.15%上升了 2.75 个百分点；65 岁及以上人口占总人口的比重为 10.5%，比第五次人口普查时的 6.96%上升了 3.54 个百分点。这反映出，自我国改革开放以来，随着经济社会迅速发展，人民生活水平和医疗卫生保健事业的巨大改善，特别是人口生育水平的迅速下降，人口老龄化进程加快。银发市场的特殊需求，尤以保健服务、医疗用品等方面的需求增长迅速。

2. 收入结构

步入 20 世纪 90 年代后，我国城乡居民收入差距进一步扩大，1996 年城乡合计的收入基尼系数为 0.424，1997 年为 0.425，1998 年为 0.456，2000 年为 0.458，2005 年则为 0.46，进入了不平等区间。2015 年我国城镇居民中最高 20%收入组的人均可支配收入为最低 20%收入组的 5.32 倍。收入水平的差异使消费需求出现多层次、多样化的特点。同时，较大的收入差距容易形成消费断层，对消费品市场发展起到一定的制约作用。

3. 地区差别

地区发展不平衡，是我国市场发展另一个显著的特点。从经济增长的地区结构来看，东、中、西部及东北地区的收入和消费水平很不平衡。

2015 年，我国城镇居民人均可支配收入位列前五位的省（直辖市）是：上海（52 961.9 元）、北京（52 859.2 元）、浙江（43 714.5 元）、江苏（37 173.5 元）和广东（34 757.2 元），均为东部地区；位列后五位的是：甘肃（23 761.7 元）、黑龙江（24 202.6 元）、青海（24 542.3 元）、贵州（24 579.6 元）和吉林（24 900.9 元），都位于西部和东北地区。其中,居民人均收入最高地区(上海)和最低地区(甘肃)相差 2.23 倍。2015 年,农村家庭人均纯收入最高地区(上海:23 205.2 元)和最低地区(西藏:6 936.2 元)要相差 3.35 倍。

从居民人均消费性支出来看,2015 年上海达到 49 867.2 元,成为内地居民消费水平最高的地区,与人均消费性支出最低的青海(12 254.3 元)相差 4.07 倍。

4. 城乡差别

虽然我国政府近年来采取了降低农民负担、提高农民收入等扩大农村市场的政策措施,但由于农产品供过于求,价格下降幅度较大,农民收入增长幅度仍然明显低于城镇居民。2015 年农村人均纯收入为 11 422 元,比上年增长 8.9%;而城镇居民人均可支配收入为 31 195 元,比上年增长了 8.2%。2015 年城镇居民与农村居民的收入差距是 2.73 倍。我国城乡居民储蓄存款的 80%为城镇居民所有。城乡居民消费水平对比(以农村为 1)自 1999 年以来,一直高于 3.5。总的来看,农村居民的收入水平、消费水平和消费结构、耐用消费品拥有情况远远落后于城市。而且,农村居民消费支出增长速度低于收入水平增长速度,边际消费倾向弱化。但农村的消费结构也在逐步改善,中央政府已将从根本上解决"三农"问题、提高农民的收入水平、改善农村的生活质量作为下一阶段的首要工作,而且农村的消费需求潜力较大,这预示着未来中国农村将蕴藏着不可忽视的、巨大的市场机会。

思考题

1. 什么是直接营销环境?什么是间接营销环境?为什么说企业对营销环境能动地适应是其营销成功的关键?

2. 目前,企业在自然环境方面的主要动向是什么?它们对企业的市场营销有何影响?

3. 企业应如何分析研究消费者收入?消费者支出模式受到哪些因素的影响?

4. 企业应如何分析、评价环境威胁和市场机会?试举例说明企业对其面临的主要威胁和理想机会应做出什么反应。

5. 中国市场营销环境的主要特征是什么?

第四章　营销信息管理

学习目的与要求

1. 掌握营销信息的概念、类型和功能
2. 掌握营销信息系统的结构要素
3. 了解营销调研的方法
4. 了解社会化媒体营销调研的方法
5. 了解市场预测的方法

企业的营销决策要以市场需求为核心，就必须保持对市场变化的高度敏感。实践证明，要提高营销决策的正确性，企业只能立足于充分了解市场、确切掌握相关营销信息的基础上。而现代科学技术的发展，也为企业建立科学的营销信息系统提供了良好的条件。

第一节　营销信息概述

任何营销活动都离不开相应的环境，企业作为市场系统的组成部分，只有充分地了解市场、适应市场，才能使自己的营销活动与社会需要相协调。因此，反映市场活动特征及其发展变化情况的营销信息，对于营销者有效参与市场竞争、更好地实现营销目标的作用越来越大。

营销信息的概念

信息是各种相互联系的客观事物在运动变化中，通过一定传递形式而揭示的一切有特征性内容的总称。比如电闪、雷鸣、鸟语、花香提供了大自然变化的信息，语言、绘画、音乐、电波反映了人类活动的信息。我们就是生活在这样一个无边无际的信息世界中。

营销信息即市场营销信息，是指在一定时间和条件下，与企业的市场营销有关的各种事物的存在方式、运动状态的综合反映。它一般通过语言、文字、数据、符号等表现出来。所有的市场营销活动都以信息为基础而展开，经营者进行的决策也是基于各种信息，而且经营决策水平越高，营销信息就越重要。

营销信息的类型

一般可以把营销信息分成两大部分。

1. 外部环境信息

外部环境信息，即来自企业外部、反映客观环境变化的同营销活动有关的信息。外部环境信息的范围十分广泛，企业可以根据自身条件和需要，在不同时期内选择一些对营销活动影响最大的因素作为调研的重点。

(1)政府的方针、政策、法令、计划与相关文件。政治背景的变更往往会对企业的营销活动产生至关重要的影响。如政府某些政策、法令的修改会使一些产品无销路而退出市场，另一些产品则因此得到许可开发而进入市场。因此，这类信息必须引起企业的重视。同时，各级政府和主管部门所颁发的经济统计资料、调查报告等，是企业应当作为常规性收集的重要信息，把握它们可以了解过去与当前情况以及经济发展趋势。

(2)市场竞争情况。市场经济社会中，参与营销活动的企业间相互竞争是必然的，而且随着市场经济的不断发展，这种竞争会越来越激烈。“知己知彼，百战不殆”，企业要加速自身的发展并在市场竞争中立于不败之地，就必须想尽一切办法获取那些同行竞争的信息。诸如竞争对手的经营规模(固定资产额、生产规模等)；产品特点(外观、质量、价格水平等)；应变能力(生产多档产品、适应市场需求等)；技术设备(设备先进程度、实验室建设等)。把握了竞争对手的概况，企业就把握了营销活动中的相对地位和利弊条件。

(3)市场需求状况。现代营销活动中企业的营销决策是以市场需求为核心的，因此市场需求状况信息是企业必须调研的重要内容。市场需求状况包括消费者需要什么、在何时需要及其愿意按何种条件接受营销企业产品或服务等。消费者需要既指同营销企业所提供产品的相关方面，如产品的质量、性能、包装等，也指同企业尚未开发生产和投入市场的产品相关的需求。消费者需要的时间既指具有购买支付能力的时间，又指消费者乐意或习惯上的购买时点。消费者愿意接受的条件既指产品相应的价格水平,也指企业同时能提供的服务。当然,市场需求状况也包括影响消费者购买行为产生的其他因素,如动机、爱好、家庭、收入、受教育程度等。

(4)科技发展水平。科学技术的不断发展,导致了新产品、新行业的不断涌现以及一些产品和行业的落后甚至被淘汰。尤其在当今,人们对能源、材料、技术等方面持续进行创新和突破,会给整个人类社会带来巨大影响。企业必须及时掌握有关的科技情报,诸如同行业同类产品更新换代的过程(全新产品、重大产品改进等),国内外科技的最新成就(产品合理结构、质量及功能提高,新材料、新工艺、新技术的应用等),并据以不断改进自己的现有产品和开发新产品,才能跟上时代前进的步伐。

(5)其他。企业的营销活动不是孤立的活动,需要许多相关行业的支持,如水、电、煤、油、天然气等动力供应和各项原材料及设备的更新等。因此,相关行业的生产动态,新能源、新材料及其代用材料的发展情况,以及自然资源条件、气候变化与旱涝灾情、国际形势重大变化等,都是企业应当重视掌握和研究的信息。

2. 内部管理信息

内部管理信息,即通过企业内部管理的各项经济指标反映营销情况的信息。内部资料能够帮助研究人员迅速而经济地取得企业积累的各种数据、资料,从中可以明确机会与问题的存在,比较预期和实际完成水平,是取得营销信息的一个重要来源。

(1)生产成果。生产成果包括产品产量(销量)、产品质量、品种三部分。产量指标用以说明生产劳动成果的数量标志;质量指标用以说明产品本身物理、化学性能及生产过程中工作好坏方面的标志;品种指标用以说明满足社会需要、逐步扩大新品种取得效果的标志。

(2)物资利用。物资利用指原材料、燃料、动力、设备等在生产过程中的消耗情况。通过材料储备指标、材料单耗指标、材料利用率指标、设备利用率指标等的体现,可以直接反映企业经营成本的高低,也是企业必须掌握的重要信息。

(3)劳动力资源。劳动力是创造物质财富的主要源泉,是生产力的决定性因素。每个企业都应该合理而节约地使用劳动力,争取以尽可能少的劳动耗费产出尽可能多的成果。这类信息包括职工人数指标、工资总额指标、工时利用指标、劳动生产率指标等的变动情况。

(4)财务状况。财务状况的好坏,直接影响着企业的经济效益,反映了企业的经营实绩。这类信息包括资金、成本、利润三大指标,是企业经营必不可少的参考数据。

以上我们把营销信息分成内外两大部分,为的是便于营销信息的调研管理。任何营销信息之间既有区别又有联系,是不能截然分开的。企业必须进行营销信息的通盘分析,形成具有企业特色的营销信息体系,才能达到优化决策的目的。

营销信息的功能

1. 市场营销信息是企业经济决策的前提和基础

企业营销过程中，无论是对于企业的营销目标、发展方向等战略问题的决策，还是对于企业的产品、定价、销售渠道、促销措施等战术问题的决策，都必须在准确地获得市场营销信息的基础上，才可能得到正确的结果。

2. 市场营销信息是制定企业营销计划的依据

企业在市场营销中，必须根据市场需求的变化，在营销决策的基础上，制定具体的营销计划，以确定实现营销目标的具体措施和途径。不了解市场信息，就无法制定出符合实际需要的计划。

3. 市场营销信息是实现营销控制的必要条件

营销控制是指按既定的营销目标，对企业的营销活动进行监督、检查，以保证营销目标实现的管理活动。由于市场环境的不断变化，企业在营销活动中必须随时注意市场的变化，进行信息反馈，以此为依据来修订营销计划，对企业的营销活动进行有效控制，使企业的营销活动能按预期目标进行。

4. 市场营销信息是进行内、外协调的依据

企业营销活动中，要不断地收集市场营销信息，根据市场和自身状况的变化来协调内部条件、外部条件和企业营销目标之间的关系，使企业营销系统与外部环境之间、与内部各要素之间始终保持协调一致。

第二节　营销信息系统

营销信息系统(marketing information system，MIS)是由人、设备与程序所构成的持续和相互作用的结构，用于收集、整理、分析、评估和分配那些恰当的、及时的、准确的信息，以使营销决策者能改善对于其营销计划的设计与控制。营销信息系统为企业创造良好的营销环境服务，它既可为企业确定战略目标的方法和政策提供服务，同时也为企业执行和控制具体营销计划创造条件。

内部报告系统、营销情报系统、营销调研系统和营销决策支持系统构成科学的营销信息系统，它们各司其职，共同完成企业内外部环境的沟通，形成完整的营销信息流循环过程(见图 4－1)。

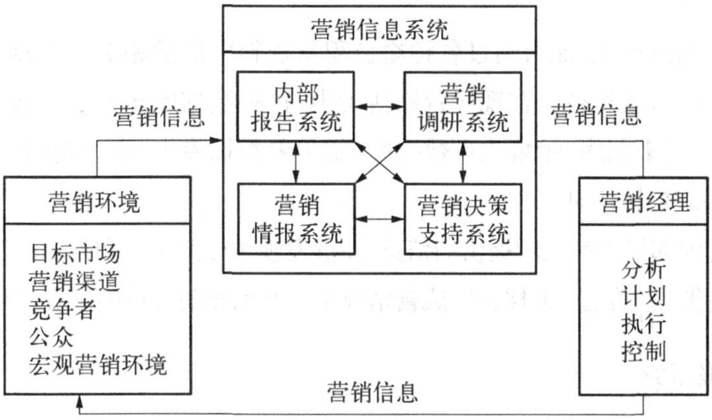

图 4－1 营销信息系统

内部报告系统

内部报告系统以企业内部会计系统为主，辅之以销售信息系统、管理数据库组成，是营销信息系统中最基本的子系统。其作用在于报告订货、库存、销售、费用、现金流量、应收款、应付款以及顾客关系管理等方面的数据资料(见图 4－2)。

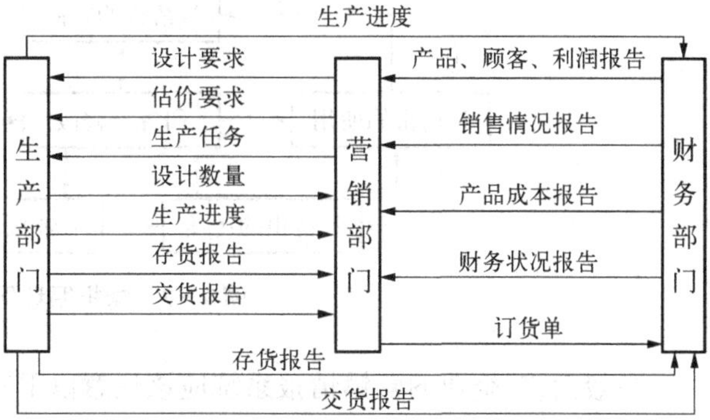

图 4－2 内部报告系统部分信息流

1. 订单—发货—账单循环

企业内部报告系统的核心是订单—发货—账单循环。销售人员把订单送至企业，负责管理订单的机构把有关订单的信息送至企业内的有关部门，然后企业把账单和货物送至购买者的手中，这是一般营销企业的常规操作程序。然而，能否采取有效措施以保证这一循环中的各个步骤快速而准确地完成，则明显地反映着企业不同的营销能力和营销效率。

2. 销售信息系统

内部报告系统还包括及时、全面、准确的销售报告。销售报告应该主动地为决策者提供他们认为需要的，以及他们暂时还不了解但实际需要的信息，以帮助决策者把握最佳决策时机，提高企业的竞争优势。就现实情况而言，由于信息网络的普及，企业基本上都建立了比较健全的销售报告系统，完全有条件在瞬间就清晰地集中反映分散在各处的关联企业过去及现在的销售和库存数据。

3. 管理数据库

企业在营销过程中，能否通过各种途径积累资料并形成相关的数据库，是企业提高核心竞争力的有效途径。在现代营销活动中，这种数据库包括的内容非常广泛，如顾客数据库、产品数据库、销售人员数据库、竞争者数据库等，企业随时可以根据需要从数据库中提取各种信息。

通过分析内部报告系统所提供的信息，能够发现重要的机会和问题。但应注意尽量避免该系统提供重复信息，那样会造成营销成本上升和相关人员陷入资料堆中的弊端。

营销情报系统

营销情报系统(marketing intelligence system)，是企业日常搜取有关企业营销环境发展变化信息的一些来源或程序，往往通过企业的各级营销人员、中间商以及专职的营销信息收集人员形成。一般而言，内部报告系统向营销决策者提供的是实际数据信息，而营销情报系统提供的则是偶发事件的信息(见图 4－3)。

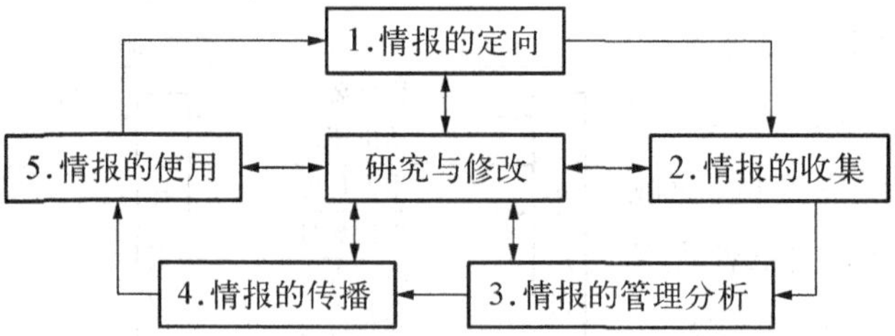

图 4－3　情报循环网

一般而言，企业的营销情报系统应该注意以下三方面的问题：

1. 情报的定向与收集

营销情报系统的建立是以广泛的情报源为基础的，要争取让企业所有的相关人员都成为“情报员”。通过他们自觉、积极的行动去收集信息，如从报纸杂志、上级机关、行业团体、专业调研机构、供应商、中间商及顾客中观察营销环境的变化情况，及时向企业提供信息，从而形成较为系统的营销情报流。

2. 情报的管理与分析

收集营销信息是为了利用它，大量的原始信息必须经过适当的处理，才能转换为对企业营销活动有用的情报。营销情报系统应该配备专业人员从事情报的管理与分析工作，科学地评估收集到的情报，包括分析情报是否有用、是否可靠、是否有效。

3. 情报的传播与使用

为了有效地使用情报，经过处理后的情报应该在最短时间内传播到使用者手中。营销情报系统要确定情报的具体接收人员、接收方法和接收时间等；同时要建立科学的检索系统，指导使用者方便地获取情报。要注意定期清除过期或无效的情报，尽量保证经过各种途径传播的情报真实、可靠。

营销调研系统

营销调研系统(marketing research system)，是指对企业所面临的特定营销环境的有关资料及研究结果做系统的设计、收集、分析和报告的活动。在营销环境变化多端的情况下，该系统能随时由于某个特定问题的需要为企业作出非常规性的决策服务。

营销调研系统进行的是有计划、有步骤的营销信息收集和分析过程，应该注意克服盲目性。营销调研系统的有效运转一般包括以下五个步骤(见图 4－4)：

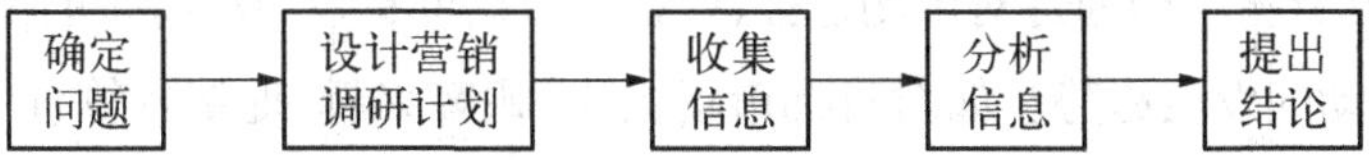

图 4－4　市场营销调研步骤

1. 确定问题

营销调研的内容十分广泛，首先要求调研人员认真地确定要研究的问题，从而商定调研的目标。在企业的营销活动中，任何一个问题都会存在许多可以调研的方面，必须善于找出实质性的内容，否则收集信息的成本可能会远远超过调研得出的结果的价值。不仅如此，错误的研究方向会产生错误的结论，而错误的结论所导致的错误措施必然会给企业带来巨大的损失。

2. 设计营销调研计划

营销调研计划是开展某一营销调研活动所要遵循的框架或蓝图。营销调研计划须详细描述获取所需信息的程序。营销调研计划包括如下内容：

(1)收集数据的方法。是用二手资料还是利用一手资料，一手资料是用问卷调研法、观察法还是实验法收集。

(2)问卷设计。

(3)抽样方法与样本量的确定。

(4)数据分析计划。

3. 收集信息

营销调研的价值取决于调研的结果，而调研结果则是建立在所能收集的信息基础上。因此，如何收集营销信息、如何将所收集的信息提炼出恰当的调查结果，是营销调研的实际操作阶段，也是整个营销调研过程的中心。

4. 分析信息

营销信息的收集是为营销决策服务的，能否恰当、综合地分析所收集的营销信息，是实现其价值的保证。一般而言，营销信息的分析有以下四种情况：

(1)探测性分析。即通过一些初步的数据资料，更好地阐明某个营销问题的性质和可能提出的某些问题。如对企业区域销售情况信息的分析。

(2)描述性分析。即通过反映某个营销问题的一些影响因素，分析它们的关联性。如对市场规模、产品形象、消费者的购买行为、竞争对手特点、经销方式、分销渠道等情况信息的分析。

(3)因果性分析。即通过企业营销环境变化信息，分析它们与企业营销活动的关系。如对政府的方针、竞争对手的行动、消费者爱好变化所引起的企业销售量变化、市场占有率变化以及企业营销策略调整引起的市场变化分析。

(4)预测性分析。即通过对市场过去、现在的数据资料及市场将来的信息的分析，预测企业营销活动的发展趋势。如对目标市场大小、顾客兴趣、促销预算、产品价格、边际毛利、投资金额、目标退货率、重复购买率等信息的分析，预测某项新产品的开发前途。

5. 提出结论

营销调研最终必须形成书面报告，并把调研结论送交有关人员和部门。调研报告书的类型通常有两种：

(1)专门性报告书纲要。这类调查报告技术性比较强，报告的内容要尽可能详尽。包括研究结果纲要、研究目的、研究方法、资料分析、结论与建议、附录(附表、统计公式、测量方法说明等)。

(2)一般性报告书纲要。这类调查报告主要提供给业务主管使用，他们比较关注的是研究发现和结果，所以报告要求生动和重点突出，包括研究发现与结果、行动建设、研究目的、研究方法、研究结果、附录。

调研报告没有一定的规定格式，但无论哪类调研报告，都必须注意突出调研目的，内容要简明、客观、完整。

营销决策支持系统

营销决策支持系统(marketing decision support system，MDSS)由先进的统计步骤和统计模型构成。该系统的作用是利用科学的技术、技巧来分析营销信息，从中得出更为精确的研究结果，以帮助决策者更好地进行营销决策，所以被称为营销决策支持系统(见图 4-5)。

1. 统计工具库

这是一组统计方法，用来从所收集的各种数据资料中抽取有意义的信息，以供营销决策的需要。统计方法本身就是一门专业技术，在营销决策支持系统中常用到计算平均数、测量离散度、资料交叉列表等统计方法。另外，也常运用各种多变数统计技术去发现

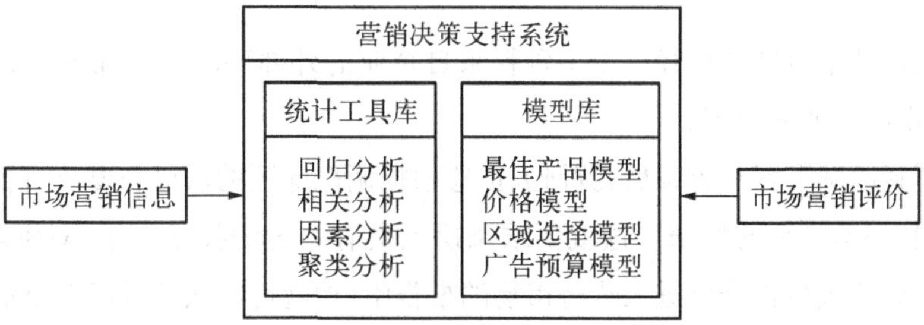

图 4-5　营销决策支持系统

资料中的重要关系，如回归分析、相关分析、因素分析、聚类分析等。还有，营销决策支持系统的优化程序也很重要，如微分计算、数据规划、统计决策理论、博弈理论等。

2. 模型库

模型的设计是用来表达某些系统或过程的一组变量及它们之间的相互关系，帮助回答“假设某条件下，可能有哪些情况？什么是最佳情况?”等问题。营销决策支持系统的模型库就收集能帮助营销人员制定更好的营销决策的各种模型，包括最佳产品模型、价格模型、区域选择模型、广告预算模型等。随着营销工程理论的发展，计算机辅助营销分析和计划的模型软件应用非常广泛。

营销决策支持系统的建立，是运用科学方法对某些营销问题的理解、预测和控制，需要管理者对统计学、管理学及计算机应用等科学知识有所掌握和研究。

第三节　营销调研方法

营销调研方法可分为两大类：案头调研法和实地调研法。

案头调研法

案头调研(desk research)，是指对已经存在并已为某种目的而收集起来的信息进行的调研活动，也就是对二手资料进行搜集、筛选，并据以判断问题是否已局部或全部解决。案头调研通常是营销信息收集的第一步，为开始进一步实地调研先行收集已经存在的市场数据。

案头调研法的操作步骤如下：

(1)评价二手资料。二手资料是为了其他目的已经收集的资料信息。二手资料可能不准确，或者可能不是最新的，在使用二手资料之前，有必要对其进行评价。评价可从以下几个方面进行考虑：是否满足调研的要求；专业水平如何；时效性、准确性、便捷性如何。

(2)确定搜集资料的途径。二手资料来自企业的外部环境信息和内部管理信息，具体见本章第一节的介绍。

(3)资料筛选。资料收集后，调研人员应根据调研课题的需要和要求，剔除与课题无关的资料和不完整的情报。这就要求调研人员有一定的技术水平，对资料取舍得当。例如，调研人员在分析进入哪些市场的报告中，他就可以从分析以下因素着手：产品的可接受性、分销渠道、价格、竞争情况、市场消费能力和潜力等。

(4)撰写案头调研报告。报告是所有调查工作过程和调查成果赖以表达的工具，是对此次调研工作的总结。撰写报告时应注意：针对性强，简单明了；有说服力；结论明确；时效性强。

实地调研法

实地调研(field research)，是指由调研人员亲自搜集第一手资料的过程。第一手资料指调研人员为了解决面临的营销问题而专门搜集的资料。

实地调研法直接了解消费者或公众对某一机构、事件、问题的认识、看法、意见和反映，定量分析的精确度比较高，能相对准确、客观地反映消费者心理与态度。实地调研法分为问卷调研法、观察法和实验法三种。

1. 问卷调研法

问卷调研法是指用书面提问方法直接了解受访者的反应和看法，并以此获得信息资料的调研方法。一般预先根据调研内容设计好问卷，接着以当面或电话或书面的形式向受访者提出询问，最后根据集中后的问卷资料进行定量分析。

根据问卷填写方式的不同，可将问卷调研法分为四种类型：(1)电话访谈；(2)人员访谈；(3)邮件访谈；(4)电子访谈。

电话访谈可进一步分为传统电话访谈和电脑辅助电话访谈。人员访谈可分为入户人员访谈、商场拦截人员访谈和电脑辅助人员访谈。电子访谈可分为电子邮件问卷调查和网上在线问卷调查。表 4－1 列举了不同类型问卷调研法的优缺点。

表 4－1　　不同类型问卷调研法的优缺点

项　目	电话访谈	人员访谈	邮件访谈	电子访谈
灵活性	好	很好	不好	好
收集资料的数量	一般	很好	好	好
对访谈者影响的控制	一般	不好	很好	一般
对抽样误差的控制	很好	一般	一般	不好

续表

项　目	电话访谈	人员访谈	邮件访谈	电子访谈
资料收集速度	很好	好	不好	很好
反馈率	好	好	一般	好
成本	一般	不好	好	很好

2. 观察法

观察法是调查人员直接到调查现场，通过实地观察来收集资料的方法。在观察的同时，可以使用机器进行现场摄影和录音等。这种方法不直接向被调查者提出问题，而是从侧面观察、旁听、记录现场发生的事实，了解被调查对象的态度、行为和习惯做法等。如调查者亲临顾客购买现场，观察顾客的购买行为，了解顾客对哪种产品、哪种品牌、哪些指标最关心，做下记录后可以为分析企业的产品质量、性能、适用范围等营销活动提供原始资料。

根据执行方式的不同，观察法可分为人员观察、机械观察、内容分析和痕量分析。

人员观察指研究人员通过观察记录下在自然环境或实验环境中所发生的事。例如，研究人员观察并记录一家购物中心的顾客人数和客流情况。机械观察指用机械设备来记录所观察的现象。例如，中国的央视—索福瑞媒介研究有限公司(CSM)通过测量仪来详细记录样本户中所有 4 岁及以上家庭成员收看电视的情况，从而获取电视观众收视信息。内容分析是对媒体传播内容进行客观、系统、定量的描述，包括观察和分析。例如，可以用内容分析法分析焦点品牌和竞争品牌的杂志广告的内容与形式，从而比较它们的品牌形象。痕量分析指针对调查对象有意或无意地遗留下来的物理痕迹或证据进行观察分析。例如，网络 cookie 会保留访问者上网留下的踪迹，分析这些踪迹可以检查网络浏览和使用行为。表 4－2 列出了对不同观察方法的比较性评价。

表 4－2　　不同观察法的比较性评价

项　目	人员观察法	机械观察法	内容分析法	痕量分析法
对调查对象的掩饰程度	适中	低～高	高	高
观察误差	高	低	适中	适中
测量和分析误差	高	低～适中	低	适中
总体评价	最灵活	对调查对象有干扰	限于传播内容	最后考虑

3. 实验法

实验法是通过一定环境条件下的实验，了解某些营销因素的变化(如价格、促销手段等)，并测定因此而引起的连锁反应(如销售量、对产品偏好等)的营销信息收集法。

实验法以自然科学的实验求证法为基础，可以获得比较准确的资料，并能弄清行为的因果关系。如某企业选择部分消费者对新产品试吃、试用或者试穿，可以选择区域市场做试销比较，由此收集该产品是否有销路、有多大销路，以及该产品与其他同类产品的差距等资料，从而达到了解市场对新产品的态度、该产品是否有前途等目的。

根据实验精度高低不同，可将实验设计分为非正式实验设计模型和正式实验设计模型。

非正式实验设计模型的主要特点是非随机性，即在选择实验对象时缺乏随机性，因此精度低。但由于其耗资小且容易操作，因此在市场研究中仍得以广泛应用。分为无控制组的事后设计、有控制组的事后设计，无控制组的事前事后设计、有控制组的事前事后设计。

正式实验设计模型的特点是通过随机化的处理，消除了干扰变量的影响。如果实验对象特征比较均匀，可以使用完全随机化设计；如果实验对象特征不够均匀，则可选择随机区组设计；如果需要考察若干自变量及其交互作用对因变量的影响，可选择多因素设计。

问卷设计

问卷设计是依据市场调研的目标，明确调研所需的信息，设计问题的格式和措辞，并以一定的格式，将其有序地排列组合成调查表(问卷)的活动过程。其根本目的是设计出符合调研需要，能获取足够、适用和准确的信息资料的调查问卷，以保证访问调查工作能正确、顺利、圆满地完成。

1. 问卷设计的要求

调查问卷没有内容的限定，一般而言要遵循以下几条原则：

(1)提供与调研目标一致的信息；(2)便于调查工作的开展；(3)便于对问卷的处理；(4)问卷应该将回答误差减到最小；(5)问卷应该简洁、有趣，内容明确、具有逻辑性。

目前通过网络进行问卷调研的方法越来越普遍。网上调查问卷的设计除了遵循一般问卷设计中的一些原则外，还应该注意以下几点：(1)网上调查问卷中需附加多媒体资料；(2)尽量使用封闭式问题；(3)注意保护被调查者的个人隐私。

2. 问卷设计的步骤

问卷设计的过程一般包括七大步骤，具体如下：

(1)确定所需信息。确定所需信息是问卷设计的前提工作。调查者必须按分析方法所要求的形式来收集资料、把握信息。

(2)确定问卷填写的方式。问卷填写方式包括电话访谈、人员访谈、邮件访谈和电子访谈四种。在确定问卷填写方式时，必须综合考虑制约因素，如调研费用、时效性要求、被调查对象、调查内容等。

(3)确定问题的内容。确定问题的内容就是要求设计人员围绕调查所需信息开列内容清单,所列内容全面而且必要。

(4)确定问题的类型。问题的类型归结起来分为四种:自由问答题、两项选择题、多项选择题和量表式问答题,其中后三类均可以称为封闭式问题。在现实的调查问卷中,往往是几种类型的问题同时存在,单纯采用一种类型问题的问卷并不多见。

(5)确定问题的措辞。问题的措辞方式会对被调查者如何理解这些问题产生很大的影响。不同的问题措辞对于被调查者来说会有不同的理解,不同的理解会带来不同的答案。因此,在设计问句时注意问题表述要清楚明确;问题表述要使用通俗易懂的词汇;避免使用诱导性或倾向性的问题;避免提带有双重或多重含义的问题;最好不用反义疑问句和否定句等;避免出现可能令人难堪的问题。

(6)确定问题的顺序。问卷中的问题应遵循一定的排列次序。一般而言,问卷的开头部分应安排比较容易的问题,这样可以给被调查者一种轻松、愉快的感觉,以便于他们继续答下去。中间部分最好安排一些核心问题,即调查者需要掌握的资料。结尾部分可以安排一些背景资料,如职业、年龄、收入等。

(7)问卷的测试。问卷的初稿设计工作完毕之后,不要急于投入使用,特别是对于一些大规模的问卷调查,最好的办法是先组织问卷的测试,如果发现问题,再及时修改。测试通常选择 20～100 人,样本数不宜太多,也不要太少。如果第一次测试后有很大的改动,可以考虑是否有必要组织第二次测试。

3. 问卷的基本结构

问卷的基本结构一般包括四个部分,即作业证明记载、引言、调查内容和编码。其中调查内容是问卷的核心部分,是每一份问卷都必不可少的内容,而其他部分则根据设计者的需要取舍。

(1)作业证明记载主要用于对问卷调查的管理和监督,通常包括被调查者姓名、访问地点、访问时间和访问员姓名等。如果问卷有封面,这部分一般都放在封面;如果是简单的问卷,为便于统计处理,一般都放在问卷的开头部分。

(2)引言。引言主要说明调查的目的、意义、选择方法以及填答说明等,一般放在问卷的开头。

(3)调查内容。主要包括各类问题、问题的回答方式及其指导语,这是调查问卷的主体,也是问卷设计的主要内容。问卷中的问答题,从形式上可分为开放式和封闭式两大类。开放式问答题只提问题,不给具体答案,要求被调查者根据自己的实际情况自由作答。封闭式问答题则既提问题,又给出若干答案,被调查者只需在选中的答案中打“√”即可。上面问卷中大多数问题属于封闭式问题。至于指导语,也就是填答说明，用来指导被调查者填答问题的各种解释和说明。

(4)编码。它是将调查问卷中的调查项目以及备选答案给予统一设计的代码。编码既可以在问卷设计的同时就设计好，也可以等调查工作完成以后再进行。前者称为预编码，后者称为后编码。在实际调查中，常采用预编码。编码一般应用于大规模的问卷调查中。

抽样方法

一般而言，调查样本越大，结果可能越精确，但所需的人力、物力也越多。事实上，企业在营销信息收集过程中，不可能对调查对象进行逐一无漏的全面普查。因此，调查样本的正确选定，是所收集的资料是否有用的基本保证。企业要根据调查目的、企业具体情况、调查实施的可能性等综合因素确定调查样本，然后按照统计推断原理，用样本提供的信息推论总体的调查。

抽样方法可以分为非概率抽样和概率抽样两种。

1. 非概率抽样

非概率抽样由研究人员任意地或有意识地选择进入样本的个体。非概率抽样的优点是花费少，所需时间短；缺点是无法估计抽样误差，样本代表性差。通常所用的非概率抽样包括任意抽样、判断抽样、配额抽样和滚雪球抽样。

(1)任意抽样。任意抽样是最简单的抽样方法，调研者不考虑标准，任意抽取样本。比如街头、市场、展览会等场合，向遇到的行人、观众进行调研就属此法。

任意抽样技术适用于非正式的探测性调查，或调查前的准备工作。抽样结果偏差较大，可信程度较低，它的样本没有足够的代表性，故在正式市场调查时，很少采用任意抽样法。

(2)判断抽样。运用判断抽样技术进行抽样时，由调查人员依据自己的经验抽取样本，或由某些有见解的专家选定样本。

判断抽样可以有两种具体做法：一种是由专家判断选择样本；另一种是利用统计判断选择样本，即利用调查总体的全面统计资料，按照一定标准选择样本。

判断抽样法具有简便、易行、及时，符合调查目的和特殊需要，可以充分利用调查样本的已知资料，被调查者配合较好，资料回收率高等优点。但是，这种方法易发生主观判断产生的抽样误差；同时，由于判断抽样中各个调查单位被抽取的概率不知道，因而无法计算抽样误差和可信程度。如果调查者的经验丰富、知识面广、判断能力强，则抽取的样本代表性就大；反之则小。

判断抽样法适用于调查总体中各调查单位差异较小，调查单位比较少，选择的样本有较大代表性时采用。

(3)配额抽样。先按一定标准将调研总体分成不同的群体，然后依照各群体的大小分配不同的抽取比例，最后由调研人员在不同群体内按确定的配额自由选取样本。

计算群体配额公式：

$$n_i = N_i / N \cdot n$$

式中：n_i 表示每个群体应抽取的样本数；N_i 表示每个群体的单位数；N 表示总体的样本数；n 表示抽样总体的样本数。

配额抽样的标准选择要注意各群体之间具有比较明显的差异性，每个群体内每个个体应保持一致性，不致发生混淆。只有这样，才能使抽取的样本反映各群体的特征，提高样本的代表性，减少抽样错误。

(4)滚雪球抽样。滚雪球抽样是指先随机选择一些被访者，并对其实施访问，再请他们提供另外一些属于所研究目标总体的调查对象，根据所形成的线索选择此后的调查对象。

尽管最初选择调查对象时采用的是随机抽样，但是最后的样本都是非概率样本，被推荐或安排的被调查者比随机抽取的被调查者将在人口和心理特征方面更类似于推荐他们的那些人。

滚雪球抽样主要是用于估计在总体中非常稀少的某些特征。如某些特别的群体，比如像 35 岁以下的鳏夫。滚雪球抽样的主要优点是可以大大增加接触总体中满足特征的群体的可能性，同时样本方差和成本相对较低。

2. 概率抽样

概率抽样是指在完整定义的总体中，每一个抽样单位都有一个不为零的中选概率，而且样本单位的中选概率可以事先确定。概率抽样的优点是能够保证样本的代表性，避免人为因素的干扰，同时可以对由抽样产生的抽样误差进行估计。通常所用的概率抽样包括单纯随机抽样、机械抽样、分层抽样和整群抽样。

(1)单纯随机抽样。在预先知道调研总体数目的前提下，把调研总体按 1，2，3…顺序编号，然后从中随机抽出所需调研样本，如抽签、随机数表等。

使用随机数表抽样时，首先要把调查总体中的所有单位加以编号，根据编号的位数确定使用若干位数字，然后查随机数表。在随机数表中任意选定一行或一列的数字作为开始数，接着可从上而下，或从左至右，或一定间隔(隔行或隔列)顺序取数，凡编号范围内的数字号码即为被抽取的样本。如果不是重复抽样，碰上重复数字应舍掉，直到抽足预定样本数目为止。

任意抽样和单纯随机抽样虽然基本上是用偶然方式选取调研样本，但是偶然中又包含必然，因为被抽取的样本总体的每一个组成部分都享有被抽中的机会，这种抽样方法是不带有任何个人偏见的。

(2)机械抽样。把调研总体逐一编号，用公式 $R=N/n$（R 表示组距，N 表示总体个数，n 表示要抽取的样本数）计算样本区间。然后在 $1\sim N/n$ 号中随机抽取一个号码作为第一个样本单位，该号加上组距即为第二个样本单位，以此类推，直到样本个数抽满为止。例如，对 10 000 名用户进行产品质量征询，拟订样本为 250 个。组距 $R=N/n=10\,000/250=40$，若 1～40 号中随机抽取的起点号码是 10，则样本号依次为 10，50，90，130，170…直到 250 个样本抽满为止。

(3)分层抽样。分层抽样技术在市场调查中采用较多。分层时要注意各层之间要有明显的差异，不致发生混淆；要知道各层中的单位数目和比例；分层的数目不宜太多，每个层次内每个个体应保持一致性；等等。只有这样，才能使抽取的样本反映该层的特征，提高样本的代表性，减少抽样误差。

分层抽样具体形式有两种：等比例分层抽样和非比例分层抽样，常用的是前者。

等比例分层抽样是按各个层中的单位数量占总体的比例分配各层的样本的方法。

例如，某地区共有居民 20 000 户，按家庭收入高低进行分类，其中高收入的居民为 4 000 户，占总体的 20%；中等收入为 12 000 户，占总体的 60%；低收入为 4 000 户，占总体的 20%。要从中抽选 200 户进行购买力调查，则各类型居民应抽取的样本单位数为：

家庭收入高的样本数目为：$200\times20\%=40$(户)

家庭收入中等的样本数目为：$200\times60\%=120$(户)

家庭收入低的样本数目为：$200\times20\%=40$(户)

(4)整群抽样。运用整群抽样技术抽取样本，先要把调查总体区分为若干个群体，然后用单纯随机抽样法，从中抽取某些群体进行全面调查。如果不是对所抽取的群体进行全面调查，而是进一步划分为若干个小群体，再按随机原则抽取一个或一部分小群体来调查，称为多段整群抽样。

第四节　社会化媒体营销调研方法

社会化媒体(social media)，也称社交媒体，它是以互动为基础，允许创造和交换用户生产原创内容(UGC)，并能够建立、扩大和巩固关系网络的一种网络社会组织形态。社会化媒体的发展是近年来互联网普及的产物，不论是国外的脸书和推特，还是国内的微博和微信，社会化媒体为消费者构建了一个不同于现实社会、却和现实社会保持着千丝万缕联系的虚拟社会(virtual society)，社会化媒体上的信息对现实世界中的每个消费者都有重大影响。因此，做好社会化媒体营销信息管理工作就成为每个企业必须面对的挑战。

社会化媒体上的信息主要分为四类。第一，文本描述类信息，包括人物节点的个人资料，刻画事物的描述，对事件、行为的描述等；第二，网络结构类信息，包括个体与个体、个体与组织之间的社会网络结构，以及传播过程中的网络结构等；第三，时空类信息，包括已标记的时空信息，需要从内容中识别的时空信息等；第四，操作行为类信息，包括消费者的阅读、转发、评论、收藏、点赞/喜欢、打赏、签到等信息。

社会化媒体营销调研是指将科学的营销调研方法运用到社会化媒体信息的收集和分析中，从而产生有效的、可信赖的营销决策依据。

社会化媒体营销调研方法可分为定性方法和定量方法。定性方法包括社会化媒体倾听和网络民族志；定量方法包括情感分析和内容分析。

社会化媒体倾听

社会化媒体倾听（social media listening）指企业通过捕捉社会化媒体中与品牌/产品/营销事件相关的关键词，去监测消费者都对品牌/产品/营销事件说了些什么的行为。

社会化媒体倾听可以帮助企业收集如下几个方面的信息：(1)市场概览；(2)客户反馈；(3)发掘意见领袖；(4)用户画像。

目前，可以进行社会化媒体倾听的工具有百度指数、微指数、微信指数等。它们之中，既有免费的、可做基础分析的关键词热度查询工具，也有收费的、可做商业级分析的社会化媒体倾听工具。

网络民族志

民族志（ethnography）是指社会人类学者以参与观察的方法，对特定文化及社会搜集制作资料，记录，评价，并以社会学或人类学的理论，来解释此类观察结果的一种研究方法。随着互联网的日益普及，出现了大量新的社区形态——线上社区，民族志的方法被运用到网络社区中，由此出现了网络民族志（network ethnography）。

网络民族志方法通常按照如下步骤进行：

(1)识别并确认能够提供与研究问题相关信息的线上来源。

(2)选择集中于一个特定话题或细分市场的线上社区，此社区应有较高的发帖人气，较多的活跃博主，并且应有描写细节的帖子。

(3)了解线上社区的文化，包括其特征、行为和语言。

(4)选择分析所用材料，把材料按照社交型或信息型，以及切题或离题进行分类。

(5)对要分析的发帖者进行分类。

(6)对数据收集与分析过程中的观察与思考进行记录。

(7)通过公开调查人员在社区中的存在和意图,使得参与线上社区的目的变得直接、明确。

(8)在对相关讨论内容进行分析之后,邀请社区成员进行检验,确保社区成员的态度和行为被准确解读。

情感分析

对于社会化媒体倾听收集到的数据,可以用来进行情感分析(sentiment analysis)。情感是指消费者对一件事物的想法与感觉,它决定了消费者对待事物的态度,通过分析社会化媒体中的内容,例如产品评论,可以评估消费者对品牌的态度。情感分析按照如下步骤进行:

(1)数据爬取和清理。根据研究人员创建的字典(词库),使用网络爬虫软件可以把社会化媒体中与字典有关的各种数据收集起来,并使用文本分类器过滤掉数据集中的无关信息。

(2)提取关注的具体对象。根据研究人员关注的具体研究对象,对数据再次过滤。

(3)提取情感。使用情感指示词提取内容中的情感,情感字典明确了分析中所使用的情感指示词及其规则。

(4)集合原始情感数据,将其整合为消费者对特定品牌特定属性的态度。

内容分析

内容分析是指对社会化媒体的传播内容进行客观、系统、定量的分析。情感分析是一种自下而上的方法,而内容分析是用自上而下的方法将理论或实证结果运用于信息编码。例如,市场研究人员可能会对品牌官方微博的内容进行分析,来检验"品牌微博信息与用户自身利益越相关,则用户的评论意愿越强烈"的假设。内容分析按照如下步骤进行:(1)确定研究问题;(2)内容抽样;(3)确定分析单元;(4)确定类目;(5)编码;(6)信度检验;(7)得出结论。

第五节　营销信息的利用——市场预测

市场预测(market forecast),就是根据过去和现在的情况,推测未来的发展,并通过分析研究,为企业的营销决策提供可以比较选择的初始方案以及实施这些方案的最佳途径。

市场需求的预测

一般而言，市场预测的结果和营销者发现机会、规避风险的能力是成正比的。很显然，如果企业进行的某项预测出现错误，那么各部门据此而确定的目标和实施策略都将偏离正确目标。

1. 市场预测的基础是需求预测

市场需求(market demand)，是指在一定的营销环境和一定的营销方案下，一个产品在一定地区、一定时间内，特定的消费群体愿意购买的总数量。

市场需求会受到多种环境因素的影响。比如，经济收入水平是影响需求的基本因素，人们收入水平发生变化，家庭消费结构随之发生改变；社会文化因素影响着人们的生活方式和行为模式，然而，文化除了具有明显的区域性和很强的传统性以外，还具有间接的相互影响性。所以，一定时期内的市场需求不是一个固定的数字，而是一个在一组条件下的函数。

2. 市场最低量和市场潜量预测

市场最低量(market minimum)又可称为基本销售量，是假定在一定的时间和条件下，市场的规模对一种产品的基本需求是固定的。这是市场预测为企业营销决策作出的保守估计，考虑避免过度营销可能带来的市场风险，主要为当前的采购、生产、资金等决策服务。

市场潜量(market potential)，是指在一个既定的市场环境条件下，当行业营销费用达到无穷大时，市场需求所趋向的极限。很显然，在企业具体的营销决策上，完全参考市场最低量是不科学的，因为那样会限制企业的发展。所以在大多数情况下，决策者同时还会希望知道市场的规模对一种产品需求的最大销量。得到普遍认同的对市场潜量基本估计的方法是：

市场潜量＝潜在购买者数量×一个购买者平均购买数量×每一平均单位价格

市场预测基本方法

1. 直观预测法

直观预测法即根据市场调查的资料，由预测者凭个人经验或集体智慧进行直接判断的方法。此法简便易行，一般不需要系统和全面的数据资料，但受个人主观因素影响较大，常常配合一些数理统计方法加以弥补。

(1)德尔菲法。德尔菲法(Delphi methed)又称专家调查法，是美国兰德公司在20世纪40年代创造的。具体做法是：将征询的问题分别寄给选定的若干专家，请他们分别填写后寄回。然后主持人将这些意见分别归纳，形成文字，再一次寄给专家，请他们再填写并寄回。经过多次反复，意见逐步趋向集中，直到得出比较一致的结论为止。此法简单、科学性强，在缺乏资料、无法应用数学模型的条件下，该方法被广泛采用。

(2)经验判断法。经验判断法即由预测主持人召集某些熟悉业务、具有经验和综合分析能力的主管人员、职能人员、业务人员对预测问题进行讨论、分析、判断的方法。这种方法尽管是主观估测的结果，但由于预测人员都掌握一定的市场资料，又有相当的经验，因此对于过去一段时期的需求情况比较正常、营销环境又不会出现重大变化的产品进行预测时，往往比较准确，具有较高的实用价值。

在用此法预测时，可以根据各人所提的预测值，进行加权平均。其权数可按照各人在企业中所处的地位与作用的不同而定。

【例 4－1】 假如方案提出者是经理、管理人员、业务人员，他们的主观预测值分别是：18 000 元、20 000 元、22 000 元，根据各自在企业中的作用，定出加权数分别为：0.5、0.3、0.2。加权平均后的预测值是：

$$\hat{x}=\frac{18\ 000\times 0.5+20\ 000\times 0.3+22\ 000\times 0.2}{0.5+0.3+0.2}=19\ 400(\text{元})$$

(3)社会调查法。社会调查法，即通过座谈、访问或信件、电话、报表、展览等手段，直接向有关人员进行调查，将调查内容加以分析和综合，进行预测的方法。此法能对市场有较透彻的了解，但必须建立在调查对象配合的基础上，费用较高。

2. 时间序列预测法

时间序列预测法即把过去的历史资料和数据按时间顺序加以排列，构成一个数字序列，再对此序列数值的变化加以延伸，进行推算，判断市场未来发展趋势的方法。此法比较简便，适用性强，但不能反映事物的因果关系，需要用其他预测法加以补充和校正。

(1)简单平均法。简单平均法即按时间序列进行平均的方法。其计算公式为：

$$\hat{x}=\frac{x_1+x_2+x_3+\cdots+x_n}{n}$$

式中：$\hat{x}$ 表示预测值；$x_1,x_2,x_3,\cdots,x_n$ 表示观察值；n 表示观察值的数目。

【例 4－2】 某企业 2018 年 1～8 月销售额如表 4－3 所示。求该企业 2018 年 9 月份的销售额预测值。

表 4－3　　某企业 2018 年 1～8 月销售额

时间(月)	1	2	3	4	5	6	7	8
销售额(万元)	586	596	560	565	580	570	578	582

$$\hat{x}_9=\frac{586+596+560+565+580+570+578+582}{8}\approx 577(\text{万元})$$

该企业 2018 年 9 月份的预测销售额是 577 万元。

简单平均法一般只适用于销售量变化不大的稳定状态，如果实际情况变化起伏很大，预测结果和实际的销售量差距就会增大。

(2)移动平均法。简单平均法是假定 1～8 月的销售额对 9 月份的销售额预测值的影响都是一样的；而移动平均法是假设接近 9 月份最近的几个月，如把 5、6、7、8 四个月的销售额作为观察值，加以平均，所得的预测结果更接近实际，即：

$$\hat{x}_9=\frac{580+570+578+582}{4}\approx 577.5(\text{万元})$$

该企业 2018 年 9 月份的预测销售额是 577.5 万元。

(3)加权移动平均法。前两种方法都是用平均的方法求得预测值，而实际必须考虑各个月的销售额对 9 月份销售额的影响程度，由此进行加权平均，权数根据经验确定，即加权移动平均法。此法所得预测结果比简单平均法更精确。其计算公式为：

$$\hat{x}=\frac{x_1w_1+x_2w_2+\cdots+x_nw_n}{w_1+w_2+\cdots+w_n}$$

式中，w 表示权数。

如果观察值仍取 5、6、7、8 四个月，根据每个月的数值对 9 月份预测值的不同影响程度，确定权数分别为：5 月份(w_1)为 0.2；6 月份(w_2)为 0.2；7 月份(w_3)为 0.3；8 月份(w_4)为 0.3。权数之和为 1。

$$\hat{x}_9=\frac{580\times 0.2+570\times 0.2+578\times 0.3+582\times 0.3}{0.2+0.2+0.3+0.3}=578(\text{万元})$$

该企业 2018 年 9 月份的预测销售额是 578 万元。

3. 因果关系分析法

因果关系分析法即利用市场营销活动中各种因素之间的因果关系，找出影响预测结果的主要原因，并计算出原因与结果之间的数量关系，根据此数量关系，测算出预测值的方法。此结果比较准确，但需要一定的数学知识和计算技术。

(1)回归分析法。回归分析法即通过分析事物发展变化的原因，找出原因和结果之间的联系，用数学模型来预测事物未来发展趋势的方法。回归分析法根据有关影响因素的多少和资料数据的多寡分为一元线性回归法、多元线性回归法、非线性回归法等。

(2)相关分析法。相关分析法即分析市场上各种经济现象之间相互联系的因素，预测它们变化趋势的方法。回归分析法是用时间数列进行预测，虽然找出两个变量之间的关系，但它们之间的联系程度如何，则需要用相关分析法进行分析。

(3)基数叠加法。基数叠加法即从分析与商品销售有关的因素变化入手进行预测的方法。在实际营销活动中，一种因素的变化，总是受到多种因素的影响和制约。如商品销售量的增长就受到质量的提高、广告宣传水平、购买力增长等许多因素的影响。因为这些因素有增有减、互相抵消，只要列出影响的项目和每项影响的程度，就可以预测该商品的销售量。

所谓影响程度，一般以影响的百分比表示，又称影响系数。

基数叠加法的计算公式：

$$\hat{y}=x(1\pm A\%\pm B\%\pm C\%\pm D\%\pm\cdots)$$

式中：$\hat{y}$ 表示预测值；x 表示上期实际值；A%、B%、C%、D%…表示各影响系数。

【例 4－3】 已知某企业 2018 年实际销售产品 8 000 件，经分析，估计各种因素对 2019 年销售量的影响系数为：

①因质量提高，销售量可能增加 25%；

②因竞争对手加入，销售量可能减少 20%；

③因广告宣传水平提高，销售量可能增加 7%；

④因提高售后服务保证，销售量可能增加 10%；

⑤因缺少一种规格，销售量可能减少 5%；

⑥价格保持原水平，销售量无影响。

试预测该企业 2019 年的销售量。

$$\hat{y}=8\,000\times(1+25\%-20\%+7\%+10\%-5\%+0)=9\,360(\text{件})$$

预测的该企业 2019 年销售量是 9 360 件。

基数叠加法简便易行，只要把影响因素考虑全面，影响系数估计准确，就能取得比较准确的预测结果。

思考题

1. 营销信息主要包括哪些内容？
2. 营销信息系统中的四个子系统各自发挥着什么作用？
3. 案头调研法的优、缺点是什么？
4. 实地调研法有哪几种类型？每种类型各自的优缺点是什么？
5. 问卷设计过程应遵循哪些步骤？问卷的基本结构包括哪几个部分？
6. 非概率抽样和概率抽样的区别是什么？各自的优点有哪些？
7. 社会化媒体营销调研有哪些方法？
8. 市场需求与市场潜量的预测有什么不同？

第五章 消费者购买行为

学习目的与要求

1. 掌握购买者行为模式的一般规律
2. 了解影响消费者购买行为的主要因素
3. 认识消费者购买行为的不同类型
4. 了解购买群体决策中的角色及各自的作用
5. 了解消费者的购买决策过程和决策方式

购买者行为理论认为，企业在其营销活动中必须认真研究目标市场中消费者的购买行为规律及其特征。因为消费者的购买行为不仅受经济因素的影响，还受到其他多种因素的影响，从而会产生很大的差异。即使具有同样类型需求的消费者，购买行为也会有所不同。所以，只有认真研究和分析消费者的购买行为特征，才能有效地开展企业的营销活动，真正把握企业的顾客群体，顺利实现同顾客之间的交换。

第一节 消费者购买行为模式

企业的营销活动对一个具体的消费者来讲，是否能够产生作用，能够产生多大作用，对哪些人最为有效，可以从心理学的"刺激—反应"模型去加以认识。这是研究购买者行为最为基本的方法。因为任何购买者的购买决策都是在一定的内在因素的促动和外在因素的激励之下而做出的。要使企业的营销活动获得成功，关键要看这些活动是怎样对消费者产生影响的，不同的消费者各自又会对其做出怎样的反应，而形成不同反应的原因到底又是什么。我们可从"刺激—反应"模型出发去建立消费者的购买行为模式(见图 5－1)。

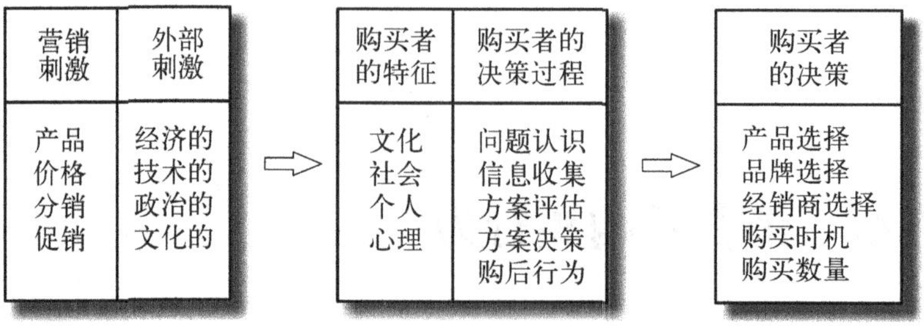

图 5－1 消费者购买行为模型

从这一模型中我们可以看到,具有一定潜在需要的消费者首先是受到企业的营销活动刺激和各种外部环境因素的影响而产生购买意向的;而不同特征的消费者对于外界的各种刺激和影响又会基于其特定的内在因素和决策方式做出不同的反应,从而形成不同的购买取向和购买行为。这就是消费者购买行为的一般规律。

在这一购买行为模型中,“营销刺激”和各种“外部刺激”是可以看得到的,购买者最后的决策和选择也是可以看得到的,但是购买者如何根据各种刺激进行判断和决策的过程却是看不见的。这就是心理学中的所谓“黑箱”效应。购买者行为分析就是要对这一“黑箱”进行分析,设法了解消费者的购买决策过程以及影响这一决策过程的各种因素的影响规律。所以对消费者购买行为的研究主要包括两个部分:一是对影响购买者行为的各种因素的分析;二是对消费者购买决策过程的研究。

第二节 影响购买行为的主要因素

毫无疑问,经济收入水平是影响消费者购买行为模式的基本因素。不同收入水平的人的购买行为会有很大的差异。有钱人会购买大量的奢侈品,而低收入者则只能以满足基本生活需求为限;人在有钱时会显得慷慨大方、潇洒自如,而在经济拮据时则会变得斤斤计较;不同收入层次的人甚至连购买商品所选择的地点和商店都会有所不同。所以有人认为消费者是一种“经济人”,其购买行为主要受其经济收入水平的影响。然而,在现实生活中,我们不难看到,同一收入水平的人,他们的消费行为也存在着很大的差异。如在高等院校任职的教授同经营服装生意的个体经营者收入都比较高,但两者消费行为却有相当大的差别。所以,营销学者认为,经济因素对于消费者的购买行为固然有着重要的影响,但消费者并非是纯粹的“经济人”,一些非经济因素对消费者的购买行为同样有着重要的影响,而且其影响方式更为复杂。

图 5－2 是对影响消费者购买行为的各种非经济因素进行描述的一个经典模型，主要包括心理因素、个人因素、社会因素和文化因素四个主要层面。我们可以发现，这四个层面实际上并不是相互并列的，而是存在着一种内在的逻辑关系。

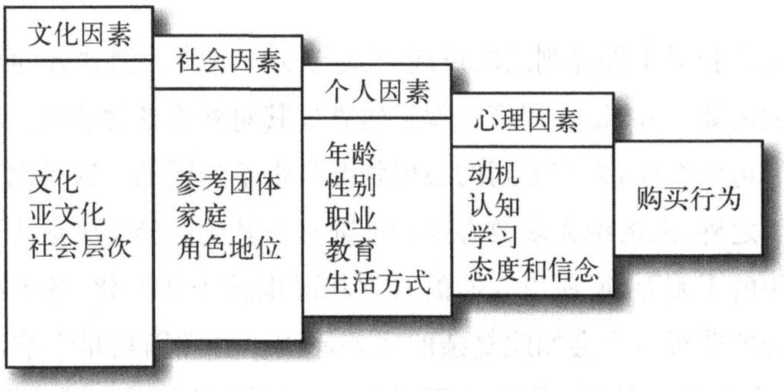

图 5－2 影响消费者购买行为的因素

首先，消费者的所有购买行为都是由其心理因素所促动的。购买动机是促动购买行为最直接的心理因素。而购买动机的形成则取决于消费者的认知方式和学习方式。态度和信念应当是消费者通过不断学习而趋于稳定的认知模式。毫无疑问，对于变幻莫测的消费者购买行为的把握首先要取决于对其心理因素及其变化规律的把握。然而，这是一项十分困难的工作，因为消费者的心理变化过程是外人所看不见的，而且因人而异，很难琢磨。

但是人们发现，尽管消费者心理因素变幻莫测，还是有其不同的类型和相应的特征。同时又发现各种心理特征的形成在很大程度上受到各种外在因素的影响，其中个人属性就是对其心理特征的形成最为直接的影响因素。不同年龄、性别、职业、教育程度以及生活方式的人的心理特征是有很大差别的，而个人属性相似的人的心理特征却十分相似。于是我们就可以通过看得见的个人属性来对消费者的心理特征加以推测，并进行归类。这就是打开消费者购买行为"黑箱"的第一步。

然而，对消费者的个人属性做进一步的分析，我们就会发现，这些所谓的"个人属性"实际上都是受各种社会因素的影响而形成的。且不说职业、教育程度等本身就是社会活动的产物，即使是年龄、性别这样一些看起来纯属个人的因素，之所以对消费者心理特征的形成具有意义，就是因为相同年龄和性别的人在其行为方式上有一种强烈的社会认同感，他们十分在意是否会因为做出与年龄或性别不相称的行为举止而被他人视为另类，从而使年龄、性别等也就成了可以对人们的心理特征进行推测和判断的重要因素。所以说社会因素实际上是通过影响个人属性而影响消费者的购买心理的。

最后，我们会发现，因各种社会因素而导致不同个人属性的人群具有相类似的心理特征和价值认同，实际上就构成了不同的文化。文化因素的差异是导致不同消费群体具有不同心理特征与购买行为特征的深层次原因。文化因素、社会因素、个人因素、心理因素就这样构成了影响消费者购买行为的内在逻辑关系。

心理因素

心理是人的人脑对于外界刺激的反应方式与反应过程。消费者的购买行为除了起源于其自身的需要之外,很大程度上就是建立在其对外界各种刺激的心理反应基础之上的。但我们可以发现,人们之间的心理状况是很不相同的。这是因为除了天生就有的无条件反射之外,人的绝大多数心理特征都是在其生活经历中逐步形成的。而由于人们生活经历的千差万别,所以人们的心理状况也就千变万化、各不相同了。这就是为什么消费者的购买行为会如此复杂的重要原因。心理因素是影响消费者购买行为最为直接、最为隐含的因素。影响购买行为的心理因素主要包括动机、感知、学习、态度和信念等几个方面。

1. 动机(motive)

消费者购买动机是其产生购买行为的原动力。购买动机的产生一方面来自人们内在的需要,另一方面也是来自各方面刺激(包括营销刺激)的结果。人们的内在需要有的是生理方面的,有的是心理方面的。当一种需要强烈到一定程度时,就变成了一种动机。

亚伯拉罕·马斯洛著名的"需要层次论"说明了需要和动机在不同的环境条件下侧重点是不同的(见图5-3)。从基本的生理需要出发,人们首先会产生寻求食物充饥和获得衣物御寒等最基本的动机;而当饥寒问题解决了以后,安全又会成为人们所关心的问题;生活有了充分保障的人们又会把社交作为重要的追求,以满足其社会归属感;而有了一定社交圈的人又十分重视他人对自己的尊重,重视自己在社会上的身份和地位;追求自我价值的实现是最高层次的需要和动机,人们会在各种需要已基本满足的前提下,努力按自己的意愿去做一些能体现自我价值的事情,并从中寻求一种满足感。马斯洛认为,低层次需要尚未得到满足的人一般不会产生高层次的动机,然而,这一结论似乎有些机械。事实上,人世间为理想而甘冒风险,为朋友而忍饥挨饿的例子并不在少数。但是,马斯洛的理论对于企业分析和研究市场却不失为重要的理论依据,对于不同的需要,营销的策略和方法应该是很不一样的。

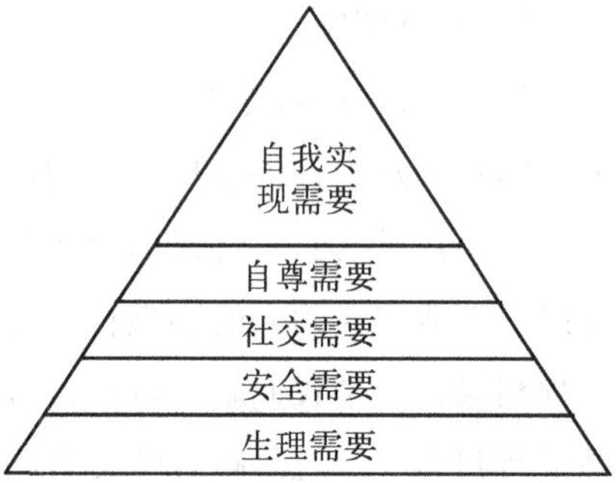

图5-3 马斯洛需要层次论

弗雷德里克·赫茨伯格的"双因素理论"对于需求动机的研究同样是很重要的。

“双因素理论”认为，人们“不满意”的对立面不是“满意”，而是“没有不满意”；同样，“满意”的对立面也不是“不满意”，而是“没有满意”。前者为“保健因素”，后者为“激励因素”。在市场营销过程中，如果仅保证不让自己的顾客产生不满，并不可能使企业形成竞争力。因为你只是满足了消费者心理上的“保健因素”。然而当你能不断地为顾客提供各种增值服务时，顾客就可能会感到非常满意，从而成为你的品牌忠诚者。因为你引发了消费者心理中的“激励因素”。所以在市场营销中，企业必须主动地去认识和发掘能使消费者感到满意的各种“激励因素”，以培育和发展忠诚顾客群体。

2. 感知

感知(perception)是人们的一种基本心理现象，是人们通过收集、整理并解释信息，形成有意义的世界观的过程，是人们对外界刺激产生反应的首要过程。人们不会对没有感知的事物产生兴趣，也不可能去购买没有感知的商品。只有觉察和注意到某一商品存在，并与自身需要相联系，购买动机才有可能产生。

感知是一种人的内外因素共同作用的过程，取决于两个方面：一是外界的刺激，没有刺激，感知就没有对象；二是人们的反应，没有反应，刺激就不能发挥作用。企业紧密结合消费者的感官，并影响他们的感知以及行为的市场营销被定义为感官营销。

在实际生活中人们受感知能力的局限，对外界刺激的感知只能是有选择的。具体而言，反映在三个方面，即选择性注意、选择性曲解和选择性记忆。

(1)选择性注意(selective attention)。人们对外界的刺激源不会全都注意，有许多可能是视而不见、听而不闻。引发人们注意的因素主要有两个：一是人们的需要和兴趣，这是引发注意的内在因素；另一个是刺激的力度，这是引发注意的外在因素，包括刺激物的大小、位置、色彩、新颖性等。选择性注意意味着市场营销者需要格外努力去吸引消费者的注意。

(2)选择性曲解(selective distortion)。即使刺激因素被注意到了，也不一定产生预期的作用，因为人们对所注意的刺激因素的理解会有一定的差异，这就是选择性曲解。这是由于人们在接受外在刺激和信息前，已经形成了自己的思维定势。他会以思维定势去理解外来的刺激和信息，从而产生不同的认识。选择性曲解的存在意味着市场营销者需要了解消费者的思维定势，以及这些思维定势是如何影响消费者对广告等营销信息的理解的。

(3)选择性记忆(selective retention)。记忆在商业活动中是很重要的，消费者能否对企业的广告和品牌记忆深刻，关系到企业的产品销路和市场竞争力。而人们在记忆方面同样是有选择的。强化记忆的因素有三个方面，除了人们的兴趣、刺激的强度这两个引发注意的因素对强化记忆能发挥作用以外，“记忆坐标”的因素也是很重要的。所谓“记忆坐标”是指当人们接受某一信息时同时接受的另一信息，它可成为人们记住某一信息的“坐标”。

由于选择性注意、选择性曲解和选择性记忆的存在，表明市场营销者必须使营销信息被消费者注意到，正确接受并记住。从消费者行为角度来看，唤起感知的主要是营销刺激。营销刺激分为两种：第一种是商品刺激，刺激源是商品本身，它包括商品的功能、用途、款式和包装等；第二种是信息刺激，即除商品外各种引发消费者注意并产生兴趣的信息。

3. 学习

消费者的大多数行为都是学习得来的。学习是指由经验引起的个人行为的改变。通过学习，消费者获得了商品知识和购买经验，并用之于未来的购买行为。

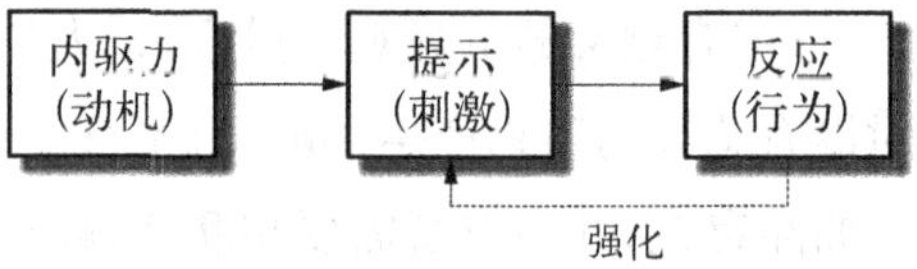

图 5-4 消费者学习模型(刺激反应模式)

消费者的基本学习模型由内驱力、提示(又称线索)、反应、强化四个部分组成(见图5-4)。内驱力指人们的心理紧张状态。内驱力分为原始驱力和衍生驱力。原始驱力是由生理需要形成的，如饥饿、口渴。衍生驱力是后天学来的，如寻找面包因为能够充饥，购买饮料因为能够解渴。提示是引导人们寻求满足方式的一种启示，例如人们饥饿的时候常会被饭店的招牌、食物的香味所吸引，因为以往学习的知识和经验告诉他们那里是解决饥饿的去处。而且一些著名饭店的招牌或广告更能给人们以美味佳肴的提示。反应就是对提示采取的行动。反应有不同的层次，如婴儿饥饿时的反应是啼哭或做吸奶的动作，成年人饥饿时会买各种喜欢的食品。强化就是使某种反应强化并稳定下来。强化的结果是对某种行为加以肯定，并能不断重复这一行为。

消费者学习的成果很大一部分会被记忆。认知心理学家把记忆区分为短期记忆(short-term memory)和长期记忆(long-term memory)。其中短期记忆是一个暂时和有限的信息库，而长期记忆则是一个持久的、容量几乎无限的信息库。消费者对记忆的编码和提取，会影响到其对企业、品牌等的记忆效果。

4. 态度和信念

消费者的态度(attitude)是消费者对有关事物的概括性评估，是以持续的赞成或不赞成的方法表现出来的对客观事物的倾向。态度带有浓厚的感情色彩，它往往是思考和判断的结果。信念(belief)是在态度得到不断强化的基础上所产生的对客观事物的稳定认识和倾向性评价。在信念指导下的行为往往不再进行认真的思考，而成为一种惯性。使消费者建立对自身产品的积极信念应当是企业营销活动的主要目标。因为信念构成了产品和品牌的形象，会影响人们的购买行为。从某种程度上讲，建立和改变消费者的信念就是企业对市场的直接争夺。

可采用两种策略来建立或改变消费者的态度和信念。

(1)适应策略。适应策略是通过适应消费者的需要来建立消费者的态度和信念,这种策略具体有四种做法:一是通过不断提高产品质量,改进款式,完善售后服务,不间断地做广告,以不断增强现有消费者的积极态度;二是为现有消费者提供新产品、新品牌,以满足他们的要求,增加现有消费者对企业的好感;三是强调现有产品的特点,吸引新顾客;四是及时了解市场新动向,为新的消费者提供新的产品。

(2)改变策略。改变消费者的态度和信念远比适应消费者的态度和信念困难得多,因为消费者的态度和信念一旦形成,就很难改变。要改变消费者态度和信念,需要调整许多相关因素,具体的策略主要有:突出强调企业产品的优点;尽量冲淡产品较弱属性的影响,例如可以告诉消费者产品的某些不足并不像他们想象的那么严重,而且无伤大雅;采取一些必要的补偿措施,如降低价格、实行"三包"等使消费者心理得到平衡。

个人因素

消费者的心理因素大多并非先天就具备的,而是在其个人的生活经历和社会交往中形成的,所以反映消费者生活经历和社会经历的个人属性因素就成为推测消费者心理特征的重要表征,从而也就能成为分析和判断消费者购买行为特征的重要因素。可用于分析和判断消费者购买行为特征的个人属性因素(简称"个人因素")一般包括年龄与性别、职业与教育、个性与生活方式以及收入水平等。

1. 年龄与性别

年龄与性别是消费者最为基本的个人因素。随着消费者年龄的增长,其所具有的生活方式、价值观等都可能会随之改变。年龄还具有较大的共性特征。如追求时髦的大多是年轻人,因为年轻人热情奔放,喜欢接受新事物;老年人一般比较稳健,不会轻易冲动。不同的性别在生理和心理上的需求也有很大差异,男女之间在购买内容和购买方式上的差异特别明显。营销者只有了解不同年龄层次和不同性别消费者的购买特征,才可能对不同的商品和顾客制定准确的营销方案。

2. 职业与教育

职业与教育实际上是社会阶层因素在个人身上的集中反映。从事一定的职业以及受过不同程度教育的人会产生明显的消费行为差异,这主要是由于一种角色观念的作用,这些在消费者的购买行为中会有强烈的表现。

3. 个性与生活方式

个性(personality)是指导致个人对自身环境作出相对稳定和持久反应的独特的心理特征。人的个性在不同场合通过自己的行为表现出来,因此它是消费者行为研究的重要内容。人的个性是在长期生活过程中逐渐形成的。个性一旦确定就会显示出其稳定性的特征。个性的稳定性正是我们区别不同消费者个性的依据。但个性又不是一成不变的，它随着人的生理变化和外部条件的变化而变化。

消费者的个性可以从能力、气质、性格三方面进行分析。

(1)能力。消费者在购买商品时需要注意、记忆、分析、比较、检验、鉴别、决策等各种能力。由于个人素质、社会实践、文化教育等方面的不同，各人的能力也有很大差别。

(2)气质。心理学认为人们的气质有多血质、胆汁质、黏液质和忧郁质四种。属于多血质的人好动、灵敏，对某一事物的注意和兴趣容易产生，但也容易消失，他们一般喜欢时新商品，且易受宣传影响；属于胆汁质的人直率，热情，精力充沛，购买商品时愿花时间选择比较；黏液质的消费者冷静，善于思考，自制力强，他们讲究实用，不易受宣传影响；忧郁质的消费者多虑谨慎，对新兴商品反应迟钝，购买决策迟缓。

(3)性格。性格与气质既有区别又有共同之处，两者相比较，性格带有更多的社会因素，气质则带有更多的生理色彩，性格更能反映一个消费者的心理特征。

人们的性格大致可分为五种：①外向型。具有这类性格的消费者愿意表白自己的要求，喜欢与销售人员交谈。②内向型。内向型消费者少言语，感情不外露，丰富的思想集中于内心。③理智型。这类消费者善思考，作决策时要反复权衡。④意志型。这类消费者的特点是比较主观，购买目的明确，决策比较果断。⑤情绪型。情绪型的消费者容易冲动，购买商品往往带有浓厚的感情色彩。

品牌也有个性。消费者会倾向于选择与自身个性相符的品牌。品牌个性是指品牌所具有的人类特质的具体组合。营销学者把品牌个性特征划分为五种类型：

(1)真诚型(朴实的、诚实的、全心全意的、愉快的)

(2)激动型(大胆的、英勇的、有想象力、现代的)

(3)能力型(可靠的、智慧的、成功的)

(4)精致型(高档的、有魅力的)

(5)粗犷型(户外的、坚强的)

自我概念(self-concept)是营销人员经常运用的一个与个性相关的概念，在购买决策中消费者通常会选择与自我概念相一致的品牌，因为自我概念的基本前提是人们拥有的产品决定和反映了他们的身份，即“我拥有什么就是什么”，因此要了解自我概念，就要明白消费者自我概念与其拥有物之间的关系。然而，自我概念有时很难捉摸。因为“实际自我概念”(actual self-concept)(本人如何看待自己)，同“理想自我概念”(ideal self-concept)(本人希望如何看待自己)，以及“他人自我概念”(other self-concept)(认为他人是如何看待自己的)往往是截然不同的。判断消费者在怎样的情况下会持怎样的“自我概念”对于成功的营销活动十分重要。

生活方式(life style)是个人表达自己心理的一种生活模式。生活方式几乎影响消费行为的所有方面。人们所追求的生活方式决定了其对商品或服务的欲望和需求，为购买提供基本的动机和指南。消费者的生活方式一旦发生变化，他就会产生新的需求。了解消费者的生活方式一般需要使用AIO量表，即活动（爱好、运动、社交活动、购物等），兴趣（服装、食品、娱乐等）和观点（关于自我、社会、商业、产品、环境等）。可以通过该量表对消费者按照生活方式进行分群。如果运用合理，生活方式的概念可以帮助市场营销者了解消费者不断变化的价值观及其对购买行为的影响。对消费者来说，他们不仅购买产品，还购买产品所代表的价值观和生活方式。

4. 收入水平

收入水平对于消费者的购买力具有相当大的直接性影响，在经济学中经常所说的“购买力约束”，指的就是一定收入水平对于消费者需求欲望的限制。但这里所讨论的“收入水平”，并不是仅把它当成一种经济因素来看，更重要的是分析不同收入水平的人在消费心理和购买行为方面的差异。营销者往往可以根据消费者收入水平的高低，来推测其购买行为的特征，以便有的放矢地开展各种营销活动。

社会因素

虽然说个人因素是影响消费购买心理的重要表征，是揭示消费者心理“黑箱”的主要依据。但是如果要对市场消费群体进行一定的归类（这种归类在市场营销活动中是很重要的，即以后我们所要讨论的“市场细分”），我们还必须认识到，消费者的个人因素实际上都是在特定的社会环境中形成的，各种社会因素是影响消费者个人因素，并进而影响其心理因素的重要方面。我们可通过分析对特定消费群体产生影响的社会因素来对市场消费群体进行识别和归类。影响消费者购买行为的主要社会因素有参考团体、家庭、角色和地位。

1. 参考团体

我们把对消费者的行为经常产生影响的社会群体称作“参考团体”（reference groups）。参考团体一般可以分为三种类型：

（1）成员资格型参考团体（membership reference groups）。人们从事各种职业，具有不同的信仰和兴趣爱好，因此他们都分属于不同的社会团体。由于社会团体需要协同行为，作为团体的成员的行为就必须同团体的行为目标相一致。各种团体具有不同的性质，因此它们对其成员行为的影响程度也是不同的。

（2）接触型参考团体（contactal reference groups）。人们能够参加的团体数目是有限的，但是人们接触各种团体的机会却是很多的。人们都有自己的父母、兄弟、亲戚、朋友、同事、老师、邻居，这些人分属于各种社会团体，人们可以通过他们对各种团体有所接触。接触型参考团体对消费者行为同样会产生一定的影响。

（3）向往型参考团体（aspirational reference groups）。除了参与和接触之外，人们还可以通过各种大众媒介了解各种社会团体。所谓向往型参考团体是指那些与消费者没有任何联系，但对消费者又有很大吸引力的团体。人们通常会向往某一种职业，羡慕某一种生活方式，甚至崇拜某一团体的杰出人物。向往型参考团体对消费者的行为影响也是间接的，但由于这种影响与消费者的内在渴望相一致，因此效果往往很明显。

参考团体对成员的影响有以下二种方式：

(1)信息性影响。是指参考团体成员的行为、观念、意见被个体作为有用的信息予以参考，由此在其行为上产生影响。当消费者对所购买的产品缺乏了解，仅靠自身难以对产品品质作出判断时，别人的使用和推荐将被视为非常有用的依据。群体在这一方面对个体的影响，取决于被影响者与群体成员的相似性，以及施加影响的群体成员的专长性。

(2)规范性影响。是指团体规范的作用对消费者的行为产生影响。规范是指在一定的社会背景下，团体对其所属成员行为合适性的期待，它是团体为其成员确定的行为标准。规范性影响之所以发生和起作用，是由于奖励和惩罚的存在。为了获得奖赏和避免惩罚，个体会按照团体的期待行事。广告商声称，如果使用某种商品，人们就能得到社会的接受和赞许，实际上就是利用规范性影响。

(3)价值表现性影响。是指个体自觉遵循或内化参照团体所具有的信念和价值观，从而在行为上与之保持一致。个体之所以在无须外在奖惩的情况下自觉依照团体的规范和信念行事，主要是基于两方面力量的驱动：一方面，个体可能利用参照团体来表现自我，提升自我形象；另一方面，个体可能特别喜欢该参考团体，或对该参考团体非常忠诚，并希望与之建立和保持长期的关系，从而视参考团体为自身的价值观。

在产品生命周期(见第九章)的不同阶段，参考团体的影响作用是不一样的。在产品刚刚进入市场的时候，参考团体主要会在产品本身的推荐上对消费者产生影响；而在产品已被市场普遍接受的情况下，消费者则会在品牌的选择方面更多地受参考团体的影响，产品本身的参考意见会逐渐减弱；而在产品已进入成熟阶段时，激烈的竞争会使品牌的参考需求达到最高限度。因此企业应当根据不同的时间和阶段，利用参考团体的影响来实现自己的营销目的。

对于较容易受到参考群体影响的那些品牌，市场营销者应该去找到意见领袖(opinion leader)。意见领袖是指凭借自身知识、专业技能、特殊个性或其他特征而对其他人产生社会影响的人。市场营销者常常试图去发觉和识别其产品的意见领袖，以他们作为营销的重点。营销人员为此采用蜂鸣营销的方式，征集甚至自己培养意见领袖，以这些意见领袖为“品牌形象大使”，来传播产品和品牌的信息。

在线社交网络(online social networks)是人们沟通或交换信息和观点的在线交流社区，包括 MySpace. com、Facebook、YouTube、Twitter 以及微博、微信等社交网站。

在国内，很多企业在新浪微博上建立账户，在微信上建立企业公众号吸引粉丝形成在线社交网络。企业也可以建立自己的社交网站。

市场营销者可以利用这些在线社交网络来销售他们的产品，并建立和维护更密切的顾客关系。营销人员可以使用在线社交网络与消费者进行互动，从而成为消费者谈话和生活中的一部分。

2. 家庭

家庭是指一群居住在一起并具有血缘、婚姻或收养关系的群体。家庭是社会最基本的组织细胞，也是最典型的消费单位，同时还是对消费者行为产生影响的最重要的参考团体。研究影响购买行为的社会因素不能不研究家庭。家庭对购买行为的影响主要取决于家庭的性质（家庭生命周期）、家庭的购买决策方式等。

家庭有其发展的生命周期。家庭生命周期是指从家庭筹组到解体之间所经历的一连串各种不同的家庭发展阶段和形态。处于发展周期不同阶段的家庭，由于家庭性质的差异，其消费与购买行为也会有很大的不同。传统的家庭生命周期（family life cycle）可划分为八个主要阶段（见图 5－5）：

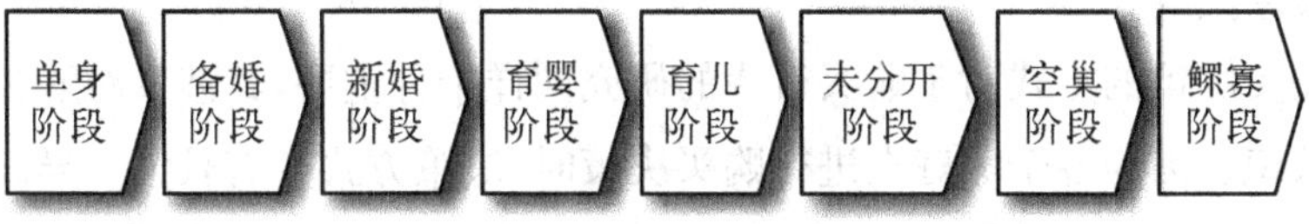

图 5－5　家庭生命周期

（1）单身阶段。已参加工作，独立生活，处于恋爱、择偶时期。处于这一阶段的年轻人几乎没有经济负担，大量的收入主要花费在食品、书籍、时装、社交和娱乐等消费上。

（2）备婚阶段。已确定未婚夫妻关系并积极筹备婚事。处于这一阶段的人们为构筑一个幸福的小家庭，购置成套家具、耐用消费品、高级时装和各种结婚用品。

（3）新婚阶段。已经结婚，但孩子尚未降临人间。这一阶段家庭将继续添置一些应购未购的生活用品，如果经济条件允许，娱乐方面的花费可能增多。

（4）育婴阶段（满巢 1）。有 6 岁以下孩子的家庭。有孩子的家庭才是完整的家庭，故称“满巢”。孩子诞生后将成为家庭消费的重点。因此，此阶段家庭会在哺育婴儿的相关消费上做比较大的投资。

（5）育儿阶段（满巢 2）。有 6 至 18 岁孩子的家庭。孩子在初步长大成人，家庭的主要消费仍在孩子身上。所不同的是，此阶段孩子的教育费用将成为家庭消费的重要组成部分。

（6）未分开阶段（满巢 3）。有 18 岁以上尚未独立生活的子女的家庭。此时子女已经长大成人，但仍同父母住在一起。此阶段家庭消费的主要特点是家庭的消费中心发生了分化。父母不再将全部消费放在子女身上，也开始注重本身的消费；而子女随着年龄的增大，在消费方面的自主权开始增加，有些子女参加了工作，有了一定的经济来源，消费的独立性会显得更为明显。

(7)空巢阶段。孩子相继成家，独立生活。这一时期的中老年夫妇家庭，由于经济负担减轻，他们的消费数量将减少，消费质量将提高。保健、旅游将成为消费的重点，社交活动也会有所增加。

(8)鳏寡阶段。夫妻一方先去世，家庭重新回到单人世界，此时最需要的消费是医疗保健、生活服务和老年社交活动。

对家庭生命周期的研究，主要涉及对一个地区或市场的家庭结构与性质的分析，其对于市场总体性质的研究具有十分重要的意义。

传统的家庭生命周期是一种"主流家庭"的家庭生命周期观念，随着社会的多元化发展，以及人们对婚姻看法的改变，传统的家庭生命周期已不再完全适合于描述现今社会的家庭状况。今天的市场营销者越来越迎合多样性的非传统家庭生命周期阶段，比如未婚情侣、晚婚家庭、丁克家庭、同性夫妇、单亲家庭、年轻的成年子女回到父母家生活的扩展家庭等。

家庭购买决策的方式对于购买行为的研究同样十分重要，其涉及对购买组织和营销对象的认识。因为各个家庭在进行购买决策时，决策方式会有较大差异。

首先是集中决策与分散决策的差异。一些家庭进行购买决策时集中度较高，购买大多数东西都要商量一番；另一些家庭则习惯于分散决策，大多数购买决策由当事人自己来做。一般在收入水平较高的家庭，分散决策的倾向比较明显；而收入水平较低的家庭则倾向于集中决策。当然，家庭民主气氛的浓厚与否，也会影响决策的集中与分散。

其次是独断决策与协商决策的差异。对一些重要的购买行为(如选购大件耐用消费品)，有的家庭是由家庭首要成员一人拍板决定的，有的则由全家进行协商后决定。独断决策还是协商决策一方面看家庭的民主气氛是否浓厚，另一方面也取决于家庭成员对所购买商品知识的普及程度。

再次是男主型还是女主型的差异。一些家庭购买决策主要由男主人拍板决定，而另一些家庭则主要由女主人拍板决定。由谁决策除了各自家庭的习惯之外，还要看购买何种类型的商品，一般情况下家庭日用消费品的购买决策通常由主妇来做，而耐用消费品的购买决策通常由男主人做出。

孩子们对家庭购买决策也有重要影响。孩子们构成了三个不同的市场：第一个是基本市场，就是孩子们在自己需要上的花费。第二个是影响市场，即这些孩子还影响了家庭用于给他们购买衣服、食物、个人护理和娱乐等方面的支出，第三个是未来市场。孩子终归会长大成人，聪明的营销者试图在较早的年龄阶段锁定人们的品牌忠诚。

3. 角色和地位

角色(role)是指一个人在一个特定社会或群体中被界定的地位,以及相对于该地位的一套期望行为。该期望行为主要是和该地位有关,而不是和这个人有关。也就是说这个人一旦脱离了这一地位,也就脱离了该期望行为。要了解消费者,便不能不了解消费者所扮演的角色。而要完整地理解角色,需要了解与角色相关的几个概念:

● 角色形态(role style),是指个人在担当某种角色时,所表现出来的种种购买的形态。

● 角色冲突(role conflict),是指一个人同时扮演很多角色,而这些角色的期望行为刚好彼此冲突。

● 角色转变(role evolution),是指随着时间的推移,角色可能会发生改变。

文化因素

社会因素对消费者个人因素和心理因素的形成之所以能产生重大影响,从根本上说还是文化的力量。文化(culture)是一个广泛的概念。从广义上讲,文化是指人类在社会历史实践中创造的物质财富和精神财富的总和;从狭义上讲,文化是指社会的意识形态,以及与之相适应的制度和结构,或者说是在一定的社会群体范围内,人们所广泛认同的思想理念和价值标准。所以说,文化是影响一定范围内(并非仅指地理概念)消费群体个人属性特征和心理特征的深层次因素。

1. 文化影响的特征

文化作为一种社会氛围和意识形态,无时无刻不在影响着人们的思想和行为,当然也必然影响人们对商品的选择与购买。文化对于人们行为的影响有着这样一些特征:

(1)具有明显的区域属性。生活在不同地域的人们文化特征会有较大的差异,这是由于文化本身也是一定生产方式和生活方式的产物。同一区域的人们具有基本相同的生产方式和生活方式,能进行较为频繁的相互交流,故能形成基本相同的文化特征。而不同地域的人们由于生产与生活方式上的差异,交流的机会也比较少,文化特征的差异就比较大。

(2)具有很强的传统属性。文化的遗传性是不可忽视的。由于文化影响着对人们的思想和行为发生深层次影响的教育、道德观念甚至法律等社会因素,所以一定的文化特征就能够在一定的区域范围内得到长期延续。对某一市场的文化背景进行分析时,一定要重视对传统文化特征的分析和研究。

(3)具有间接的影响作用。文化对人们的影响在大多数情况下是间接的,即所谓的"潜移默化"。其往往首先影响人们的生活和工作环境,进而影响人们的行为。

文化的要素包括外在的物质文化与内在的精神文化。外在的物质文化是由外在世界中的可见物品构成;内在的精神文化则是文化的抽象成分,通常是指社会大部分成员所共同拥有的观点和想法,包括价值体系、社会规范体系等。

2. 亚文化

如前所述,文化是在一定范围人群中的价值认同,所以不同人群之间的文化就会存在较大差异。而对于一个具有相同文化背景的人群而言,只要能将他们按照一定的理由(如地域、种族、时代)加以划分,我们就能发现,被划分出来的更小的群体也会具有一些与其他群体不同的文化特征,我们称其为"亚文化"(subculture)。亚文化是指存在于一个较大社会群体中的一些较小社会群体所具有的特色文化。所谓的特色,表现为语言、信念、价值观、风俗习惯的不同。人类社会的亚文化群主要有以下四大类:

(1)国籍亚文化群。国籍亚文化群是指来源于某个国家的社会群体。在一些移民组成的国家中。国籍亚文化现象显得尤为明显。例如,在美国等西方国家的大城市里都有"唐人街",那里集中体现了中国的国籍文化。但是由于"唐人街"是在美国等国,总体上受到所在国地域文化的影响,所以只能是一种亚文化。

(2)种族亚文化群。种族亚文化群是指由于民族信仰或生活方式不同而形成的特定文化群体。如中国是一个统一的多民族国家,除了占人口 90%以上的汉族以外,还有 50 多个少数民族。由于自然环境和社会环境的差异,不同的少数民族形成了不同的亚文化群。这些亚文化群在饮食、服饰、建筑、宗教信仰等方面表示出明显的不同。

(3)地域亚文化群。同一个民族,居住在不同的地区,由于各方面的环境背景不同,也会形成不同的地域亚文化。我国的汉族人口众多,位居祖国辽阔的土地上,汉族人都讲汉语,但各地都有各自的方言。我国各地的饮食文化有着明显差异:西南和北方人喜欢吃辣,江南人偏爱甜,广东人对食品特别讲究新鲜;北方人以面食为主,南方人则以米饭为主;等等。

(4)代际文化。除了以上三种主要以人群的空间集聚形成的亚文化之外,还有一种以人群的时间集聚形成的亚文化,我们称之为"代际文化"。代际文化通常是指在同一文化大背景下(如同一国家或民族),出生或经历于不同时代(主要是指在经济、社会、文化上有较大差异的时代)的人群所具有的不同的思想理念和价值观念。

对于亚文化现象的重视和研究能使企业对市场有更加深刻的认识,对于进一步细分市场、有的放矢地开展营销活动具有十分重要的意义。

3. 社会阶层

社会阶层(social classes)也属于文化的范畴。其主要是由于人们在经济条件、教育程度、职业类型及社交范围等方面的差异而形成的不同社会群体,并因其社会地位的不同而形成明显的等级差别。

社会阶层作为一种文化特征具有这样一些特点：一是处于同一阶层的人的行为比处于不同阶层的人的行为有更强的类似性；二是社会阶层也代表着社会地位和社会声望的高低；三是当人的社会阶层发生了变化，其行为特征也会随之发生明显变化；四是社会阶层的行为特征是受到经济、职业、职务、教育等多种因素影响的，因此根据不同的因素划分，构成的社会阶层会有所不同，个人社会阶层的稳定归属有时要依据对其最具有影响的因素来定。

社会阶层对人们行为产生影响的心理基础在于人们的等级观和身份观，人们一般会采取同自己的等级、身份相吻合的行为。等级观和身份观又会转化为更具行为指导意义的价值观、消费观和审美观，从而直接影响人们的消费特征与购买行为。另外，由于一般人都会羡慕社会上层所拥有的生活形态与物品，因此，越来越多的营销和广告手法也常运用社会上层的符号或生活场景，来吸引较低社会阶层的消费者模仿，这种营销手法大多出现在昂贵和时髦的商品上。

通过心理因素、个人因素、社会因素、文化因素对消费者的购买行为展开研究具有十分重要的意义，它能一步步地揭示出消费者购买行为产生和变化的原因，推测和判断消费者的购买心理，以有的放矢地开展各种营销活动，同时也能为细分市场与寻找目标市场提供科学的依据。

第三节　购买决策过程

本节我们将从动态的角度来研究消费者购买决策的方式及其过程。消费者的购买决策是一个极为复杂的过程，存在着众多的可变因素和随机因素，只有进行全面分析才有可能把握其中的规律。购买决策主要包括参与决策的角色、购买决策的类型和购买决策的过程。

参与决策的角色

购买决策在许多情况下并不是由一个人单独作出的，而是有其他成员的参与，是一种群体决策的过程。这不仅表现在一些共同使用的产品(如电冰箱、电视机、住房等)，也表现在一些个人单独使用的产品(如服装、手表、化妆品等)的购买决策过程中，因为这些个人在选择和决定购买某种个人消费品时，常常会同他人商量或者听取他人的意见。因此了解哪些人参与了购买决策，他们各自在购买决策过程中扮演怎样的角色，对于企业的营销活动是很重要的。

一般来说，参与购买决策的成员大体可形成五种主要角色：

● 发起者。即购买行为的建议人，首先提出要购买某种产品。

● 影响者。对发起者的建议表示支持或者反对的人，这些人不能对购买行为进行最终决策，但是他们的意见会对购买决策者产生影响。

● 决策者。对是否购买、怎样购买有权进行最终决策的人。

● 购买者。执行具体购买任务的人，其会对产品的价格、质量、购买地点进行比较选择，并同卖主进行谈判和成交。

● 使用者。产品的实际使用人，其决定了对产品的满意度，会影响买后的行为和再次购买的决策。

这五种角色相辅相成，共同促成了购买行为，是企业营销的主要对象。必须指出的是，五种角色的存在并不意味着每一种购买决策都必须要五人以上才能做出，在实际购买中，有些角色可在一个人身上兼而有之，比如使用者可能也是发起者，决策者可能也是购买者，甚至在非重要的购买决策中，决策参与的角色也会少一些。

购买行为的类型

不同类型的消费者对于不同类型的商品，其购买决策行为也是有很大差异的。如购买一台电脑和购买一把牙刷，购买决策行为就会有很大不同。前者可能要广泛搜集信息，反复比较选择；后者则可能不假思索，随时就可以购买。根据消费者对购买行为介入程度(involvement)的高低和同类产品不同品牌间差异的大小，我们可将购买行为分成四种类型(见表 5－1)。

表 5－1　　购买行为的类型

购买介入程度

不同品牌差异		高	低
	高	复杂性购买行为	变化性购买行为
	低	平衡性购买行为	习惯性购买行为

(1)复杂性购买行为(complex buying behavior)。对于那些价格昂贵、购买频率不高、购买风险较大，且比较能体现消费者自我价值的产品，消费者在购买时介入程度会比较高，购买决策必然比较谨慎。又由于品牌间的差异比较大，消费者不可能对各种品牌的产品都熟悉，所以其在购买决策时需要搜集的信息比较多，需要有一个学习的过程，进行选择的时间比较长，故称之为复杂性购买行为。对于此类购买行为，营销者必须了解消费者是如何收集和评价信息的。他们需要帮助消费者了解产品属性及其相对重要性；需要突出自身品牌和产品的特性，用各种信息沟通方式描述品牌的优点；还需要谋求销售现场销售人员和消费者朋友的支持，从而影响消费者对品牌的最

终选择。

(2)平衡性购买行为(dissonance reducing buying behavior)。同样是价格昂贵、购买频率不高、购买风险较大、消费者介入程度较高的产品,如果品牌之间的差异不很明显,消费者购买决策时的复杂程度就会大大降低,主要做一些价格上和购买便利程度上的比较就会决策购买。但是由于购买时考虑的不多,购买后往往会因为发现了已购产品的某些不足,或发现其他品牌产品的某些优点而产生心理上的不平衡。这样就有可能对已购品牌产生不良影响。企业对于这种情况主要是要加强同已购产品顾客之间的长期沟通,不断引导他们的价值评价标准,增强他们对已购品牌的信心,减少他们的心理不平衡,以强化对已购品牌的忠诚度。

(3)变化性购买行为(variety seeking buying behavior)。对于那些价格比较低廉、购买比较频繁、购买风险不大的产品,消费者购买时介入程度会比较低。如果这类产品品牌间的差异比较大,消费者就可能采取变化性的购买行为。他们往往会不假思索地就选择某一品牌的产品,而过了一段时间又会转向尝试另一种新的品牌。对于此类购买行为,处于领导地位的品牌就应当不断强化自身的品牌形象,并不断推出新的品种吸引顾客,以强化消费者的品牌忠诚度;而处于挑战地位的企业则应当强化自身的特色与新意,鼓励消费者进行尝试,其中包括通过开展一些刺激度较大的促销活动来吸引消费者的注意。

(4)习惯性购买行为(habitual buying behavior)。如果那些价格低廉、购买频繁、购买风险小、消费者介入程度较低的产品,其品牌间的差异也不明显,消费者购买决策过程就会十分简单,往往会不假思索地去购买他经常在用的某一品牌,我们可称之为习惯性购买行为。这种购买类型,由于消费者对品牌的介入度低,购买后也不会对产品做出评价。

习惯性购买行为一旦形成,若无新的强有力的外部吸引力,消费者一般不会轻易改变其固有的品牌选择。所以习惯性购买行为对于新品牌的进入无疑是一种障碍。若要试图改变消费者的习惯性购买行为,新品牌就必须加强促销刺激力度,进行概念营销,强化品牌差异,以唤醒消费者的选择意识。

购买决策阶段

消费者的购买决策是一个动态发展的过程,一般可分为五个阶段(见图5-6)。

确认问题 → 收集信息 → 评价方案 → 作出决策 → 买后行为

图5-6　购买行为的决策阶段

1. 确认问题

这里的问题是指消费者所追求的某种需要的满足。因为需要尚未得到满足，就形成了需要解决的问题。满足的需要到底是什么？希望用什么样的方式来满足？想满足到什么程度？这些就是希望解决的问题。确认问题（need recognition）是购买决策的初始阶段，因为消费者只有意识到其有待满足的需要到底是什么，才会发生一系列的购买行为。

需要的满足根据其性质的不同可分为不同的类型，比如按照问题的紧迫性和预见性两个指标可将需要满足的问题划分为四种类型（见表 5－2）。

表 5－2　需要解决的问题类型

预见性	紧迫性	
	需要立即解决的	无须立即解决的
在预期之中的	日常问题	计划解决的问题
非预期之中的	紧急问题	逐步解决的问题

（1）日常问题。日常问题属预料之中但需要立即解决的问题。事实上，消费者经常面临大量的日常问题，如主副食品、牙刷牙膏、毛巾肥皂等天天要消费，经常要购买。在解决日常问题时消费者的购买决策一般都比较简单，而且容易形成品牌忠诚度和习惯性购买。但是，如果消费者感到前一次购买的商品不能令人满意，或发现了更好的替代品，他也会改变购买商品的品牌或品种。

（2）紧急问题。紧急问题是突发性的，而且必须立即解决。如自行车轮胎爆胎、眼镜镜片失手打碎、钢笔遗失等等。紧急问题若不立即解决，正常生活秩序将被打乱。紧急问题一般难以从容解决。这时消费者首先考虑的是如何尽快买到所适用的商品，而对商品的品牌、销售的商店，甚至商品的价格都不会进行认真的选择和提出很高的要求。

（3）计划解决的问题。预期中要发生，但不必立即解决的问题便是计划解决的问题。计划解决的问题大多数发生在对价值较高的耐用消费品的购买。例如，一对开始筹备婚事的恋人准备年内购买一套家具。由于计划解决的问题消费者从认识到实际解决的时间比较长，因而对于这种类型的购买活动，消费者一般都考虑得比较周密，收集信息和比较方案的过程比较长。

（4）逐步解决的问题。逐步解决的问题既非预期之中，也无须立即解决，它实际上是消费者潜在的有待满足的需求。例如，一种新面料的服装出现在市场上，大部分消费者不必立即购买它，当然也无须计划过多长时间去购买它。然而随着时间推移，这种面料的服装的优点日益显示出来时，购买者便会逐渐增多。一旦该种面料的服装得到社会的充分肯定，原先的逐步解决的问题很可能就演变成了日常问题或计划解决的问题。

2. 收集信息

消费者一旦对所需要解决的问题进行了确认，便会着手进行有关信息的收集。所谓收集信息(information search)通俗地讲就是寻找和分析与满足需要有关的商品和服务的资料。

消费者一般会通过以下几种途径去获取所需要的信息：

个人来源：家庭、朋友、邻居、熟人。

商业来源：广告、推销员、经销商、包装、展览。

公共来源：大众传播媒体、消费者评价机构。

经验来源：产品的检查、比较和使用。

一般情况下，消费者得到的大多数产品信息来源于商业来源的相关渠道。然而最有效的信息来源是个人来源。商业来源一般可以起到告知作用，而个人来源具有帮助消费者判断或评价产品的作用。尼尔森公司的近期调查发现，78%的消费者认为来自他人的建议是可信度最高的宣传。现在，越来越多的消费者在购买前会先登录相关网站查看其他消费者的在线评论。这些在线评论可以被统称为消费者口碑(word-of-mouth)。口碑是在 20 世纪 60 年代就被发现的一种有效的消费者获取产品或品牌信息的方式。其早期被界定为消费者个人与他人以口头相传的方式分享信息，主要是指面对面的方式。随着互联网技术的发展，在线评论、社交媒体上的表达等网络口碑越来越普遍，并且越来越成为消费者收集信息的重要来源。口碑具有以下三个方面的作用：可信度高、双向沟通、描述生动。

消费者所面临的可解决其需要满足问题的信息是众多的，他们一般会对各种信息进行逐步筛选，直至从中找到最为适宜的解决办法。图 5－7 描述了一个想要购买洗衣机的消费者对于各种相关信息的筛选过程。

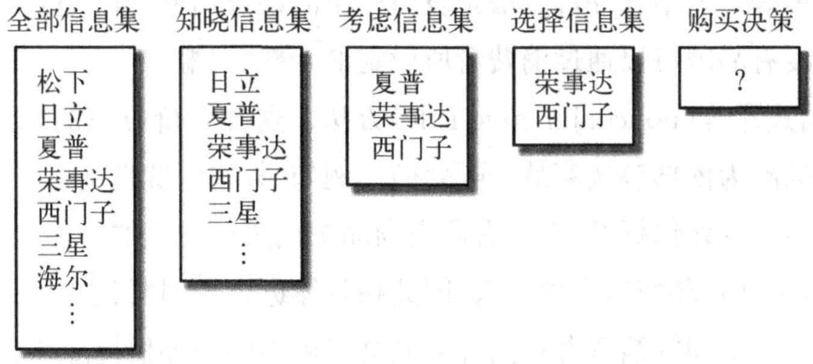

图 5－7 消费者信息收集与筛选过程

从图 5－7 中我们可以看到，消费者一般不可能收集到有关产品的全部信息，他们只能在知晓的范围内进行选择；而对于其所知晓的信息进行比较筛选后，会挑出其中一部分进行认真的选择；最终又会在它们中间选出两三个进行最后的抉择，直至作出购买决策。在这一逐步筛选的过程中，每进入一个新的阶段都需要进一步收集有关产品更为详细的资料和信息。如果某一产品在这一选择过程中被淘汰，除其不适应消费者的需要之外，很大程度上是由于其所提供的信息资料不够充分。因此，积极向消费者提供产品和服务的有关资料在消费者收集信息阶段是十分重要的。

3. 评价方案

消费者在充分收集了各种有关信息之后，就会进入购买方案的选择和评价阶段。该阶段消费者主要应对所收集到的各种信息进行整理，形成不同的购买方案，然后按照一定的评估标准进行评价和选择。

消费者进行评价和选择的评估标准和评估方法有两类，一类是补偿性评价方法（compensatory model），另一类是非补偿性评价方法（noncompensatory model）。补偿性评价方法是指消费者综观商品的各个属性，认为不同的产品属性之间是可以互相弥补的，即可以用表现较佳的属性来弥补表现不佳的属性，取长补短，综合利用，在考虑信息集或选择信息集中挑选一个最满意的商品。如果可以给各个商品的各个评估标准分别打分的话，补偿性评价方法是以总分最高作为购买方案选择的原则。通常补偿性评价方法所考虑的属性较多，相对于非补偿性评价方法来说更为复杂。非补偿性评价方法则不允许属性间的相互弥补，研究发现消费者对于低介入度的产品会比较偏向使用非补偿性评价方法。非补偿评价方法又可以分为以下几种：

（1）联结式评价（conjunctive rule）方法。是指消费者在购买商品时同时考虑该商品的各方面特征，并规定各个特征所具备的最低标准。只有通过各个特征最低标准的品牌，才会被消费者考虑。例如，消费者购买耐用消费品时要考虑它的价格、款式、功能、操作方式、售后服务；购买和租赁房屋时要考虑房屋的价格、结构、地段、楼层、朝向、内部设备；等等。联结式评价方法是较为严格的评价模型，有时过于严格的评价标准可能会导致没有品牌可以通过消费者所设定的全部“门槛”。

（2）非联结式评价（nonconjunctive rule）方法。这种评价方法的原则就是消费者只用一个评估标准为依据挑选商品（或品牌）。例如，某些消费者选择某一商品时可能会以价格作为唯一的评估标准，在所有同类商品中购买最便宜的一种。实际上商品成千上万，消费者个性及环境差异也很大，因此在具体进行单因素独立评价的过程中，形式是多种多样的。不同的消费者对同种商品会采用不同的评估标准，同一个消费者对不同的消费品也会采用不同的评估标准。另外，非联结式评价方法可能会产生一个以上的替代方案，因此需要再辅以其他决策方法来进一步选择。非联结式评价是一种绝对的形式，实践中并不多见。

（3）词典编辑式评价（lexicographic rule）方法。词典编辑式评价方法的原则实质是单因素独立评价原则的扩展，即当消费者用他认为最重要的评估标准选购商品，但未能选出令人满意的商品时，便用他认为第二位重要的标准进行挑选。如果用第二位重要标准仍然不行，则采用第三位重要标准进行选择，以此类推。事实上在消费者心目中商品各种评估标准的重要性是不同的，因此在进行方案评价时客观上会有一个逐次按不同标准进行筛选的过程。

(4)逐次排除式评价(elimination-by-aspects rule)方法。排除式评价方法的原则就是消费者在选择商品时逐步排除那些不具备最低要求的品牌。消费者会不断地把不符合其基本指标的商品一一排除，直到满意为止。

4. 作出决策

消费者在进行了评价和选择之后，就形成了购买意图，最终进入作出购买决策和实施购买的阶段。但是，在形成购买意图和作出购买决策之间，仍有一些不确定的因素存在，会使消费者临时改变购买决策。这些因素主要来自两方面：一是他人的态度；二是意料之外的变故。见图 5-8。

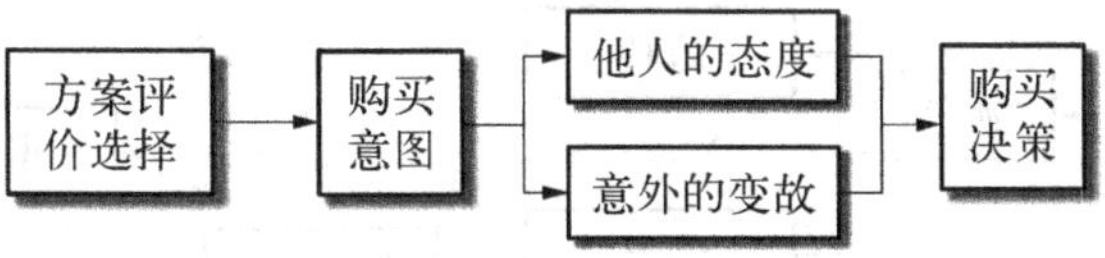

图 5-8 对购买决策的影响因素

其他人如果在消费者准备购买时提出反对意见或提出了更有吸引力的建议，会有可能使消费者推迟购买或放弃购买。他人态度影响力的大小主要取决于两点：反对的强烈程度以及在消费者心目中的地位。反对得越强烈，或其在消费者心目中的地位越重要，对消费者购买决策的影响力也就越大；反之，就比较小。

在消费者准备进行购买时所出现的一些意外变故也可能使消费者改变或放弃购买决策。如消费者家中突然有人生重病，需要大量治疗费用；消费者突然失去工作或稳定的收入来源等，都是一些有可能改变消费者购买决策的突变因素。

影响消费者进行最终购买决策的根本问题是消费者对购买风险的预期。如果消费者认为购买之后会给自己带来某些不利的影响，而且难以挽回，消费者改变或推迟购买的可能性就比较大。所以企业必须设法降低消费者的预期购买风险，这样就可能促使消费者作出最终的购买决策。

在消费者决定进行购买以后，他还会在执行购买的问题上进行一些决策，大体上包括五个方面。

商店决策：到哪里去购买。

数量决策：要购买多少。

时间决策：什么时候去购买。

品种决策：购买哪种款式、颜色和规格。

支付方式决策：现金、支票或分期付款。

为了能在消费者做出决策时影响消费者，营销人员应想尽办法来设计购物环境。设计合理的购物环境，不仅能影响消费者的计划性购买(planned buying)，也能引发消费者的冲动性购买(impulsive buying)。冲动性购买是指消费者所不能抗拒的突发性购买冲动。能够引发消费者冲动性购买的因素包括现场的商品促销、商品类型丰富性、人员推荐等购物环境因素，当然也包括消费者自身的个性，如冲动性购买倾向等。

5. 买后行为

消费者购买了商品并不意味着购买行为过程的结束，因为其对于所购买的商品是否满意，以及会采取怎样的行动，对于企业目前和以后的经营活动都会带来很大的影响。所以重视消费者买后的感觉和行为并采取相应的营销策略同样是很重要的。图 5-9 展示了消费者购买后的感觉及行为特征。

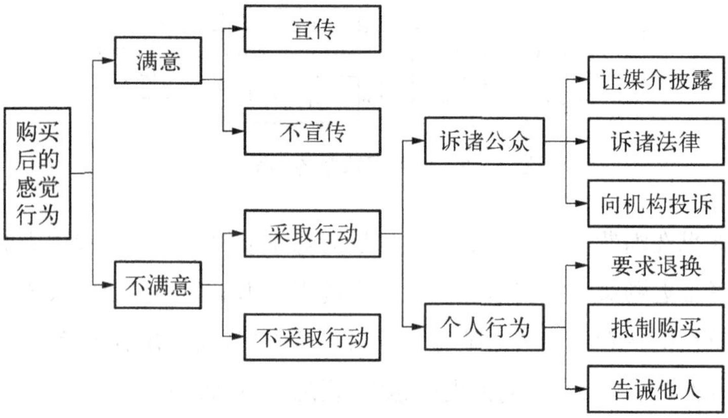

图 5-9 购买后的感觉和行为

满意还是不满意是消费者购买商品之后最主要的感觉，其买后的所有行为都基于这两种不同的感觉。而满意还是不满意一方面取决于消费者预期与产品感知绩效之间的关系，若符合或接近其预期欲望，消费者就会比较满意，否则就会不满意；另一方面则取决于他人对其购买商品的评价，若周围的人对其购买的商品持肯定意见的多，消费者就会感到比较满意，持否定意见的多，即使他原来认为比较满意的，也可能转为不满意。

感到满意的消费者在行为方面会有两种情况：一种是向他人宣传和推荐；另一种是不进行宣传。当然，消费者能够对企业的产品进行积极的宣传是最为理想的，企业要设法促使消费者这样去做。

感到不满意的消费者的行为就比较复杂，首先也有采取行动和不采取行动之分。一般而言，若不满意的程度较低或商品的价值不大，消费者有可能不采取任何行动；但是如果不满意的程度较高或商品的价值较大，消费者一般都会采取相应的行动。

不满意的消费者所采取的行动一种是个人行为，如到商店要求对商品进行退换，将不满意的情况告诉亲戚朋友，以后再也不购买此种品牌或此家企业的商品，等等。消费者的个人行为虽然对企业有影响，但是影响的程度相对小一些。消费者另一种可能的做法就是将其不满意的情况诉诸公众，如向消费者协会投诉，向新闻媒体披露，甚至告上法庭。这样的行为就会对企业造成较大的损失。企业应当尽可能避免这样的情况出现。

事实上，即使出现消费者不满意的情况，企业若能妥善处理，也是能够使消费者转怒为喜的。如妥善处理好退换商品的工作，耐心听取消费者意见并诚恳道歉，及时采取积极的改进措施，在必要的情况下，主动对消费者进行赔偿，等等。

现代营销观念认为稳定的市场份额比高额的利润更为重要，所以认真对待消费者购买后的态度和行为是企业营销活动中的重要一环。

思考题

1. 为什么说购买者行为模式从根本上讲是一种“认识—刺激—反应”模式？
2. 影响消费者购买行为的主要因素有哪些？举例说明这些因素对购买决策行为的影响。
3. 购买行为有哪几种主要类型？企业可采取哪些相应的营销策略？
4. 购买决策一般要经过哪几个阶段？为什么说“银货两讫”后购买行为过程并没有结束？

第六章　组织市场购买行为

学习目的与要求

1. 了解组织市场的含义和构成
2. 了解组织市场购买行为的特征
3. 了解组织购买的决策方式和决策过程
4. 掌握政府采购行为的主要特征

同消费者市场相对应的是生产者市场。生产者市场又称产业市场或工业市场，原指除商业以外的一切生产性行业。近年来以菲利普·科特勒为代表的市场营销学者认为一切商业转售者市场及其购买行为和生产者市场及其购买行为都具有相同的特点，所以在分析时，应该把它们视为同一种类型。另外还包括一些非营利性组织和政府市场。我们把这些市场的集合总称为组织市场。组织市场由于主体的性质和购买的目的与消费者市场有很大的不同，所以对其购买行为有必要进行特定的分析和研究。

第一节　组织市场的含义

组织市场(organizational market)和消费者市场的主要区别在于：购买者主要是企业或社会团体而不是个人或家庭消费者；目的是为了用于生产或转卖以获取利润，以及其他非生活性消费，而不是为了满足个人或家庭的生活需要。根据组织市场的这些特点，我们可将组织市场定义为：购买商品和服务以用于生产性消费，以及转卖、出租，或用于其他非生活性消费的企业或社会团体。组织市场的规模很大，往往是消费者市场规模的几倍。所以组织市场一直是企业十分关注的市场。

组织市场的分类

正因为我们把众多的不同购买者集合在一起统称为“组织市场”，所以有必要对其进行分类（见图 6－1），以做进一步的分析与比较。

1. 生产者市场

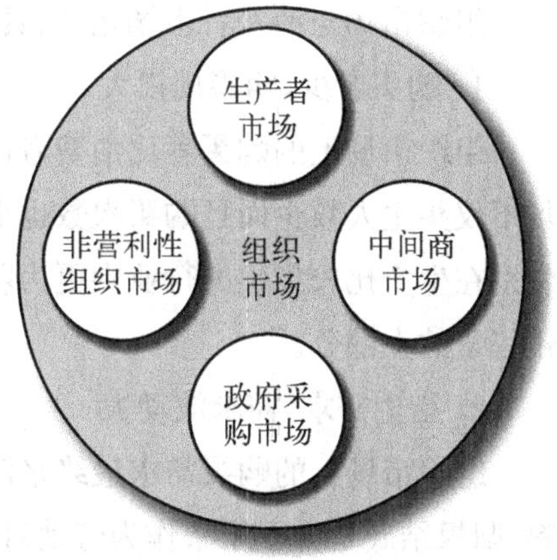

图 6－1　组织市场的主要构成

生产者市场（producer market），在某些场合又可称为产业市场或工业市场。它主要由这样一些个体和组织构成：它们采购商品和劳务的目的是为了加工生产出其他产品以供出售、出租，从中谋利，而不是为了个人消费。这部分市场是我们本书中所称的“组织市场”的主要组成部分。它主要由以下产业构成：（1）农、林、牧、渔业；（2）采矿业；（3）制造业；（4）建筑业；（5）运输业；（6）通信业；（7）公用事业；（8）银行、金融、保险业；（9）服务业。以生产者市场为服务目标的企业，必须深入研究这个市场的特点，并分析其购买行为，从而取得营销成功。

2. 中间商市场

中间商市场（reseller market），又称转卖者市场。它是由所有以营利为目的而从事转卖或租赁业务的个体和组织构成，包括批发和零售两大部分。在许多场合，批发和零售往往作为营销渠道的组成部分被提出来，而不是作为组织市场的一部分来讲述。其实，中间商市场和生产者市场有着许多相似之处，包括双方在购买行为上也有许多雷同的地方。因此，我们认为有必要把它作为组织市场的第二主要组成部分提出来，而在具体分析的时候，并不涉及其作为渠道组成部门的特点。

3. 非营利性组织市场

非营利性组织市场（non-profit organizational market），又称机构市场。主要是指一些由学校、医院、疗养院、监狱和其他为公众提供商品和服务的部门所组成的市场，它们往往是以低预算和受到一定的控制为特征的，而且一般都是非营利性的。

4. 政府采购市场

在大多数国家里，政府也是产品和劳务的主要购买者。由于政府的采购决策要受到公众的监督，因此它们经常会要求供应商准备大量的书面材料；此外，政府采购市场（government purchasing market）还有一些比如以竞价投标为主，喜欢向国内供应商采购等特点。

以上，就是我们在平常可能接触到的一些构成组织市场的不同类型的成员。在大多数场合，它们被分开阐述，各自说明特点或进行购买行为分析。但实际上我们不难看出，在各种不同类型的市场特征背后，却有着很多共同的特征。

组织市场的特征

组织市场与消费者市场相比，具有一些鲜明的特征。

1. 购买者少，购买规模大

组织市场上的购买者比消费者市场上的购买者要少得多，但规模大得多。组织市场不仅买主人数少而且购买次数也少。购买次数少就决定了每次采购量将十分巨大。特别在生产比较集中的行业中更为明显，通常少数几家大企业的采购量就占该产品总销售量的大部分。

2. 衍生需求，需求波动大

组织市场上的购买需求最终来源于对消费品的需求，企业之所以需要购买生产资料，归根结底是为了用来作为劳动对象和劳动资料以生产出消费资料。因此，消费者市场需求的变化将直接影响组织市场的需求。这种衍生需求使得组织市场对产品和服务的需求更不稳定。消费者需求增长一定的百分比能够引起组织市场需求更大的增长。而若消费品需求下降10%，则可导致有关生产资料需求的全面暴跌。

3. 需求缺乏弹性

组织市场的需求受价格变化的影响不大。需求在短期内特别无弹性，因为厂商不能对其生产方式做许多变动。

4. 着重人员销售

由于仅存在少数大批量购买的客户，所以企业营销部门往往倾向于通过人员销售，宣传其优惠政策而不是通过广告。

5. 进行直接销售

消费品的销售通常都经过中间商，但组织市场的购买者大多直接向生产者购买。这首先是因为购买者数量有限，而且大多属于大规模购买，直接购买的成本显然低得多。其次，组织市场的购买活动在售前售后都需要由生产者提供技术服务。因此，直接销售是组织市场常见的销售方式。

6. 实行专业购买

相应地，组织机构通常比个人消费者更加系统地购买所需要的商品，其采购过程往往是由具有专门知识的专业人员负责，如采购代理商。这意味着组织营销者必须具有完备的技术知识，并能提供大量的有关自身及竞争者的数据。

7. 购买者常常面对更加复杂的购买决策

与消费者购买相比，组织购买者常常面对更加复杂的购买决策。组织市场购买者常常涉及大量的资金、复杂的技术和经济条件,以及需要与卖方组织中不同层次的多个人员互动,这些特征都使组织市场购买与消费者购买相比,购买行为更加复杂,购买的决策周期相对较长,而且购买过程也比消费者购买过程更加正式。

8. 在组织购买过程中,买卖双方联系更加密切,两者间往往建立起长期的密切关系

在组织购买的过程中,买卖双方常常彼此依赖。因此,从长期来看,组织市场的营销者会通过满足购买者的当前需求,并与顾客建立伙伴关系来帮助解决所面临的问题,进而保持对顾客的销售和创造顾客价值。

第二节　组织市场购买决策

正如个人消费者一样,组织消费者在作出购买决策之前,也会经历几个环节,心理环节在这之中充当了一个重要的角色。两者不同的是,组织购买更正规化、专业化、系统化。这一节将主要论述组织购买区别于个人购买的一系列决策行为。

市场营销者希望了解组织市场购买者对不同营销刺激的反应。图 6－2 显示了组织市场购买者的模型。在这个模型中,市场营销以及其他刺激会影响购买者产生的反应。为使这些刺激进入采购者组织后转化为对营销者有利的反应,B2B 市场的营销者需要了解采购组织中会发生什么,从而设计出合适的市场营销战略。

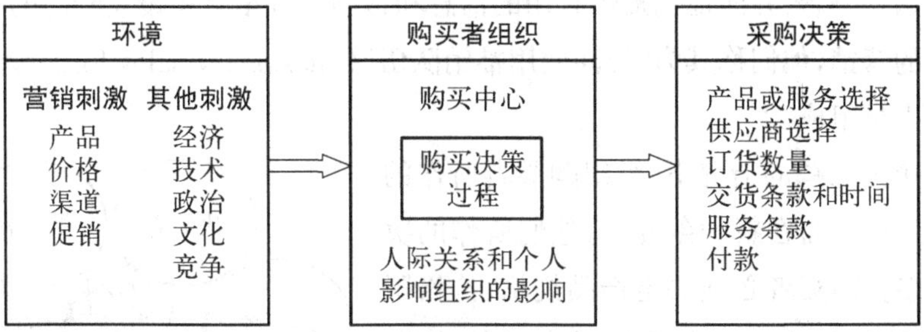

图 6－2　组织购买者行为模型

在采购组织内部,购买行为由两个主要方面构成:一是采购中心,由采购决策所涉及的所有人构成;二是采购决策过程。图 6－2 表明,采购中心和采购决策过程要受到内部组织、人际关系和个人因素等的影响,同时也要受到外部因素的影响。

购买行为类型

组织购买者行为的复杂程度以及采购决策项目的多少,取决于采购业务的类型。我们可以把它分为三种类型:直接再采购、修正再购买和新购。

1. 直接再采购

直接再采购(straight rebuy)是指采购方按既定方案不作任何修订直接进行的采购。这是一种重复性的采购活动,按一定程序办理即可,基本上不用作新的决策。在这种情况下,采购人员的工作只是从以前有过购销关系的供应商中,选取那些供货能满足本企业需要和能使本企业满意的供应商,向他们继续订货。入选的供应商应该尽最大努力,保持产品和服务的质量,以巩固与老客户的关系。落选的供应商则应努力做一些新的工作,消除买方的不满,设法争取新的订单。

2. 修正再购买

修正再购买(modified rebuy)是指组织购买者对以前已采购过的产品通过修订其规格、价格、交货条件或其他事项之后的购买。这类购买比直接再购买要复杂,购销双方需要重新谈判,因而双方会有更多的人参与决策。在被选掉的"名单"中的供应商压力会很大,为了保持交易,他们将加倍努力。而对"名单"之外的供应商来说,这是一次机会,他们将会提供更好的条件以争取新的业务。

3. 新购

新购(new task)是指组织购买者第一次购买货物的购买行为。新购的成本费用越高,风险越大,参加决策的人数就越多,所需信息量也越多,制定决策的时间也越长。新购的采购过程一般要经过几个阶段:知晓—兴趣—评价—试用—采用。新购没有什么可利用的老供应商,所以对一切供应方来说都具有同等的机会。供应商应设法接触主要的采购影响者,并向他们提供有用的信息和帮助。许多公司设立专门的机构负责对新客户的营销,他们称其为"访问使用推销队伍"(missionary sales force),一般由最好的推销人员组成。

在直接再采购的情况下,组织购买者所作的决策数量最少。而在新的条件下,他们所作的决策数量最多。购买者必须决定产品规格、价格限度、交货条件以及时间、服务条件、支付条件、订购数量、可接受的供应商和可供选择的供应商等等。

在直接再采购时,采购代理人起的作用较大;而在新任务采购时,其他组织人员所起的作用较大。我们把采购组织的决策单位称为"采购中心"(buying center),并定义为:所有参与购买决策过程的个人和集体。他们具有某种共同目标并一起承担由决策所引发的各种风险。采购中心包括购买组织中的全体成员,他们在购买决策过程中可能会形成七种不同的角色(见图 6-3)。

图 6-3　组织市场购买决策的主要参与者

1. 发起者

发起者(initiator)是指提出并要求购买的人。他们可能是组织内的使用者或其他人。

2. 使用者

使用者(users)指组织中使用产品或服务的成员。在许多场合,使用者首先提出购买建议,并协助确定产品规格。

3. 影响者

影响者(influencer)指影响购买决策的人,他们协助确定产品规格,并提供方案评价的情报信息。作为影响者,技术人员尤为重要。

4. 决策者

决策者(decider)指一些有权决定产品需求和供应商的人,在重要的采购活动中,有时还涉及主管部门或上级部门的批准,构成多层决策的状况。

5. 批准者

批准者(ratifier)指有权批准决策者或购买者所提方案的人。

6. 购买者

购买者(buyers)指正式有权选择供应商并安排购买条件的人。购买者可以帮助制定产品规格,但主要任务是选择卖主和交易谈判。在较复杂的购买过程中,购买者中或许也包括高层管理人员。

7. 把关者

把关者(gatekeepers)是指有权力阻止销售人员或销售信息接近采购中心成员的人。

在任何组织内,采购中心的人数会随不同类别产品的大小及构成发生变化。显然,参与购买一台重要机器设备的决策人数肯定会比参与购买办公文具的人数要多。而韦伯斯特强调组织购买决定最终还是由组织中的个人作出的,而不是由组织作出的。作为产品营销人员需要知道的是:谁是主要决策的参与者,其影响决策的程度如何,他们对哪些决策具有影响力。只有摸清客户的这些情况,才能有针对性地采取促销措施。

影响采购决策的主要因素

组织采购人员在作出购买决策时受到许多因素影响。有些营销人员认为经济因素是最为重要的,而另一些人员认为采购者对偏好、注意力、避免风险等个人因素反应敏感。实际上在组织市场的购买决策中,经济因素同个人因素对采购人员的影响是同样重要的。

我们可以把影响组织购买者的因素归为四类:环境因素、组织因素、人际因素和个人因素(见图 6 - 4)。

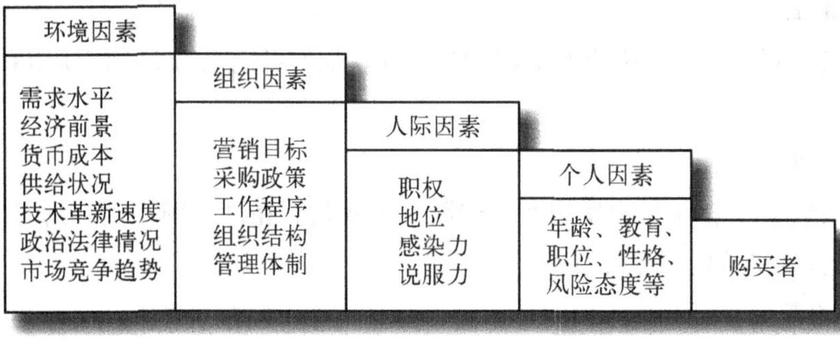

图 6－4　影响组织采购行为的主要因素

1. 环境因素

市场营销环境和经济前景对企业的发展影响甚大，也必然影响到其采购计划。例如，在经济衰退时期组织购买者会减少对厂房设备的投资，并设法减少存货。组织营销人员在这种环境下刺激采购是无能为力的，他们只能在增加或维护其需求份额上做艰苦的努力。

原材料的供给状况是否紧张，也是影响组织用户采购的一个重要环境因素。同样，采购者也受到技术因素、政治因素以及经济环境中各种发展因素的影响。

2. 组织因素

每一个采购组织都有其具体目标、政策、程序、组织结构及系统。营销人员必须尽量了解这些情况。

组织内部采购制度的变化也会对采购决策带来很大影响。如对于大型百货商店来说，是采用集中采购的进货方式还是将进货权下放给各商品部或柜组，采购行为就会有很大差别；一些组织会用长期合同的方式来确定供应渠道，另一些组织则会采用临时招标的方式来选择供应商。

3. 人际因素

采购中心通常包括一些具有不同地位、职权、兴趣和说服诱导力的参与者。一些决策行为会在这些参与者中产生不同的反应。意见是否容易取得一致，参与者之间的关系是否融洽，是否会在某些决策中形成对抗，这些人际因素会对组织市场的营销活动产生很大影响。营销人员若能掌握这些情况并有的放矢地施加影响，将有助于消除各种不利因素，获得订单。

4. 个人因素

购买决策过程中每一个参与者都带有个人动机、直觉和偏好，这些因素受到参与者的年龄、收入、教育、专业文化、个性以及对风险的态度等个人因素的影响。因此，供应商应了解客户采购决策人的个人特点，并处理好个人之间的关系，这将有利于营销业务的开展。

组织营销人员必须了解自己的顾客，使自己的营销策略适合特定的组织购买行为中的环境、组织、人际以及个人因素的情况。

组织市场购买行为的重要特点往往表现为组织与组织之间的交易关系，似乎应当比消费者购买行为更为理性，而不涉及个人情感。但实际上并非如此。因为组织采购的每一个环节都是由具体人员去完成的。执行组织采购任务的具体人员的个性与情感对于其作出相应的采购决策同样发挥着重要的作用。所以注意研究组织购买行为中的个人因素，并有的放矢地开展相关的营销活动是十分重要的。

购买决策过程

组织购买者作出采购决策的过程与消费者有相似之处，但又有特殊性。一般认为，组织购买者的采购决策过程可分为八个购买阶段(见图 6－5)。

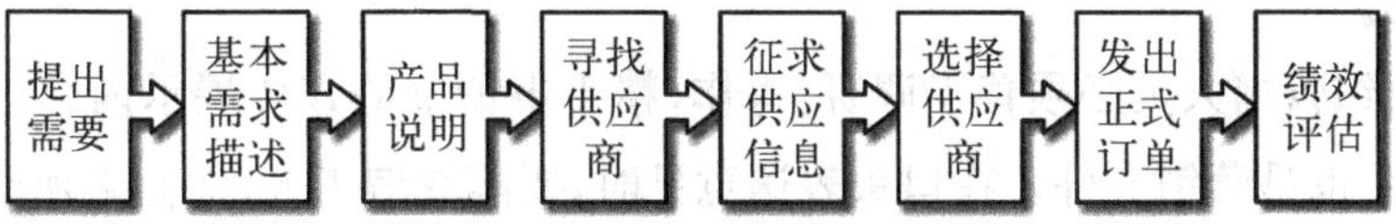

图 6－5 组织购买者采购决策过程

1. 提出需要

当公司中有人提出需要某一产品或服务时，便开始了采购过程。提出需要由两种刺激引起：(1)内部刺激。如企业决定推出一种新产品，于是需要购置新设备或原材料来生产这种新产品；企业原有的设备发生故障，需要更新或需要购买新的零部件；已采购的原材料不能令人满意，企业正在物色新的供应商。(2)外部刺激。主要指采购人员在某个商品展销会上产生了新的采购主意，或者接受了广告宣传中的推荐，或者接受了某些推销员提出的可以供应质量更好、价格更低的产品的建议。

2. 基本需求描述

在提出基本需要之后，组织市场购买者接下来就是要准备基本需求描述，说明所需要的产品项目的特点和质量。对标准项目而言，这一过程不会有什么问题，但对于复杂的项目来说，购买者需要与包括工程师、使用者等一起来确定产品项目。他们可能需要对产品的可靠性、价格以及其他属性的重要性进行排序，以帮助购买者明确他们的需要，并提供有关不同产品特征价值的信息。

3. 产品说明

购买者随后就需要就该产品的技术性能制定产品说明。在这个过程中往往需要工程师团队帮助进行价值分析。工程师需要仔细研究产品各部件及成分，决定最佳的产品特征并对它们做详细说明。销售者也可以利用价值分析的方法,有效地寻找新客户。

4. 寻找供应商

采购者现在要开始寻找最佳供应商了。为此,他们会从多方面着手:可以咨询商业指导机构;上网查询信息;打电话给其他公司,要求推荐好的供应商;或者观看商业广告,参加展览会。供应商此时应大做广告,并到各种商业指导宣传机构中登记自己公司的名称,争取在市场上树立起良好的信誉。组织购买者通常是会拒绝那些生产能力不足、声誉不好的供应商;而对合格的供应商,则会登门拜访,察看他们的生产设备,了解其人员配置。最后,采购者会归纳出一份合格供应商的名单。

5. 征求供应信息

此时采购者会邀请合格的供应商提交申请书。有些供应商只寄送一份价目表或只派一名销售代表。但是,当所需产品复杂而昂贵时,采购者就会要求待选供应商提交内容详尽的申请书。他们会再进行一轮筛选比较,选中其中最佳者,要求其提交正式的协议书。

因此组织营销人员必须善于调研、写作,精于申请书的宣传展示内容。它不仅仅是技术文件,也是营销文件。在口头表达意见时,要能取信于人,他们必须始终强调公司的生产能力和资源优势,以便在竞争中立于不败之地。

6. 选择供应商

采购中心在作出最后选择之前,还可能与选中的供应商就价格或其他条款进行谈判。营销人员可以从几个方面来抵制对方的压价。如当他们所能提供的服务优于竞争对手时,营销人员可以坚持目前的价格政策等。

此外,采购中心还必须确定供应商的数目。许多采购者喜欢多种渠道进货。这样一方面可以避免自己过分地依赖于一个供应商,另一方面也使自己可以对各供应商的价格和业绩进行比较。当然,在一般情况下,采购者会把大部分订单集中在一家供应商身上,而把少量订单安排给其他供应商。这样,主供应商会全力以赴保证自己的地位,而次要供应商会通过多种途径来争得立足之地,再图自身的发展。

7. 发出正式订单

采购者选定供应商之后,就会发出正式订货单,写明所需产品的规格、数目、预期交货时间、退货政策、保修条件等。通常情况下,如果双方都有良好的信誉,一份长期有效的合同将建立一种长期的关系,而避免重复签约的麻烦。在这种合同关系下,供应商答应在一特定的时间之内根据需要按协议的价格条件继续供应产品给买方,存货由卖方保存。因此,它也被称作"无存货采购计划"。这种长期有效合同导致买方更多地向一家供应商采购,并从该供应商处购买更多的产品或服务。这就使得供应商和采购者的关系十分密切,其他供应商很难插足其间。

8. 绩效评估

在此阶段，采购者对各供应商的绩效进行评估。他们可以通过三种途径：直接接触最终用户，征求他们意见；或者运用不同的标准加权计算来评价供应商；或者把绩效不理想的开支加总，以修正包括价格在内的采购成本。通过绩效评估，采购者将决定延续、修正或停止向该供应商采购。供应商则应该密切关注采购者使用的相同变量，以便确信为买主提供了预期的满足。

购买决策阶段指的是一个组织在购买前所进行的、从组织产生需要到对即将购买的商品进行评估的一系列过程。但并非每次采购都要经过这八个阶段，这要依据采购业务的不同类型而定。

E-采购：网上购买

信息技术的发展改变了组织市场营销的面貌。电子采购，通常被称为 E-采购，近年来发展迅猛，已成为很多公司的标准程序。电子采购使购买者接触到更多的供应商，有助于他们加快订货过程，缩短交货期，降低采购成本。反过来说，通过电子采购也可以便利组织市场营销者在网上联系客户，共同分享市场营销信息，销售产品和服务，并提供客户支持服务。公司开展电子采购的方式包括：

1. 反向拍卖(reverse auction)

即公司将自己的采购要求在网络上发布，邀请供应商投标。

2. 建立采购网站

即公司通过建立自己的采购网站来执行电子采购。例如，通用电气公司建立了一个公司交易网站，在上面发布其采购需求并邀请供应商进行投标，按相关条件进行谈判及下单。

3. 与主要供应商设立直接外网连接

比如公司对于办公用品的采购，可以在某办公用品公司设立一个电子采购账户，公司相关人员可以通过这种方式直接进行购买。

4. 成立采购联盟

采购联盟是指行业里的企业通过网上数据共享的形式，改变单兵作战采购的模式，形成采购联盟，进行联合采购。比如美国三大汽车公司通用、福特和克莱斯勒成立了 Covisint 电子采购平台，形成采购联盟。Covisint 能够将合作伙伴、客户和供应商的关键商业信息和技术进行整合。

在电子采购盛行的时代，组织市场营销者也可以通过创建设计精良的、便于操作的网站帮助希望在网上进行采购的客户。

开发有效的组织市场营销方案

为了吸引和留住客户，组织市场的营销者要有效利用各种营销工具，设计合理的营销方案。其中主要包括有效的线上线下传播和推广品牌，以及提供有价值优势的产品和服务。

在组织市场的营销过程中，品牌的作用是至关重要的。一些组织市场的营销人员正在学习采用B2C市场的营销实践来建立和传播他们的品牌。

对大多数组织市场的营销者来说，服务在公司战略和财务绩效方面具有越来越重要的作用。在产品中增加高质量的服务，使其成为客户价值的重要构成，对于组织市场营销者吸引和形成与顾客长期和紧密的关系有重要促进作用。

第三节　政府市场与政府采购

政府采购是组织购买者中比较特殊的一个市场，也是十分重要的一个市场，在西方已有200年左右的历史，其特点就是对政府的采购行为进行法制化的管理。

政府采购的含义和特点

对于政府采购的含义曾经有过许多解释。中国政府2002年6月颁布的《中华人民共和国政府采购法》对政府采购的含义进行了定义："政府采购指各级国家机关、事业单位和团体组织，使用财政性资金采购依法制定的集中采购目录以内的或者采购限额标准以上的货物、工程和服务的行为。"这一定义反映了政府采购的一些基本要素。

(1)政府采购的主体。政府采购的主体是国家机关、事业单位和团体组织，而不是一般的个人或企业。

(2)政府采购的范围。政府采购的范围并不包括所有的商品和服务，而是有所限定的，那就是"依法制定的集中采购目录以内"的商品和服务，以及"采购限额标准以上"的商品和服务。

(3)政府采购的资金来源。政府采购的资金来源是财政性资金，即全民的公有财产。这就是为什么要对政府采购进行必要的法制管理的主要原因。这里所说的财政性资金，不仅包括预算内资金，也包括预算外资金。但并非所有财政性资金的使用都纳入政府采购的管理范畴，还应根据资金的使用方向，看其是否在政府采购的管理范围之内。

同私人或企业采购相比，政府采购具有行政性、社会性、法制性和广泛性等主要特点。

(1)行政性。政府采购决策是一种行政性的运行过程，要严格遵守行政决策的程序和过程，要代表政府的意志，遵循组织原则，并非将经济利益作为唯一的评价标准。

(2)社会性。政府要承担社会责任和公共责任，其包括采购行为在内的所有行为不能只对政府机构负责，而必须对全社会负责。所以其采购行为必然要综合考虑对诸如环境、就业以及国家安全等各方面的影响。同时，政府采购行为本身也要接受社会监督。

(3)法制性。在法治国家中，政府行为的基本特征是必须在法律的范围内运行，所有行为必须符合法律的规范和原则。所以政府采购的对象、程序和操作都必须用法律的形式加以规定并严格执行。

(4)广泛性。政府是对国家和社会实行管理和服务的机构，其涉及的事务范围极其广泛，政治、经济、军事、教育、医疗卫生、资源开发、环境保护，几乎无所不包。所以其采购的领域也必然十分广泛。

政府采购的方式和程序

(一)政府采购的方式

根据《中华人民共和国政府采购法》规定，政府采购基本上采用公开招标、邀请招标、竞争性谈判、单一来源采购、询价采购等方式。其中公开招标是政府采购的主要方式。

1. 公开招标

公开招标就是不限定投标企业，按照一般的招标程序所进行的采购方式。这种采购方式对所有的投标者是一视同仁的，主要看其是否能更加符合招标项目的规定要求。但由于整个招标、评标过程会耗费大量的费用，所以公开招标一般要求采购项目的价值比较大。

2. 邀请招标

邀请招标是指将投标企业限定在一定的范围内(一般必须在3家以上)，主动邀请他们进行投标。邀请招标的原因一方面是由于所采购货物、工程或服务具有一定的特殊性，只能向有限范围内的供应商进行采购；另一方面是由于进行公开招标所需要的费用占采购项目总价值的比例过大，即招标成本过高。所以对于采购规模较小的政府采购项目一般会采用邀请招标的方式。

3. 竞争性谈判

竞争性谈判是指采购单位采用同多家供应商同时进行谈判，从中确定最优供应商的采购方式。一般适用于在需求紧急情况下，不可能有充裕的时间进行常规性的招标采购；或招标后没有合适的投标者；项目技术复杂、性质特殊，无法明确招标规格等情况下，就可不采用招标方式而采用竞争性谈判的采购方式。

4. 单一来源采购

单一来源采购即定向采购，虽然所采购的项目金额已达到必须进行政府采购的标准，但由于供应来源因资源专利、合同追加或后续维修扩充等原因只能是唯一的，就适用于采取单一来源的采购方式。

5. 询价采购

询价采购主要是指采购单位向国内外的供应商(通常不少于3家)发出询价单，让其报价，然后进行比较选择，确定供应商的采购方式。询价采购一般适应于货物规格标准统一，现货货源充足且价格变化幅度较小的政府采购项目。对于某些急需采购项目，或招标谈判成本过高的项目也可采用询价采购的方式。

以上采购方式主要是指列入政府采购管理范围之内的采购项目的采购。所谓列入政府采购管理范围的采购项目主要是指两方面：一是属于法定的“集中采购目录”之内的采购项目；二是达到所规定的采购金额标准以上的采购项目。规定的采购金额标准(通常也称作“门槛价”)，是由政府有关部门(一般必须由财政部门参与)根据实际情况所规定的。在采购金额标准以下的采购项目，一般不受政府采购有关程序的约束，但也要求采用比价择优的方式。

(二)政府采购的程序

政府采购的程序因采购方式的不同而不同。

1. 公开招标的采购程序

第一步是进行招标前的准备，如上报采购计划，确定招标机构，制作招标文件等；第二步是发布招标通告，让所有投标人知道招标信息；第三步是进行资格预审，即对供应商的资格和能力进行事先的了解和审定；第四步是发售招标文件，接受投标；第五步是在规定时间内接受投标之后，进行公开统一开标、评标，确定供应商；第六步是同所有确定的供应商签订采购合同。

2. 邀请招标的基本程序

邀请招标的基本程序同公开招标差不多，只是对于投标的供应商有一定的限制，不是采用发布招标通告，而是采取发出招标邀请书的方式进行招标。

3. 竞争性谈判的程序

竞争性谈判的程序与一般商务采购程序差不多，通常包括四个基本环节：首先是询盘，即向供应方提出关于采购项目的价格及其他交易条件的询问；其次是发盘，即由接到询盘的供应方发出价格或交易条件的信息，也称“报价”(但有时也可由采购方首先发盘，供应方若无条件接受，交易合同就可成立)；再次是还盘，即采购方对供应方的发盘(报价)提出一些修改意见，供应方修改后再向采购方还盘，此过程可反复进行，直至达成交易或拒绝交易；最后是接受，即采购方或供应方对于对方提出的价格和交易条件表示同意，双方的交易合同即可成立。

竞争性谈判的这一程序是同时对各供应商展开的，由供应商公平竞争，采购方在同各供应商的发盘和还盘中去选择最合适的供应商。

4. 询价的采购程序

询价的采购程序一般分为四步。第一步是选择供应商，一般应在 3 家以上；第二步是发出询价单，询价单除询问价格之外还应包括其他交易条件；第三步是评价和比较，由采购方对供应商报出的条件进行比较，然后作出选择；第四步是签订合同，履行采购。

5. 单一来源的采购程序

单一来源的采购由于没有竞争，所以不需要进行广泛的招标和竞价，但一般也要经过“提出采购要求→进行交易谈判→签订→履行交易合同”的过程。

实际上各种政府采购方式的基本程序还是类似的，无非分为五个基本步骤(见图 6－6)，即：确定采购项目→发出采购信息→接受供应信息→评价选择供应者—签订履行合同。所不同的只是在发出信息和接受信息的方式和对象上有所不同。

图 6－6　政府采购的一般程序

政府采购的主要模式

国外政府采购一般有三种模式：集中采购模式，即由一个专门的政府采购机构负责本级政府的全部采购任务；分散采购模式，即由各支出采购单位自行采购；半集中半分散采购模式，即由专门的政府采购机构负责部分项目的采购，而其他的则由各单位自行采购。在中国的政府采购中集中采购占了很大的比重，列入集中采购目录和达到一定采购金额以上的项目必须进行集中采购。

思考题

1. 组织购买市场同消费者购买市场相比，有哪些主要特征？
2. 组织采购决策一般会由哪些主要角色构成？它们对组织购买行为各产生怎样的作用？
3. 组织市场的购买决策一般会经过哪几个主要阶段？
4. 什么是政府采购？它有哪些主要特点？会有哪些角色参与？

第七章　市场细分与目标市场

学习目的与要求

1. 掌握目标市场营销的三个步骤
2. 了解消费者市场和组织市场细分的主要标准和有效细分的条件
3. 理解市场细分的主要方法
4. 理解企业目标市场选择的三种战略及其运用条件
5. 掌握通过市场定位获得竞争优势最大化的方法
6. 了解定制营销的含义、必要性和可能性

顾客导向的市场营销的战略核心是目标市场营销，即企业识别各个不同的购买者群体的差别，有选择地确定一个或几个消费者群体作为自己的目标市场，发挥自己的资源优势，满足其需要。目标市场营销主要包含三个顾客导向的市场营销战略决策：市场细分(segmenting)，即如何将市场划分为有意义的顾客群；选择目标市场(targeting)，即决定公司要服务的顾客群；市场定位(positioning)，即在目标顾客心目中建立起对公司产品、服务及其品牌的独特偏好和固有形象。所以又被称为STP战略。

第一节　大众营销与目标营销

从大众营销到目标营销

回顾市场营销历史，我们会发现，企业并非一开始就热衷于目标市场营销。实

际上，在20世纪50年代以前的很长一段时间里，大多数的消费品厂商都奉行大众营销（mass marketing）。大众营销又称大量市场营销，是指营销者以相同的方式向市场上所有的消费者提供相同的产品和进行信息沟通，即大量生产、大量分销和大量促销。

大众营销以市场的共性为基础，忽略市场需求的差异，力图以标准化的产品和分销影响最广泛的市场范围，从而获得最低的生产和营销成本，得到较低的价格，或者较高的利润。在商品不充足、消费个性不突出，或产品需求同质性高的情况下，大众营销能够有效地实现规模经济，为企业所推崇。

然而，20世纪50年代之后，市场环境中许多因素的变化使得大众营销越来越困难。一方面，随着市场规模的迅速扩大、交通及通信技术的发展，使得市场范围扩大到前所未有的地域，也将企业与消费者的信息联系推进到前所未有的广度和深度。营销者与消费者的联系日趋扩大化、直接化和长期化。另一方面，市场由卖方市场向买方市场转变。消费者的需求水平和需求层次都有所提高，并且越来越要求个性化的服务，单一的营销组合显然已经无法适应差异化日益明显的消费需求和购买行为。

于是，企业开始关注消费者的差异，也意识到自己的营销行为对于不同的消费者有不同的吸引力和影响力，越来越多的企业开始了目标市场营销实践。

目标营销的理论依据

我们可以从三个方面去认识目标营销的理论依据。

一是企业资源的有限性。除了自然垄断、国家垄断的行业以及少数市场面极其狭窄的行业之外，对于大多数行业而言，一个企业是很难去满足全部市场需求的，因为会受到企业资源和能力的限制。

二是企业经营的择优性。企业寻找到同其资源相匹配的、有可能充分发挥企业特色和优势的一部分市场群体，有针对性地去加以满足，这样就可能既使这部分市场群体的满意度大大提高，又使企业的核心竞争力充分发挥。

三是市场需求的差异性。在各种因素的影响下，市场消费群体之间存在很大的差异性，从而构成了一个又一个在需求上各不相同的市场群体，也就为企业有针对性地选择目标市场提供了依据。

所以说，企业不仅应当而且可能采用目标市场营销策略，以在市场中营造自身的特定优势。

第二节 市场细分的依据与方法

市场细分及其理论依据

市场中消费者群体或个体之间，哪里有需求和愿望的差别，哪里就有细分市场的机会。即可以把一个较大的市场，细分为较小的群体（细分市场），作为企业的目标市场。

市场细分（market segmenting）就是按照一定标准将整个市场划分开来的活动，又被称为市场分割、市场区隔化。根据消费者的消费需求和购买习惯的差异，将整体市场划分为由许多消费需求大致类同的消费者群体所组成的子市场群，而这一活动的结果即一个个被分割的子市场可称为细分市场，每个细分市场内的消费者具有相对类同的消费需求，其理论依据是消费需求的绝对差异性和相对同质性。

1. 消费需求客观存在绝对差异性

由于人们所处的地理条件、社会环境以及自身的个性心理不同，市场上的顾客千差万别，他们追求不同的利益，拥有不同的需求特点和购买习惯，以至于对商品的品种、数量、价格、式样、规格、色彩乃至购买时间和地点的要求都会有所不同。而且，这些差异是绝对的，就像世界上没有完全相同的两片树叶一样，市场上也绝没有完全相同的顾客。

2. 消费需求客观存在相对同质性

在同一地理条件、社会环境和文化背景下的人们会形成具有相对类同的人生观、价值观的亚文化群，他们的需求特点和消费习惯大致相同。正是因为消费需求在某些方面的相对同质性，市场上绝对差异的消费者才能按一定标准聚合成不同的群体。每一个群体都是一个有相似欲望和需求的市场部分或子市场。

所以，消费需求绝对差异造成了市场细分的必要性，消费需求的相对同质性则使市场细分有了实现的可能性。

市场细分的意义

市场细分很快成为现代企业从事市场营销活动的重要手段，实践已证明，它是企业通向成功的阶梯。企业对市场进行细分的主要意义在于：

1. 市场细分有助于企业深刻地认识市场

市场细分为我们提供了极好的分析工具，通过按不同标准细分，仿佛按不同的角度把复杂的市场分开，再拼起来，既清晰地认识了每一个部分，又了解了部分之间的联系。企业在市场细分的基础上，对市场整体有了既清晰又全面的把握。企业可以详细分析每一个细分市场层面的需求及其满足情况，寻找适当的市场机会。

2. 市场细分化有助于企业发现最佳的市场机会

企业利用市场细分就能及时、准确地发现属于自己的市场机会。因为消费者的需求是没有穷尽的，总会存在尚未满足的需求。只要善于市场细分，总能找到市场需求的空隙。有时候，一次独到的市场细分能为企业创造出一个崭新的市场。

3. 市场细分有助于企业确定经营方向，开展针对性营销活动

通过市场细分，企业把市场分解开来，仔细分析比较，及时发现竞争动态，既可以避免将生产经营过度集中在某种畅销产品上而与竞争者一团混战，又可以选择有潜力又符合企业资源范围的理想顾客群作为目标，有的放矢地进行营销活动，集中使用人力、物力和财力，将有限的资源用在刀刃上，从而，以最少的经营费用取得最大的经营成果。

4. 市场细分对小企业具有特别重要的意义

与大企业相比，小企业的生产能力和竞争实力要小得多，它们在整个市场或较大的细分市场上无法建立自己的优势。借助市场细分，小企业可以发现某些尚未满足的需要，这些需要或许是大企业忽略的，或许是极富特殊性，大企业不屑为之专门安排营销力量的。无论何种情况，只要是小企业力所能及的，便可以见缝插针，拾遗补缺，建立稳固的市场地位，成为这一细分市场的专家。

消费者市场细分的依据

市场细分的中心问题是确定细分市场的基础，即划分市场的依据。市场细分的依据被称为细分变量。运用不同的细分依据，会得到迥异的结果。惟有选择恰当的细分基础，才能清楚地了解市场特性。而创新性地选择细分基础和细分方法，往往有助于我们对原有的市场结构形成新的发现，进而为企业提供新的市场机会。

消费者市场细分的依据很多，造成消费需求特征多样化的所有因素，几乎都可被视为市场细分的依据或标准。其主要有：消费者的基本特征（地理分布因素、人口统计因素、社会阶层因素和家庭生命周期等）、消费者的心理特征（个性、生活方式等）以及消费者的行为特征（追求的利益、购买时机和频率等）三大类。

1. 消费者的基本特征

（1）地理因素细分。不同区域消费者的需求、偏好和反应不同，在地理上可以将市场细分为不同的地理实体。以地理因素为依据来划分市场，是一种传统的市场细分。地理因素包括洲际、国别、区域、行政省市、城乡、气候条件和其他地理环境等一系列的具体变量。由于受地理环境、气候条件、社会风俗和文化传统的影响，同一地区的消费者往往具有相似的消费需求，而不同地区的消费者在需求内容和特点上有明显差异。

(2)人口统计因素细分。与人口统计因素相关的消费者特征包括年龄、性别、收入、教育水平、职业、家庭规模、宗教和种族等直接反映消费者自身特点的许多因素。因为消费者的需求、偏好和商品使用率等常常与人口统计变量密切相关，而且人口统计因素中所包含的这些变量来源于消费者自身，且较易测得。所以，人口统计因素一直是消费者市场细分的重要因素，被广泛地运用于区分消费群体。

在各种人口统计特征中，亚文化群的划分在市场细分中非常重要。亚文化是主文化的一部分。存在于社会整体中的亚文化群，拥有各具特色的意识形态和行为特征，其成员具有相对稳定性，而且亚文化特征在影响个人的意识或基本行为中起关键作用。每个人都是某个或某几个亚文化群中的成员，他们的行为模式既具有特色，又兼有主文化的特点。用于市场细分的重要亚文化因素包括：种族因素、民族因素、宗教因素或者地理因素。

(3)社会阶层。具有不同社会地位的人们，其需求和消费模式是不一样的。同一商品或品牌对于不同社会阶层的人来说，其意义可能相去甚远。企业需要针对不同的阶层，开展不同的营销规划和战略。社会阶层的划分多以教育、职业、收入和居住形态等因素(或单项，或综合)为基础。常见的划分方法有科尔曼和雷茵沃特社会等级分类法，他们利用诸如收入、职业、教育、居住形态等客观变量对社会人群进行分类。

上面所讨论的消费者基本特征，尽管能够在某些市场上有效区分某类产品的潜在使用者和非使用者，但是它们在本质上都是描述性的，虽然说明了谁是消费者，但是却不能揭示消费者采取某种行动的根本原因。因此，探究消费者心理动机和态度的因素，越来越受到重视。

2. 消费者的心理特征

心理特征试图在消费者特征和营销行为之间建立起因果联系。消费者对某种产品的态度和对某种品牌的感知偏好，都可以作为有效的市场细分变量。

(1)个性。消费过程就是消费者自觉和不自觉地展示自己个性的过程。为此，营销者越来越注意给他们的产品赋予品牌个性，树立品牌形象，以符合相对应的目标消费者的个性，求得其目标市场的认同。品牌个性使消费者对品牌特性、表现、功用和相关服务产生预期，并因此成为消费者与该品牌建立长期关系的基础。

(2)生活方式。企业可按照消费者不同的生活方式来细分市场，并按照生活方式不同的消费者群体来设计不同的产品和安排市场营销组合。

相比于仅仅用基本特征细分市场，心理细分能够为市场营销战略的制定提供更有用的依据。这些心理特征更进一步地揭示了消费者的行为动机，从而成为市场细分的重要依据。但这种方法的主要缺点在于，它通常要求高成本的实地调研，以及精密复杂的数据分析技术。

3. 消费者的行为特征

细分市场最直接的方法，就是以市场中消费者的行为为基础。所谓的行为因素是指和消费者购买行为习惯相关的一些变量，包括所追求的利益、购买时机和频率、使用情况和消费者对品牌的忠诚度等。

（1）利益细分。按消费者对产品所追求的不同利益，将其归入各群体，是一种卓有成效的市场细分方式，被广泛地用于各种市场，如银行、快速消费品和耐用消费品。消费者对产品和品牌的选择出于不同的动机，追求不同的利益，利益细分法根据消费者追求的利益，即产品之所以吸引消费者的根本原因，来细分市场。因此，该方法可能是在与营销决策直接相关的基础上确定细分市场最恰当的手段。

（2）购买行为。购买行为细分主要依据诸如购买时机（在整个产品生命周期的早期或晚期）和购买模式（确认具有品牌忠诚的顾客）等消费者重要的行为特征划分市场。

根据购买者产生需要、购买或使用产品的时机，可将他们区分为各具特色的群体。例如，当新产品上市时，营销人员都会格外关注勇于尝试新事物的人（那些在产品依然处于新上市阶段就购买的消费者），以他们作为最初的目标市场，可以显著地提高产品或服务的市场接受程度。

品牌忠诚是另一种被广泛接受的市场细分标准。与热衷于最先购买新产品创新者不同，品牌忠诚关注的是重复购买，指消费者对某种品牌的偏好和经常使用程度。

（3）消费行为。消费者对某种产品的使用数量或使用频率也是值得区分的变量。使用者的情况可分为非使用者、曾经使用者、潜在使用者、首次使用者和经常使用者几种。不同的情况需要区别对待。例如，对潜在使用者和经常使用者，企业需要采用不同的营销方法。一般来说，市场份额高的公司，特别注重将潜在的使用者变为实际使用者，以扩大其市场份额；而较小的公司则设法吸引经常使用者，以维持其市场份额。

产品和服务的购买者，并不一定就是这些产品和服务的消费者或使用者。对使用方式和消费量的考察（如大量使用者），能够使市场营销活动更具针对性。大量使用者的人数虽然占消费者总数的比例不大，但他们所消费的商品数量却在消费总量中占很大比重；少量使用者反之。研究表明，某种产品的大量使用者往往有某些共同的人口统计和心理方面的特征以及接受某种传播媒体的习惯。

（4）关系导向特征。由于关系营销的发展，市场细分的相关特征——消费者对关系建立的需要，引起了一定的关注。消费者追求完美的特征，在消费者希望与供应商建立的关系类型（例如长期关系、短期关系和交易关系），以及消费者想要达到的关系密切程度（例如密切或疏远）方面大相径庭。因而，可以将市场细分为下面几个与其他变量相联系的群体：

● 关系寻求者：他们想要与供应商或零售商建立一种密切的长期关系。

● 关系开拓者：他们仅仅想要与供应商建立一种短期但密切的关系，以便在交易中获得优势。

● 忠诚购买者：是那些想要建立一种长期关系，却要保持一定距离的消费者。

● 疏远的交易者：他们不想与供应商建立密切的关系，而且会为买到最好的产品而不停地更换供应商，因为他们认为建立长期关系没有价值。

行为特征作为消费者市场细分基础，使用最频繁的是产品和品牌的消费量，因为这一类数据可以比较容易地从二手资料中获取。一个市场细分方案最终要能在营销管理中发挥作用的话，它应该不仅能够描述消费者之间的区别，还要能够对这种差别进行解释。从这一角度来看，根据消费者的心理和态度细分市场是更好的选择。

产业市场细分的依据

许多用于细分消费者市场的变量，同样适用于产业市场，如追求的利益、使用者情况、使用数量、品牌忠诚度和态度等。但对产业市场的细分还有以下主要依据：

1. 最终用户的要求

按最终用户的要求细分工业品市场是一种通用的方法。在产业市场上，不同的最终用户所追求的利益不同，对同一种产品的属性看重不同的方面。例如，购买轮胎时，飞机制造商对该产品的安全性要求比农用拖拉机制造商高得多；而汽车制造商在生产比赛用车和标准车时，对轮胎的质量等级也有不同的要求。最终用户的每一种要求就可以是企业的一个细分市场，企业为满足最终用户的不同需求，应相应地运用不同的营销组合，提供最终用户所真正追求的利益。

2. 组织顾客规模

组织顾客规模是以顾客对企业产品需求量的大小来判断的，这是细分产业市场的又一个重要变量。许多企业为大小不同的用户分别建立了专门的服务系统，以便更好地适应各种规模用户的特点。例如，办公家具制造商将其用户分成两类：像银行这样的大客户，由该公司的全国性用户经理与地区经理一起管理；其他较小的用户则通过地区推销人员联系。

3. 组织顾客的地理分布

产业用户的地理分布往往受一个国家资源分布、地形气候和经济布局的影响与制约。例如，我国钢铁业主要集中在东北钢铁工业区、上海钢铁工业区等；轻工业区主要分布在东部和东南沿海地区，如长江三角洲、珠江三角洲等。这些不同的产业地区对不同的生产资料具有相对集中的需求。

4. 组织顾客的购买方式

根据企业如何组织采购，可以发现客户之间的重要差异。例如，集中式采购要求供应商具备进行国内或国际的客户管理能力，而分散式采购则要求供应商能在更广泛的区域内供货。是否以采购的组织形式作为细分市场的重要依据，主要取决于供应商自身的优势和劣势。以 IBM 为例，它一直关注那些拥有集中化管理的信息技术部门的企业客户，而其他电脑供应商则锁定那些 IT 集中化程度不高的企业。

此外，处于购买决策过程不同阶段的企业往往寻求不同的利益组合。企业可以根据这一特征将客户划分为：首次潜在购买者、新手、有经验的购买者。他们有着不同的渠道偏好。其中，首次潜在购买者喜欢与公司的销售员打交道，以便获得足够的信息；而有经验的购买者可能希望通过电子渠道对索购物品有更多的了解。

5. 组织顾客的采购政策

客户采用的采购方式不同，也为目标市场选择提供了信息。例如，据此可以将企业客户细分为：想要租赁产品的企业和想要购买产品的企业；有积极采购行为政策的企业和受价格因素支配的企业；想要单一供应源的企业和想要双重供应源的企业；必须招标采购的公共事业部门或类似组织，以及偏爱通过谈判确定价格的组织；比其他企业更积极地努力缩减供应商的企业和其他企业。事实上，在许多大企业的采购方式以谋求供应商与客户之间建立伙伴关系为特点的组织市场中，以上述顾客关系要求作为细分基础尤为有效。

市场细分的有效性

很明显，市场细分的依据和方法有许多种，但并非所有的市场细分都是有效的，对某种产品有意义的细分变量可能对另一些产品毫无意义。例如，以性别来细分服装市场是非常普遍的，但对电视消费者的分析，性别因素不起作用。一般来说，有效细分应遵循以下三项原则：

1. 可区分性

即以某种标准进行细分后的各个子市场范围清晰，其需求程度和购买力水平是可以被度量的，并同其他子市场有明显差异。这里特别要强调的是，所选择的标准必须使细分后的市场是有意义的，细分市场中的特定需求确实存在，且不可替代。这样才可能使企业通过对特定需求的满足来达到对该细分市场的控制。

2. 可进入性

即以某种标准进行细分后的各个子市场是企业的营销辐射能力能够达到的，消费者能接触到企业的产品和营销努力。可进入性的另一含义就是该市场不存在实力很强的竞争对手，从而使企业进入这一市场相对比较容易。

3. 可盈利性

即以某种标准进行细分后的各个子市场拥有足够的潜在需求，值得开发。即能使企业有利可图，实现其利润目标。也就是说，子市场应该是值得企业为之设计专门的规划方案的尽可能大的同质消费者群体。

随着市场竞争条件的变化和发展，尤其是在产品愈加同质和超竞争的情况下，传统的细分理论作为能产生竞争优势因而转化成商业机遇和新产品的机制，日渐开始暴露出其不足之处。争议最大的是如何把握细分的“度”。过度的市场细分会导致市场的零碎化，致使细分市场缩小为缝隙市场，而这必然会降低新产品和新品牌的成功率。因此，科特勒提出了“水平营销”(lateral marketing)的思想，建议企业用创新性思维打破传统的细分方式，将本来无关的概念同现有的商品相结合，“水平”细分市场，赢得市场机会。

第三节 目标市场的评价与选择

所谓目标市场(market targeting)，是指企业决定要进入的那个市场，也即企业在市场细分的基础上，根据自身特长意欲为之服务的那部分顾客群体。市场细分的目的在于正确地选择目标市场。如果说市场细分显示了企业所面临的市场机会，目标市场选择则是企业通过评价各种市场机会，决定为多少个细分市场服务的重要营销策略。

评价细分市场

评价细分市场是进行目标市场选择的基础。一个企业可从以下四个方面对各细分市场做出评价。

1. 细分市场的潜量

细分市场潜量是指一定时期内，各细分市场中的消费者对某种产品的最大需求量。首先，细分市场应该有足够大的市场需求潜量。如果某一细分市场的潜量太小，则意味着该市场狭小，没有足够的发掘潜力，企业进入后发展前景黯淡。其次，细分市场的需求潜量规模应恰当，对小企业来说，需求潜量过大并不利：一则需要大量的投入；二则对大企业的吸引力过于强烈。唯有对企业发展有利的潜量规模才是具有吸引力的细分市场。要正确估测和评价一个市场的需求潜量，不可忽视消费者(用户)数量和他们的购买力水平这两个因素。市场调查是细分市场的基础工作，必须认真对待。

2. 细分市场内的竞争状况

对于某一细分市场，进入的企业可能会有很多，从而就可能导致市场内的竞争。这种竞争可能来自市场中已有的同类企业，也可能来自即将进入市场的其他企业，企业在市场中可能占据的竞争地位是评价各个细分市场的主要方面之一。很显然，竞争对手实力越雄厚，企业进入的成本和风险就越大。而那些竞争者数量较少、竞争者实力较弱或市场地位不稳固的细分市场则更有吸引力。可能加入的新竞争者，是企业的潜在对手，他们会增加生产能力并争夺市场份额。问题的关键是新的竞争者能否轻易地进入这个细分市场，根据行业利润的观点，最有吸引力的细分市场是进入壁垒高、退出壁垒低的市场。此外，是否存在具有竞争力的替代品也是评价细分市场的方面之一。替代品的存在会限制细分市场内价格和利润的增长，所以已存在替代品或即将出现替代品的细分市场吸引力会降低。当然，最终企业自身的竞争实力也决定了其对细分市场的选择。竞争实力强，对细分市场选择的自由度就大一些；反之，受到的制约就大一些。

3. 细分市场所具有的特征与企业总目标和资源优势的吻合程度

企业进行市场细分的根本目的就是发现与自己的资源优势能够达到最佳结合的市场需求。企业的资源优势表现在资金实力、技术开发能力、生产规模、经营管理能力、交通地理位置等方面。既然是优势，必须是胜过竞争者的。消费需求的特点如能促进企业资源优势的发挥将是企业的良机；否则，会出现事倍功半的情况，对企业是资源的浪费，严重时甚至造成很大的损失。

4. 细分市场的投资回报水平

企业十分关心细分市场提供的盈利水平。高投资回报率是企业所追求的，必须对细分市场的投资回报能力做出正确的估测和评价。

目标市场选择策略

目标市场的选择策略，即关于企业为哪个或哪几个细分市场服务的决定。通常有五种模式供参考。

1. 市场集中化

如图 7－1(A)。企业选择一个细分市场，集中力量为之服务。较小的企业一般这样专门填补市场的某一部分。集中营销使企业深刻了解该细分市场的需求特点，采取针对性的产品、价格、渠道和促销策略，从而获得强有力的市场地位和良好的声誉，但同时隐含较大的经营风险。

2. 产品专门化

如图 7－1(B)。企业集中生产一种产品，并向所有顾客销售这种产品。例如，服装厂商向青年、中年和老年消费者销售中档服装，企业为不同的顾客提供不同种类的中档服装产品和服务，而不生产消费者需要的其他档次的服装。这样，企业在中档服装产品方面容易树立良好的声誉，但一旦出现其他品牌的替代品或消费者流行的偏好转移，企业将面临巨大的威胁。

3. 市场专门化

如图 7－1(C)。企业专门服务于某一特定顾客群，尽力满足他们的各种需求。例如企业专门为老年消费者提供各种档次的服装。企业专门为这个顾客群服务，能建立良好的声誉。但一旦这个顾客群的需求潜量和特点发生突然变化，企业将要承担较大风险。

4. 有选择的专门化

如图 7－1(D)。企业选择几个细分市场，每一个对企业的目标和资源利用都有一定的吸引力。但各细分市场彼此之间很少或根本没有任何联系。这种策略能分散企业的经营风险，即使其中某个细分市场失去了吸引力，企业还能在其他细分市场盈利。

5. 完全市场覆盖

如图 7－1(E)。企业力图用各种产品满足各种顾客群体的需求，即以所有的细分市场作为目标市场。例如上例中的服装厂商为不同年龄层次的顾客提供各种档次的服装。一般只有实力强大的大企业才能够采用这种策略。例如 IBM 公司在计算机市场、可口可乐公司在饮料市场开发众多的产品，满足各种消费需求。

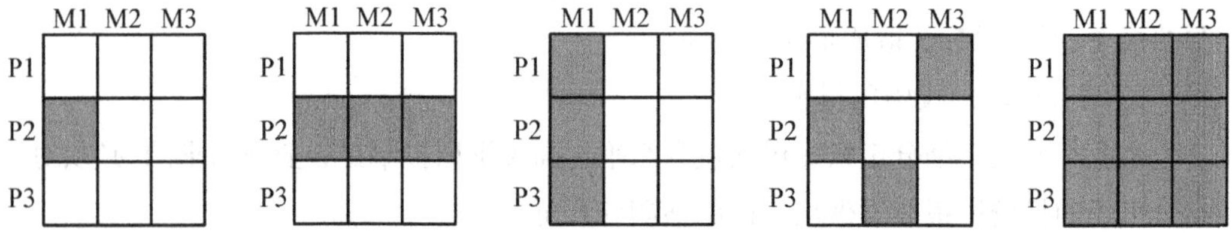

(A) 市场集中化　(B) 产品专门化　(C) 市场专门化　(D) 选择专门化　(E) 全部覆盖

图 7－1　市场选择的五种模式

目标市场营销策略

在目标市场选择好之后，企业必须决定如何为已确定的目标市场设计营销组合，即采取怎样的方式，使自己的营销力量达到并影响目标市场。这时，可以有以下不同的考虑：通过无差异市场营销和差异市场营销策略，达到覆盖整个市场；或借助集中市场营销策略，占领部分细分市场。

1. 无差异市场营销(undifferentiated marketing)

图 7－2a　无差异市场营销

所谓无差异市场营销，就是将整个市场视作一个整体，不考虑消费者对某种产品需求的差别，它致力于顾客需求的相同之处而忽略不同之处(见图 7－2a)。为此，企业设计一种产品，施行一种营销组合计划来迎合最大多数的购买者。它凭借单一的产品，统一的包装、价格、品牌，广泛的销售渠道和大规模的广告宣传，树立该产品长期稳定的市场形象。

无差异市场营销曾被当作“制造业中的标准化生产和大批量生产在营销方面的化身”。其最大的优点在于成本的经济性。单一的产品降低了生产、存货和运输的成本，统一的广告促销节约了市场开发费用。这种目标市场覆盖策略的缺点也十分明显。它只停留在大众市场的表层，无法满足消费者各种不同的需要，面对市场的频繁变化显得缺乏弹性。

2. 差异性市场营销(differentiated marketing)

差异性市场营销与无差异市场营销截然相反，它充分肯定消费者需求的不同，并针对不同的细分市场分别从事营销活动。企业根据不同的消费者推出多种产品并配合多种促销手段，力图满足各种消费者不同的偏好和需要(见图 7－2b)。

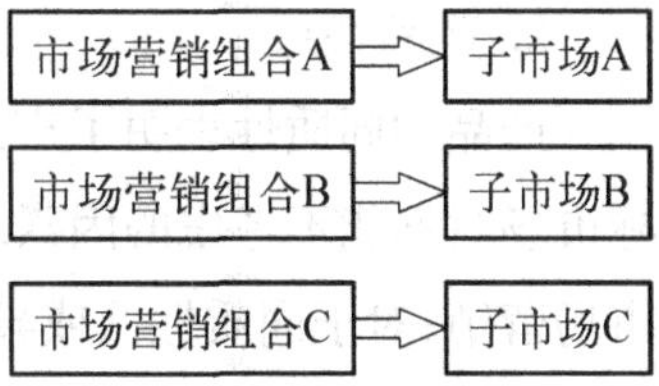

7－2b 差异性市场营销

差异性市场营销的优点很明显，企业同时为多个细分市场服务，有较强的适应能力和应变能力，经营风险也得到分散和减少；由于针对消费者的特色开展营销，能够更好地满足市场深层次的需求，从而有利于市场的发掘，提高销售总量。这种策略的不足在于目标市场多，经营品种多，管理复杂，成本大，还可能引起企业经营资源和注意力分散，顾此失彼。

3. 集中市场营销(concentrated marketing)

集中市场营销指企业集中所有力量，在某一细分市场上实行专业生产和销售，集中市场营销力图在该细分市场上拥有较大的市场占有率(见图 7－2c)。企业运用此策略是遵循“与其四面出击，不如一点突破”的原则。例如，德国的大众汽车公司集中于小型汽车市场的开拓和经营，美国的惠普公司专攻高价的计算机市场，它们都是集中市场营销的成功范例。集中市场营销因为服务对象比较专一，企业对其特定的目标市场有较深刻的了解，可以深入地发掘消费者的潜在需要；同时，企业将其资源集中于较小的范围，进行“精耕细作”，有利于积聚力量，建立竞争优势，可获得较高的投资收益率。但这种策略风险较大，一旦企业选择的细分市场发生突然变化，如消费者偏好转移或竞争者策略改变等，企业将缺少回旋余地。

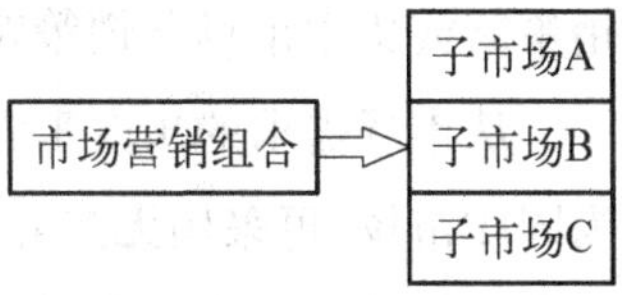

图 7－2c 集中市场营销

影响目标市场策略的因素

影响企业目标市场策略的因素主要有企业资源特点、产品特点、市场特点和竞争对手的策略四类。

1. 企业资源特点

资源雄厚的企业，如拥有大规模的生产能力、广泛的分销渠道、程度很高的产品标准化、良好的内在质量和品牌信誉等，可以考虑实行无差异市场营销策略；如果企业拥有雄厚的设计能力和优秀的管理能力，则可以考虑实行差异性市场营销策略；而对实力较弱的中小企业来说，适于集中力量进行集中营销。

企业初次进入市场时，往往采用集中市场营销策略，在积累了一定的成功经验后再采用差异性市场营销策略或无差异市场营销策略，扩大市场份额。

2. 产品特点

产品的同质性表明了产品在性能、特点等方面的差异性的大小，这是企业选择目标市场时不能不考虑的因素之一。一般对于同质性高的产品如食盐等，宜实行无差异市场营销；对于同质性低或异质性产品，差异性市场营销或集中市场营销是恰当选择。

此外，产品因所处的生命周期阶段的不同而表现出的不同特点亦不容忽视。产品处于导入期和成长初期，消费者刚刚接触新产品，对它的了解还停留在较粗浅的层次，竞争尚不激烈，企业这时的营销重点是挖掘市场对产品的基本需求，往往采用无差异市场营销策略。等产品进入成长后期和成熟期时，消费者已经熟悉产品的特性，需求向深层次发展，表现出多样性和不同的个性，竞争空前激烈，企业应适时地转变为差异性市场营销策略或集中市场营销策略。

3. 市场特点

供与求是市场中两大基本力量，它们的变化趋势往往是决定市场发展方向的根本原因。供不应求时，企业重在扩大供给，无暇考虑需求差异，所以宜采用无差异市场营销策略；供过于求时，企业为刺激需求、扩大市场份额，殚精竭虑，多采用差异性市场营销策略或集中市场营销策略。

从市场需求的角度来看，如果消费者对某产品的需求偏好、购买行为相似，则称之为同质市场，可采用无差异市场营销策略；反之，为异质市场，差异性市场营销策略和集中市场营销策略更合适。

4. 竞争者的策略

企业可与竞争对手选择不同的目标市场覆盖策略。例如，竞争者采用无差异市场营销策略时，自己选用差异性市场营销策略或集中市场营销策略更容易发挥优势。

企业的目标市场策略应慎重选择，一旦确定，应该有相对的稳定性，不能朝令夕改。但灵活性也不容忽视，没有永恒正确的策略，一定要密切注意市场需求的变化和竞争动态。

第四节 目标市场定位

目标市场定位的任务

目标市场定位又称产品市场定位(market positioning),指对企业的产品(服务)和形象进行设计,使其在目标顾客心目中占有一个独特的位置的行动。这里所指的"位",是产品在消费者感觉中所处的地位,是一个抽象的心理位置的概念。目标市场定位的实质在于对已经确定的目标市场,从产品特征出发进行更深层次的剖析,进而确定企业营销策略,最终要落实到具体产品的生产和推销。企业的任务就是创造产品的特色,使之在消费者心目中占据突出的地位,留下鲜明的印象。

随着市场上商品越来越丰富,与竞争者雷同、毫无个性的产品,恐怕无法吸引消费者的注意。为使自己的产品获得竞争优势,企业必须在消费者心目中确立自己产品相对于竞争者产品而言的独特的品牌利益和鲜明的差异性。简单地说,就是要使消费者感到自己的产品与众不同,即与竞争者有差异,并且偏爱这种差异。从这个意义上讲,目标市场定位又是一种竞争性定位。

竞争优势是一个相对概念,当一个企业通过提供较低的价格或者较高的利益使消费者获得更大的价值时,它就具备了竞争优势。某产品(品牌)的"位置"取决于与竞争者产品(品牌)相比较后消费者的认知、印象和情感等复杂因素。因此,企业要辨别目标市场上现存竞争对手及其产品的特色和地位,并决定自己产品的发展方向。定位是:(1)创造一个真正的差异;(2)让其他人尤其是目标顾客知道并理解这种差异。

为获得竞争优势而进行的目标市场定位包括以下主要任务:首先要确定企业可以从哪些方面寻求差异化;其次是找到企业产品独特的卖点;然后要开发总体定位战略,即明确产品的价值方案。

(一)寻求差异化

差异化是指为使企业的产品与竞争者产品相区别,而设计一系列有意义的差异的行动。根据迈克尔·波特的理论,企业的竞争优势主要来源于两个方面——成本领先或者差异化。实际上,为了向消费者提供更多的价值,企业产品定位就是从差异化开始的。而与顾客接触的全过程都可以进行差异化。通常,企业可以从以下五个方面着手进行差异化。

1. 产品差异化

除实际使用功能上的不同,实体产品的差异化还可以体现在产品的诸多方面:

(1)形式差异,即产品在外观设计、尺寸、形状、结构等方面的新颖别致。如iPhone 系列产品的独特简约外观,以及不同配色(iPhone 7 的红色款)。

(2)特色,即对产品基本功能的某些增补,率先推出某些有价值的新特色无疑是最有效的竞争手段之一。企业往往在用高成本为顾客定制特色组合,还是使产品更加标准化而降低成本之间进行决策。

(3)性能质量,即产品的主要特点在运用中可分为低、平均、高和超级等不同的水平。

(4)一致性,即产品的设计和使用与预定标准的吻合程度的高低。一致性越高,意味着买主越可以实现预定的性能指标。

(5)耐用性,即产品在自然或苛刻的条件下预期的使用寿命。对于技术更新不快的产品,耐用性高,无疑增加了产品的价值。

(6)可靠性,即在一段时间内产品保持良好状态的可能性。许多企业通过降低产品缺陷,来提高可靠性。

(7)可维修性,即产品一旦出现故障,进行维修的容易程度。标准化的零部件、一定的维修支持等都会使产品更受欢迎。

(8)风格,即产品给予消费者的视觉和感觉效果。独特的风格往往使产品引人注目,有别于乏味、平淡的产品。

综合以上各个要素,企业应从顾客的要求出发,确定影响产品外观和性能的全部特征的组合,提供一种强有力的设计使产品(服务)产生差异化并准确定位。

2. 服务差异化

竞争的激烈和技术的进步,使得在实体产品上建立和维持差异化越来越困难,于是,竞争的关键点逐渐向增值服务上转移。服务差异化日益重要,主要体现在订货方便、交货及时以及安全、安装、客户培训与咨询、维修养护等方面。

3. 渠道差异化

通过设计分销渠道的覆盖面、建立分销专长和提高效率,企业可以取得渠道差异化优势。

4. 人员差异化

培养训练有素的人员,是一些企业,尤其是服务性行业取得强大竞争优势的关键。

5. 形象差异化

形象是公众对企业及其产品的认识与看法。企业或品牌形象可以对目标顾客产生强大的吸引力和感染力,促其形成独特的感受。有效的形象差异化需要做到:建立一种产品的特点和价值方案,并通过一种与众不同的途径传递这一特点;借助可以利用的一切传播手段和品牌接触,如标志、文字、媒体、气氛、事件和员工行为等,传达触动顾客内心感受的信息。

(二)寻求独特的"卖点"

任何产品都可以进行各种程度的差异化。然而,并非所有商品的差异化都是有意义或有价值的。有效的差异化应该能够为产品创造一个独特的"卖点",即给消费者一个鲜明的购买理由。有效的差异化必须遵循以下基本原则:

(1)重要性。该差异化能使目标顾客感受到让渡价值较高带来的利益。

(2)独特性。该差异化竞争者没有提供,或者企业以一种与众不同的方式提供。

(3)优越性。该差异化明显优于消费者通过其他途径而获得的相似利益。

(4)可传播性。该差异化能被消费者看到、理解并传播。

(5)排他性。竞争者难以模仿该差异化。

(6)可承担性。消费者有能力为该差异化付款。

(7)盈利性。企业将通过该差异化获得利润。

值得注意的是,企业在产品定位时应该尽量避免犯以下错误:

(1)定位不足。这是企业差异化设计与沟通不足,消费者对企业产品难以形成清晰的印象和独特的感受,认为它与其他产品相比没有什么独到之处,甚至不容易被消费者识别和记住。

(2)定位过分。指企业将自己的产品定位过于狭窄,不能使消费者全面认识产品。例如,一家同时生产高、低价位产品的企业使消费者误以为只能提供高档产品。定位过分,限制了消费者对企业及其产品的了解,同样不利于企业实现营销目标。

(3)定位模糊。指由于企业设计和宣传的差异化主题太多,或定位变换太频繁,致使消费者对产品的印象模糊不清。混乱的定位无法在消费者心目中确立产品鲜明、稳定的位置,必定失败。

(三)确定价值方案,开发总体定位战略

消费者根据自身的价值判断进行购买决策。确定价值方案就成为总体定位战略的核心内容。所谓价值方案就是指企业定位所依赖的所有利益组合与价格的比较。消费者往往以此作为价值判断的依据。其公式为:$V=B/P$。

式中:V 表示价值;B 表示总利益;P 表示价格。

例如,沃尔沃的定位以安全性为基础,尽管售价高昂,但与其由可靠性、宽敞、风格等特点构成的价值相比,人们感到物有所值。

通常,企业可以从以下五种价值方案中选择一种进行总体定位:优质优价;优质平价;价廉物美;利益相同,价格较低;利益较低,价格更低。

在确定了总体定位战略后,企业还应该就其选择的定位与目标市场进行有效的传播和沟通。

目标市场定位的方法

目标市场定位的方法可分成四个具体的操作步骤：

1. 建立市场结构图

任何一种产品都有许多属性或特征，如价格的高低、质量的优劣、规格的大小、功能的多少等等。其中任何两个不同的属性变量就能组成一个坐标，从而构建起一个目标市场的平面图。

以产品的价格和质量分别作为横、纵坐标变量建立一个坐标，来分析目标市场是非常普遍的，因为任何产品的这两个属性都是消费者最关心的。当然，根据不同的产品，企业也可选择消费者关心的其他属性，如规格—速度组合用于分析旅游用客车市场；口味—重量组合用于分析咖啡市场等。图 7－3 是以价格和质量为组合对电脑市场的分析。

2. 在市场结构图上大致描绘出竞争状况

目标市场定位的第二步就是在市场结构图上标明现有竞争者的位置（坐标平面上的点）及其市场份额大小（圆圈的面积）。以图 7－3 为例，A，B，C，D 四个圆圈分别代表目标市场上已有的四个竞争者，圆心的坐标反映其在目标市场中的实际定位，圆圈的面积大小则说明各个竞争者的销售额大小。我们可以看到，A 是电脑市场中颇有声望的企业，它生产的是优质高价的产品；B 企业生产的是质量中等的中档产品；C 企业占据着低档产品市场部分，以低价提供低质的产品；D 企业以高价提供着质量低劣的产品，简直是一市场骗子。这四个企业中 A 企业的销售情况最好，市场份额最大。

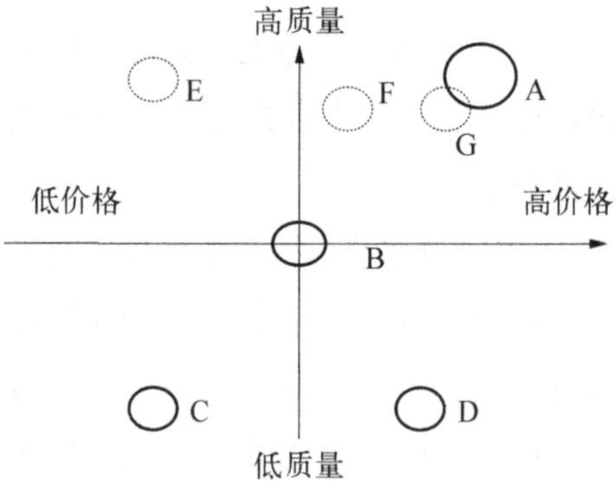

图 7－3 目标市场定位

完成第二步工作，企业得到一张详细的“作战图”，“对手”的分布和实力都一目了然。

3. 初步确定定位方案

试着将代表本企业的小旗插到“作战图”的不同位置，每一种位置意味着一种定位方案。分析、评价各种可能的方案后，选出最理想的作为初步的定位，经有关部门详细论证后，由企业决策当局确定。

4. 修正定位方案和再定位

企业的定位是否准确关系到企业的成败，所以在初步定位完成后，还应做一些调查和试销工作，及时找到偏差并立即纠正。

即使初步定位正确，还应看到市场环境的动态变化，随时准备对产品进行再定位。一般来说，三种变化是促使企业考虑再定位的力量：一是消费需求的萎缩或消费者偏好的转移；二是竞争者定位策略和实力的改变，且威胁到企业在目标市场的发展；三是企业自身的变化，如掌握一种尖端生产技术，使生产成本大幅度下降或能生产原先不能开发的产品。再定位就是重新定位，可以视为企业的战略转移。前后定位的差异可视为转移的距离。通常，再定位可能导致产品的名称、价格、包装和品牌的更改，也可能导致产品在用途和功能上的变动。企业必须考虑定位转移的成本和新定位的收益问题。

目标市场定位的策略

企业目标市场定位的最终确定，是必须经过对企业自身、竞争对手作出客观评价和对消费者的需求有了充分分析后抉择的。从理论上讲，企业可选择的目标市场定位策略主要有三种。

1. 填补策略

填补策略，即企业将自己的产品定位在目标市场目前的空缺部分。市场的空缺部分指的是市场上尚未被竞争者发觉或占领的那部分需求空当。企业选择填补策略，大都因为该策略能避开竞争，获得进入某一市场的先机，先入为主地建立起对自己有利的市场地位。如图 7 - 3 中 E 所在的位置。

但在决定采取填补策略之前必须仔细分析“空缺”的性质和大小，以及企业自身的实力特点。首先，这一空缺为什么存在，是因为竞争对手没有发觉、无暇顾及，还是因为这里根本没有潜在的需求。不要低估了你的竞争者，轻易地以为空缺的存在是前两种原因。其次，如果确实存在潜在的需求，那么要考虑这一空缺是否有足够大的空间。也就是说，该空缺是否存在着潜在的需求，而且这些尚未满足的需求是否具有一定规模足以使企业有利可图。在得到肯定答案后，企业要思考的第三个问题是自己是否有足够的技术开发能力去为这一市场的空白区域提供恰当的产品。如果企业不具备应有的技术开发和生产能力，再好的机会也只好望洋兴叹。这时候，如果明知道自己没有能力却一意孤行的话，只能造成失败和大量资源的浪费。此外，企业的营销管理能力是否能胜任对空白区域的开发也很重要。最后，企业还要判断填补这一空位在经济上是否合算。企业是追求利润的经济组织，即使前面几个问题都有令人满意的答案，但获利情况不佳，比如因开发产品和启动市场的成本太高，企业收益无法弥补成本或弥补后只有微利时，企业也不应选择填补策略。

2. 并存策略

所谓并存策略，是指企业将自己的产品定位在现有竞争者产品的附近，力争与竞争者满足同一个目标市场，即服务于相近的顾客群。如图 7 - 3 中 F 的位置。并存策略不是取代策略，所以并非向竞争对手发动猛烈进攻，而是一些实力不强的中小企业在产品定位时，跟随现有的大企业行动，力求与对手和平共处。

采用这种策略，企业无须开发新产品，可以仿制现有的产品，免去了大量的研究开发费用；由于现有的产品已经畅销于市场，企业也不必承担产品不为市场接受的风险，企业可在树立自己的品牌上多投入精力。

不过，企业施行并存策略，必须有两个前提条件。第一，在企业意欲进入的目标市场区域中还有未得到满足的需求，即该区域除现有的供给外还有吸纳更多商品的能力。第二，企业推出自己品牌的产品时，应注意在各方面既能与竞争产品媲美，又有自己的品牌特色，这样才能拥有自己的顾客。

3. 取代策略

取代策略，顾名思义就是要将竞争对手赶出原来的位置，自己取而代之。这是一种竞争性最强的目标市场定位策略，如图 7－3 中的 G 的位置。企业这样定位是准备挑战现有的竞争者，力图从他们手中抢夺市场份额。选用这一策略的企业一般实力比较雄厚，为扩大自己的市场份额，决心并且有能力和信心击败竞争者。也可能是企业所选择的目标市场区域已经被竞争者占领，而且不存在与之并存的可能，企业只好勇敢地出击。有时候，小企业也有可能将大企业从某些市场区域中挤走。

除对竞争者的优点和弱处有清晰的了解外，采取取代策略的企业还需要具备三个条件：首先，企业推出的产品在质量、功能或其他方面有明显优于现有产品的特点；其次，企业能借助自己强有力的营销力量使消费者认同这些优越之处；最后，企业拥有足够的实力，其资源足以支持这种较量。

定制营销

定制营销(customized marketing)，又称个别化营销(individual marketing)或一对一营销(one-to-one marketing)，是 20 世纪 90 年代后期发展起来的一种新型的营销策略。定制营销就是在市场细分的基础上，进一步针对个别消费者的特定需要提供个性化的满足。定制营销是比目标营销更有针对性，从而对顾客的满足程度也更高的营销方式，因此开展定制营销的企业就能更牢固地控制其目标群体，稳定其目标市场。

既然定制营销能够增强企业的市场竞争力，那么为什么至 20 世纪 90 年代后期才发展起来呢？关键在于定制营销与规模化生产之间的矛盾。因为只有大规模的标准化生产才可能使产品的生产成本降到最低，这几乎已成为经济学的常识，而定制营销会对大规模的标准化生产提出挑战。所以，在没有解决定制化生产导致成本上升的问题之前，定制营销是很难开展的。有人说“目标营销相对定制营销而言，是屈从于规模经济效应的一种无奈”，此话颇有道理。

20世纪90年代以后，数码控制系统在生产领域广泛应用，使得个性定制和规模生产的矛盾得到了解决，这就是“柔性生产技术”的问世。柔性生产通过数码控制技术可以在同一条流水线上生产出上百种不同规格和款式的产品，这样就使定制营销成为可能。满足“定制营销”需要的另一种方法是“组合技术”，即由于许多产品和服务实际上是由各种部件或要素组成的，消费者的个性需要往往只表现为对其中少数部件和要素的不同需要，有的甚至只是组合方式上的差异。所以在部件和要素的生产上仍然可以是批量化和规模化的，只需在最后的组合上按照顾客的特定需要来组合，就能解决定制营销中的规模效应问题。

思考题

1. 什么是市场细分？它对企业市场营销活动有何意义？
2. 消费者市场细分有哪些主要依据？产业市场的细分依据主要是什么？
3. 细分市场的主要方法有哪些？
4. 目标市场的三种营销策略各有什么特点？
5. 目标市场定位的实质是什么？如何进行目标市场定位？

第八章　产品与品牌策略:创造价值

学习目的与要求

1. 掌握产品概念的基本含义及其扩展
2. 了解企业产品决策的主要方面
3. 掌握产品组合的含义和类型
4. 了解品牌的本质内涵与建设途径
5. 掌握品牌资产的内涵与管理方法

产品和服务是市场交换活动的基本载体,也是满足顾客需要的主要方式。而顾客愿意付出一定代价予以获取的产品必然是那些他们认为对其有价值的东西。所以企业开发和提供产品的实质是在创造顾客所需要并认同的“价值”。如何创新、开发并向市场提供有价值的产品和服务,是企业市场营销的首要任务,也是营销策略组合的首要环节。

第一节　产品概念

产品的开发与生产是企业经营活动的实质内容。企业的基本功能就是将一定的资源通过生产与加工,转化为能符合市场消费需求的产品。这些资源在未经生产加工之前,因其不能直接被用来消费,也许无价值可言。而通过生产与加工,就有了可用于交换的价值。而企业也正是通过产品的这种生产与销售活动来获取其经济利益的。然而,并非任何产品都一定能为企业带来所期望的经济利益,首先它必须能满足一定的需求,因为只有能满足需求的产品才会被需求者所接受,需求者才愿意进行交换;其次它必须能较好地满足需求,因为在市场上可能会有大量的同类产品出现,若相比较而言,满足程度不如其他产品,需求者就会转向购买其他产品;再次它必须实现较高的价值(相对其成本而言),若其实现的价值低于其生产和加工的成本,企业也就得不到应有的经济利益。由此可见,根据市场消费的需要,开发出具有竞争力和较高价值的产品,是企业获得良好经济效益的基础,也是营销策略组合中的首要问题。

产品概念的扩展和延伸

什么是产品? 这看起来是一个浅显的问题,因为从一般的意义上解释,产品只是具有一定使用价值和消费意义的加工品。但是我们从本章开头的分析中可以看出,并非所有具有使用价值和消费意义的加工品都能具有理想的交换价值,或者说,都能卖得出去。其前提是必须能满足一定的消费需求,而且还必须能较好地予以满足。因此,从市场营销学的角度来认识,产品就应当是能够满足一定消费需求并能通过交换实现其价值的物品和服务。在这里,我们把服务也作为一种产品,因为它具有产品的基本属性,通过劳动而产生,能满足一定的消费需求,能被用来交换并实现价值。只不过它并不像物质的产品那样具有固有的形态,所以人们也常把它称为"无形产品"。"无形产品"同物质产品,即"有形产品"一起构成产品的范畴。目前,随着科技水平与市场领域的发展,产品的内涵已扩展到更为广泛的领域,包括一切有价值的人物、场所、组织、技术乃至思想,只要人们对其有意愿支付代价,就可纳入产品的范畴。

从满足需求的角度去认识产品,就会使产品的概念得到大大的扩展和延伸。因为在人们对于产品的需要、选择、购买和使用过程中,"需求"的内涵是会不断地扩大的。例如,人们需要手表是为了计时,从这一基本需要出发,只要能戴在手腕上、可以计时的产品就可称作手表。然而即使是计时,也有对精确程度的不同要求,有能否反映时差的要求,以及能否自动报时的要求,等等。对同样能计时的手表,人们又会对其外观、色彩、体积、材质产生不同的偏好,如果在这些方面有不同类型的手表,人们就会根据自己的偏好进行选择。当人们在选购手表时,又会被其不同的包装所吸引,并根据自己的认识选择不同的品牌。同时人们还会关心手表若在使用期间发生了问题,能否进行退换,能否得到及时的维修,等等。总之,人们对于同一产品的需要是会不断延伸和扩展的。那么,哪一种产品对于这些延伸和扩展了的需要满足程度越高,其被消费者接受的可能性就越大。因此,企业在进行产品设计和开发时,就应当从消费者的需要出发,尽可能将消费者对该产品的各种需要融入产品的设计思想中去,以使所生产出来的产品具有市场竞争力。

派恩(B. J. Pine)和吉尔摩(J. H. Gilmore)于1998年提出了体验经济的概念。他们指出:所谓"体验经济"就是以服务为舞台,以商品为道具,以消费者为中心,从生活和情境出发,塑造出消费者的感官体验和思维认同,提供一种让消费者身在其中难以忘怀的体验,从而提升其消费的感知价值。于是"体验"就作为一种新的产品概念产生了。将"体验"作为企业用以满足消费者需要的载体和方式,产品就不再局限于其形态和功能,而是一种能吸引消费者参与和互动的融合体。例如不少顾客之所以喜欢在星巴克喝咖啡,绝不仅是因为其咖啡的品质和价值,而是因为能在那里体验到一种优雅休闲的氛围,能感受到相同文化品位的一种社区认同。而这一切正是星巴克公司努力策划和营造的产品体验。

产品整体概念

产品整体概念就是在这样的认识基础上产生的。产品整体概念根据消费需求的发展分为三层含义,见图 8-1。

第一个层次:产品核心(core product)。产品核心主要是指产品的基本效用或基本功能。如手表的计时功能,电灯的照明功能,汽车的运输功能,等等。其必须能满足消费者对该产品的基本需要。如手表若不能计时,不管它有多少其他方面的功能,人们也不会认为它是"手表"。产品核心确定了产品的本质内涵。

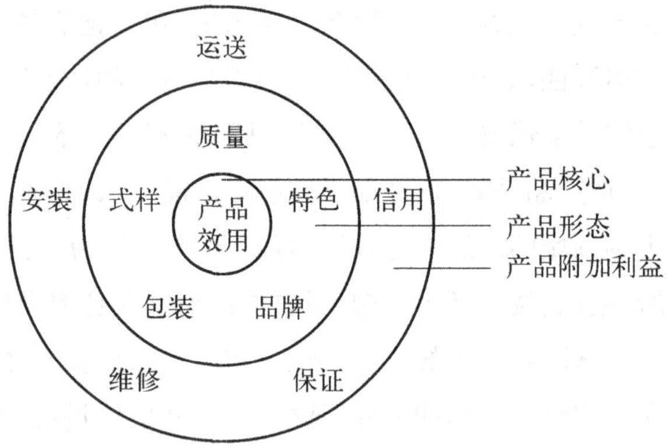

图 8-1 产品整体概念

第二个层次:产品形态(actual product)。产品形态主要是指产品外观形态及其主要特征,是消费者得以识别和选择的主要依据,一般表现为产品的质量、式样、特色、包装及品牌等。由于同类产品的基本效用都是一样的。因此企业要获取竞争优势、吸引消费者购买自己的产品,就必须在产品形态上动脑筋,满足人们对产品除基本需要之外的延伸需要。如通过提高质量来满足经济性的需要,通过改良外观来满足审美的需要,通过创立品牌来满足炫耀性的需要,等等。产品形态确定了产品的差异特征。

第三个层次:产品附加利益(augmented product)。产品附加利益主要是指在产品的售中、售后及使用过程中企业提供给消费者的一些相关的服务或承诺,如免费送货、免费安装、免费维修以及承诺退换等等。这些本来并不包含在产品的内涵之中,但是由于它们是消费者在购买和使用产品时所产生的一些附加需求,企业若能很好地给以满足,就能吸引更多的消费者前来购买自己的产品,从而增加产品的市场竞争力。所以将其视为产品内涵的组成部分,会有助于提高企业对消费者的服务意识,将其作为一种应尽的责任而不是额外的负担。产品附加利益增强了产品的竞争力。

产品整体概念典型地反映了以消费需求为核心的市场营销观念,其说明了企业和产品的竞争力主要取决于对需求的满足程度。然而随着消费需求和营销实践的不断发展,人们发现"产品整体概念"的三个层次已难以覆盖并解释现代消费者的需要和产品竞争要素的发展。如情人节的玫瑰花已不再仅仅因为其美丽和清香而具有价值,更因为其已成为爱情的象征而身价倍增。星巴克的顾客不仅因咖啡的香味而光顾,更因为沉醉其独特的小资氛围而流连。这种因"文化"而增值,因"体验"而引客的因素,在产品整体概念的三个层面上很难概括。在互联网背景下,顾客对于产品的需求和认知还在不断地发展和变化,对于产品的概念和认识必须有更为抽象和全面的解释。而"产品五层次"则从顾客需求扩展的角度对产品概念提出了一种新的认知。其从五个层次上去认识消费者对于产品的不同需求(见图 8－2),从顾客价值体系(customer value hierarchy)的角度诠释了产品的真正含义。

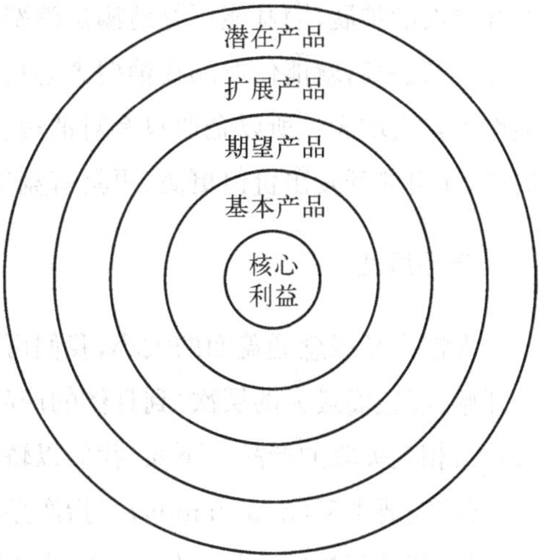

图 8－2　产品需求的五个层次

首先是核心利益(core benefit),即消费者利用该产品所满足的基本需要,如消费者对于旅馆的基本需要是"休息和睡觉"。能提供"休息和睡觉"场所的地方就能被消费者接受和购买。

其次是基本产品(basic product),即满足消费者核心利益的实质性产品,如旅馆必须有房间和床位,这是满足消费者需要的起码条件。

再次是期望产品(expected product),即消费者对于其需要满足程度的某些特定要求,如要求能提供"安静舒适"的房间和"干净整洁的床铺"等。企业如果能在这些要求方面满足得比较好,其产品就会有较强的竞争力。

然后是扩展产品(augmented product),即消费者在核心利益需要得到满足的前提下,所产生的关联性需要的满足,其表现为对需求满足程度的进一步提高,如在旅馆的房间里配置电视机、空调机、冰箱及其他附属设备,或对旅客提供各种必要的服务和娱乐等,这些将会使旅馆对顾客产生更大的吸引力。

最后是潜在产品(potential product),主要是指对于消费者可能产出的对某些产品新的需求的满足,这会促使企业对现有产品不断地进行更新与改造,并努力开发出新的产品。如若能根据不同消费者的需要,开发出专供学者著书立说用的书斋式旅馆，供全家度假用的家庭式旅馆，或供人们扩大社会接触面而用的社交式旅馆等，就有可能诱发出人们潜在的需求和欲望，从而使企业的市场面得到进一步的扩大。

产品整体概念的三个层次和消费者对产品需求的五个层次实际上是从不同角度说明了一个同样的问题，即产品价值的提升取决于对消费者需要满足的深化。产品层级和层次的扩展，因其能更好地满足消费者差异化、个性化的需要，促使消费者的满足程度不断提高，就能使产品在消费者心目中的价值不断得到提升，从而实现交换的可能性也就会增大。所以企业只有对消费者的需要从深度和广度上进行充分的调查和研究，才可能开发出价值更高、更具有竞争力的产品。

产品层级

根据产品概念涵盖面的大小，我们可将产品分为七个层级，即从最基本的需要类型开始（涵盖面最大的层次）到具体的产品项目（涵盖面最小的层次），每个层级都包含着一组相互关联的产品。下面，我们以轿车为例，来分析这七个层级的含义。

（1）需要类型（need family）。指产品所应满足的基本需要的种类，如交通、出行。

（2）产品门类（product family）。即用以满足某一需求种类的广义产品，如对于出行代步的需求可用各种交通工具来满足，“交通工具”就是一个产品门类。

（3）产品种类（product class）。即产品门类中具有某些相同功能的一组产品。如在交通工具中“汽车”就是一个产品种类。

（4）产品线（product line）。即同一产品种类中，密切关联的一组产品，它们有基本相同的功能和作用，以具有同样需求的顾客群体为市场，并以基本相同的方式和渠道进行销售。如在汽车这一产品种类，“轿车”就可构成一种产品线。

（5）产品类型（product type）。即在同一产品线上，可以按某种性质加以区别的产品组，其可能由一个或几个产品项目构成。如在轿车中，可有“微型轿车”、“普通轿车”和“豪华轿车”等不同的类型。

（6）产品品牌（brand）。即用以命名某一个或某一系列产品项目的产品名称，其主要用于区别产品的特点或渊源，如“丰田”“福特”“通用”等都是轿车的品牌。

（7）产品项目（item）。即某一产品线或产品品牌中，一个具体明确的产品单位，其主要以品种规格来区分，如在“桑塔纳”轿车中有“普通型”桑塔纳和桑塔纳 2000 型等具体品种。

产品的层级一方面反映了产品概念的涵盖面，另一方面反映了其所针对的顾客需求的个性化程度。越是接近“需要类型”层次，顾客需求的共性就越突出；越是接近“产品项目”层次，顾客需求的个性化就越明显。所以，产品层级原理，是一个对于市场逐步“狭化”的过程。企业可依此进行市场细分，选择目标市场，并建立产品的个性特色。

产品的分类

产品依据销售的目标对象(购买者的身份)及其对产品的用途大致被分成两大类:消费品和工业品。但从广义角度讲,还应包括组织、人员、地点、创意等其他产品。

(一)消费品

以消费者个人为销售目标对象的产品是消费品(consumer product)。对消费品进一步分类的话,从不同的角度出发,可以多种多样。比如,从产品的价格来划分,可以分成低档品、中档品、高档品;从产品的性质来划分,可以分成纺织品、食品、家电产品;等等。市场营销学把消费品分成便利品、选购品、特殊品三种类型。这三种类型是根据消费者在购买产品时的购买行为特征来划分的。市场营销的核心是消费者,企业的一切经济活动要以消费者的需求为前提,因此,以消费者的购买行为为特征来划分产品的类型是符合现代营销观念的,也是合理的。

1. 便利品

便利品(convenient product)又称“日用品”,是指价格低廉、消费者要经常购买的产品。消费者在购买此类产品时的购买特征是:想花费的时间越少越好。消费者对这些产品几乎不做任何比较,希望就近、即刻买到。肥皂、洗衣粉、手纸、牙膏、毛巾、饮料等就属于此类产品。对于生产经营此类产品的企业来说,尽量增加销售此类产品的网点,特别是把网点延伸到居民住宅区的附近就显得特别重要。

2. 选购品

选购品(shopping product)是指消费者愿意花费比较多的时间去选购的产品。在购买之前,消费者要进行反复比较,比较注重产品的品牌与产品的特色。选购品占到产品的大多数,价格一般也要高于便利品,消费者往往对选购品缺乏专门的知识,所以在选购时花费的时间比较长。服装、皮鞋、农具、家电产品等是典型的选购品。

根据消费者的购买行为,经营选购品的企业要赋予自己的产品以特色,并且不断地向消费者传达有关产品的信息,帮助消费者了解有关产品的专门知识。对选购品来说,并不要求销售网点越多越好,也用不着一定要在居民住宅区附近开设网点。在一些有名的商业中心或者声誉卓著的商店内设立销售点销售选购品能获得比较理想的销售效果,因为消费者愿意花时间去寻找这些产品。

3. 特殊品

特殊品(special product)是指那些具有独特的品质特色或拥有著名商标的产品。消费者对这类产品注重它的商标与信誉,而不注重它的价格,在购买时愿意努力去搜寻。如著名品牌的服装、手表;具有收藏价值的古董、书画;一些独特而稀有的地方特产等等即属此类产品。因为消费者会“不远万里”地去购买,所以特殊品的销售并不要求有很多的网点，也不要考虑购买者是否方便，只要使消费者知道在什么地方能买到就行。

4. 忽略品

忽略品(unsought product)是指那些消费者对其存在潜在需要，但由于不了解，或需要不迫切而不会主动寻求去购买的产品。如全新产品、保险产品等都属于此类产品。所以，对于忽略品，企业必须提高宣传力度，加强对消费者的教育和诱导，才有可能促使他们接受和购买。

(二)工业品

工业品(industrial product)的分类是依据产品在进入生产过程的重要程度来划分的。国际上通常运用麦卡锡的分类法来进行。

1. 原材料和零部件(materials and parts)

这是指最终要完全转化到生产者所生产的成品中的产品。

(1)原材料。这是农、林、渔、畜、矿产等部门提供的产品，构成了产品的物质实体。如粮食、羊毛、牛奶、石油、铜、铁矿石等等。这些产品的销售一般都有国家的专门销售渠道，按照标准价来成交，并且往往要订立长期的销售合同。

(2)零部件和半成品。零部件是被用来进行整件组装的制成品，如汽车的轮胎、服装上的纽扣、自行车的坐垫等等。这些产品在不改变其原来形态的情况下可以直接成为最终产品的一部分。半成品是经过加工处理的原材料，被用来再次加工，如钢板、电线、水泥、白坯布、面粉等。

零部件和半成品一般由产需双方订立合同，由供方直接交给需方，产品的价格、品质、数量等由供需双方共同确定。

2. 生产设备(capital item)

这是指直接参与生产过程的生产资料，可以分成两大类。

(1)装备。由建筑物、地权和固定设备所组成。建筑物主要指厂房、办公楼、仓库等。地权是矿山开采权、森林采伐权、土地耕种权等。固定设备指发动机、锅炉、机床、电子计算机、牵引车等主要的生产设备。

(2)附属设备。这种设备比装备的金额要小，耐用期也相对要短，是非主要生产设备。如各种工具、夹具、模具、办公打字机等。购买者对此类产品的通用化、标准化的要求比较高，一般通过中间商来购买。

3. 供给品(supplies)

供给品并不直接参与生产过程，而是为生产过程的顺利实现提供帮助，这相当于是生产者市场中的方便品。它可以分成两类：

(1)作业用品。此类产品消耗大，企业要经常购买，如打印纸、铅笔、墨水、机器润滑油等。

(2)维修用品。主要有扫除用具、油漆、铁钉、螺栓、螺帽等。

供应品主要是标准品，并且消费量大，购买者分布比较分散，所以往往要通过中间商来销售，购买者对此类产品也无特别的品牌偏好，价格与服务是购买时考虑的主要因素。

4. 商业服务(business service)

这种服务有助于生产过程的顺利进行，使作业简易化。主要包括维修服务和咨询服务，前者如清扫、刷油漆、修理办公用具等，后者主要是业务咨询，法律咨询、委托广告等。

产品的概念，具有丰富和深刻的内涵。这是由于从市场营销的角度来看，产品概念是以需要的满足为核心的，并随着需要的扩展和变化而发展，顾客需要的层次性、复杂性和多变性就决定了产品概念也是不断发展和变化的，只有从这样的角度去认识产品的概念，才能使企业真正掌握市场的主动权。

(三)其他产品

从市场营销的角度来看，产品的概念是十分宽泛的。只要能满足人们的某种需要，且对方愿意出代价进行交换的东西，都可以看作产品。因此除了以上所说的一般消费品和工业品之外，组织、人员、地点、思想、声誉等都有可能成为产品在市场上进行交换。组织营销是指创造、维护或改变目标市场对某一组织的态度与行为的活动。人员营销是指创造、维护或改变目标市场对某一特定人员的态度与行为的活动。地点营销是指创造、维护或改变目标市场对一特定地点的态度与行为的活动。思想也是可被营销的重要产品类型之一，它主要是指具有价值的创意、观点、咨询意见或者是知识等。声誉之所以能作为产品的一种，是因为其能使拥有者因此而得到目标市场公众的信赖和认同，甚至大幅提升拥有者及其产品的感知价值。

第二节　产品决策

正是由于产品是市场交换的基本载体，也是市场营销的首要环节，所以企业在产品的决策与管理上必须十分重视。产品决策主要涉及产品质量与档次、产品差异性与特色、产品组合、产品包装与标签等方面的问题。

产品质量与档次

产品质量(product quality)是指产品对于顾客需求的满足程度及其稳定性，一般以其品质、性能和使用寿命等指标来体现。顾客对产品质量的衡量通常都会以“好”与“差”来进行评价。但是这种评价的依据通常来自于两个方面：一是顾客的需要和期望；二是和同类产品的比较。所以企业在制定产品的质量标准时必须充分了解顾客的真正需要和对产品的期望标准，同时要掌握同类产品的品质、性能方面的优劣势及其发展变化趋势。产品档次（product level）则是指产品满足需求的不同程度。一般以适应群体、品牌定位、价格水平等指标来体现。顾客对产品档次的衡量通常会以“高”与“低”来进行评价。所以企业必须根据其市场定位的战略目标来确定自己主要经营的产品档次。

产品差异性与特色

从产品整体概念的角度来看，除了产品的基本效用（即用以满足消费者核心利益需要的核心产品）之外，其他各个层次的产品概念是可以有所不同的。对具有同样效用的产品，消费者对其形态及附加利益的需求会有差别。比如，同样是洗衣机，有人喜欢全自动的，有人喜欢半自动的；有人喜欢双缸的，有人喜欢单缸的；有人喜欢上开门的，有人喜欢侧开门的。正由于需求各不相同，而且会不断变化，所以就能使企业有不断更新产品，增强其竞争能力的机会。比如，韩国的三星集团开发手机产品时，由于起步较晚并不占优势，从其通话品质来讲可能远不如诺基亚等老牌手机。但是三星集团另辟捷径，着重在扩展手机的附加功能（如拍照、游戏、听音乐等）和更新手机的外观形态上下功夫，很快赢得了大批年轻人的青睐，从而市场份额迅速扩大，成为手机市场上一颗耀眼的新星。一般来说，有形产品的差异性主要表现在这样一些基本要素上，如：质量（可靠性、耐用性及产品精度）、功能（广度、深度）、式样、结构、特色以及使用和修复的便利性等。只要在某一个或几个要素上能同竞争产品有明显差异，并能为消费者所接受，企业就能形成较强的竞争力。而寻求产品差异的目的主要是为了建立企业的产品特色，也就是在产品的某些差异点上形成自身的优势，使其成为企业产品在顾客心目中的特定认知。

产品组合

产品组合是企业的产品花色品种的配备，包括所有的产品线和产品项目。产品线是指企业经营的产品核心内容相同的一组密切相关的产品。所谓密切相关是指产品都是针对具有同质需求的顾客，通过同一种渠道被销售出去。如一个家用电器公司，既生产电视机、录音机，又生产洗衣机、吸尘器，还生产电冰箱、空调机等。电视机、录音机、洗衣机、吸尘器、电冰箱及空调机组成了这家企业的六条产品线。这每一条产品线中的产品的核心内容是相同的。

产品项目是产品线中的一个明确的产品单位，它可以依尺寸、价格、外形等属性来区分，也可以依品牌来区分，因此，有的时候，一个产品项目就是一个品牌。

1. 产品组合的广度

产品组合的广度(又称为产品组合的宽度)是指产品线的总量。产品线越多意味着企业的产品组合的广度越宽。上述某家用电器公司的产品组合广度就是六条产品线。如果另一家企业的产品线是八条,那么,具有八条产品线的企业的产品组合广度就要宽于拥有六条产品线的某家电公司。产品组合的广度表明了一个企业经营的产品种类的多少及经营范围的大小。

2. 产品组合的深度

产品组合的深度是指在某一产品线中产品项目的多少,其表示在某类产品中产品开发的深度。如某家电公司所生产的电视机有6个品种,其电视机生产线的深度就是6。若录音机有8个品种,则录音机产品线的深度比电视机产品线要大。产品组合的深度往往反映了一个企业产品开发能力的强弱(见图8-3)。

		产品项目(深度)				
	产品线A	A_1	A_2	A_3	A_4	
(广度)	产品线B	B_1	B_2	B_3		
	产品线C	C_1	C_2	C_3	C_4	C_5

图8-3　产品组合的广度和深度

3. 产品组合的长度

产品组合的长度是指企业产品项目的总和,即所有产品线中的产品项目相加之和。再以上述某家电器公司为例,此公司的电视机产品线有6个产品项目,录音机产品线有8个产品项目,洗衣机有3个产品项目,吸尘器有4个产品项目,电冰箱有6个产品项目,空调机有4个产品项目。这家公司的产品组合长度就是:6+8+3+4+6+4=31(个)。

一般情况下,产品组合的长度越长,说明企业的产品品种、规格越多。由于有时候一个产品项目就是一个品牌,因此,产品组合的长度越长,企业所拥有的产品品牌也可能越多。

4. 产品组合的相关度

所谓产品组合的相关度是指各个产品线在最终用途方面、生产技术方面、销售方式方面以及其他方面的相互关联程度。最终用途相关度大,即为消费关联性(或称市场关联性)组合。如企业同时经营电脑、打印纸、电脑台就属于消费关联性组合。生产技术的相关度是指所经营的各种产品在生产设备、原材料或工艺流程等方面具有较强的关联性,可称生产关联性组合。如企业同时生产电视机、电冰箱、洗衣机等就属于生产关联性组合。销售方式的相关度一般是指各种产品在销售渠道、仓储运输、广告促销等方面相互关联,或称销售关联性组合。产品组合的相关度与企业开展多角化经营有密切关系。相关度大的产品组合有利于企业的经营管理,容易取得好的经济效益;而产品组合的关联度较小,说明企业主要是投资型企业,风险比较分散,但管理上的难度较大。

企业在产品组合方面的决策主要是对产品组合的调整,可包括"广度调整"(增加或减少产品线)和"深度调整"(增加或减少产品项目),两种调整最终都反映为产品线总长度的延长和缩短。

一般而言,企业最常见的是"深度调整",即在不改变其已有的产品线布局的基础上增加或减少产品项目。产品项目的增加通常有两种做法:一是根据市场上竞争对手已有(而企业自身尚未生产和经营)产品项目的市场供求状况和企业的竞争实力,开发与经营该项目,填补或夺取竞争对手的市场;二是寻求和挖掘市场上消费者尚未得到满足的需要,去开发新的产品项目,以填补市场的空白。

"广度调整"是在已有产品线布局的基础上,开发和增加新的产品线。由于增加新的产品线往往需要新的固定资产的投入,成本比较高。所以一般只有在企业资本充裕,在战略上谋求扩张,或企业现有的部分产品线已出现市场萎缩,利润下降的情况下才会采取该种产品组合调整策略。

产品线的收缩也是企业进行产品组合调整的一个方面。这是因为削减了占利润比重很小的项目,可以节约成本,集中优势发展占利润比重大的项目;削减利润很低或者亏损的项目是为了集中精力经营好获利好的产品项目;削减竞争处于劣势的产品项目是因为发现竞争对手在相同的项目中占有很大的优势,企业的项目不断地走下坡路而企业通过努力又无法与之抗衡。这样可以避免无益的投入。总之,产品线在一定程度上的削减和收缩是一个对企业的产品组合进行优化的过程。

产品包装与标签

包装(packaging)从严格意义上来讲可分为商业包装(又称"内包装")和运输包装(又称"外包装")两种。商业包装是指直接对产品进行包裹,并标有产品和品牌名称,以及其他说明事项,随产品一起销售给消费者的包装;运输包装则是对已有内包装的产品进行组合包装,以便于搬运、堆放、储存、运输,防止产品损坏、污染、变质而进行的包装。我们这里讨论的主要是商业包装。

由于包装可以通过色彩、材质、文字、图案等传递信息,吸引注意,所以包装一直是被用于产品促销的重要手段之一。包装设计就是要对包装上可被利用的各种要素加以有机整合,以形成视觉冲击力强、品牌显示度强、信息传递明确、使用摆放方便,且富有个性特色的包装。

标签(label)是指悬挂或印制在商品上的标牌或特殊图形。标签的作用主要是为了对商品进行识别和区分,同时也有显示生产日期和保质时效,提醒运输储存使用过程中的安全事项,以及标明产地及制造商等作用。同包装一样,既然是一种可视符号,就能被用来进行产品和品牌特征形象的宣传。所以标签的设计和安放也很重要，同样需要符合市场定位的要求，能彰显企业和产品的特征，能对消费者有刺激度和吸引力。

二维码(quick response code)是按一定规律在平面(二维方向)上分布的黑白相间的几何图形，其主要是利用计算机中"0，1"的二进制数码技术，通过相应的二维几何图形来传递产品或服务的有关信息。适应于通过移动设备的扫描技术来读取有关信息。在之前主要是使用条形码(bar code)来传递相关信息的。而二维码由于其图形变化的空间更大，从而可传递更多的信息，现已构成标签的一部分被普遍使用。由于通过二维码在接受移动设备扫描时，同时可以攫取移动设备用户的相关信息，所以现已成为企业搜集和储存顾客信息的重要手段。而且由于其具有独一无二、准确安全的身份识别功能，所以也已成为移动支付的重要工具，从而成为最为重要的商品标签。

第三节　品牌与品牌资产

品牌的含义

品牌(brand)是用以识别产品或企业的某种特定的标志，通常由某种名称、记号、图案或其他识别符号构成。企业使用品牌的初始目的就是为了建立一种识别标志，使消费者能比较容易地识别并选择自己的产品。但是如果不同企业所生产的同类产品没有任何实质上的差异，品牌的意义就不存在了，因为消费者没有对其进行识别和选择的必要。也就是说，在产品同质的情况下，品牌无效。所以品牌的完整含义应当是一组外在识别标志(文字、图案、色彩、符号)和一些通过外在标志能引起联想的产品内在特质的组合。这些内在特质应当是同其他企业的同类产品存在明显差异的。差异越大，品牌的作用也就越大。一般而言，品牌的这种内在特质可以从六个方面来认识。

(1)属性。属性是指品牌所代表的产品或企业的品质内涵，它可能代表着某种质量、功能、工艺、服务、效率或位置。

(2)利益。从消费者的角度看，他们并不是对品牌的属性进行简单的接受，而是从自身的角度去理解各种属性对自身所带来的利益，所以品牌在消费者的心目中，往往是不同程度的利益象征，消费者会以品牌所代表的利益大小来对品牌作出评价。

(3)价值。品牌会因其所代表的产品或企业的品质和声誉而形成不同的等级层次，从而在顾客心目中形成不同的价值。同时它也体现了企业在产品设计和推广中的某种特定的价值观。

(4)文化。品牌是一种文化的载体，其所选用的符号本身是一种显在文化，它可使人们产生同其文化背景相应的各种联想，从而决定取舍。品牌所代表的产品或企业本身所具有的文化特征，也会在品牌中体现出来，被人们理解和认同，这是品牌的隐含文化。

(5)个性。好的品牌应具有鲜明的个性特征，其不仅在表现形式上能使人们感到独一无二、新颖突出，而且会使人们联想到某种具有鲜明个性特征的人或物，这样才能使品牌产生有效的识别功能。

(6)角色感。品牌还体现了一定的角色感，因为它往往会是某些特定的顾客群体所喜欢和选择的，从而使某些品牌成为某些特定顾客群体的角色象征。群体之外的人使用该品牌的产品会使人感到惊讶。这也就是使用者同品牌所代表的价值、文化与个性之间的适应性。

品牌类型

在企业的经营活动中，对于品牌的使用方式是多种多样的，主要应依据于产品的种类、市场的性质和企业的规模与资源状况来选择不同的品牌策略。

1. 无品牌

企业对有一些产品是不冠以任何品牌的。这主要是两种情况：一种是产品的差异性很小，消费者基本上不作选择，所以没有必要用品牌来加以区别，如某些原材料、辅料以及包装袋等；另一种是按规定不得使用品牌的产品，如一些药品和化学原料等。无品牌的产品主要是以品质作为产品销售的保证，但也有以无品牌方式低价销售质量较次的产品的做法。

2. 家族品牌(family brand)

主要是指企业对其所生产的同类产品(甚至全部产品)只使用一种品牌，所以有时也称“单品牌”决策。采用家族品牌的好处是可以大大降低营销总成本，而且能使产品和企业的整体形象统一起来。一般在企业各种产品差异性不大的情况下，使用家族品牌比较有利。

3. 个别品牌(individual brand)

主要是指企业对其所生产的不同产品使用不同的品牌(甚至是一品一牌)，所以又称“多品牌”决策。采用个别品牌主要是为了体现不同产品之间的差异，以适应不同的目标市场。一般在产品差异性比较明显、消费者选择性比较强的情况下，使用个别品牌比较有效。

4. 特许品牌(licensed brand)

将品牌以签订特许协议的方式转让给其他企业使用，使用特许品牌者必须按照品牌所有者的要求达到规定的品质标准，并向品牌所有者交付一定的特许转让费，这是对品牌延伸效应实际运用的方式之一。

5. 制造商品牌(manufacturer brand)

制造商品牌又称“全国品牌”(national brand)，即由制造商对其产品确定品牌。由于该品牌可随产品的广泛销售分布到任何地方而无区域之限制，所以又称“全国品牌”。大多数产品使用的都是制造商品牌。

6. 中间商品牌(dealer brand)

中间商品牌又称“私有品牌”(private brand)，是指产品使用中间商的品牌进行销售。如ZARA、H&M、优衣库、无印良品等都是典型的中间商品牌。一些著名的大型超级市场也会在各种不同品类的商品中使用自己的品牌，如沃尔玛的惠宜牌食品、白云牌卫生纸等。由于中间商的市场覆盖面都有一定的限制，所以称为“私有品牌”，而不是“全国品牌”。同一制造商若是以接中间商定牌监制的订单为主的话，其生产的产品就可能冠有不同的“中间商品牌”。

7. 联合品牌(co-branding)

联合品牌是指将不同公司的两个已有品牌使用在同一产品上。如东风汽车公司同法国雪铁龙公司推出的“东风雪铁龙”汽车，同日本本田公司合作的“东风本田”汽车就是这样的一种联合品牌。使用联合品牌的好处一方面因为两种品牌的优势特征得以优化组合，可产生出更强的品牌资产；另一方面是可以促使每一个品牌通过同另一品牌的组合将其效应迅速地传递到一个新的领域，以吸引新的顾客群体的青睐。然而要使联合品牌能够运作成功，联合双方必须充分认知品牌的联合效应，在品牌运作中充分重视对对方品牌的保护与推广。特别是要不断提高赋予联合品牌的产品和服务的品质，不能因该产品和服务品质的下降而使双方的品牌声誉受损。

品牌价值与品牌资产

品牌所固有的内在特质，以及消费者对这些内在特质不同程度的偏好和认同，使各种不同的品牌具有了可衡量的品牌价值(brand value)。由于不同品牌的内在特质对消费者的吸引力有差异，其市场竞争力必然也会有差异，企业从不同品牌的产品上所需投放的营销成本和所能获得的营销收益也会有很大不同。这就形成了品牌价值的差别。所以说，品牌的竞争力是形成品牌价值的基础。品牌竞争力一般会表现为五种层次(见表8-1)。

表8-1　品牌的竞争力

竞争力	市场表现	竞争力	市场表现
最强	品牌忠实	一般	品牌认知
次强	品牌偏好	最差	品牌无知
较强	品牌接受		

(1)品牌无知。大多数消费者不知道该品牌,品牌的竞争力最差。

(2)品牌认知。消费者对品牌有一定程度的认知,但不一定将其作为选购对象,品牌竞争力一般。

(3)品牌接受。大多数消费者不会拒绝购买这样的品牌,品牌的竞争力较强。

(4)品牌偏好。在各种品牌比较中,消费者倾向于购买这一品牌,品牌竞争力更强。

(5)品牌忠实。相当部分消费者非该品牌不买,品牌的竞争力最强。

品牌竞争力强的产品一般所需要的营销成本比较低,它可能不需要花费很多的广告费用去增加自己的知名度,甚至可以使同样品牌的新产品进入市场的成本大大减少;品牌竞争力强的产品可能比同类产品卖出较高的价格;由于消费者愿意购买好品牌的产品,从而使企业增加了同中间商讨价还价的优势;更重要的是,品牌忠实者会成为企业稳定的市场群体,为企业带来长期稳定的利润。这些情况最终使品牌竞争力强的企业能够获得比其他同类企业更高、更稳定的利润。这些就是品牌价值可被货币化和量化的主要依据。正由于品牌价值可以货币化衡量,所以它就能同企业的其他资产一样,可以被评价,甚至可以被转卖。品牌因其价值的存在而成为企业的一种无形资产。

品牌资产(brand equity)是依附于产品或服务之上,能对公司的价值、市场份额和盈利能力的提升产生影响的一种无形资产。其不仅是消费者的一种心理价值,也可以转化为公司的财务价值。其主要表现为不同品牌的同类产品之间盈利水平的差异。扬雅广告公司(Young and Rubicam,Y&R)提出的品牌资产评价模型对企业的品牌资产价值从四个方面进行衡量:

差异性:测量一个品牌不同于其他品牌的程度;

关联性:测量一个品牌对顾客的吸引程度;

尊重性:测量一个品牌被顾客看好和受尊重的程度;

知识性:测量消费者对该品牌的熟知度和亲密度。

差异性和关联性决定了"品牌实力"(brand strength),构成了品牌的未来价值;尊重性和知识性构成了"品牌境界"(brand statue),是品牌已有业绩(价值)的体现。

品牌资产概念的形成使企业对品牌管理的目的和方法都产生了重大的改变,不再是将品牌仅仅作为一种产品的符号或竞争的手段来进行管理,而是将其作为公司资产增值的组成部分来进行策划、开发、运作和评价。品牌资产管理已成为现代市场营销的重要战略之一。

品牌资产管理

品牌资产对于现代企业的重要性,使品牌资产管理成为企业必须重视的一项工作。在企业的品牌资产管理中一般涉及这样几项工作:建立品牌资产、衡量品牌资产和运用品牌资产(见表8-2)。

表8-2　品牌资产管理

建立品牌资产	衡量品牌资产	运用品牌资产
● 设计品牌内涵 ● 选择品牌元素 ● 整合品牌系统 ● 实施品牌传播	● 整理品牌清单 ● 进行品牌跟踪 ● 评价品牌资产	● 进行品牌拓展 ● 改变品牌定位 ● 处理品牌危机

(一)建立品牌资产

1. 设计品牌内涵

品牌实际上是由品牌内涵(希望品牌所能联想到的产品或服务特色)与品牌标志(品牌的视觉形象)两方面所构成的一个整体。品牌之所以能具有差异性识别的作用,不仅是由于其有独一无二的外在标志,更重要的是其有独特的品牌内涵。所以品牌资产的建立首先必须确定品牌的内涵特质是什么,我们也可称其为品牌定位。同市场定位和产品定位一样,品牌内涵的定位也必须建立在目标市场需求、认知和企业资源匹配性的基础上,并且具有不可替代性。

2. 选择品牌元素

品牌元素是指构成品牌标志的一些基本元素,包括图案、文字及其他一些视觉符号。由于品牌标志除了作为一种识别符号之外,其本身也具有信息内涵,所以构成品牌标志的基本元素所传递的相关信息是否有利于顾客品牌内涵的理解和接受就变得很重要了。如"可口可乐"的中译文就使得这个饮料品牌具有了强烈的品质暗示,而"万宝路"的西部牛仔形象也是其产品为男性顾客所青睐的一个重要原因。所以企业在确定了品牌内涵之后,还必须在所能利用的各种素材中去选择最为有效的品牌元素,设计出富有吸引力和象征性的品牌标志,使其成为品牌资产的基本载体。

3. 整合品牌系统

品牌资产同品牌的不同就在于其不仅是一个品牌,还是支撑品牌资产形成、增长和扩展的全部系统,包括产品研发、质量控制、包装设计、销售管理、宣传推广以及顾客服务等诸多方面。企业在完成品牌设计以后,必须对涉及品牌资产系统的各个方面进行整合,明确各自在建立品牌资产中所处的地位和所要发挥的作用,使相互间能进行有效的衔接,形成促进品牌资产不断增值的合力。

4. 实施品牌传播

品牌资产形成的前提是品牌知名度和美誉度的提升,所以在品牌设计完成之后,即必须进行积极的品牌传播,通过各种传播媒体和传播方式,使品牌能迅速为目标市场所知晓。值得注意的是，产品和服务销售的过程也是品牌传播的过程。通过产品和服务的销售，最大限度地满足顾客的需求，以产生对品牌的“口碑效应”，对于提升品牌资产的价值将会有特殊的影响。

(二)衡量品牌资产

1. 整理品牌清单

一个企业对其所经营的产品可能会有不同的品牌，或者会采用一个母品牌加上众多子品牌的做法。在这样的情况下，企业的品牌资产可能不是由一个品牌所形成的，而可能是所有品牌共同作用的结果。因此对企业品牌资产的衡量，就需要建立一个品牌清单，以便对各品牌的市场表现及其对企业品牌资产的贡献进行长期跟踪观察，从而帮助企业作出品牌资产运营和调整的正确决策。

2. 进行品牌跟踪

品牌资产的价值产生于消费者对品牌的印象和反应。因此，要准确地衡量企业的品牌资产就必须进行目标市场消费者的跟踪调查，了解品牌价值在消费者心目中的变化。品牌共鸣模型提供了一个消费者对品牌认知变化的“感情路线”，共分为四个阶段：第一阶段，有深度广泛的品牌认知；第二阶段，有强烈的偏好和独特的品牌联想；第三阶段，能正面接受品牌的相关推广并产生积极反应；第四阶段，形成积极而强烈的品牌忠诚。这为通过消费者跟踪调查了解品牌资产价值的变化提供了依据。

3. 评价品牌资产

作为一种无形资产，品牌资产的评价也应当有量化的指标。目前对品牌资产价值进行量化分析的方法有很多，但主要是从两个方面进行评价。一个是从品牌增值效应的角度来进行评价，即对品牌市场效应增长过程中企业经营收益的实际增长状况进行测量，通过该品牌产品或服务自身效益的纵向比较来评价品牌资产的价值。当然这必须是在假设其他因素不变的前提下，仅通过品牌推广活动而获得的经营收益。另一个是从品牌竞争效应的角度来进行评价，即通过对该品牌同一般品牌的同类产品相比平均多获得的利润(也称“额外价格”)的计算，来测量品牌的价值。这是目前使用比较广泛的一种品牌资产测量方法。一些机构对全球知名品牌资产价值的测量表明，品牌资产价值往往超过公司资本总值的一半。

(三)运用品牌资产

1. 进行品牌拓展

品牌资产作为一种无形资产，不仅能对其所依附的产品或服务的销售和市场拓展产生影响，而且还可以向其他产品和服务进行延伸，促进其他产品或服务的销售，甚至成为公司的整体形象。

品牌拓展的途径一般有：进行“产品线延伸”(line extension)，即对同一产品线的新产品仍然沿用原有的品牌，从而使新产品的推广成本大大下降；进行“品类延伸”(category extension)，即将品牌延伸使用到新的产品线或产品系列中去，如“宝马”等汽车品牌就被延伸应用到服装、箱包等产品中去，以吸引同类顾客群体的购买；进行“品牌特许”(brand licensed)，即通过将品牌以特许的方式延伸到其他企业，扩展品牌的影响，并直接通过品牌资产获取收益。

2. 改变品牌定位

如果随着市场需求的变化或迫于市场竞争压力等因素，有时候企业可能要采取改变品牌定位的做法。即通过改变品牌的内涵或标志(或其中的一部分)来迎合市场的变化，或争取新的顾客群体。然而，由于品牌的联想效应十分强烈，进行品牌定位的改变，风险较大，而且需要投入大量成本。所以改变品牌定位必须十分谨慎。

3. 处理品牌危机

品牌危机是指由于自身或市场的某些因素而导致消费者对品牌信任产生不良影响。所以对品牌危机进行及时正确的处理是企业品牌资产管理的一项重要工作。一旦出现品牌危机，处理的基本原则有两条：一是迅速，二是真诚。所谓“迅速”，即应当马上对事件做出反应。事实证明，反应得越慢，消费者的疑虑和猜测就会越多，信任度会随之下降，甚至会在此期间，转移到其他品牌而不再回来；所谓“真诚”，即必须始终站在消费者的角度来看待所发生的事件，理解他们的不安与焦虑，明确表明企业以维护消费者利益为首要目标的态度，并能用一些消费者看得到的行为反应来挽回消费者的信任。

在品牌资产管理中，品牌保护是一项十分重要的工作。首先品牌必须及时注册，特别是对于市场效应较好的品牌，若不及时注册，而被他人抢注，就会造成很大的损失。其次是应当考虑注册的地域范围。若是全国销售(或将要在全国销售)的产品，就应当进行全国性注册。若是准备出口的产品还应当在出口国进行品牌注册，甚至在全世界范围内进行国际注册，这样就不会发生被异地抢注的尴尬局面。再次是应当设立保护性商标，即对于同形、同义或其他类似的文字、图形和标志，在可能的情况下，也应先行注册，以免被人利用，对企业对产品进行仿冒，影响企业的利益。最后是要采取有效措施，防止对自身品牌的侵权和仿冒行为，其中也包括对特许品牌的使用者要加强质量监督，防止因特许产品的品质下降而影响品牌的声誉。

思考题

1. 什么是产品整体概念？如何理解产品整体概念反映了市场营销的本质特征？
2. 什么是消费者体验？为什么说“体验”也是一种产品？

3. 为什么要重视产品的差异化？产品差异化主要体现在哪些方面？
4. 企业为何要经常进行产品组合的调整？主要可采取哪些做法？
5. 品牌的内涵包括哪些内容？企业应当如何运用好品牌策略？
6. 品牌为什么可以成为企业的一种资产？如何进行企业品牌资产的管理？

第九章　产品生命周期与新产品开发

学习目的与要求

1. 认识产品生命周期的含义
2. 了解产品生命周期的形态及阶段性策略
3. 认识新产品的含义及开发意义
4. 了解新产品开发的基本程序和主要环节
5. 了解产品构思的主要来源和基本方法
6. 了解新产品市场进入的主要方式

从价值创造的角度讲,产品只是一种价值的载体。能被消费者认可的产品才有价值,否则就不具有价值。而产品的价值并非始终存在、一成不变的。消费者对产品兴趣的递减、市场供应量的饱和、新的替代产品的出现,都会使消费者对产品的感知价值下降。大多数产品都会有从畅销走向滞销的周期性变化过程。所以企业为了保持自己所生产的产品能够在消费者心目中价值永驻,就必须不断地创新,不断地进行新产品的开发。产品生命周期的存在是企业进行新产品开发的重要原因和动力。

第一节　产品生命周期

产品生命周期的含义

产品生命周期(product life cycle,PLC)是指产品从进入市场到退出市场的周期性变化过程。产品的生命周期不是指产品的使用寿命,而是指产品的市场寿命。产品生命周期可以分为四个阶段，用一条曲线把它表示出来(见图 9－1)。

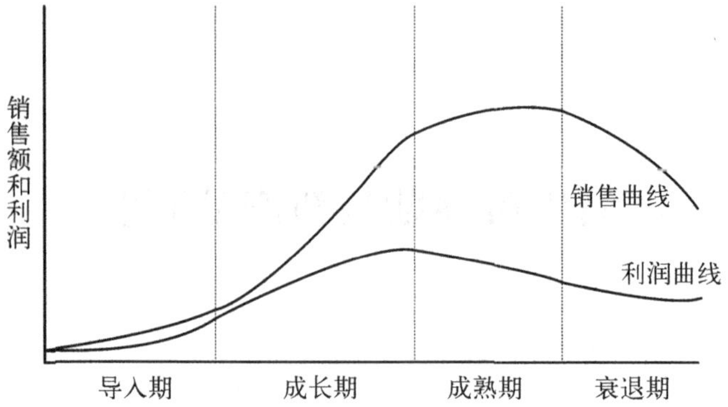

图 9－1 产品生命周期

● 导入期(introduction)。是指新产品刚进入市场的时期。往往表现为销售量增长缓慢，由于销售量小，产品的开发成本又高，所以新产品在导入期只是一个成本回收的过程，利润一般是负的。

● 成长期(growth)。是指产品已开始为大批购买者所接受的时期。往往表现为销售量的急剧上升。由于销售量的上升和扩大，规模效应开始显现，产品的单位成本下降，于是新产品的销售利润也就开始不断增加。

● 成熟期(maturity)。由于该产品的市场已趋于饱和，或已出现强有力的替代产品的竞争，销售量增速开始趋缓，并逐步趋于下降。由于此时产品为维持市场而投放的销售费用开始上升，产品的利润也开始随之下降。

● 衰退期(decline)。由于消费者的兴趣转移，或替代产品已逐步开始占领市场，产品的销售量开始迅速下降，直至最终退出市场。

产品生命周期基本上对所有产品都适用，只是在不同产品上表现的形式不同。例如，有在很长时期中延续的“平台型”生命周期，有刚进入市场就马上终结的“夭折型”生命周期，也有在市场发展中销售量时起时伏的“波浪型”生命周期(见图 9－2)。

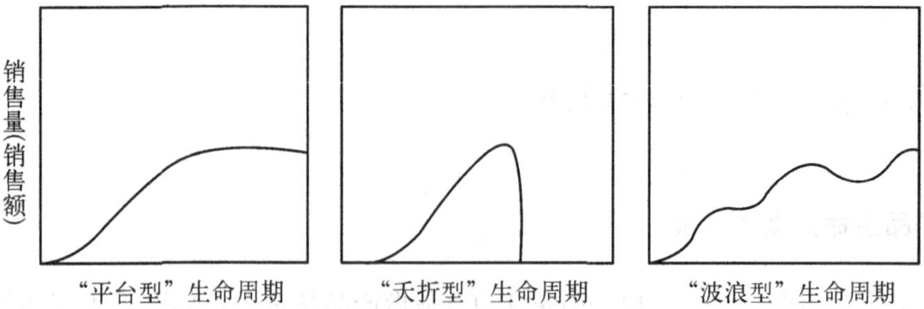

图 9－2 不同类型的产品生命周期

产品生命周期各阶段的策略

企业在产品生命周期的不同阶段应采用不同的市场营销策略。

(一)导入期的营销策略

新产品在刚刚推出市场时,销售量增长缓慢,往往可能是无利甚至亏损,其原因是:生产能力未全部形成,工人生产操作尚不熟练,次品、废品率高,增加了成本;加上消费者对新产品有一个认识过程,不会立刻接受。该阶段企业的基本策略应当是突出一个“快”字,以促使产品尽快进入成长期。具体操作上一般可选择以下几种策略:

1. 快速撇取策略

企业以高价格高促销的方式推广新产品。高价是为了迅速使企业收回成本并获取高的利润。高促销是为了尽快打开销路,使更多的人知晓新产品的存在。高促销就是要通过各种促销手段,增强刺激强度。除了大规模的广告宣传外,也可以利用特殊手段,诱使消费者试用。如通过赠送样品,将新产品附在老产品中免费赠送,等等。

快速撇取策略适用的市场环境是:绝大部分的消费者还没有意识到该新产品,知道它的人有强烈的购买欲望而不大在乎价格,产品存在着潜在的竞争对手,企业想提高产品的声誉。

2. 缓慢撇取策略

企业以高价格低促销的方式推广新产品。主要目的是为了撇取最大的利润。高价可迅速收回成本,加大利润,低促销又可减少营销成本。

缓慢撇取策略适用的市场环境是:市场规模有限,消费者中的大多数已对该产品有所了解,购买者对价格不是很敏感,潜在的竞争对手少。

3. 快速渗透策略

企业以低价格高促销的方式推广新产品。这一策略的目的是为了获得最大的市场份额。所以,新产品的定价在一个低水平上确定,以求获得尽可能多的消费者的认可。同时,通过大规模的促销活动把信息传递给尽可能多的人,刺激起他们的购买欲望。

快速渗透策略适用的市场环境是:市场规模大,消费者对该产品知晓甚少,购买者对价格敏感,潜在竞争对手多且竞争激烈。

4. 缓慢渗透策略

企业用低价格低促销的方式推广新产品。使用该策略的目的一方面是为了以低价避免竞争,促使消费者尽快接受新产品;另一方面以较低的促销费用来降低经营成本,确保企业的利润。

缓慢渗透策略适用的市场环境是:产品的市场相当庞大,消费者对价格比较敏感,产品的知名度已经较高,潜在的竞争压力较大。

以上导入阶段可以使用的四种策略并不是说企业只能选择其中的一种。企业应该从整个生命周期过程中的总体战略去考虑，灵活地交替使用。同时，在实施上述策略时，还要配合一些其他策略，如渠道策略等一并使用，才能取得好的效果。

(二)成长期的营销策略

新产品经受住了市场的严峻考验，就进入了成长期。这一阶段的特点是：销售量直线上升，利润也迅速增加。由于产品已基本定型，废品、次品率大大降低，销售渠道也已疏通，所以产品经营成本也急剧下降，产品的销售呈现出光明的前景。在这一阶段的后期，由于产品表现了高额的利润，促使竞争对手逐步加入，竞争趋于激烈化。这一阶段，企业应尽可能维持销售的增长速度，同时突出一个"好"字，把保持产品的品质优良作为主要目标，具体策略有：

1. 改进产品品质

从质量、性能、式样、包装等方面努力加以改进，以对抗竞争产品，还可以从拓展产品的新用途着手以巩固自己的竞争地位。

2. 扩展新市场

使产品进一步向尚未涉足的市场进军。在分析销售实绩的基础上，仔细寻找出产品尚未到达的领域，做重点努力；同时，扩大销售网点，方便消费者的购买。

3. 加强企业与产品的地位

广告宣传由建立产品知名度逐渐转向建立产品信任度，增加宣传产品的特色，使其在消费者心目中产生与众不同的感觉。

4. 调整产品的售价

产品在适当的时候降价或推出折扣价格，这样可以既吸引更多的购买者参加进来，又可以阻止竞争对手的进入。

在这一阶段，企业往往会面临高市场占有率和高利润的抉择。因为两者似乎是矛盾的，要获取高的市场占有率势必要改良产品、降低价格、增加营销费用，这会使企业的利润减少。但是如果企业能够维持住高的市场占有率，在竞争中处于有利的地位，将会有利于今后的发展，放弃了眼前的利润，将可望在成熟期阶段得到补偿。

(三)成熟期的营销策略

产品的销售增长速度在达到了顶点后，将会放慢下来，并进入一个相对的稳定时期。这一阶段的特点是产品的销量大、利润大、时间长，在成熟期的后半期，销量达到顶峰后开始下跌，利润也逐渐下滑。

这一阶段的基本策略是突出一个"优"字。应避免消极的防御，而要采取积极的进攻策略，突出建立和宣传产品的特定优势，以增加或稳定产品的销售。具体做法有：

1. 扩大市场

市场销售量＝某产品使用人数×每个使用者的使用次数

从上面公式可以知道，要增加销售量就在两个乘数上下功夫。

（1）扩大使用人数。企业可以通过下列两种方法来增加它的值：争取尚未使用者；争取竞争对手的顾客。

（2）提高使用率。企业同样可以用两种方法来增加它的值：促使使用者增加使用次数；增加产品每次的使用量。

2. 改进产品

改进产品是为了吸引新的购买者和扩大现有的使用者的队伍。企业通过对产品的改良，使顾客对产品产生新鲜感，从而带动产品的销售。改进产品也是对付竞争对手的一个有效措施。产品的改进主要仍然在质量、性能、特色、式样上下功夫。

3. 改进营销组合

企业的营销组合不是一成不变的东西，它应该随着企业的内外部环境的变化而做出相应的调整。产品的生命周期到了成熟阶段，各种内外部条件发生了重大的变化，因而营销组合也就要有一个大的调整。这是为了延长产品的成熟期，避免衰退期的早日到来。实际上，企业要使前面两个策略取得成功，不依靠营销组合的改进也是很难做到的，所以，改进营销组合是与扩大市场、改进产品策略相辅相成的。

（四）衰退期的营销策略

这一阶段的特征是销售额和利润额开始快速下降，企业往往会处于一个微利甚至于无利的境地。

在衰退阶段，企业的策略应建立在"转"的基础上。产品的衰退是不可避免的，因此，到了这时，企业一方面应积极地开发新产品，有计划地使新产品的衔接圆满化；另一方面，应针对市场形势，既保持适当的生产量以维护一部分市场占有率，又要做好撤退产品的准备。这时，企业应逐渐减少营销费用，如把广告宣传、销售促进等都降到最低的水平，以尽量使利润不致跌得太厉害。

消费者对新产品的接受过程

产品生命周期的四个阶段，实际上表明了消费者对一件新产品推出市场后的接受过程。这一接受过程可以通过创新扩散理论来解释。创新扩散理论包括了以下几个内容。

（一）消费者接受创新（新产品）的模式

消费者在接受新产品的过程中，往往需要经历以下五个阶段（见图9-3）：

1. 认识阶段

消费者从不同的渠道得知市场上有些新产品存在。在这一阶段消费者即使知道

图9－3　消费者接受创新模式

了新产品的存在，也并不意味着立刻会产生购买的欲望。消费者还缺乏对新产品的全面认识，所以不会贸然作出购买的决策。

2. 兴趣阶段

消费者继续不断地受到刺激，逐渐对新产品产生兴趣。这时候，消费者会努力寻找有关新产品的资料，希望进一步了解它，购买新产品的欲望随着兴趣的逐步增强而产生起来。

3. 评价阶段

购买欲望产生后，并不一定立刻去购买，消费者要对值不值得购买予以评价。这个阶段对消费者来说是一个关键的阶段，他会对新产品进行反复比较，从产品的质量、价格一直到满足需求的程度进行慎重的考虑。在这一阶段，如果对新产品的评价是否定的，那么消费者接受新产品的过程就此中止；反之，则进入实际购买阶段。

4. 试用阶段

消费者在决定购买以后，为了验证对新产品效益的评价，在可能的情况下，先要体验一下或者尝试一下，才能最终确定接受还是拒绝新产品。试用的结果是肯定的，则会进行第二次购买；否则，就结束重复购买。

5. 常用阶段

这表示消费者完全接受新产品，并进行重复购买。完全接受新产品的消费者可能成为新产品信息的扩散源。

（二）消费者接受新产品的差异性

不同的消费者对新产品的态度存在着很大的差别，因而接受新产品的时间先后也有很大的不同。据此，可将新产品的接受者划分为五种类型（见图9－4）。

这是一个呈钟形的正态分布图，它清楚地表明了消费者接受新产品的时间差异性，这种时间差异性与产品生命周期的形成具有一定的联系，可以看出，产品生命周期曲线基本上也呈钟形状态。

1. 创新者

这是一些喜欢冒险、敢于接受新事物的人，因而是新产品的最早接受者。当然这一类型的人为数很少，只占到2.5%。

2. 早期接受者

这一类型的人的最重要的特征是受自尊所支配，富于自豪感。这部分人在社会中

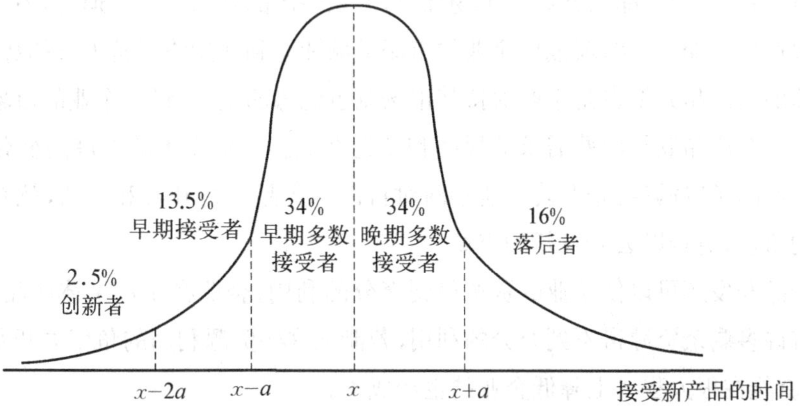

图 9-4　以接受新产品时间为基础的消费者分类

会被同一阶层的所尊重，所以往往可以成为意见领导者，他们能经过考虑较快地接受新产品。

3. 早期多数接受者(早期大众)

这类人比一般人要早接受新产品，因为这部分人既慎重又不想落伍。他们要占全部人数的 34%。

4. 晚期多数接受者(晚期大众)

这是一些谨慎又固执的人，他们需要大部分人接受后才能尝试。这些人也要占到 1/3 强。

5. 落后者

这部分人传统思想严重，对新事物疑心大，反应迟钝，因而是最后接受新产品的人，他们往往在创新已经变成传统后才开始接受。

第二节　新产品开发

产品生命周期的理论告诉我们，企业得以生存和成长的关键在于不断地创造新产品和改进旧产品。创新是使企业永葆青春的唯一途径。从短期看，新产品的开发和研制纯粹是一项耗费资金的活动；但从长期看，新产品的推出和企业的总销售量及利润的增加呈正相关关系。因此，有远见的企业都会把新产品的开发看作一项必不可少的投资。

新产品开发的重要意义

持续的新产品的开发是企业稳定其利润水平的重要前提，使企业在某些产品处在成熟期时，另一些新产品已开始向市场推出，当某些产品开始出现衰退时，另一些产品则进入快速成长期，这样，就能使企业的市场份额和总利润始终保持上升的势头。

持续的新产品开发也是企业保持其市场竞争优势的重要条件，企业的市场竞争力往往体现在其产品满足消费需求的程度和领先性上。消费需求的发展与变化要求不断有新的产品予以满足，企业若不能不断对自己的产品进行开发和更新，就有可能失去现有的市场，更难以去开发新的市场。

新产品开发还可以使企业的资源得到充分的利用，企业在生产主体产品的同时，往往会有许多剩余资源得不到充分的利用，若能从这些资源利用的角度去开发一些新的产品，就能在很大程度上降低企业的生产成本。

近年来，国内外市场的巨大变化，也说明了新产品开发的重要意义。20 世纪 80 年代，日本的企业几乎成了世界市场上难以战胜的力量，它们不断向世界各地推出令人眼花缭乱的新产品，在许多领域成为市场的领先者或咄咄逼人的挑战者。而进入 90 年代，美国却以其令人耳目一新的高新技术产品重新占据了世界经济发展的领先地位，其以“知识经济”为基础的产业发展战略令世人刮目相看。从中国国内来看，虽然目前经济总量快速发展，已跃居世界第二位，但由于大多企业缺乏产品自主创新开发的能力，所以国际竞争力仍然不强。大量的企业仍然主要在为国外品牌做加工业务，或者主要以引进国外技术为主，经济的对外依存度很高，缺乏有影响力的品牌资产，难以跨出国门，拓展全球市场，从而导致我国企业产品的附加价值较低，利润比较薄。因此，提升我国企业的自主创新能力和新产品开发能力是推动我国经济持续健康发展的当务之急。

新产品开发的主要障碍

新产品开发对于企业的重要意义是不难理解的，但是在实际中，新产品的开发却并不那么容易。不少企业新产品开发速度较慢，往往是由于存在以下一些障碍：

1. 缺乏丰富而有效的新产品构思

构思是新产品开发的首要前提，但构思的产生，并能达到新颖性、实用性和可操作性的要求却是不容易的。特别对于一些比较成熟的产品来讲，构思和创意的余地已经相当狭窄，这往往成为新产品开发的一大障碍。

2. 开发资金短缺

资金的问题也已成为新产品开发的一大制约。一些好的产品构思往往需要很多开发资金的投入，即使将来有着很好市场前途的产品，只要企业发生资金上的困难，也就难以将其投入开发。目前我国许多企业，特别是中小企业，新产品开发资金的短缺现象比较严重。

3. 市场细分而导致市场难以达到必要的市场规模

市场竞争促使企业将目标市场划分得越来越细，而过细的市场划分就会使企业面对一个过于狭小的市场，从而使产品的预期销量达不到必要的经济规模，企业将不得不放弃对新产品的开发。

4. 激烈的市场竞争使新产品开发的风险增大

市场竞争有可能导致多家企业同时开发某一新产品，从而使产品一进入市场就面临激烈的竞争，这不仅使企业的市场进入成本大大增加，而且有可能很快被挤出市场。中国20世纪90年代初期所出现的“排浪式”投资现象，众多企业进行同类型的集中投资和产品开发，结果就使得相当一部分企业由于竞争失利而陷入困境。这说明随着市场竞争的进一步激化，新产品开发的风险也会越来越大，这对于企业开发新产品的积极性会有很大影响。

5. 仿制和假冒产品的迅速出现，给新产品的开发效益带来很大损失

一些新产品刚刚进入市场，就马上会有大量仿冒产品紧紧跟上，结果，还未等企业来得及收回投资，产品市场就已经饱和，特别对于技术或资本进入门槛较低的产品尤为如此。这也使得企业不敢轻易开发新产品。

新产品的开发对于企业至关重要，但又充满风险。所以企业在开发新产品方面必须积极谨慎，既要注意不断地更新产品，又要对所准备开发的新产品进行认真研究，反复论证。不能知难而不为，更不能盲目投资、草率从事。应严格按照科学的方法去进行新产品的开发。

新产品的含义

市场营销学中的“新产品”与科技开发意义上的新产品在含义上并不完全相同，其内容要广泛得多。市场营销学中新产品的含义可以分为以下几种。

1. 完全新产品(original products)

这同科学技术开发意义上的新产品完全一致，是指全部采用新原理、新材料及新技术制成的具有全新功能的产品，与现有的产品基本上无雷同之处。完全新产品往往表示了科学技术发展史上的一个新突破。比如，电话、飞机、尼龙、复印机、电视机、电脑等就是19世纪60年代到20世纪60代间世界公认的最重要的新产品。这些新产品的诞生都是某种科学技术的新创造和新发明，因而极为难得，这也不是一般的企业能够胜任的。因为一个完全新产品的出现，从理论到应用，从实验室试制到大批量生产不仅要很长的时间，而且要耗费大量的人力、物力及财力。

2. 换代新产品(product improvements)

这是指对产品的性能有重大突破性改进的产品。如电子计算机问世以来，从最初

的电子管(第一代)发展到现在的大规模集成电路电子计算机(第四代),其中经历了晶体管(第二代)、集成电路(第三代)两个阶段。现在,世界各国都在积极开发第五代的电子计算机,即所谓的人工智能电脑。尽管从基本原理和基本功能上讲,都是电子计算机,满足的是同一类型的需要,但是其所采用的技术和所形成的功能却有很大的不同。由于各个时期的换代新产品在原理、技术和材料上有一定的延续性,所以企业开发换代新产品比开发完全新产品要容易得多,开发成本也比较低。

3. 改良新产品(product modifications)

这是指在产品的材料、结构、性能、造型,甚至颜色、包装等方面作出局部改进的产品。改良新产品一般对产品的基本功能并无本质上的改进。比如,汽车如果只是在外观款式或配件设施上进行了一些改进,并无关键设备和核心技术上的创新,就只能算是改良新产品。由于改良新产品对于科技开发的要求并不很高,所以企业依靠自身力量比较容易开发,在新产品的开发中,属于此类型的新产品要占绝大多数。

4. 模仿新产品

模仿新产品又称企业新产品或地域性新产品,是指市场上已经存在而企业没有生产过的产品,或其他地区已经存在而在本地是第一次生产的产品。由于这些产品的开发与生产都是对已有产品的一种模仿,所以叫模仿新产品。例如,曾一度在市场上颇受欢迎的"山寨"手机(也称"白牌"手机)就是一种典型的模仿新产品。它们主要是在模仿名牌手机技术功能的基础上进行组合创新,因其功能完备且价格低廉而受欢迎。

新产品开发组织

新产品的开发是关系到企业生死存亡的一项重要任务,所以企业必须认真地组织好新产品的开发工作。企业在新产品开发的组织方面,通常有以下一些主要形式:

- 产品经理。不少企业把新产品开发的任务主要交给他们的产品经理负责。这看起来似乎很合理,但是产品经理们往往习惯于把主要精力放在现有产品的生产上,而忽略新产品的开发。所以仅依靠产品经理来组织新产品的开发看来是不够的。
- 新产品经理。为了加强新产品的开发,一些企业特地设立了新产品经理一职,将其属于产品经理,专门负责新产品开发的工作。这将有利于新产品开发计划的制定和实施。但是由于隶属于某一产品经理,所以新产品的开发思路往往也只局限于某一产品领域,很难在更大的范围内得以拓展。对于一些大公司来说,采用这样的做法更有可能使新产品的开发缺乏整体观念,甚至出现相互排斥和互争资源的现象。
- 新产品开发部。一些大公司为了避免上述矛盾,也为了加强对新产品开发工作的指导,专门在公司层次成立新产品开发部,全权负责新产品的开发工作。新产品开发部除集中有关专家进行新产品的开发研究之外,还担任组织和筛选新产品构思,协调新产品的开发与试制，开展新产品试销和组织营销策略组合等职能，对于从总体上推进企业新产品开发可起到很好的作用。

● 新产品开发项目组。一些企业在开发新产品时，成立了专门的新产品开发项目组，集中各方面的力量进行攻关，开发某一新产品。这种任务型的项目组的优点在于目标明确，并能调动各方面的力量集中攻关，不存在常设机构那种效率低下的情况，是进行新产品开发的良好组织形式。一般在新产品开发部领导之下，根据任务的需要，设立若干新产品开发项目组，应当是新产品开发最好的组织形式。

● 新产品开发委员会。有些企业在其最高层次设立新产品开发委员会，统一协调企业的新产品开发工作。这不仅有利于对企业的新产品开发工作进行统筹规划，而且也能将新产品开发工作放在企业总体发展规划的角度来进行研究，使新产品的开发更具有全局意义。

第三节　新产品开发的程序

企业开发新产品要承担很大的风险，为了减少风险，新产品的开发就必须按照一定的科学程序来进行。通过这些程序对各种新产品的构思和创意进行层层筛选和试制，就能使新产品的开发效益得到比较可靠的保证。这一科学程序一般可以分成构思产生、构思筛选、产品概念、商业分析、市场分析、产品试制、市场试销和批量上市八个阶段(见图 9-5)。在这八个阶段中直接与产品有关的是构思产生、产品概念、产品试制和批量上市四个阶段，构成了“设想—设计—实体—商品”几个主要节点。而能否由一个节点发展到另一个节点则必须通过筛选、商业分析、市场分析和市场试销等主要环节，这样才能最大限度地避免因盲目开发而形成的风险。

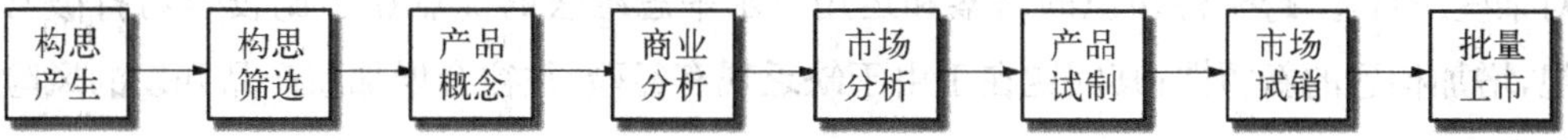

图 9-5　新产品开发的程序

构思产生(idea generation)

构思是对潜在新产品的基本轮廓结构的设想。这是发展新产品的基础与起点，没有构思不可能生产出新产品实体，从一定的意义上讲，好的构思是产品开发成功的一半。但是，并不是任何一个构思都能符合市场的真正要求，从构思变成现实的产品，要经历一个艰难的过程。

新产品的构思从何而来？从营销观念的角度出发，主要应来源于对市场上尚未满足的消费需求的研究。具体而言，企业通常可通过以下一些渠道来实现产品的构思：

(1)顾客。顾客的需求是寻求新产品构思的起点。事实上，通过对消费者的调查，了解消费者对现有产品的不满意之处，了解消费者新的消费欲望，就可以掌握消费者对新产品的期望，从而产生某些新产品的构思。

(2)竞争对手。通过对竞争对手产品的分析和调查，可以知道哪些产品是成功的，哪些产品是有缺陷的，对有缺陷产品的改进就是一种构思的来源。

(3)中间商。中间商是与顾客直接打交道的，他们直接掌握着顾客的第一手资料，同时也了解行业内竞争的动向。从中间商那里收集构思是一条有效的途径。

(4)科技人员。科学技术的进步、新的材料与新的工艺的产生往往是新产品开发的基础。科学的发明与创造主要依靠科技人员的攻关，因此，科技人员的一个新设想很可能孕育着一件新产品。

(5)企业营销人员与管理人员。这是来自企业内部的另外两个主要来源。营销人员与管理人员熟悉产品，也熟悉行业内的产品发展趋势，他们在综合各方面信息的基础上往往能够提供出好的产品构思来。

以上是主要的构思来源，其他像大学、科研机关、专利机关、咨询公司、广告公司等等都是可能获得构思的渠道。

构思的方法很多，归纳起来，常用的方法有这样几种：

一是垂直思维法，或称“传统思维法”。主要是指根据本行业产品设计的传统思路来进行产品的构思，其比较侧重于对以前经验的继承和运用。垂直思维法的合理性在于其比较尊重事物发展的逻辑规律，但也可能由于因循守旧而使构思难以有所突破。

二是水平思维法，或称“破格思维法”。主要是指用打破传统思维的方式进行构思和创意。有时创意者会从人们认为不可思议的角度去寻求新的构思，有时则比较注重对某些跨行业、跨学科知识的借鉴和运用。水平思维法的优点在于比较容易打破常规，增加构思的新颖性；其问题在于由于缺乏现有经验，往往会增加新产品开发的风险和操作难度。

三是联想思维法。主要是指受到某些客观因素的启发而形成的创意和构思。如人们会从动物的某些动作和习性上构思出适应人们需要的一些产品；会由自然界的某些现象诱发出新的创意，仿生学实际上就是一种联想思维的方式。联想思维想要得到很好运用，关键在于构思者要有强烈的创造意识，以及对于周围事物敏锐的观察能力和理解能力。

四是会商思维法，又称“头脑风暴法”。其主要是指一种进行群体创意的思维方法。它是一种特殊的聚会，在这种聚会上与会者可以就某一创意目标任意地发表意见，提出自己的构思。由于这种类型的聚会有一个共同的规则：对任何人的意见不得反驳、不得讥笑，所以在这种会上人们的思路是最为活跃的，平时不敢轻易发表的意见可以毫无顾虑地在会上发表，一些成功的构思往往就会在这样的会上产生。

构思筛选(idea screening)

好的构思对于发展新产品十分重要，但有了构思并不一定就能付诸实施，这要根据企业的目标和能力来进行选择。筛选的主要目的是在尽可能早的时间内发现和排除不合理的构思。所谓"不合理"的构思，一方面是指缺乏科学依据和可操作性的，另一方面是指同企业的基本目标不相吻合或企业一时无能力进行开发的构思。

构思的筛选一般可分为两个阶段：先是由企业自己进行初选，淘汰那些明显不合理的构思；然后再对剩余构思进行认真的评价和筛选。这一阶段的筛选通常是由一批专家利用构思评分表法来进行的(见表 9-1)。

表 9-1　　产品构思评分表

产品成功的必要因素	相对权数(A)	企业实际能力水平(B)											评分(A×B)
		0.0	0.1	0.2	0.3	0.4	0.5	0.6	0.7	0.8	0.9	1.0	
1. 企业声誉	0.20										√		0.18
2. 营销能力	0.20							√					0.12
3. 技术水平	0.20								√				0.14
4. 人事	0.15					√							0.06
5. 财力	0.10								√				0.07
6. 生产能力	0.05										√		0.045
7. 位置设备	0.05		√										0.005
8. 采购供应	0.05						√						0.025
总计	1.00												0.645

其具体步骤是：首先定出产品成功的必要因素；然后对各个必要因素设定权数(依重要性顺序排列)；再根据企业的实际情况予以评分(从 0.0～1.0 打分)；最后对各个因素加权后计算总分。一般的分等标准是：0.00～0.40 为差；0.41～0.75 为较好；0.79～1.00 为最佳。根据经验表明，总分在 0.70 以下应予以筛除。这个表中产品构思只有 0.645 分，所以应该筛选掉。

应该注意的是，产品成功的必要因素并不是局限在表中列出的 8 项内，企业应该根据构思的特征和企业的实际情况去确定。至于对各个必要因素的权数设定，也是由企业自己根据实际情况而确定。

在筛选阶段，企业必须避免犯两种错误：一种是误舍错误(drop error)，即将一个存在某些缺陷，但只要稍加修改即可带来良好经济效益的创意误舍。另一种是误用错误(go error)，即企业允许一个错误的创意投入开发和进行商业化批量生产。

企业的决策层必须设立符合企业目标要求的一套标准来对新产品的创意进行筛选。这些标准由于对实现企业目标的重要性不同，所以在进行综合评价时可加上一定的权重。表 9-2 是企业对新产品创意的"分等评价标准"。其中，列出了四项主要标准。经过加权综合后，可分为很好(0.61～0.80)、尚可(0.31～0.60)、较差(0.00～0.31)三个等级，最低标准为 0.61；而分值则是根据产品实际能力水平乘上权数后得出的。

表 9-2　　**新产品分等评价标准**

产品成功的因素	相对权数(1)	产品能力水平(2)	评分(1×2)
产品的独特优势	0.40	0.8	0.32
高绩效成本比率	0.30	0.6	0.18
高营销资金支持	0.20	0.7	0.14
强大竞争对手少	0.10	0.5	0.05
小计	1.00		0.69

在新产品创意的开发过程中，企业要对其总成功率进行评价，一般可采用以下公式：

总成功率＝技术完成率×技术完成率确定后的商业化率×商业化率确定后的经济成功率

例如，如果估计这三个比率分别是 60%、75%和 80%，则该新产品的总成功率为 0.36%。企业应不断根据所测定的总成功率来决定是否将新产品开发工作进行下去。

产品概念(product concept)

产品概念和产品构思是有区别的，产品概念是对产品构思的具体化，它离现实的产品又近了一步。产品概念是对于产品的功能、形态、结构以及基本特征的详细描述，是可立即照其进行生产的具体设计方案。消费者不会考虑购买产品的构思，却会对具体的产品概念产生兴趣。

一个构思有可能转化成多个产品概念，企业要尽可能把各种产品概念的设计方案列出来，然后对产品概念进行定位，以确定最终的产品发展方向。比如，一个企业掌握了水解珍珠的技术，产生了液体珍珠营养补剂的构思。根据产品的销售对象、产品的核心内容(益处)及产品的服用时间可以进一步发展成好几种产品概念：康复补剂，适合老年人夜间就寝前服用；美容养颜补剂，适合年轻女性早晨服用，使皮肤细嫩；可口养脑补剂，适合学龄期儿童在中午饮用，可以提高儿童的记忆力。

产品概念形成以后，还必须对其进行评价和测试，以确定产品概念的发展前途和开发价值。产品概念的测试通常从两个角度进行。一是从市场竞争的角度，主要是将所设计的产品概念放在市场定位图中，看其在某一位势上竞争的激烈程度，从而决定是否进行开发以及开发哪一种产品概念。二是从满足需求的角度，主要是将某些待开发的产品概念拿到消费者中去征求意见。如某种新型的电动汽车，其产品概念应当详细到外观的色彩，坐垫的皮料，以及最高时速和耗电程度等等。然后应向消费者了解，他们是否喜欢这样的汽车，会不会购买这样的汽车，以及对于这种产品还有什么不满意之处。只有在市场反馈意见比较良好的情况下，才能进行产品的进一步开发，否则就会形成较大的风险。

商业分析(business analysis)

商业分析就是产品开发的效益分析，通过分析来确定新产品的开发价值。新产品的开发归根结底是为了给企业带来好的经济效益，如果一件新产品的投资开发最终要亏本或无利可图，那么这件新产品是不值得去开发的。所以企业在产品概念形成后必须对新产品的投资效益和开发价值进行认真的分析。

商业分析实际上也有两个角度。一是其绝对价值，即产品上市后的预期收益与产品开发成本之间的比较，只要预期收益大于开发成本，就应具有开发的价值；二是其相对价值，即不仅是指新产品开发的绝对成本，而且也必须考虑企业因开发这一产品而放弃其他投资所形成的机会成本，这样才能比较客观地分析出企业在新产品开发方面的效益与风险。

商业分析的方法有很多，很难一一列举，常用的有：盈亏平衡分析法(量、本、利分析法)，投资回收期法，投资报酬率(资金利润率)法，净现值法，内部收益率法等等。必须指出的是，任何数量分析的模型和方法都是有局限性的，最终还必须参照实际情况对数量分析的结果进行修正。因此，对于各种环境信息必须及时掌握，这样才能使商业分析更为准确。

市场分析(marketing analysis)

商业分析之后并不能马上进入产品的开发和试制，因为还必须对产品的目标市场及市场前景做一番分析。只有对那些市场前景比较好、营销渠道比较通畅的产品才能积极地加以开发。同时要对该产品的营销策略组合做出规划并进行评价。

对新产品的市场分析首先是对产品的目标市场进行分析，看哪些人会成为新产品的主要顾客，以及他们的需求特征与购买习惯如何；测量目标市场的规模与潜力，以确定新产品可能的市场发展前景和回报能力；了解中间商对新产品的兴趣、经销意向、销售能力及相关条件，从而对新产品的计划价格、分销渠道和推广策略做出规划，并计算出总体所需要的营销预算；最后据此描述出该新产品的盈利模式，以及中长期的销售和利润目标。

对于新产品的市场分析必须有充分的调研资料为依据，有时还必须进行小范围的市场测试。最后要通过各方面的专家评审，以最终确定新产品营销计划的可行性。在此基础上才可正式开始新产品的试制。

产品试制(product development)

经过商业分析和市场分析的新产品，就可以进入具体的开发试制阶段。这是一个很关键的阶段，因为前面几个阶段的一系列活动可以说是“纸上谈兵”，而产品试制则是要把新产品的构思设想转变成一件顾客真正能够消费的实体产品。

产品试制阶段必须注意的问题是所生产出来的试制产品——新产品样品，应当具有很强的普及意义。即它必须能在一切可能设想到的环境条件下正常使用，而不是只能在良好的环境条件下使用；它必须在正常的生产条件与成本水平(即批量生产的条件和水平)下生产。因为只有这样，新产品才有实际推广的价值。

新产品的开发试制主要应由企业的科研部门和生产部门进行，但是，企业的最高管理部门与营销部门要共同参与，把握开发试制的进程，提供各种有用的信息，使新产品的开发试制顺利完成。

市场试销(test marketing)

一件新产品试制出来后，最好不要急于推出市场，实践表明，很多产品试制出来后仍然会遇到被淘汰的命运，也就是说，市场不能接受此种新产品。尽管企业在前面几个阶段做了大量的工作，也对顾客进行了直接调查，但是因为消费者对设想的产品和实体的产品的评价会产生某种偏差，所以仍然会有产品被消费者否定的可能。为了把这种可能性降到最低，避免批量生产后造成过大损失，企业就要对试制出来的新产品进行试销。

由于市场试销也要投入大量的资金，所以是否进行市场试销应根据试销费用的数额与不试销可能造成的损失额的比较来决定，只有当不试销带来的损失大于试销费用时，企业才值得去开展市场试销。市场试销中还必须加以注意的问题是竞争者有可能立即对试销中的新产品进行仿制，一些仿制能力极强的企业很可能在新产品还未批量上市之前已抢先推出仿制产品。所以企业对于进行市场试销的新产品一是要加强专利保护，二是要掌握关键技术。若无有效的反仿制保护措施，一般宁愿不进行市场试销。

批量上市(commercialization)

这是新产品开发的最后一个阶段，即将产品成批地投放市场。新产品进入这一阶段意味着产品生命周期的开始。

产品的批量上市并不意味着新产品开发已经取得成功，因为此时正是产品能否真正被市场接受的关键时刻。如果策略不当，产品仍然可能存在销售不出去的危险。企业必须在批量上市的时间、地点、渠道、方式上正确决策，进行合理的营销组合。如新型的保暖用品选择在突然降温的时候推出，其吸引顾客注意的可能性就会大得多；一般产品若在万商云集的大都市推出比其在中小城市推出影响面也会大得多；而良好的上市策划往往能使一些新产品的市场导入期大大缩短。菲利普·科特勒说过："市场营销就是考虑如何在适当的时间、适当的地点将适当的产品，以适当的价格和适当的方式卖给适当的顾客。"这同新产品的上市策划思想是完全一致的。因此，企业在组织新产品上市时一定要对市场的环境条件进行认真分析，准确把握时机，精心设计方案，以确保新产品顺利进入市场。

第四节　新产品市场进入方式

新产品市场进入方式的选择，其前提在于企业选择进入方式的直接目的到底是什么。因为企业对于不同的产品和不同的市场，在产品进入市场的直接要求方面是不一样的。如有时候要求以提高新产品的知名度为主要目的；有时候则可能以缩短新产品的导入期，尽快扩大产品的销量为主要目的；而有时候在企业竞争力不是很强的情况下，可能又会把减少竞争压力作为市场进入策划的主要目的；也有企业希望能在市场进入阶段就尽快地建立起新产品的销售网络。根据不同的进入目的，企业在市场进入方式的选择上也会有所不同。

市场进入方式

一般来说，在新产品的市场进入方式上会有以下几种选择：

1. 根据产品在市场中的形象目标不同，可分为高位型和低位型

高位型进入，即产品以高质、高价、高品位的姿态进入市场，以期建立起高档产品的形象。在满足消费者对产品基本需求的同时，进一步满足其声望及炫耀的需求。于是在市场进入策略上，其一是要注重产品的外观与包装，给人一种品位高雅的感觉。如用精致的小瓶装的啤酒就会比用普通的大瓶装的啤酒显得雍容华贵。其二是产品

的价位不能低于同类同质产品，可略高一些，以体现高档产品的身价。其三是在最初阶段销售渠道的选择上，应适当采用"惜售"的策略，不要把面铺得太开。应首先选择一些品位和档次较高的商店进行销售，给人造成一种物以稀为贵的印象。其四是广告的设计在视觉和情调上也应当高雅脱俗，给人留下不同凡响的印象。如"XO马爹利""人头马"等高档酒的广告就能给人赏心悦目、高雅脱俗的感觉。高位进入的策略主要是为了吸引消费层次较高的目标市场群体，同时也是为了提高单位产品的销售利润以获得较好的经济效益。当然，采取高位型策略应有两个基本前提：第一，产品的质量必须优质可靠，且在同类产品中居于领先地位；第二，确实存在着一定规模的消费层次较高的消费群体。

低位型进入，即产品以大众化、实惠型、价廉物美的姿态进入市场，以适应大多数普通消费者的需求，以期迅速打开市场，扩大销售。低位型策略的实施，应当特别注意的是不能使消费者将低位与低质的概念混为一谈，应主要强调其在效用上的适当性、实惠性；在产品设计上应突出其基本效用的稳定可靠，而尽量减少不必要的修饰与包装；在价格上不可过高，突出与其同类产品相比的相对低廉性；在销售渠道方面应通过分布广泛的销售网络使销售量得以迅速扩展。低位型策略适用于使用面较广的日用消费品，在面临市场竞争相当激烈的情况下尤为有效。

2. 根据产品进入市场时的宣传推广方式不同，可分为造势型和渐进型

造势型，即以大张旗鼓的宣传和推广活动，很快地提高产品在目标市场的知名度，以使消费者能够慕名购买，从而打开市场。有不少企业在市场开发的过程中，喜欢采用造势型的做法。因为在商品供应极其丰富的现代市场上，企业的产品能否引起消费者的注意，是其能否迅速打开市场的重要前提。

当企业预计会在即将进入的目标市场中遇到激烈竞争时，可能会采用渐进型的市场进入策略。渐进型策略，即在产品进入市场时，不是大张旗鼓地进行宣传，而是以优质的产品为基础，采取多渠道广泛渗透的方法，进行推销宣传和销售现场宣传，让消费者在直接接触产品和推销人员的情况下，逐步增加对产品的了解，并帮助进行进一步的扩散。在广告宣传方面，不求声势浩大，但求持久深入。由于渐进型策略针对性强、效率高，所以对于某些类型的产品来说，效果甚至比造势型策略还好，不失为企业开发市场的有效策略。

3. 根据产品在品牌延续关系上的不同，市场进入方式可分为创牌型、传牌型和改牌型

换言之，企业是准备让新产品冠以老品牌的名称进入市场还是换用新的品牌，这也是市场进入方式的选择之一。

创牌型是企业在无人知晓其品牌的情况下，树立新的品牌，进入目标市场。品牌

是产品的识别标志，再好的产品若为无人熟知的品牌，也会淹没于商品的汪洋大海之中，难以为消费者所接受，消费者也无法在其需要的时候进行指名购买。所以选择一个好的品牌，并使它能被消费者熟记和接受，对于产品进入市场是十分重要的。创立品牌依赖于对品牌有意识的推广与宣传，借助某种有效的传播渠道，使品牌能很快地进入目标市场消费者的心中。上海眼镜行业名牌“吴良材”的创始人当时只是一个提着小包沿着长江“跑码头”的眼镜匠。但吴良材除了精湛的制作工艺之外，还比别人多了一点心计，即每次为人配好眼镜，都不忘在镜架上刻上“吴良材制”四个小字，还挂上一个带有标志性的牌子。久而久之，吴良材眼镜的名气就传遍了大江南北，成功的奥秘之中，不能忽视了这四个小字和那块小牌子。以创牌为目的的市场进入策略，就必须以提高品牌的知名度为主要手段，以确立品牌在目标市场消费者心目中的地位为主要目的。

传牌型即为企业在推出新产品时沿用已有的知名品牌。其原因在于，如果原有的品牌在市场中知名度很高、牌誉很好，那么沿用该品牌进入市场就会减少很多阻力，降低市场进入成本。一般情况下，本企业的产品都可以沿用已有的著名品牌进入市场。如日本“SONY”是从生产微型收音机建立品牌的，而现在的“SONY”产品已遍及家电的全部领域，甚至延伸到手机、电脑等领域，同样深受欢迎。企业在向其他领域拓展时，好的品牌也可起到鸣锣开道的作用。如韩国的“现代”原是汽车的品牌，如今随着现代集团在高科技和重工领域的广泛拓展，“现代”已将其电脑及其他重工设备都引进了市场。采用传牌型的市场进入策略时，应当在宣传中突出新产品和老品牌的相互关系，可强调是“××(品牌)技术的新贡献”、“××家庭的新成员”等等，以使消费者因对该品牌的偏好而产生对新产品的偏好。采取这一策略的关键还在于保持新产品的良好品质；否则，若在新产品中出现品质低劣的现象，其毁掉的也将不仅仅是一个商品的声誉，而是整个品牌的声誉。

改牌型，即为在新产品进入市场时(甚至是同类产品)，不用原有的品牌，而采用新的品牌。采用这种策略的理由有两个。一是为了体现企业产品的多样性，对于一些新的产品，可采用不同的品牌。如丰田汽车公司的汽车就有“丰田”“皇冠”“花冠”等各种品牌。二是因为原有的品牌牌誉不佳，或在品质上同新产品有较大差距，沿用原有品牌，不利于新产品的销售。如上海的“××牌胶卷”原来质量较差，后来引入了日本先进的富士技术，使产品的质量有了很大的提高。但是他们在将新产品导入市场时，仍然沿用了原有的品牌。结果在原有品牌牌誉不佳的情况下，新产品在销售中遇到了很大的阻力。在这种情况下，应当启用一些新的品牌，并尽可能在宣传上将其同原有品牌拉开距离，这样才能使消费者不会将对原有品牌的不良印象带到新的产品上来。当然，采用改牌型的市场进入策略并不都是在原有品牌声誉不佳的情况下，有时为了体现产品不同的档次，也会对新的非同一档次的品牌采用改品牌的策略。如原生产中档女皮鞋的企业在推出高档女皮鞋时就应当改用新的品牌，以显示不同的档次；原生产高档女皮鞋的企业推出低档鞋时也应改用新的品牌，以防影响原高档品牌的牌誉。

4. 依据产品进入市场时的直接促销对象的不同，可分为拉动型和推进型

产品进入市场可能会经过不少中间环节，如产地批发商、销地批发商、基层批发商和零售商，最后才到消费者手里。那么就存在企业在将自己的产品导入市场时，到底以哪一个环节和层次作为自己的主要促销对象的问题。从市场进入的有效性来看，这种选择是很重要的，选择不同形式的促销对象，结果也会有很大不同。拉动型市场进入方式，是将最终的产品消费者作为直接的促销对象，让最终消费者所激发出来的需求层层向上传递，最后使新产品顺利进入市场。对于市场不熟悉的新产品，拉动型方式会比较有效。

同拉动型策略相对应的则是推进型策略。它是通过直接向最近环节的中间商进行促销，然后再通过他们层层促销的方式，将产品推入市场。对于大多数市场覆盖面广、技术含量不高的产品都可采用推进型的市场进入策略。

市场占位

企业在新产品进入市场时还必须注意及时占位，建立强烈的占位意识。因为对于广大消费者来说，企业和产品的形象都是“先入为主”的。明确了市场占位的重要性，企业在开发市场和将产品导入市场时，就应当首先找准市场上尚未被占据的市场“空位”，对企业的产品进行准确定位。然后就应当不失时机地迅速“占位”，即让企业的新产品在此位置上亮相，使之得到目标市场消费者的认可和接受，从而稳定地占据一定的市场份额。如果在某一位势上已被其他产品占据，而企业又有足够的实力与之竞争，也可实行抢位战略，即使自身在消费者心目中的形象超过对手。有时候，随着企业的经营发展，也有可能从原有的市场位势中退出，去占领新的市场位势，这就叫做让位策略。如一些发达国家将一些传统工业向发展中国家转移，就是一种让位策略。让位的目的是为了集中力量去占领更为有利的市场位势。

第五节 产品开发中的一些新趋向

顾客参与价值创造

近年来，顾客参与新产品开发和价值创造活动已成为企业和理论界关注的热点。

顾客参与主要是指企业目标市场的顾客以不同的形式参与到企业新产品的创意开发过程或价值增值过程。可将其分为行为参与和心理参与，又可将其分为事前参与、事中参与和事后参与。

行为参与是指顾客以其实际行动具体参与了企业的新产品开发活动，又可分为主动参与和被动参与。所谓主动参与主要是指顾客主动向企业提出产品设计与改良的意见或建议，不仅包括新产品构思阶段顾客的贡献，也包括顾客使用产品以后的抱怨和意见。具有顾客参与观念的企业对顾客在各时期的建议和意见都会十分重视，积极吸纳。所谓被动参与，是指企业在构思筛选或产品试制的阶段中，会邀请一些顾客参与，听取他们的意见和建议，以改进和完善产品的设计。

心理参与是指顾客对于企业产品的开发与更新过程的关注和情感投入。如世界各地的“果粉”们对于苹果公司一代又一代新产品的期待、关注和热捧，大大提高了这些产品在顾客心目中的心理价值。在服务业中顾客的心理参与，如对服务业员工的创新服务的赞许和欣赏，会激励员工的创新热情并引导他们的创新方向。

顾客的事前参与主要是指产品进入市场前的整个开发过程中对于顾客意见和建议的听取和吸纳。事中参与主要是指顾客在消费过程中的行为和表现，大多会出现在服务产品的消费过程中，如健身俱乐部里参与健身活动的顾客同教练间的互动，旅游过程中旅客同导游之间的交流等。事后参与则是指顾客在消费之后意见和行为，这不仅是指顾客的意见反馈，也包括顾客的社区交流与群体活动所创造的价值增值。如一些名牌汽车的车友俱乐部通过组织活动和进行经验交流，增加了驾驶该品牌汽车的乐趣和兴奋感，从而创造和提升了产品的体验价值。

产品开发的社会责任

随着近年来产品伤害危机事件频发，产品开发的社会责任问题变得越来越重要。产品开发中所可能出现的对消费者的伤害因素固然有恶意所为的一面，但也不排除有无意造成的情况。如原材料检验、保管方面的失误，产品设计上的缺陷，操作流程中的疏忽等等，甚至也有研究开发过程中的某些不确定因素所造成的问题，如转基因产品是否存在对人体伤害的潜在危险至今仍是一个有争议的问题。然而即使是无意所为，也应属于是企业的责任。所以企业在进行新产品开发时，必须有高度的社会责任意识。除了在研发设计过程中必须有严格的科学论证和万无一失的消费安全保证外，还必须建立十分严格的原材料采购检验、生产流程质量管控以及运输保管流程监控的制度，并确保其执行到位。要把从源头杜绝产品伤害危险作为企业的第一责任，以此来指导和管理新产品开发过程。

产品开发的社会责任不仅体现在对与产品质量的管控和产品伤害危险的预防上，

而且还应表现在对社会利益和社会道德的维护方面。比如不开发不生产有损于社会利益和有悖于社会道德的产品(如用于盗取个人信息或扰乱社会秩序的应用软件,以及有损于青少年身心健康的精神文化产品等等)。而积极开发低能耗、低排放的绿色产品则是企业维护社会长远利益的社会责任之体现。新产品开发的社会责任导向将成为企业产品开发的重要原则。

思考题

1. 什么是产品生命周期?产品生命周期各阶段的主要特征是什么?
2. 产品生命周期各阶段的主要营销策略是什么?
3. 什么是新产品?新产品包含哪些主要类型?
4. 新产品开发需要经过哪些主要环节?同产品直接有关的环节是哪几个?
5. 新产品的市场进入方式有哪些?
6. 如何理解新产品开发中的顾客参与?顾客参与有何重要意义?
7. 产品开发中为何要重视社会责任?如何体现企业的社会责任?

第十章　服务产品与服务营销

学习目的与要求

1. 掌握服务产品的概念与特征
2. 了解服务产品的不同类型
3. 了解服务营销组合的特殊性和组合要素
4. 认识如何进行服务产品设计
5. 了解服务产品质量的维度
6. 认识消费者服务质量感知

服务经济快速发展是现代经济的一个重要特征。各种形式的服务在成为若干企业专门经营对象的同时,也成为传统制造商用于与其竞争者抗衡的重要手段,对服务产品的特点、服务营销策略及服务质量管理等问题的研究,也就成为现代营销理论和实践的又一重要内容。自20世纪60年代以来,全球呈现出工业型经济向服务型经济(又称“后工业化经济”)转型、服务业在就业和国民生产总值中的比重不断加大的趋势。

同时服务在国际经济生活中的作用也越来越突出。现代科技的发展,特别是现代计算机技术与通信技术的融合,进一步促成了大批新型服务行业的涌现,并不断改变着许多传统服务的提供方式。许多行业,如零售业、银行业等的服务方式都发生了巨大的变革。许多以为顾客提供形式多样的服务为主要经营内容的企业,取得了巨大成功,服务业新产业、新业态、新模式蓬勃兴起。

竞争的不断加剧还迫使越来越多的企业走上了借助于服务实施差别营销战略的道路。许多企业在提供有形产品的同时,努力提供优异的附加服务,通过服务将自己与竞争者区别开来。服务成为企业营销成败的决定性因素,也是差别化营销策略的基本支点。

第一节 服务产品的性质

服务产品的界定与特征

首先,什么是服务?与有形产品相比,服务产品是否具有特性?传统的消费品营销经验是否可以直接运用到服务产品的营销活动中去?这些问题无疑是在深入探讨服务营销策略时必须要回答的问题。所以,我们先要分析说明服务产品的基本概念和特点。

什么是服务?科特勒认为"服务是一方能够向另一方提供的各种基本上是无形的活动或作业,其结果不导致任何所有权的产生"①。美国营销学会则作了这样的定义:服务是"可被区分界定,主要为不可感知,却可使欲望获得满足的活动,而这种活动并不一定需要与其他的产品出售联系在一起。生产服务时可能会需要利用实物,而且即使需要借助某些实物协助生产服务,但这些实物的所有权将不涉及转移的问题"。瓦拉瑞尔·A. 泽丝曼尔(Valarie A. Zeithaml)和玛丽·乔·比特纳(Mary Jo Bitner)在她们的著作《服务营销》中则提出,"简单地说,服务就是行动(deeds)、过程(processes)和表现(performances)"②。这种行动、过程或表现不仅存在于服务企业的活动之中,而且也是许多制造商向市场提供的组合的一部分。也有些学者认为,更广义的服务产品包括所有的非有形产品或建筑的经济活动,通常在生产的同时被消费、能够为特定对象提供一定的附加价值,如方便、娱乐、时间节约、舒适、健康等。

多年来,经过大量的论证探讨,学术界对服务的下述基本特点取得了共识。服务的四个基本特点及其相应的营销含义可以归纳成如表 10-1 所示的内容。

表 10-1　　服务的特点及其营销含义

商品	服务	相应的含义
有形	无形	● 服务不可储存 ● 服务不能申请专利 ● 服务不容易进行展示或沟通 ● 难以定价

---

① 菲利普·科特勒、凯文·莱恩·凯勒著,梅清豪译:《营销管理》(原书第 12 版),上海人民出版社 2006 年版,第 447 页。

② 瓦拉瑞尔·A. 泽丝曼尔、玛丽·乔·比特纳著,张金成、白长虹译:《服务营销》(原书第 3 版),机械工业出版社 2004 年版,第 2 页。

续表

商品	服务	相应的含义
标准化	异质性	● 服务的提供与顾客的满意取决于员工的行动 ● 服务质量取决于许多不可控因素 ● 无法确知提供的服务是否与计划或宣传相符
生产与消费相分离	生产与消费的同步性	● 顾客参与并影响交易 ● 顾客之间相互影响 ● 员工影响服务的结果 ● 分权可能是必要的 ● 难以进行大规模生产
可储存	易逝性	● 服务的供应和需求难以同步进行 ● 服务不能退货或转售

资料来源：瓦拉瑞尔·A. 泽丝曼尔、玛丽·乔·比特纳著，张金成、白长虹译：《服务营销》(原书第 3 版)，机械工业出版社 2004 年版，第 13 页。

1. 无形性(intangibility)

服务是指能够满足人们某种需要的行为或表现，人们不能像感受有形产品那样看、感觉或触摸服务，很多时候，服务产品的消费是在消费者既未看到，也未感觉到的情况下完成的。这种不能像物品那样被感觉、触摸的特性，即服务产品的无形性特征。当然，说服务产品是无形的，并不是说服务提供过程中不存在任何有形的物体或要素。事实上，就很多服务的提供来说，有形物体是不可缺少的要素或条件。在绝大多数情况下，企业向市场提供的是有形物品和无形服务的结合。一个组织向市场提供的既可能是纯粹的有形物品，也可能是纯粹的无形服务，还可能是有形物品与无形服务的结合体。

2. 不可分离性(inseparability)

有形产品的生产、销售及消费往往在不同的时间和空间进行，而服务产品则不同。在很多情况下，服务产品的生产过程与消费过程往往是同时的，两者难以在时间和空间上割裂开来。在服务产品的供应商提供服务的同时，消费者也就享受了该种服务。某些情况下，顾客不仅在服务生产现场，而且在相当程度上参与服务生产过程。当然，企业提供服务产品的种类不同，顾客参与生产过程的介入程度也不同。

3. 差异性(heterogeneous)

服务是一种行为或表现，其提供者是服务人员，享用者则是各种各样的顾客。不同服务人员的服务经验不同，同一服务人员在为不同对象服务及在不同时间为同一对象服务时的心理状态等也可能有很大差异，而不同顾客享用某种服务的经验及对服务的期望不同，从而服务的提供过程、顾客对服务的评价等都可能会因为时间、空间等因素的变化而发生很大差异,要保持服务的标准化十分困难。

4. 不可储存性(non-storage)

不可储存性是指服务产品无法保留、转售及退还的特性。有形产品可以储存至另一时间销售,在顾客对所获得的产品不满时,可以退换。而提供法律服务的律师在某段时间内不从事法律服务,其不可能将这段时间的服务能力储存起来,在广告客户对广告公司的服务不满的情况下,也很难将其所购买的不满意的服务退还广告公司。企业在形成提供服务产品的能力后,如果没有顾客购买服务产品,则服务能力就是一种浪费。由于不可储存,也就无法用预先储存起来的服务满足高峰时期顾客的需要。顾客为消费某种服务而来,服务产品供不应求时,则也可能使顾客失望而归。有鉴于此,如何妥善处理供求矛盾,是服务营销过程中所面临的一个重要问题。

除了上述四个特点外,还有许多学者认为,在企业销售和顾客消费的过程中,不涉及所有权的转移也是服务产品的重要特征。在交易完成后,无形的服务也就不存在了,顾客并没有"实质性"地拥有服务。也有一些学者将商品与服务之间与营销有关的一般差异归纳为八个方面:产品的性质、生产过程中顾客更多的参与;人作为产品的一部分;保持质量控制标准的难度更大;顾客评价更困难;没有存货;时间因素的相对重要性;分销渠道的结构和性质。[①] 这八个方面差异的认识,有助于在实用的层面上讨论服务营销策略的执行。

服务的分类

根据传统的行业概念划分是服务分类最常见的一种方法,如将服务业区分为洗理业、交通运输业、咨询业等。这种分类方法主要考虑到行业间在服务对象和产出上的差别,主要服务于国家产业统计的需要。

从营销角度的服务分类,主要是用于研究服务接受者(消费者)的行为,并在此基础上为营销者提供策略指导。以下我们介绍几种常见的服务分类理论。

菲利普·科特勒在《营销管理》教材中主张采用服务营销管理中最基本的分类方法,即根据有形性程度,对产品和服务进行排列(见图 10-1)[②],图中越靠左边的组合有形成分越多,而越靠右的组合,无形成分越多。质量的评价难度和服务营销理论的作用随无形性的上升而增加。

---

① 克里斯托弗·H. 洛夫洛克著,陆雄文等译:《服务营销》(原书第 3 版),中国人民大学出版社 2004 年版,第 15 页。

② 菲利普·科特勒、凯文·莱恩·凯勒著,王永贵等译:《营销管理》(第 14 版),中国人民大学出版社 2012 年版,第 17 页。

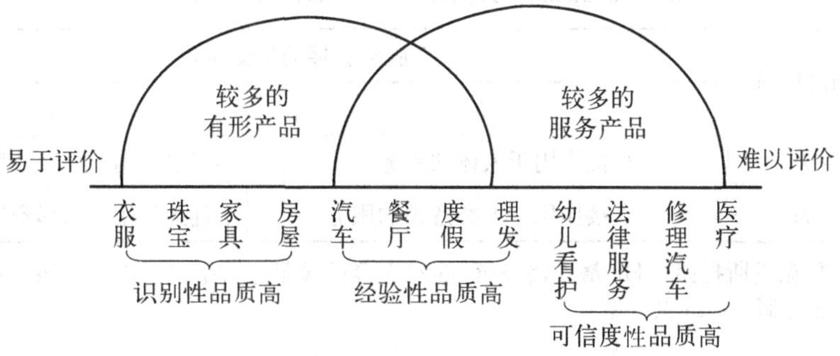

图 10－1　根据服务要素的占比对服务进行分类

根据图 10－1,科特勒认为有五种类型的市场供应物[①]：

(1)纯粹的有形产品。此类供应物主要是有形产品,如肥皂、牙膏或盐。在产品中,没有任何服务。

(2)有形物品加辅助服务。此类供应物包括有形的产品和一种或多种辅助服务,比如汽车、电脑和手机。一般而言,越是高科技产品,越是需要高质量的服务。

(3)混合供应物。此类供应物中包含比重相当的产品和服务。例如,餐厅所提供的,既包括食物,也包括相应的服务。

(4)主体服务加辅助产品或服务。此类供应物是由一项主体服务和某些辅助产品或服务构成的。例如,航空公司的乘客所购买的主要是运输服务,但旅程中也包括了像点心和饮料等有形产品。而且,在这种服务的实现过程中,也要求借助一种资本密集型的产品——飞机,当然所提供的主要还是服务。

(5)纯粹的服务。此类供应物主要是服务,如照顾小孩、心理咨询等。

与科特勒的这一观点类似,洛夫洛克(Lovelock)认为,顾客参与到生产过程之中是服务的一个重要特点。他根据服务作用的直接对象和有形性程度,将服务区分为四类(见表 10－2)。根据洛夫洛克的分类,卫生保健、美容、客运、餐饮等属于直接作用于人体的服务;货运、修理、仓储、洗衣等属于直接作用于物品的服务;公关、广告、广播、管理咨询、教育等属于直接作用于人类意识的服务;而会计、数据处理、数据传输、证券投资等则属于直接作用于无形资产的服务。在这四种不同类型服务的生产过程中,要求顾客参与的程度是不一样的。

---

① 菲利普·科特勒、凯文·莱恩·凯勒著,王永贵等译:《营销管理》(第 14 版),中国人民大学出版社 2012 年版,第 341 页。

表 10-2　　洛夫洛克的服务分类法——按服务行为性质分

服务行为的性质	服务直接的接受对象	
	人	物
有形行为	直接作用于人体的服务	直接作用于物品的服务
无形行为	直接作用于人类意识的服务	直接作用于无形资产的服务

资料来源：克里斯托弗·H. 洛夫洛克著，陆雄文等译：《服务营销》（原书第 3 版），中国人民大学出版社 2004 年版，第 26 页。

在第一类服务中，顾客亲临服务现场是服务交付的必要条件。就直接作用于人类意识的服务而言，顾客的思想意识必须要参与到服务提供的过程之中，但顾客本人不一定要在服务提供的现场。对以物为直接作用对象的服务来说，顾客本人的参与并非服务提供的必要条件。这个分类法为企业服务营销过程中的定位和策略设计提供了很好的基础。对于以物品为直接作用对象、不需要顾客亲临现场的服务来说，关键在于要保证物品的使用价值。而对于要求顾客参与到生产过程中的服务来说，一方面要通过合理的服务程序设计，缩短顾客等候的时间，另一方面，还可以通过向等待中的顾客提供其他服务，降低顾客等候的成本，拓展业务范围。

洛夫洛克对服务的分类有全面的总结，他还依据顾客亲临服务现场的必要性的不同进行区分。有些服务需要顾客的参与，如外科手术服务；有些则不一定要求顾客全过程参与，如汽车修理服务。见表 10-3。

表 10-3　　洛夫洛克的服务分类法——按服务传递方法分类

顾客和服务组织之间相互作用的性质	服务商店的数量	
	单一商店	多家商店
顾客到服务组织那里	剧院 理发店	公共汽车服务 快餐连锁店
服务组织到顾客那里	草地保养服务 虫害防治服务 出租车	邮递 汽车俱乐部的 道路服务
顾客同服务组织远程交易	信用卡公司 本地电视台	广播网 电话公司

资料来源：克里斯托弗·H. 洛夫洛克著，陆雄文等译：《服务营销》（原书第 3 版），中国人民大学出版社 2004 年版，第 31 页。

根据顾客在服务提供过程中不同的参与程度，蔡斯（Chase）将服务区分为高接触性服务、中接触性服务和低接触性服务三类。[①] 蔡斯的分类给企业提供的思路是：应当根据服务提供过程中顾客参与程度的不同制定不同的经营策略。

1978 年，托马斯(Thomas)根据服务提供手段的不同，将服务分为以机器设备为基础的服务和以人为基础的服务。前者如自动售货服务，后者如会计服务等。以人为基础的服务则又可进一步分为非熟练工人、熟练工人及专门职业人员提供的服务。[②]

泽丝曼尔和比特纳认为，服务的分类与服务细分及目标市场定位有关，与制造品的市场细分及定位有很多相似之处。在服务营销过程中，同样可以借助于人口因素(年龄、性别、收入、民族、职业、宗教信仰)、地理因素(国家、地区)、心理因素、行为因素(知识、态度、使用方式)等来进行市场细分。

第二节　服务营销组合

服务产品的特殊性决定了其销售过程及消费行为等都必然与有形产品的销售过程和消费行为有很大的区别。服务营销就是关于讨论如何有效开展无形服务的营销活动的理论。其研究的内容不仅包括纯粹无形服务的营销过程，也包括与有形产品组合起来向消费者提供的无形服务部分的营销活动。

服务营销 7P 组合

与有形产品的营销一样，在确定了合适的目标市场后，服务营销工作的重点同样是采用正确的营销组合策略，满足目标市场顾客的需求，占领目标市场。但是，服务及服务市场具有的若干特殊性决定了服务营销组合策略的特殊性。一般而言，在制定服务营销组合策略的过程中，企业必须考虑七个 P。除经典的消费品营销 4P's 外，还包括人(people)、过程(process)及有形展示(physical evidence)。

1. 经典 4P 中值得注意的问题

服务营销中的产品即指企业计划向市场提供的服务品种。在营销过程中，无论向市场提供的产品组合是以无形服务为主还是以有形物品为主，企业都必须结合目标市场定位，形成清楚的产品概念，即本企业到底向市场提供怎样的服务，满足顾客的哪些需求。

合理的定价是服务营销过程中一个十分重要的问题。合理的价格不仅能吸引消

---

① Richard B. Chase, "Where Does the Customer Fit in a Service Operation?", *Harvard Business Review*, vol. 56(November-December, 1978).

② Dan R. E. Thomas, "Strategy is Different in Service Business", *Harvard Business Review*, vol. 56(July-August, 1978), pp. 58 - 65.

费者，而且还有可能成为无形服务差别化策略的重要手段。但是，值得注意的是，由于不同顾客对同类服务的需求经常存在着差异，服务营销中的定价往往面临着实际成本难以准确衡量的困难，从而加大了定价的难度。

服务产品同样需要向市场推广。市场竞争越是激烈，就越是需要采取有力的推广措施。而当企业推出一种新型服务时，更需要通过宣传促使顾客理解、接受服务新品种。与有形产品的促销宣传一样，服务产品的促销宣传也借助于广告、公共关系、营业推广及人员推销等手段。但值得注意的是，由于服务是无形的，消费者要客观评价服务质量的优劣存在相当困难，有些服务在使用后仍无法对质量优劣作出评价。在消费决策过程中，其他消费者对某企业所提供的服务的"口碑"往往起着关键的作用，影响着顾客对服务的评价，也影响新顾客的选择。

服务营销中的渠道是指服务从其生产者手中送达消费者手中的通道。在考虑渠道决策时，必须考虑到服务的不可存储性及不可分离性等特征所产生的影响。由于服务无法存储和运输，其生产、销售和消费很可能在同一空间完成，为使更多的目标市场顾客能获得满意的服务，在不可能进行大规模生产和销售的情况下，企业就必须根据服务的具体特点，进行科学的网点决策，并要保证不同网点所提供的服务质量的统一。

2. 人(people)

人的要素是指参与服务提供并因此而影响购买者感觉的全体人员，即企业员工、顾客以及处于服务环境中的其他顾客，其中，服务提供者是最关键的要素。在服务产品提供的过程中，人(服务企业的员工)是一个不可或缺的因素。尽管有些服务产品是由机器设备来提供的，如自动售货服务、自动提款服务等，但零售企业和银行的员工在这些服务的提供过程中仍起着十分重要的作用。而对于那些要依靠员工直接提供的服务，如餐饮服务、医疗服务等来说，员工因素就显得更为重要。一方面，高素质、符合有关要求的员工的参与是服务提供的一个必不可少的条件；另一方面，员工服务的态度和水平也是决定顾客对企业所提供服务的满意程度的关键因素之一。一个高素质的员工能够弥补物质条件不足可能使消费者产生的缺憾感，而素质较差的员工则不仅不能充分发挥企业拥有的物质设施上的优势，还可能成为顾客拒绝再次消费企业服务的主要缘由。

3. 过程(process)

过程要素是服务提供的实际程序、机制和作业流，即服务的提供和运作系统。服务的提供者不仅要明确拟向哪些目标顾客提供服务，提供哪些服务，而且要明确怎样提供目标顾客所需要的服务，也即合理设计服务提供的过程。服务提供过程的设计涉及以下几方面的问题：

第一，服务应当以怎样的次序、步骤提供？在什么时间、什么地点提供？应当以怎样的速度向顾客提供？

第二，在最终向目标顾客提供服务的过程中，本企业究竟担当什么职责？是由本企业来完成整个过程的工作，还是将部分工作发包给其他企业来完成？

第三，在服务提供过程中，服务提供人员与顾客之间如何进行接触？是由服务人员上门提供服务，还是吸引顾客前来购买服务？

第四，以怎样的方式提供服务？是根据各个顾客的要求提供个性化的服务，还是向大批顾客提供标准化的服务？

第五，如何评价并不断改进服务提供过程？如主要由顾客来评价，还是由管理人员评价，或是员工之间相互评价？

4. 有形展示(physical evidence)

有形展示要素是指服务提供的环境、企业与顾客相互接触的场所，以及任何便于顾客履行和沟通的有形要素。服务是无形的，在服务消费决策中，消费者往往根据其能够感知的有形因素的状况来判断无形服务的质量，从而作出是否消费的决策。通过有形因素向消费者展示无形服务的特点、层次等，即服务营销中的有形展示。

有形展示起着十分重要的作用。第一，有形展示可以通过感官刺激，向消费者提供服务信息，让消费者感受到无形服务能够为其带来的利益，激发消费需求。第二，有形展示有助于引导消费者对服务质量的合理期望。第三，有形展示影响消费者对企业服务的印象。但在决定消费者印象的若干因素中，由于有形展示是消费过程中首先接触的要素，它往往决定了消费者对企业及其所提供的无形服务的第一印象。

在营销过程中，能够为企业所控制并为消费者所重视的有形线索主要包括三个方面。一是服务的物质环境。如服务场所的设计及其整洁程度，企业形象标识，服务设备的档次，服务人员的形象等。二是信息沟通。即沟通本企业与外界的所有宣传，如企业对外的广告宣传、外界对本企业服务质量和形象的评论等。三是价格。消费心理学表明，当消费者缺乏必要的专业知识来评价产品质量的优劣时，价格往往成为其判断质量优劣的重要指标，这也就是所谓的“按质论价心理”。在服务消费中，消费者也经常会面临着同样的问题。一方面，服务的无形性使其在实际消费服务前很难对服务的质量作出评价；另一方面，对于部分服务，甚至在消费之后仍难对质量作出准确的评价。在这些情况下，价格高低也就成为无形服务质量的可见性展示。科学进行服务的有形展示，要求企业能够根据目标市场需求的特点和本企业服务的特点，对上述各有形性因素进行合理的设计，并保证各种有形因素传达的信息的统一。

服务三角形和服务利润链

格罗鲁斯从另一个角度来认识针对服务的营销管理问题，提出了著名的服务三角形理论，认为服务营销由外部、内部和互动营销三个部分组成(见图 10-2)。[①]

其中，外部营销(external marketing)包括企业服务提供的准备、服务定价、促销、分销等内容；内部营销(internal marketing)则指企业培训员工及为促使员工更好地向顾客提供服务所进行的其他各项工作；互动营销(interactive marketing)则主要强调员工向顾客提供服务的技能。在服务营销组合中，处理好人的因素，就要求企业必须根据服务的特点和服务过程的需要，合理进行企业内部人力资源组合，合理调配好一线队伍和后勤工作人员。企业要以一线员工为“顾客”，才能向顾客提供一流的服务，这项工作被称为企业内部营销工作。顾客对企业服务质量评价的一个重要因素是一线员工的服务素质和能力，而要形成并保持一支素质一流、服务质量优异的一线员工队伍，企业管理部门就必须做好员工的挑选和培训工作，同时要使企业内部的“二线”“三线”队伍都围绕着为一线队伍的优质服务提供更好的条件这一中心展开。只有为一线员工创造了良好的服务环境，建立了员工对企业的忠诚，才能形成其为顾客服务的热诚，通过提供较高的服务质量赢得顾客对企业的忠诚。

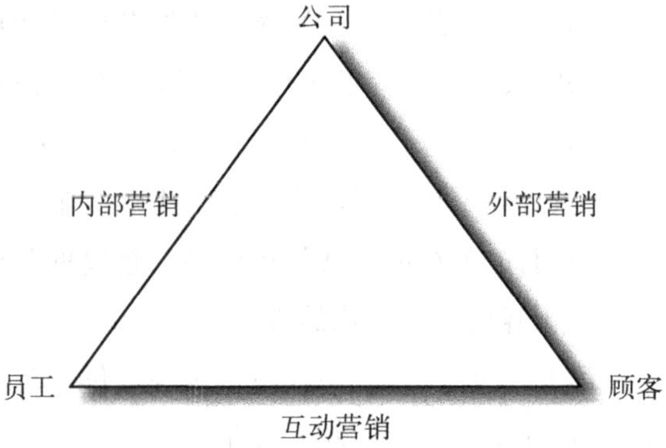

图 10-2 服务三角形

20 世纪 90 年代得到关注的服务利润链思想(Service-Profit Chain，见图 10-3)，从另一个角度更好地解释了服务三角形。

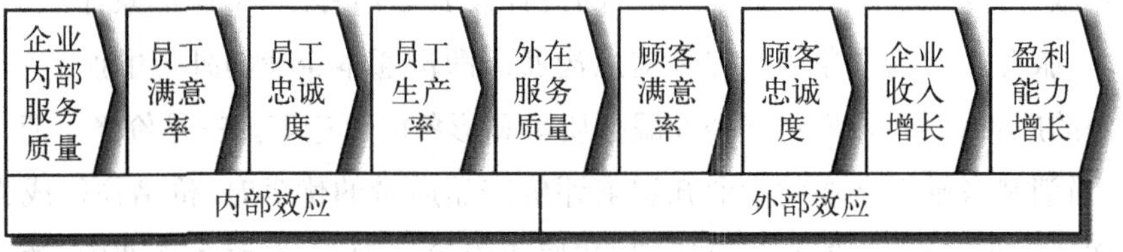

图 10-3 服务利润链

资料来源：整理自詹姆斯·赫斯克特等著，牛海鹏等译：《服务利润链》，华夏出版社 2001 年版。

服务利润链的思想认为：利润、增长、顾客忠诚度、顾客满意度、顾客获得的产品及服务的价值、员工的能力、满意度、忠诚度、劳动生产率之间存在环环相扣的牢固的

---

① Christian Grönroos, “A Service Quality Model and Its Marketing Implications”, *European Journal of Marketing*, No. 4, 1984, pp. 36-44.

关系。

赫斯克特认为，服务利润链的提出主要基于他们研究中关于三种关系的验证：(1)利润和顾客忠诚度；(2)员工忠诚度和顾客忠诚度；(3)员工满意度和顾客满意度。在服务过程中，他们之间的关系是自我增强的，即顾客满意和员工满意是相互作用的。

第三节　管理服务质量

服务产品设计——服务蓝图

由于服务的无形性，它非常难以描述，不能被测试。又由于服务是由员工向客户提供的，由于人的差异性，所以几乎没有两"个"相同的服务产品。

建立服务开发过程的前提是对新服务进行界定，新服务的类型包括：重大变革、创新业务、为现有服务市场提供新的服务、服务延伸、服务改善和风格转变。①

开发新服务(和改善已有服务)的最大障碍，在于如何客观描述关键服务过程的特点并使之形象化。因为只有这样，员工、顾客和管理者才会知道正在做的服务是什么以及每个成员在服务实施过程中所扮演的角色。实现这一切的最佳手段，就是绘制服务蓝图。

服务蓝图的主要构成如图 10－4 所示，包括顾客行为、前台员工行为、后台员工行为和支持过程，四个主要部分由三条分界线分开。蓝图的最上面是服务的有形展示。顾客行为部分包括顾客在购买、消费和评价服务过程中的步骤、选择、行动和互动。与顾客行为平等的部分是服务人员的行为，即那些顾客能看到的服务人员表现出的行为和步骤，即前台员工行为。那些发生在幕后、支持前台行为的雇员行为称为后台员工行为。图中的支持过程部分包括内部服务和支持服务人员履行职责的服务步骤和互动行为。

服务蓝图与其他流程图最为显著的区别是绘制理念的不同。蓝图包括了顾客以及顾客如何看待服务过程，而流程图的重点是分解内部工作流程。如果有必要，蓝图中的任何步骤可以进一步细化为更深入细致的蓝图。在蓝图的绘制中，从顾客对过程的观点出发，逆向绘制，自主支持过程。包括如下六个步骤：

(1)识别需要制定蓝图的服务过程；

---

①　瓦拉瑞尔·A.泽丝曼尔、玛丽·乔·比特纳著，张金成、白长虹译：《服务营销》(原书第 3 版)，机械工业出版社 2004 年版，第 152 页。

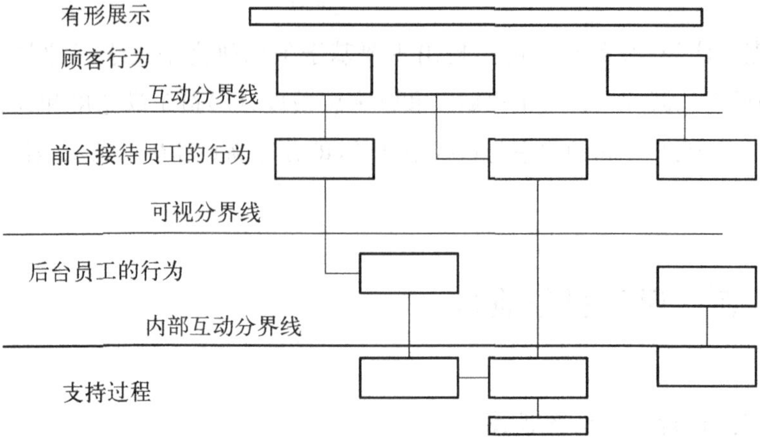

图 10－4 服务蓝图

资料来源：瓦拉瑞尔·A. 泽丝曼尔、玛丽·乔·比特纳著，张金成、白长虹译：《服务营销》（原书第 3 版），机械工业出版社 2004 年版，第 157 页。

(2)识别顾客(细分市场)对服务的经历；

(3)从顾客角度描绘服务过程；

(4)描绘前台与后台服务雇员的行为；

(5)把顾客行为、服务人员行为与支持功能相连；

(6)在每个顾客行为步骤上加上有形展示。

顾客定义服务质量

消费者对服务质量的评价与其对有形产品的评价标准存在着相当大的差异。在购买有形产品，如服装、果品等的过程中，消费者往往可以通过比较，基于自己的经验，根据客观标准得出质量优劣的结论。对于服务产品来说，一方面，服务质量的优劣主要取决于顾客的主观感受；另一方面，对许多服务产品，特别是技术、知识含量较高的服务来说，人们有时只有在使用之后才能对质量的高低作出评价，有时甚至在使用之后仍无法对服务质量作出准确评价。有关学者对消费者如何评价质量问题进行了研究。通过研究发现，消费者认为服务质量不是一个一维的概念，决定服务质量的因素主要有五项①，表 10－4 以航空公司为例，说明了这五个质量维度的测量。

① A. Parasuraman, V. Z. Zeithaml, and L. L. Berry, "SERVQUAL: A Multiple-Item Scale for Measuring Consumer Perceptions of Service Quality", *Journal of Retailing*, Spring, 1988, pp. 12－40.

表 10-4　　　　服务质量维度举例

维　度	举例(航空公司)
可靠性	到达指定地点的航班按时刻表起飞和抵达
响应性	迅速快捷的售票系统,空运行李的处理
安全性	真实姓名、良好的安全记录、胜任的雇员
移情性	理解特殊的个人需要,预测顾客需要
有形性	飞机、订票柜台、行李区和制服

资料来源:瓦拉瑞尔·A. 泽丝曼尔、玛丽·乔·比特纳著,张金成、白长虹译:《服务营销》(原书第 3 版),机械工业出版社 2004 年版,第 65 页。

一是可靠性,即企业准确而可靠地履行其服务承诺的能力;二是责任感,即是否愿意帮助消费者并提供快速的服务,强调的是在处理询问、投诉和问题时的专注和快捷;三是可信度,即员工是否具备赢得消费者信任所必需的知识、能力和礼貌态度;四是移情性,即企业是否真正介意顾客的需求,并能针对不同顾客的情况有针对性地提供个性化的服务;五是有形性,包括服务场所的物质设施、服务人员的外在素质以及企业所提供的各种宣传资料的质量等。显然,消费者对服务质量评价的角度与其评价有形物品质量的角度有很大的区别。

在线服务质量评价

因为在线互动日益成为重要的服务形式,一套专门用于测量在线服务质量的量表被开发出来(Wolfinbarger and Gilly,2003)①,包括四个维度:可靠性、网站设计、安全性和顾客响应。研究者认为,在这四个维度里,可靠性和网站设计是卓越在线体验的基础。

1. 在线服务的可靠性

这是指在线消费行为的正确履约。例如,顾客能够收到购买的产品,收到的产品与网站上描述的一致,送货的时间与承诺的一致。

2. 在线服务的网站设计

这包括网站提供详细的信息、网站的使用不浪费顾客的时间、在网站上完成交易快速而简便、网站有适度的个性化以及网站能够提供丰富的选择。

3. 在线服务的安全性

这主要是指在线服务对隐私的保护,顾客觉得自己与该网站单独交往是安全的,

---

① Wolfinbarger M. ,Gilly M. C. "eTailQ:Dimensionalizing,Measuring and Predicting Etail Quality",*Journal of Retailing*,2003,79(3):183-198.

网站保持着足够的安全交易量。

4. 在线服务的顾客响应

这主要是在线服务公司愿意并随时准备对顾客的需求做出反应，当顾客遇到问题时网站会表现出诚意去解决，而且回答顾客的问题或请求足够快。

消除服务质量差距

在服务营销过程中，从最初根据顾客需要开发一个服务产品，到最终成功地为顾客提供服务，满足其期望，是一个十分复杂的过程。有效的质量管理是对服务营销全过程的管理。这一过程中任何一个环节的失误，都可能导致顾客满意度和忠诚度的下降。由泽丝曼尔等提出的服务营销五差距模型(见图 10－5)揭示了这一过程中可能存在的问题。

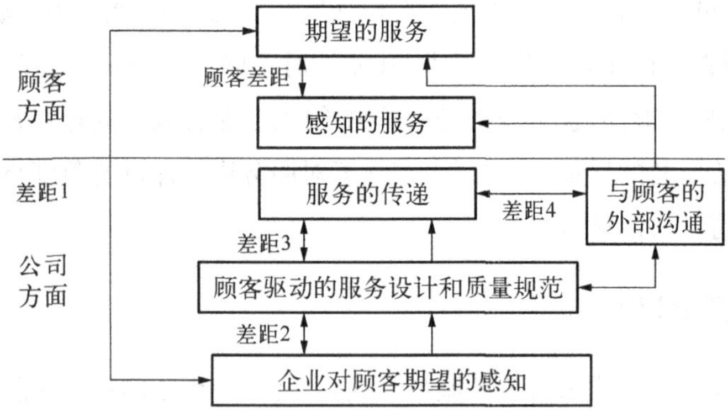

图 10－5 服务营销质量差距模型

资料来源：瓦拉瑞尔·A. 泽丝曼尔、玛丽·乔·比特纳著，张金成、白长虹译：《服务营销》(原书第 3 版)，机械工业出版社 2004 年版，第 360 页。

从图 10－5 中可以看出，企业提供服务和最终使顾客满意是一个系统的动态过程。要使企业的服务达到较高的水平，所提供的服务能够真正满足顾客的需要，能使顾客的满足达到较高的程度，就必须在服务提供的过程中努力消除以下差距：

1. 顾客差距

顾客差距是差距模型的核心，指顾客期望和感知到的服务质量的差距。顾客期望是指顾客期待得到的服务质量，而顾客感知是指顾客对真实的服务体验的主观评价。导致这一差距的原因有四个：一是服务提供者不了解顾客的期望；二是服务提供者未选择正确的服务质量设计和标准；三是服务提供者未按服务标准提供服务；四是服务提供者未将服务能力与承诺相匹配。这四个方面分别是以下四个差距的成因。

2. 差距 1：认知差距

认知差距是指顾客对服务的实际需要与服务提供方对这种需要的认识之间的差

异。不同顾客服务需求的类型和层次不同,同一顾客在不同时间内对服务需求的类型和层次也不同。认知差距形成的原因包括四个方面:一是营销调研不充分;二是缺乏信息的内部向上沟通;三是没有充分地开展关系营销而导致的感知不充分;四是服务补救不充分导致认知不充分。

3. 差距2:设计差距

企业在认识到消费者的需求期望后,必须进行具体的服务设计和质量标准定义,使顾客的服务期望得以满足。但在某些情况下,企业能够正确理解顾客的期望,但其为满足这种期望所设计的服务品种及其所设定的服务提供标准却并不一定能很好地满足顾客的服务期望,进而产生了设计差距。设计差距主要来自三个方面:一是服务开发过程不佳,主要表现为开发缺乏系统性,或服务设计与定位脱节;二是没有从顾客角度定义服务质量标准,或是缺乏以顾客需求为目标的过程管理;三是有形展示和服务场景的设计不能有效传递有关质量的信息。

4. 差距3:服务交付差距

企业在对顾客的服务需求进行分析研究的基础上,根据顾客导向进行服务设计后,后续的经营活动过程就是服务的生产和交付过程。在大量服务产品营销的过程中,生产与交付过程是同时发生的,由于种种原因,公司员工实际提供的服务绩效与服务设计质量之间存在差距。造成这一差距的原因概括起来有四个方面:一是人力资源政策的支持不足,如招聘和培训不足,评价和补偿体系不足,授权和控制失调等;二是服务供应与需求在时间和对象上匹配不够;三是顾客没有履行角色和责任,以及顾客间的负面影响;四是服务中介的问题,包括目标和绩效的渠道冲突、成本和效益的渠道冲突等。

5. 差距4:沟通差距

在服务营销过程中,企业要为其所提供的服务进行宣传,以扩大企业及其所提供服务的影响。企业通常根据市场研究的结果和服务产品设计进行宣传,而顾客则往往根据其本身的内在需要,根据其他消费者对企业服务质量的口碑以及企业本身的宣传,作出消费决策。对企业宣传中所承诺的服务质量及实际感受到的服务质量间的比较是决定顾客对企业的信赖程度及其服务忠诚程度的重要因素。造成沟通差距的原因可以概括成四个方面:一是各种沟通方式缺乏整合性;二是不能有效管理顾客期望,多数情况下指顾客教育不足;三是过度承诺,发生在广告、人员销售和有形展示方面较常见;四是水平沟通不充分,如销售和运营之间、广告和运营之间,以及分机构与总部之间的沟通不足。

在营销过程中,服务质量的上述差距是相互关联的。顾客差距是服务营销结交的最终表现,同时也是检验是否可能存在其他差距的重要指标。这一差距大,往往就表明企业经营过程中存在着其他一种或几种差距。而要消除顾客差距，就必须将提高服务营销质量视为系统工程，仔细分析企业本身现有的优势和不足，在加强市场调查和分析，消除认知差距的同时，根据差距模型所提供的思路，围绕服务营销过程中的各个环节，采取提高企业服务品种开发的能力、加强经营过程中的管理、合理进行内外部沟通宣传等措施，努力促使顾客感受到的满足超出其期望满足，建立顾客忠诚。与此同时，还应根据经营特点，形成顾客满意度再造机制，以备在顾客不满意时，采取各种措施，恢复不满意的顾客对本企业服务的信心，使服务营销过程成为无质量差距的过程。

思考题

1. 服务产品具有哪些特点？这些特点对服务营销过程提出了哪些特别的要求？
2. 服务分类的标准主要有哪些？请说出至少两种不一样的服务分类法。
3. 为什么要强调服务营销过程中的供求管理？试列举若干调节供求矛盾的方法。
4. 服务质量是一维的概念还是多维的？请以某项你体验过的服务为例，进行说明。
5. 什么是服务三角形？内部营销与服务三角形的关系是什么？
6. 服务蓝图和工作流程图有什么不同？这种不同体现了服务营销什么样的策略导向？
7. 什么是服务质量差距模型？如何做才能缩小这些差距？
8. 类似“加强服务营销的投资对服务类企业有用，对制造业没有太大的用处”这样的话，你有什么评论？

第十一章　定价策略:认同价值

学习目的与要求

1. 认识价格策略在营销组合中的作用
2. 了解不同类型的定价目标
3. 了解产品价值认定的依据
4. 掌握基本的定价方法和定价技巧
5. 掌握价格适应和调整的方法

价格策略的制定和执行是市场营销活动中很重要的部分,价格对市场营销组合的其他策略会产生很大影响,并与其他营销策略相结合共同作用于营销目标的实现。价格是企业参与竞争的重要手段,其合理与否将直接影响企业产品或服务的销路,关系到企业营销目标的实现。由于价格对市场供求的影响总存在某些不确定因素,因此营销活动中的价格策略必须是以科学规律研究为依据,以实践经验判断为手段的统一过程。

第一节　企业的定价目标

在市场营销活动中,企业定价是一项既重要又困难,而且有一定风险的工作。产品价格对于该产品为市场所接受的程度有着巨大的影响,价格定得是否合理,不仅影响到竞争者的行动,而且关系到生产者和经营者的效益及其市场形象,还涉及消费者的生活水平,定价策略在市场营销活动中具有重要地位。

营销组合中的价格因素

1. 价格是调节和诱导市场需求的重要手段

价格是企业营销组合中的一个重要因素，定价是否合理，对企业市场营销组合将起到加强或削弱的作用。价格的高低往往直接影响着产品在市场中的地位和形象，影响着顾客对产品的接受程度，影响着产品的销路。合理的价格对顾客的心理会产生良好的刺激作用，本身就具有促销的功能。例如，在企业的营销产品组合中，尤其是那些具有消费连带与消费替代关系的产品，价格的高低与价格比例的合理性明显影响这些产品的市场需求。这样，企业就可能根据具体产品的生产经营能力，确定盈利水平略有差异的不同价格，保证各类产品市场需求与生产经营能力的协调。另外，价格的高低还制约着销售渠道的选择，只有与企业促销及销售渠道策略协调一致的价格，才能起到加强营销整体效果的作用。

2. 价格是参与市场营销竞争的有效手段

在市场营销中，技术、质量、服务等方面固然是企业竞争的重要因素，价格同样是不可忽视的参与竞争的有效手段。很显然，价格对产品的销路及整个企业的利润，都有“看得见”的影响。一般来说，在同一产品有众多供应者的条件下，价格相对低的产品，市场竞争能力就会提高。同时，价格也是竞争对手极为关注，并会迅速做出反应的最敏感的因素。另外，由于制定价格时往往很难准确预测消费者和竞争者的反应，由此而导致的决策失误，会使企业陷入困境和带来多方面的损失。因而产品定价既具有高度的科学性，又具有“微妙的”艺术性。

3. 价格是实现企业营销目标的核心手段

合理地制定价格，有利于企业降低产品成本、促进技术进步、提高产品质量，促进企业主动地适应消费者需求、适应市场竞争状况，不断提高经济效益，从而能顺利实现企业的营销目标。市场价格的形成具有客观性、规律性的特征，企业定价在很大程度上必须利用和服从这些规律。在现实的营销活动中，企业定价的自由度是有限的，企业往往是市场价格的适应者，而非操纵者。

4. 价格受企业营销环境条件的制约

任何价格决策只能在一定的环境条件下发生作用，环境条件是决定某一价格决策能否得到必要支撑的条件，并决定价格决策的效果。企业在进行价格决策时，必须考虑到企业外部环境和内部环境条件的制约。包括企业的实力、企业的经营政策、营销组合中其他因素的特点和宏观环境条件。

企业的定价目标

定价目标是企业营销目标的基础，是企业选择定价方法和制定价格策略的依据。因为定价目标是为企业营销目标而服务的，正如通过多种途径实现营销目标一样，企业的定价目标也有多种。

1. 以获取理想利润为定价目标

价格高于成本，获取经营利润，是任何企业开展经营活动的基本目标。而能否获取期望的利润则在很大程度上取决于销售价格的制定。所以获取适当利润便成为最常见的定价目标。根据企业对利润的期望水平不同，利润定价目标又可分为适当利润定价（或称目标利润定价）和最大利润定价。

利润目标又分为短期利润目标和长期利润目标两种。企业应该着眼于长期理想利润目标，兼顾短期理想利润目标。

2. 以扩大销售为定价目标

即企业将定价的目标主要着眼于产品销售量的扩大。如在新产品刚进入市场的阶段，只有迅速扩大销售才能形成规模效应，导致产品的成本下降。但企业一般不宜将利润目标定得太高，而应通过市场能够接受的价格迅速打开市场。此外在产品的成熟期乃至衰退期，为了迅速地出清存货，进行产品结构的变换，企业有时也会以能促进市场销售的价格策略来吸引广大消费者。

3. 以市场占有率为定价目标

即企业从占领市场的角度来制定商品的定价目标。市场占有率的高低，对于价格的高低有很大影响。市场占有率包括绝对占有率和相对占有率，是反映企业市场地位的重要指标，影响到企业的市场形象和盈利能力。与同类企业或产品比较，市场地位高，表明在竞争过程中，企业拥有一定优势，意味着企业生产和销售的规模大，即便在单位利润水平不高的情况下，企业仍具有较强的盈利能力。反之，市场占有率很低，则可能意味着企业没有明显优势，甚至可能处于十分危险的地位。即便单位利润水平很高，但在生产经营量有限的情况下，盈利能力仍是有限的。因此，许多企业经常采用价格手段，力图维持或扩大其市场占有率。在现有生产量和销售量基础上，仍具有较大的扩张潜力，成本也有一定的下降空间，而产品的价格需求弹性又较高的企业，更是经常采用降价手段，扩大自身的市场占有率。

4. 以改善形象为定价目标

价格是消费者据以判断企业行为及其产品的一个重要因素。一个企业的定价与其向消费者所提供服务的价值比例协调，企业在消费者心目中就较容易树立诚实可信的形象；反之，企业定价以单纯的获利，甚至以获取暴利为动机，质价不符，或是质次价高，企业就难以树立良好的形象。比如，与产品策略等相配合，适当的定价也可以起到确立强化企业形象特征的作用。为优质高档商品制定高价，有助于确立高档产品形象，吸引特定目标市场的顾客；适当运用低价或折扣价则能帮助企业树立“平民企业”、以普通大众作为其服务目标对象的企业形象。

5. 以应对竞争为定价目标

即企业通过服从竞争需要来制定价格的定价目标。一般来说，企业对竞争者的行为都十分敏感，尤其是价格的状况更甚。事实上，在市场竞争日趋激烈的形势下，企业在定价前都会仔细研究竞争对手的产品和价格情况，然后有意识地通过自己的定价目标去对付竞争对手。

（1）力量较弱的企业，可采用与竞争者价格相同或略低的价格出售产品的方法。

（2）力量较强的企业，扩大市场占有率时，可采用低于竞争者价格出售产品的方法。

（3）资力雄厚，并拥有特殊技术或产品品质优良或能为消费者提供较多服务的企业，可采用高于竞争者价格出售产品的方法。

（4）为了防止别人加入同类产品竞争行列的企业，在一定条件下，往往采用一开始就把价格定得很低的方法，从而迫使弱小企业退出市场或阻止对手进入市场。

在实际工作中，以上五种定价目标有时单独使用，有时也会配合使用。定价目标是企业定的，当然也要由企业灵活运用。

第二节　企业定价的主要依据

价格决策是企业为实现既定的价格目标制定和调整价格的决策行为，正确的价格决策离不开高超的定价方法和技巧。价格一方面以商品的价值为基础，另一方面又受到市场供求和各种市场环境因素的影响，往往变化很大。企业想要灵活运用价格策略来实现自己的经营目标，就必须了解从根本上影响价格变动的产品价值认定依据。

价值认同

1. 价值规律理论

价值规律是定价的理论依据。所谓产品价值，就是凝结于产品中的一般的人类劳动或物化劳动，这个量由生产它的社会必要劳动量所决定，社会必要劳动量又是用社会必要劳动时间来衡量的。所以，生产产品所消耗的社会必要劳动时间，就代表着产品的价值。同时，产品的价值又必须通过产品交换过程才能实现。货币产生以后，产品的这种交换就通过货币来实现。因此，价值是价格的基础，产品价格是产品价值的货币表现形式。

价值决定价格，但价格并非与价值保持一致。由于受产品的供求变化、市场竞争状况、国家经济政策等多种因素的影响，在市场交换活动中不可避免地会出现产品价格与价值背离的现象。但从一个较长时期的价格平均值来看，无论是什么产品，价格与价值的过度背离都不会长久，价格总是围绕价值上下波动。也就是说，产品价格与产品价值的背离是价值规律作用的表现,产品价值总是其价格波动的中心。

2. 顾客的认知价值

价值规律理论不仅说明了价格是为产品收取的货币总额,同时强调了价格是顾客为获得某种产品而支付的价值。价格和经营者的收益、消费者的支出直接相关,这也是价格会影响购买决策的重要原因。

经营者的利润建立在其完成产品并提供到市场上的所有成本开支之上,否则就会亏本。而且,经营者会期望这种利润是丰厚的。很显然,盈亏平衡点设定了产品的最低价格,而顾客对产品价值的认知,则决定了价格的上限。产品价格是否合适,最终由市场决定。

顾客的购买行为,是交换有价值的东西(价格),以获取另一种有价值的东西(获得某种产品)。如果他们认为价格高于产品的价值,那么就会拒绝购买。顾客要买的是他们认为有价值的东西。

价格是产品价值乃至企业形象的重要组成部分,顾客在购买过程中会通过包括产品价格在内各种因素的综合体现来评估其价值。经营者的价格决策应该在创造顾客价值和建立顾客关系中发挥关键作用,通过适当的价格让顾客进一步确认自己获得的价值和付出之比是合理的,从而使经营者能够得到公平利润。

影响产品价格的诸因素

价格是产品价值的货币表现,且异常活跃,它根据市场供应的变化做出灵活反应。企业利润的大小不仅取决于价格与价值的背离程度,而且取决于多种因素。

1. 产品成本

产品成本是由产品的生产过程和流通过程所花费的物质消耗和支付的劳动报酬所形成的。在实际营销活动中,产品定价的基础因素就是产品的成本,因为产品价值是凝结了产品内在的社会必要劳动量。但这种劳动量是一种理论上的推断,企业在实际工作中无法计算。作为产品价值的主要组成部分——产品成本,企业则是对此可以相当精确地计算出来。

企业定价必须首先使总成本得到补偿,要求价格不能低于平均成本费用。所谓产品平均成本费用包含平均固定成本费用和平均变动成本费用两个部分,固定成本费用并不随产量的变化而按比例发生,企业取得盈利的初始点只能在价格补偿平均变动成本费用之后的累积余额等于全部固定成本费用之时。显然,产品成本是企业核算盈亏的临界点,产品售价大于产品成本时企业就有可能形成盈利,反之则亏本。

(1)总成本(total costs,TC)。总成本指企业生产一定数量的某种产品所发生的成本总额,是总固定成本和总变动成本之和。

(2)总固定成本(total fixed costs,TFC)。总固定成本又称间接成本总额,指一定时期内产品固定投入的总和,如厂房费用、机器折旧费、一般管理费用、生产者工资等。

(3)总变动成本(total variable costs,TVC)。总变动成本又称直接成本总额,指一定时期内产品可变投入成本的总和,如原材料、辅助材料、燃料和动力、计件工资支出等。

(4)单位成本(average cost,AC)。单位成本是指单个产品的生产费用总和,是总成本(TC)除以产量(Q)所得之商。

(5)边际成本(marginal cost,MC)。边际成本指增加一个单位产量所支付的追加成本,是增加单位产品的总成本增量。

2. 市场供求

(1)供求规律。供求规律是商品经济的内在规律,市场供求的变动与产品价格的变动是相互影响、相互作用的。

①价格与需求。需求是指有购买欲望和购买能力的需要。影响需求的因素很多,这里讨论价格对需求的影响。价格对需求的影响一般表现为:当产品价格下降时,会吸引新的需求者加入购买行列,也会刺激原有需求者增加需求;相反,当产品价格上升时,就会影响需求者减少需求量,或改变需求方向,去选购其他代用品。价格与需求量呈反方向变化。反映这种关系的曲线称为需求曲线(见图 11-1)。

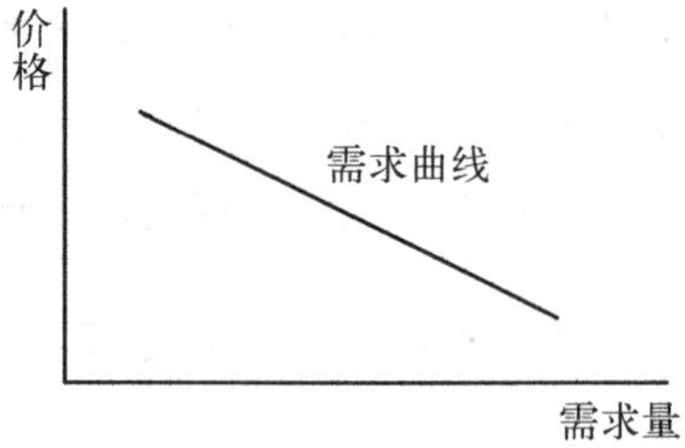

图 11-1　需求曲线

②价格与供给。价格与需求量关系的法则也适用于供给,只是价格与供给量的变化方向相同。当某种产品价格上升时,会刺激原来的产品生产者扩大生产和供应,还会刺激其他生产者参与该产品的生产和经营,从而使该产品的供应数量增加;当某种产品价格下降,从事该产品的生产者或经营者的利润就减少,甚至亏本,于是就缩小或停止其生产或经营,从而使该产品的供应数量减少。价格与供应量呈同方向变化,能够反映这种关系的曲线称为供给曲线(见图 11-2)。

③供求关系与均衡价格。由于价格影响需求与供应的变化方向是相反的,在市场竞争的条件下,供给与需求都要求对方与之相适应,即供需平衡,这一个平衡点只能稳定在供求两条曲线的交点上。当市场价格偏高时,购买者就会减少购买量,使需求量下降。而生产者则会因高价的吸引而增加供应量,使市场出现供大于求的状况,产品发生积压,出售者之

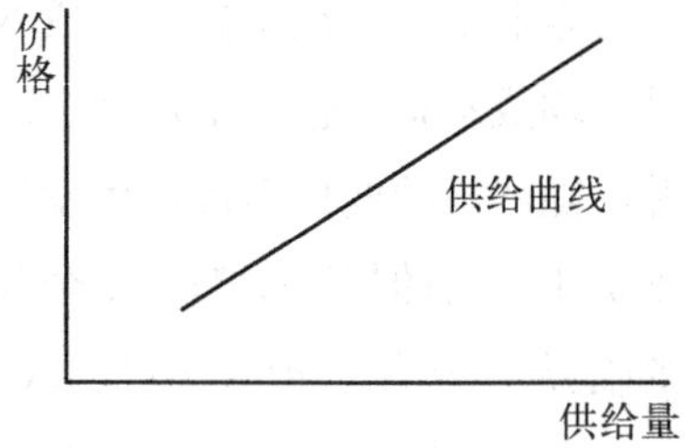

图 11-2　供给曲线

间竞争加剧,其结果必然迫使价格下降。当市场价格偏低时,低价会导致购买量的增加,但生产者会因价低利薄而减少供给量,使市场出现供小于求的状况,购买者之间竞争加剧,又会使价格上涨。

供给与需求变化的结果,迫使价格趋向供求曲线的交点。这个由供给曲线和需求曲线形成的交点 O,表示市场供需处于平衡状态,称之为市场平衡点。平衡点所表示的价格,即价格轴上的 P' 点,是市场供求平衡时的价格,称之为供求双方都能接受的"均衡价格"。平衡点所表示的数量,即需求量轴上的 Q' 点,是市场供需平衡时的数量,称之为供求双方都能够实现成交的"供求平衡量"(见图 11-3)。

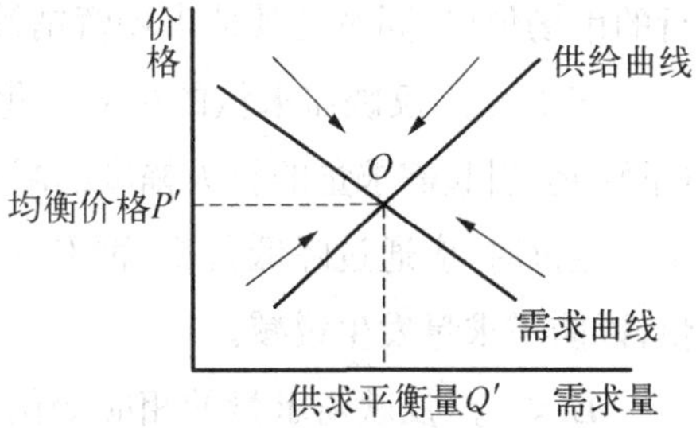

图 11-3　供求曲线变动趋势

均衡价格是相对稳定的价格。由于市场情况的复杂性和多样性,供求之间的平衡只是相对的、有条件的,不平衡则是绝对的、经常性的。在商品经济条件下,供求影响价格、价格调节供求运行的方式,是商品价值规律和供求规律的必然要求。

(2)需求弹性。需求弹性是指因价格和收入等因素而引起的需求的相应变动率,一般分为需求的收入弹性、价格弹性和交叉弹性,它对于理解市场价格的形成和制定价格具有重要意义。

①需求收入弹性。指因收入变动而引起需求相应的变动率。需求收入弹性大的产品,一般包括耐用消费品、高档食品、娱乐支出等,这类产品在消费者货币收入增加时会导致对它们需求量的大幅度增加。

需求收入弹性小的产品,一般包括生活必需品,这类产品在消费者货币收入增加时导致对它们需求量的增加幅度比较小。

需求收入弹性为负值的产品,意味着消费者货币收入的增加将导致该产品需求量的下降。比如,一些低档食品、低档服装等。

②需求价格弹性。指因价格变动而引起需求相应的变动率。需求价格弹性反映需求变动对价格变动的敏感程度,用弹性系数 E 表示,该系数是需求量变化的百分比与价格变化的百分比的比值。不同产品具有不同的需求价格弹性,定价时应该考虑需求价格弹性的作用,从其弹性强弱的角度确定企业的价格决策。

$$E=\frac{\Delta Q}{Q}\Big/\frac{\Delta P}{P}$$

式中:E 表示需求弹性系数;P 表示原价格;Q 表示原需求量;ΔP 表示价格的变动量;ΔQ 表示需求的变动量。

$E=1$。反映需求量与价格等比例变化。对于这类商品，价格的上升(下降)会引起需求量等比例的减少(增加)，也就是说价格的变动与需求量的变动是相适应的。因此，价格变动对销售收入影响不大。定价时，可选择实现预期盈利率的价格或选择通行的市场价格，同时把其他市场营销策略作为提高盈利率的手段。

$E>1$。反映需求量的相应变化大于价格自身变动。对于这类商品，价格上升(下降)会引起需求量的较大幅度的减少(增加)，称为需求价格弹性大或富于弹性的需求。定价时，应通过降低价格，薄利多销达到增加盈利的目的。反之，提价时务求谨慎，以防需求量发生锐减。

$E<1$。反映需求量的相应变化小于价格自身变动。对于这类商品，价格的上升(下降)仅会引起需求量较小程度的减少(增加)，称之为需求价格弹性小或缺乏弹性的需求。定价时，较高水平价格往往会增加盈利，低价会对需求量刺激效果不大，薄利不能多销，反而会降低收入水平。

③需求交叉弹性。指具有互补或替代关系的某种产品价格的变动，引起与其相关的产品需求相应发生变动的程度。商品之间存在着相关性，一种产品价格的变动往往会影响其他产品销售量的变化。这种相关性主要有两种：一是商品之间互为补充，组合在一起共同满足消费者某种需要的互补关系；二是产品之间由于使用价值相同或相似而可以相互替代或部分替代的替代关系。

一般而言，在消费者实际收入不变的情况下，具有替代关系的产品之间，某个商品价格的小幅度变化将使其关联产品的需求量出现大幅度变动；具有互补关系的产品之间，虽然某产品价格发生大幅度变动，但其关联产品的需求量并不发生太大的变化。

3. 竞争状况

对于竞争激烈的产品，价格是一种重要的调剂手段，企业必须了解竞争者所提供的产品质量和价格，考虑比竞争对手更为有利的定价策略，这样才能获胜。一般有以下几种情况。

(1)完全竞争。在完全竞争的市场条件下，企业的数量多而规模小，彼此生产或经营的产品是相同的，每个企业生产量对市场上产品的总供应量关系不大，所以对这种商品市场价格的影响也不大。买卖双方的交易都只占市场份额的一小部分，任何个别的卖主或买主都不能形成市场的控制力量。企业不能用增加或减少产量的办法来影响产品的价格，也没有一个企业可以根据自己的愿望和要求来提高价格。在这种情况下，买卖双方都只能接受由市场需求和市场供给共同决定的现行价格。

(2)垄断性竞争。在垄断性竞争的市场条件下，有许多企业和买主，但是各个企业提供的产品或劳务是有差异的。有些是产品实质上的差异，有些是购买者受促销手段影响而在心理上感觉的产品差异。在这种情况下，存在着产品质量、销售渠道、促销活动的竞争。企业根据其“差异”的优势，可以部分地通过变动价格的方法来寻求较高的利润。

(3)寡头竞争。在寡头竞争的市场条件下，市场上只有少数几家企业控制价格，它们之间也是依存和影响的关系，是竞争和垄断的混合物。由于少数企业共同占有大部分的市场份额，它们有能力控制和影响市场价格，其他企业要求进入这一市场会受到种种阻碍。但是这几家企业也不能随意改变价格，只能相互依存。任何一家企业的活动都会导致其他几家企业的迅速而有力的反应而难独自奏效。所以寡头垄断的情况下，彼此价格接近，企业的成本意识强。

(4)纯粹垄断。在纯粹垄断的市场条件下，一个行业中的某种产品或劳务只是独家经营，没有竞争对手。通常有政府垄断和私人垄断之分。这种垄断一般有特定条件，如垄断企业可能拥有专利权、专营权或特别许可等。由于垄断企业控制了进入这个市场的种种障碍，所以它能完全控制价格，但是不同类型的纯粹垄断定价是不同的。

4. 政策法规

由于价格涉及供应商、销售商和广大消费者的利益，同时也会对宏观经济发展产生重要影响，所以有时政府部门会对一些产品的价格实行政策干预。在这种情况下，政策法规就会成为企业定价的依据之一。

有时政府部门也会对一些产品提出参考性指导价格，以设法引导生产与需求，对市场起到一定的调节作用。

第三节　企业定价的基本方法

不同企业、不同市场竞争能力的企业，以及不同营销环境中的企业所采用的定价方法是不同的，就是在同一类定价方法中，不同企业选择的价格计算方法也会有所不同。因此，从价格制定的不同依据出发，可以把定价方法分为三大类。

成本导向定价

成本导向定价是以营销产品的成本为主要依据，综合考虑其他因素制定价格的方法。由于营销产品的成本形态不同以及在成本基础上核算利润的方法不同，成本导向定价有以下几种具体形式：

1. 成本加成定价法(cost plus pricing)

即在单位产品成本的基础上，加上预期的利润额作为产品的销售价格，售价与成本之间的差额即利润。由于很多行业利润的多少是有一定比例的，这种比例人们习惯上称之为标准的加成(markup)，所以这种方法就称为成本加成定价法。

采用这种定价方式，必须做好两项工作：一是准确核算成本，一般以平均成本为准；二是根据产品的市场需求弹性及不同产品确定恰当的利润百分比（成数）。因此，如果企业的营销产品组合比较复杂，具体产品平均成本不易准确核算，或者企业缺乏一定的市场控制能力，该方法就不宜采用。

成本加成定价法在实际运用中，又分为两种情况。

①总成本加成定价法。总成本是企业在生产产品时花费的全部成本，包括固定成本和变动成本两部分，在单位产品总成本上加一定比例的利润，就是单位产品的价格。有两种计算方法：

顺加成：　　销售单价＝单位总成本×(1＋毛利率)

逆加成：　　销售单价＝单位总成本÷(1－毛利率)

②变动成本加成定价法。变动成本加成定价法又称边际贡献定价法。即在定价时只计算变动成本，而不计算固定成本，在变动成本的基础上加上预期的边际贡献。由于边际贡献会小于、等于或大于变动成本，所以企业就会出现盈利、保本或亏损三种情况。这种定价方法一般在卖主竞争激烈时采用。因为这时如果采取总成本加成定价法，必然会因为价格太高影响销售，出现产品积压。采用变动成本加成定价法，一般价格要低于总成本加成法，所以容易迅速扩大市场。这种定价方法，在产品必须降价出售时特别重要，因为只要售价不低于变动成本，说明生产可以维持；如果售价低于变动成本，就是生产越多，亏本越多。

2. 目标收益定价法(target-return pricing)

企业根据目标收益的原则，首先确定一个目标收益，然后加上总成本，再除以总产量，就能得出销售单价。

销售单价＝(总成本＋目标收益)÷预期总产量

采用目标收益定价法，能保证企业按期收回投资，并能获得预期利润，计算也较方便。但这种定价方法是根据预计产量推算的，因此企业必须结合自身情况实事求是确定生产能力。同时，由于产品的销售并非一定能保证同步达到预期目标，所以还必须考虑产品特点和市场供求等方面的因素加以调整。

需求导向定价

需求导向定价是以产品或服务的社会需求状态为主要依据，综合考虑企业的营销成本和市场竞争状态，制定或调整营销价格的方法。由于与社会需求有联系的因素很多，如消费习惯、收入水平、产品或服务项目的需求价格弹性等等，企业对这些因素的重视程度不一，这便形成以下几种具体的需求导向定价法。

1. 习惯定价法

某些产品或服务在长期的购买使用中，消费者习惯上已经接受了这种产品的属性和价格水平，企业在从事新产品、新品种开发之际，只要产品的基本功能和用途没有改变，消费者往往只愿意按以往的价格购买产品。经营这类产品或服务的企业不能轻易改变价格，减价会引起消费者怀疑产品的质量，涨价会影响产品的市场销路。

2. 可销价格倒推法

产品的可销价格即为消费者或进货企业习惯接受和理解的价格。可销价格倒推法就是企业根据消费者可接受的价格或后一环节买主愿接受的利润水平确定其销售价格的定价法。一般在两种情况下企业可采用这种定价法。

(1)为了满足在价格方面与现有类似产品竞争的需要，而设计出在价格方面能参与竞争的产品。

(2)对新产品的推出，先通过市场调查确定出购买者可接受的价格，然后反向推算出产品的出厂价格。

$$出厂价格=市场可销零售价格\times(1-批零差率)\times(1-销进差率)$$

【例 11－1】 消费者对某牌号电视机可接受价格为 2 500 元，电视机零售商的经营毛利率为 20%，电视机批发商的批发毛利率为 5%。计算电视机的出厂价格。

解：零售商可接受价格＝消费者可接受价格 ×(1－20%)

＝2 500 ×(1－20%)＝2 000(元)

批发商可接受价格＝零售商可接受价格 ×(1－5%)

＝2 000 ×(1－5%)＝1 900(元)

答：1 900 元即为该牌号电视机的出厂价格。

3. 认知价值定价法(perceived value pricing)

这是企业根据买主对产品或服务项目价值的感觉而不是根据卖方的成本来制定价格的方法。

(1)高价值定价(good value pricing)。经营者以合理的价格提供优质产品或服务。这样的定价起点，是在充分理解产品或服务为顾客创造的价值基础上，制定一个能够弥补成本和实现目标利润的价格。

(2)价值增值定价(value-added pricing)。经营者通过差异化增加产品或服务的价值表现，支持高于平均的价格水平。

竞争导向定价

竞争导向定价是以同类产品或服务的市场供应竞争状态为依据，根据竞争状况确定是否参与竞争的定价方法。在现代市场营销活动中,竞争导向定价已被企业广泛采用。

1. 通行价格定价法(going rate pricing)

这是根据行业的平均价格水平,或竞争对手的价格为基础制定价格的方法,也称为随行就市定价法。

在有许多同行相互竞争的情况下,每个企业都经营着类似的产品,价格高于别人,就可能失去大量销售额来弥补降低了的单位产品利润,而这样做又可能迫使竞争者随之降低价格,从而失去价格优势。因此在现实的营销活动中,由于"平均价格水平"在人们观念中常被认为是合理价格,易为消费者接受,而且也能保证企业获得与竞争对手相对一致的利润,因此使许多企业倾向于与竞争者价格保持一致。

2. 竞争价格定价法

与通行价格定价法相反,竞争价格定价法是一种主动竞争的定价方法。一般为实力雄厚,或独具产品特色的企业所采用。定价步骤是这样的:

(1)将市场上竞争产品价格与企业估算价格进行比较,分为高于、低于、一致三个层次;

(2)将企业产品的性能、质量、成本、式样、产量与竞争企业进行比较,分析造成价格差异的原因;

(3)根据以上综合指标确定本企业产品的特色、优势及市场定位,在此基础上,按定价所要达到的目标,确定产品价格;

(4)跟踪竞争产品的价格变化,及时分析原因,相应调整本企业价格。

3. 竞标定价法

这种定价法主要用于投标交易方式。在市场营销活动中,投标竞争是一种营销竞争普遍的方式,投标竞争的过程往往就是价格竞争的过程,竞争的结果产生实际的成交价格。

(1)拍卖式定价(auction-type pricing)。拍卖式定价在现实生活中很常见,涉及的产品范围非常广泛,一般有两种典型的方法:

①英格兰式拍卖。又称"增价拍卖",是指在拍卖过程中,拍卖人宣布拍卖标的的起叫价及最低加幅价,竞买人以起叫价为起点,由低至高竞相加价,最后产生最高应价者,拍卖人以公开表示成交的方式宣告成交。此种拍卖方式因源于英国而得此名,标的多集中在古董、艺术品、不动产和旧设备、车辆等方面。

②荷兰式拍卖。又称"降价拍卖",是指在拍卖过程中,拍卖人宣布拍卖标的的起叫价及降幅,并依次往下叫价,一有人应价,即可宣告成交。这种拍卖方式因源出荷兰而得名,花卉、鲜菜等市场,为保持拍品在新鲜状况下卖出,经常使用降价拍卖方式使拍卖品尽快成交。

(2)集团定价(group pricing)。集团定价是一种多人对多个同一商品进行购买的方式，买卖双方都可以通过加入一个集团而获得更优惠的价格。它的特点在于，商品的最终成交价格不是由竞价者出价确定，而是根据其投标总数量的不同(购买量)以相对应的价格进行销售。同一种商品，买的人越多，最终成交的价格就越低。在网络营销中，此种销售形式往往在一个预先设定的时段内进行。在到达截止时间时，系统会自动根据出价总人数判定此种商品的最终成交价格。

(3)密封式投标定价。企业参加竞标总希望中标，而能否中标在很大程度上取决于企业与竞争者投标报价水平的比较。因此，投标报价时要尽可能准确，预测竞争者的价格意向，然后在正确估算完成招标任务所耗成本的基础上，定出最佳报价。

一般情况下，在同类同质产品之间，价格相对低的产品更具竞争力。报价高，利润大，但中标机会小，如果因价高而招致败标，则利润为零；反之，报价低，虽中标机会大，但利润低，其机会成本可能大于其他投资方向。因此，报价时既要考虑实现企业的目标利润，也要结合竞争状况考虑中标概率(中标概率的测算取决于企业历史地对竞争对手的了解程度，以及对本企业能力的掌握程度)。最佳报价应该是预期收益达到尽可能高的价格。

$$预期收益=(报价-直接成本)\times 中标概率-失标损失\times(1-中标概率)$$

前面介绍了一些定价方法，不同的定价方法不仅各自有特点和要求，而且相互补充。企业在实际营销活动中可选择采用，同时要全面考虑成本、需求及竞争状况而结合使用。

第四节　价格策略与价格竞争

制定价格不仅是一门科学，而且需有一套策略和技巧。定价方法着重于确定产品的基础价格；定价技巧则着重于根据市场的具体情况，从定价目标出发，运用价格手段，使其适应市场的不同情况，实现企业的营销目标。

价格策略

1. 新产品价格策略

企业新产品能否在市场上站住脚，并给企业带来预期效益，定价因素起着十分重要的作用，因此必须研究价格策略。

(1)撇脂价格策略(market skimming pricing)。这是一种高价格策略，即在新产品上市初始，价格定得高，以便在较短时间内获得最大利润。这种价格策略因与从牛奶中撇取油脂相似而得名，由此制定的价格称为撇脂价格。

撇脂价格策略不仅能在短期内取得较大利润，而且可以在竞争加剧时采取降价手段，这样一方面可以限制竞争者的加入，另一方面也符合消费者对待价格由高到低的心理。但是使用此法由于价格大大高于产品价值，当新产品尚未在消费者心目中建立声誉时，不利于打开市场，有时甚至无人问津。同时，如果高价投放形成旺销，很易引起众多竞争者涌入，从而造成价格急降，使经营者好景不长而被迫停产。

作为一种短期的价格策略，撇脂价格策略适用于具有独特的技术，不易仿制，有专利保护，生产能力迅速扩大不太可能等特点的新产品；同时市场上要存在高消费或时尚性需求。

(2)渗透价格策略(market penetration pricing)。这是一种低价格策略，即在新产品投入市场时，以较低的价格吸引消费者，从而很快打开市场。这种价格策略就像倒入泥土的水一样，从缝隙里很快渗透到底，由此而制定的价格叫渗透价格。

渗透价格策略由于价格较低，一方面能迅速打开产品销路，扩大销售量，从多销中增加利润；另一方面能阻止竞争对手介入，有利于控制市场。不足之处是投资回收期较长，如果产品不能迅速打开市场，或遇到强有力的竞争对手时，会给企业造成重大损失。

因此作为一种长期价格策略，一般来说，渗透价格策略适用于能尽快大批量生产，特点不突出，易仿制，技术简单的新产品。

(3)满意价格策略。这是一种折中价格策略，它吸取上述两种定价策略的长处，采取比撇脂价格低，比渗透价格高的适中价格。既能保证企业获得一定的初期利润，又能为消费者所接受。由此而制定的价格称为满意价格，也称为“温和价格”或“君子价格”。

2. 相关产品价格策略

相关产品具有销售上的相互联系性，生产经营多种产品的企业就可以利用这种联系性制定价格策略。

(1)替代产品价格策略。替代产品是指基本用途相同的产品。替代产品价格策略即指营销企业有意识地安排本企业消费替代性产品间的价格比例，用以实现某种营销目标。

具有替代关系的产品，降低一种产品的价格，不仅会使该产品的销售量增加，而且会同时降低替代产品的销售量。例如，一个企业生产不同型号的汽车、不同型号的电冰箱、不同型号的照相机就属于这种情况。企业可以利用这种效应调整产品结构。如企业为了把需求转移到某些产品上去，它可以提高那些准备淘汰的产品价格，或者用相对价格诱导需求，以牺牲某一品种，稳定和发展另一些品种；企业也可以利用这种效应，提高某一知名产品的价格，突出它的豪华、高档，创造一种声望，从而利用其在消费者心目中的良好形象而增加其他型号产品的销售量。

(2)互补产品价格策略(captive-product pricing)。互补产品是指需要配套使用的产品。互补产品价格策略即指利用价格对消费连带品市场需求的调节、诱导功能，运用一定的定价技巧，使营销目标的实现由一个"点"扩展到一个"面"。

具有互补关系的产品很多，如剃须刀与刀架，照相机与胶卷，圆珠笔与笔芯，旅游活动中的食、宿、购物等等。在互补关系中，一般存在起主导作用的内容，如照相机是"主机"，胶卷是"附件"。在旅游活动中，观光是主要目的，食、宿、购物是辅助消费项目。互补产品价格策略就是降低连带消费关系中起主导作用的产品或服务项目的价格，来促进系列产品的销售。在一般情况下，照相机价格低一些，使用的人多了，对胶卷的需求量自然会增加，这样企业就能从中获得更多的利润。

(3)一揽子价格策略。一揽子价格策略即把相关产品进行搭配销售定价的策略。一般有以下两种方法：

①分级定价策略。即把企业的产品分成几个价格档次，而不是提供过多价格种类的策略。例如，服装厂可以把自己的产品按大、中、小号分级定价，也可以按大众型、折中型、时髦型划分定价。这种明显的等级，便于满足不同的消费需要，还能简化企业的计划、订货、会计、库存、推销工作。关键是分级要符合目标市场的需要，级差不能过大或过小，否则都起不到应有的作用。

②配套定价策略。即把有关的多种产品，搭配好后，一起卖出。如多件家具的组合、礼品组合、化妆品组合等。成套的定价，多种产品有赔有赚，但总体上保证企业盈利，而且使消费者感到比单价购买便宜、方便，从而促进销售。

③分部定价。服务性行业经常面临和相关产品定价相似的问题，即收多少基本服务费用和可变服务费用。一般来说，就会运用分部定价的方法。收取相对低的固定费用，以便吸引消费者使用该服务项目，然后通过可变使用费获取利润。如电话用户每月至少要付基本话费，如果使用的次数超过基本数，那么还应该按规定另外付费。

3. 差别定价策略

这是相同的产品以不同价格出售的策略，目的是通过形成数个局部市场以扩大销售，增加利润。使用这种价格策略的基本条件是，市场不仅可以细分，而且各个市场部分必须表现出不同的需求程度。

(1)地理差价策略。地理差价策略即企业以不同的价格策略在不同地区营销同一种产品，以形成同一产品在不同空间的横向价格策略组合。差价的原因不仅是因为运输和中转费用的差别，而且由于不同地区性市场具有不同的爱好和习惯，具有不相同的需求曲线和需求弹性。明显的例子就是沿海与内地的价格，国内市场与国外市场价格。像大城市著名酒店中对饮料的需求呈现的强度高于小城镇的街边饮食店，那么即使是同种饮料，前者的价格要明显高于后者。

(2)时间差价策略。时间差价策略即对相同的产品，按需求的时间不同而制定不同的价格。这只能在不同的时间需求的紧迫性差别很大时才能采用。例如，夜间实行廉价的长途电话费，旺季的产品在淡季廉价出售等。采用此种策略能鼓励中间商和消费者增加购货量，减少企业仓储费用和加速资金周转，从而保证企业处于竞争的最佳位置。

(3)用途差价策略。用途差价策略，即根据产品的不同用途制定有差别的价格。实行这种策略的目的是通过增加产品的新用途来开拓市场。如粮食用作发展食品和用作发展饲料，其价格不同；食用盐加入适当混合物后成为海味盐、调味盐、牲畜用盐、工业用盐等以不同的价格出售；另外，如果标有某种纪念符号的产品，往往会产生比其他具有同样使用价值的产品更为强烈的需求，价格也要相应调高。如奥运会期间，标有会徽或吉祥物的产品的价格，比其他未做标记的同类产品价格要高出许多。

(4)质量差价策略。高质量的产品，包含着较多的社会必要劳动量，应该实行优质优价。当然这个价格差要使消费者接受，并非一件简单的事情。在现实的市场营销中，必须使产品的质量为广大消费者所认识和承认，成为一种被消费者偏爱的名牌产品，才能产生质量差价。因此，质量差价策略必须依靠其他营销因素的配合才能实现。对于尚未建立起声誉的高质量产品，不要急于和竞争者拉开过大的差价，而应以促销等多方面努力，争取创立优秀品牌的产品形象；对于已经创名牌的优质产品，则可以较大的差价提高产品身价，吸引那部分喜爱名牌产品的消费者。

4. 折扣价格策略

这是一种在交易过程中，把一部分利润转让给购买者，以此来争取更多顾客的价格策略。

(1)现金折扣(cash discount)。现金折扣又称付款期限折扣，即对现款交易或按期付款的顾客给予价格折扣。买方如果按卖方规定的付款期以前若干天内付款，卖方就给予一定的折扣，目的是鼓励买方提前付款，以尽快收回贷款，加速资金周转。如美国许多企业规定提前 10 天付款者，给予 2%的折扣；提前 20 天付款者，给予 3%的折扣。

(2)数量折扣(quantity discount)。数量折扣是指卖方为了鼓励买方大量购买，或集中购买他一家的产品，根据购买者所购买的数量给予一定的折扣。

①累计数量折扣。即规定在一定时间内，购买总数超过一定数额时，按总量给予一定的折扣。如一客户在一年中累计进货超过 1 000 件，每次购货时按基本价格结算收款，到年终，营销企业按全部价款的 5%返还给该客户。采用这种策略利于鼓励顾客集中向一个企业多次进货，从而使其成为企业的长期客户。

②非累计数量折扣。即规定顾客每次购买达到一定数量或购买多种产品达到一定的金额所给予的价格折扣。如根据每次交易的成交量，按不同的价格折扣销售，购买 100 件以上按基本价格的 95%收款，购买 500 件以上按 90%收款，购买 1 000 件以

上按80%收款。采用这种策略能刺激顾客大量购买,增加盈利,同时减少交易次数与时间,节约人力、物力等开支。

(3)业务折扣(functional discount)。业务折扣又称功能性折扣,即厂商根据各类中间商在市场营销中所担负的不同职能,给予不同的价格折扣。如给批发商的折扣较大,给零售商的折扣较小,使批发商乐于大批进货,并有可能进行批转业务。使用业务折扣目的在于刺激各类中间商充分发挥各自组织市场营销活动的功能。

5. 心理定价策略(psychological pricing)

这是运用心理学原理,根据不同类型的顾客购买商品的心理动机来制定价格,引导消费者购买的价格策略。

(1)尾数定价策略。尾数定价策略又称非整数定价策略,即给产品定一个零头数结尾的非整数价格。消费者一般认为整数定价是概括性定价,定价不准确,而尾数定价可使消费者产生减少一位数的功能,产生这是经过精确计算的最低价格的心理。同时,消费者会觉得企业定价认真、一丝不苟,甚至连一些高价商品看起来也不太贵了。

(2)整数定价策略。即企业在定价时,采用合零凑数的方法制定整数价格,这也是针对消费者心理状态而采取的定价策略。如把一套西装的价格定在500元而非499元。因为现代商品太复杂,许多交易中,消费者只能利用价格辨别商品的质量,特别是对一些名店、名牌商品或消费者不太了解的商品,整数价格反而会提高商品的"身价",使消费者有一种"一分钱、一分货"的想法,从而利于商品的销售。

(3)声望定价策略。即针对消费者"价高质必优"的心理,对在消费者心目中有信誉的产品制定较高价格。价格档次常被当作商品质量最直观的反映,特别是消费者识别名优产品时,这种心理意识尤为强烈。因此,高价与性能优良、独具特色的名牌产品比较协调,更易显示产品特色,增强产品吸引力,产生扩大销售的积极效果。当然,运用这种策略必须慎重,绝不是一般商品可采用的。

(4)招徕定价策略。商品定价低于一般市价,消费者总是感兴趣的,这是一种"求廉"心理。有的企业就利用消费者这种心理,有意把几种商品的价格定得很低,以此吸引顾客上门,借机扩大连带销售,打开销路。

采用这种策略,光从几种"特价品"的销售来看,企业不赚钱,甚至亏本,但从企业总的经济效益来看还是有利的。

6. 情境定价策略(contextual pricing)

情境指在一定时间内各种情况的相对的或结合的境况,涉及与人发生关系的整个外部环境。人们在行为决策之前对情境的审视、考虑阶段称之为情境定义,它关涉人的具体行为。人们的情境定义一经确定,相应的客观行为也就随之产生,尤其是一种定义得到社会成员某种程度的认可,情况更是如此。

情境定价，即根据与消费者购买决策过程的相关因素和市场条件形成的情境定义调整价格。

(1)直接情境定价。根据消费者对自身需求满足的迫切感、特殊性等形成的情境定义，利用购买场合的现实情境定价的方法。

(2)价值情境定价。根据消费者对商品或服务价值追求等形成的情境定义，通过价值创新、价值诉求、价值传递等价值塑造情境定价的方法。

(3)动态定价(dynamic pricing)。以适应个体消费者的需要和购买情境的特点，持续调整价格的定价方法。动态定价在网上特别普遍，对营销者而言，动态定价可以达到最大化销售和更好地服务顾客，消费者也可以从网上和动态定价中获利。当然，动态定价是根据市场力量调整价格，对于企业的成本底线、市场竞争状况以及消费者群体利益的界定很重要。

价格竞争

与自由竞争时代相比，营销组合中其他要素的重要程度已大大提高，但价格决策的重要性并未因此而下降。如何协调顾客需要与企业发展之间的关系、科学地进行价格决策，仍是所有企业家所必须面对并必须处理好的问题。

1. 价格仍是企业竞争的重要手段

价格决策是营销组合的重要组成部分，也是一个有着若干独特而又鲜明特征的组成部分。价格是若干变量中作用最为直接、见效最快的一个，也是唯一一个与企业收入直接相关的营销手段。

价格决策与企业的市场占有率、市场接受新产品的快慢、企业及其产品在市场上的形象等都有着密切的关系。价格策略的正确与否对企业成败来说至关重要，与竞争者相比，本企业所提供的产品价值与价格比率的高低将决定竞争过程中的优势归属，决定竞争的胜负。在竞争过程中，谁能以较低的价格向市场提供较大的价值，谁就有可能成为竞争中的赢家。反之，如果价格决策失误，缺乏价格策略与营销组合中其他策略之间的协调，即便企业所提供的产品的内在质量优异、外形设计符合消费意愿，仍无法得到市场的认同和接受。几乎所有的企业，包括那些拥有显赫市场地位的企业，在制定价格时，也都必须慎重考虑自身的价格行为对市场可能产生的影响，必须考虑来自竞争者的可能的价格威胁。

2. 价格调整的原因

价格竞争的内容很多，包括企业使用的定价方法和价格策略，另外一个比较明显的表现就是企业进行的价格调整。

企业对原定价格进行调整可分为两种情形，一是调高价格，二是降低价格。对价格进行调整的必要性源于企业经营内外部环境的不断变化。

(1)提价的原因:生产经营成本上升;需求压力;创造优质优价的名牌效应。

(2)降价的原因:应付来自竞争者的价格竞争压力;调低价格以扩大市场占有率;市场需求不振;根据产品寿命周期阶段的变化进行调整;生产经营成本下降。

3. 价格调整中的顾客反应

适当的价格调整能够产生良好的效果。但是,若调整不当,则适得其反。无论是调高价格还是降低价格,企业都必须注意到各个方面的反应。衡量定价成功与否最重要的标志是消费者将如何理解价格调整行为。企业在进行调整前,必须慎重研究可能出现的顾客对调整行为的反应,并在进行调整的同时,加强与顾客之间的沟通。

(1)顾客对企业提价行为的反应。

①普遍都在提价,这种产品价格的上扬很正常;

②这种产品很有价值;

③这种产品很畅销,将来一定更贵;

④企业在尽量谋取更多的利润。

(2)顾客对企业降价行为的反应。

①产品的质量有问题;

②这种产品老化了,很快会有替代产品出现;

③企业财务有困难,难以经营下去;

④价格还会进一步跌下去。

4. 价格调整的竞争反应

在竞争市场上,企业制定某种价格水平、采用某种价格策略的效果还取决于竞争者的反应。企业在实施价格调整行为前,必须分析竞争者的数量、可能采取的措施及反应的剧烈程度。

(1)竞争者对价格调整的反应。企业面对的竞争者往往不止一家,彼此不同的竞争位势,会导致不同的反应。

①如果降价会损失大量利润,竞争者可能不会跟随降价;

②如果竞争者必须降低其成本才能参与竞争的话,则可能要经过一段时间才会降价;

③如果竞争者降价导致其同类产品中不同档次产品间发生利益冲突的话,则不一定会随之降价;

④如果竞争者的反应强烈,其一定会随之降价甚至有更大的降价幅度。

由于环境是复杂的,竞争者的反应又会对企业的价格调整产生重要的作用,因此企业在变价时必须充分估计每一个竞争者的可能反应。

(2)企业对竞争者价格调整的反应。在市场经济条件下，企业不仅自己可以用价格调整参与市场竞争，同时也会面临着竞争者价格调整的挑战。如何对价格竞争做出正确、及时的反应，是企业价格策略中的重要内容。

①企业应变必须考虑的因素。为了保证企业应变的正确反应，企业应该了解：竞争者进行价格调整的目的是什么？这种变价行为是长期的还是暂时的？如果不理会竞争者的价格调整行为，市场占有率会发生什么变化？如果做出相应的变价行为，对本企业会有什么影响？竞争者和其他企业又会有什么反应？

②企业应变的对策。在同质产品市场上，如果竞争者降价，企业必须随之降价，否则顾客会购买竞争者的产品；如果某一个企业提价，其他企业也可能随之提价，但只要有一个不提价的竞争者，那么这种提价行为只能取消。

在异质产品市场上，企业对竞争者的价格调整的反应有更多的自由。因为在这种市场上，顾客选择产品不仅考虑价格因素，同时还会考虑产品的质量、性能、服务、外观等多种因素。顾客对于较小价格差异并不在意的情况，使得企业面对价格竞争的反应有了更多的选择余地。

思考题

1. 企业定价目标有哪些？
2. 影响企业定价相关因素的基本内容有哪些？
3. 什么是成本导向定价法？它有哪些具体方法？
4. 需求导向定价法的内涵是什么？它有哪些具体方法？
5. 竞争导向定价法的具体内容有哪些？
6. 什么是相关产品价格策略？它包括哪些具体方法？
7. 常见的消费价格心理有哪些？如何进行心理定价？
8. 情境定价的特征有哪些？它包括哪些具体方法？
9. 企业进行价格调整应该注意哪些问题？

第十二章　分销策略:传递价值

学习目的与要求

1. 掌握营销渠道的概念与作用
2. 了解价值网络的含义
3. 了解渠道策略的不同类型及其适应性
4. 了解主要的营销中介及其特征
5. 掌握渠道设计与决策的基本步骤
6. 了解实施营销渠道控制的基本方法
7. 了解互联网经济对分销渠道发展的影响

在市场上,大多数产品都不是由生产者直接供应给最终顾客或用户的。在生产者和最终用户之间有大量执行不同功能和具有不同名称的营销中介机构存在。所谓营销渠道,也就是分销渠道,它是指产品由生产者向最终消费者或用户流动所经过的途径或环节。

营销渠道策略是企业面临的最重要的策略之一。这不仅因为企业所选择的渠道将直接影响其他所有营销策略,而且渠道策略还意味着公司对其他公司较为长期的承诺,一旦确立,在一定时期内较难改变。这是由渠道安排中的一种强大的保持现状的惯性所决定的。

第一节 营销渠道与价值网络

营销渠道的性质与作用

在我们的日常经济活动中，生产厂商为何愿意把企业全部或部分的销售工作委托给营销中介机构呢？从某种意义上说，企业管理当局的这种委托意味着放弃部分经营控制权，等于把企业的一半命运放在他人手中。然而这样做是有其经济效益的。事实上，我们只要简单地将使用营销中介机构和不使用营销中介机构的经济效果做一比较，就可以得出结论。图 12－1是营销中介机构的经济效果，从中我们便可以直观地感受到营销中介机构的介入为生产企业带来的好处。

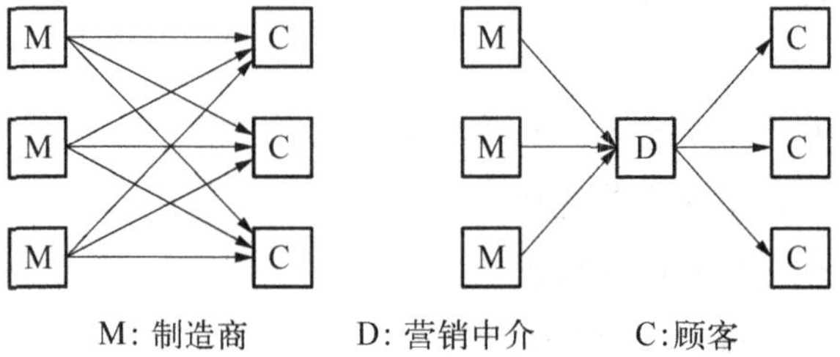

图 12－1 营销中介机构经济效果

从图 12－1 中我们可以得知：如果不使用营销中介机构，三个制造商和三个顾客之间将总共发生 9 次交易行为；而使用了营销中介机构以后，交易行为总共只有 6 次，节省了交易成本，因而后者更为经济、更有效率。

在实际交易中，情况更为复杂。这是因为产品从生产厂商向最终顾客或用户流动的过程中，不仅发生了产品实体的流动，还发生了其他多项与之相关的流动。在营销渠道中，一般存在五种营销流：实体流（物流）、所有权流（商流）、付款流、信息流和促销流，它们各自的流程如图 12－2 所示。

以上这些流程可以在任何两个渠道成员中进行。有些是正向流程（如实体流、所有权流和促销流），有些是反向流程（如付款流），还有一些是双向流程（如信息、谈判、筹资和风险承担等）。即使是一个简单的商品，在营销渠道中也会呈现出极为复杂的关系。

营销渠道的构成虽然极其复杂，但由于它具有强有力的执行功能，能够帮助企业把商品转移到消费者手里，弥合产品、服务与其使用者之间的缺口，因此渠道对所有的企业来说是不可缺少的。营销渠道具有可以帮助收集和传播营销环境中有关潜在与

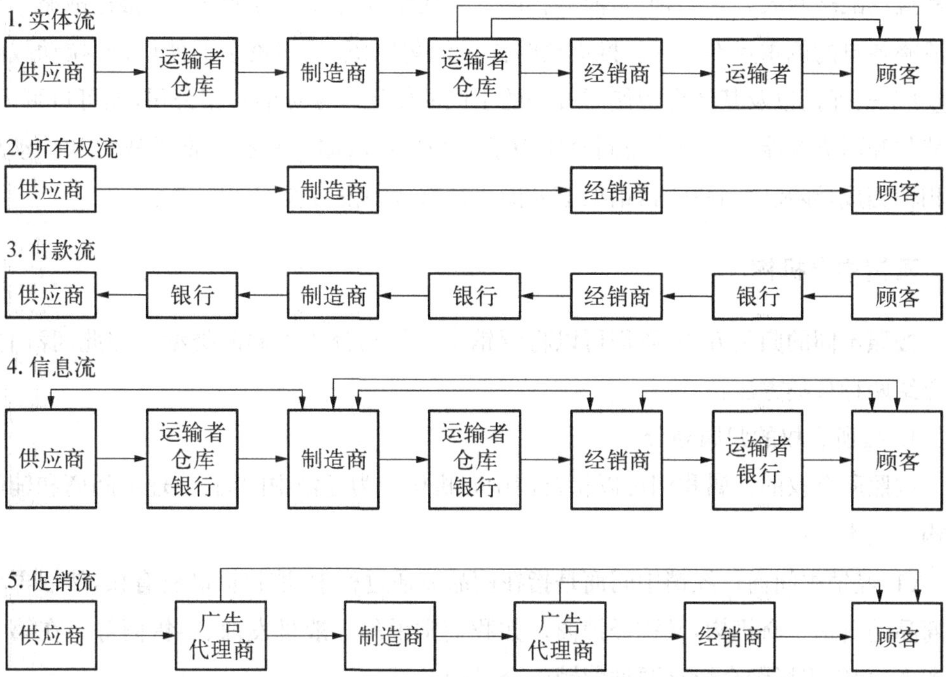

图 12-2 营销渠道中五种不同的营销流

现有顾客、竞争对手和其他参与者及力量的营销调研信息,可以发展和传播有关供应物的富有说服力的吸引顾客的沟通材料,可以帮助生产者和消费者之间加强信息沟通,可以帮助企业达成有关产品的加工和其他条件的最终协议,以实现所有权或者持有权的转移等功能。另外,营销渠道还具有在执行任务的过程中承担有关风险,帮助企业将产品实体输送到最终顾客手中(即帮助企业将已达成的交易付诸实施)的功能。

各级中间商是营销渠道的重要组成部分。在市场营销中,中间商至少具有如下的作用:

首先,中间商的存在能为生产者和消费者带来方便。因为对买主来说,中间商可以提供包括更多的花色品种、合适的时间地点、灵活的付款条件、周到的售后服务等各种方便。而对生产企业和贸易企业来说,中间商是大买主,还能为卖主联系千千万万的用户,使企业的销路有所保证。

其次,中间商的存在可以缓和产需之间在时间、地点、商品数量及品种方面的矛盾。同时,中间商又是架设在企业和市场之间的桥梁。中间商可以向企业反馈市场信息、了解市场,还可以利用自己在当地市场上多年经营形成的商誉为企业的产品提供无形保证,使市场了解企业。

面对中间商如此重要的作用,如何管理好中间商,保证其发挥正向的最大作用是营销管理者需要着重考虑的问题。目前营销界对于中间商的管理主要集中于推进战略和拉动战略两大方式上，但是能够将两者有效结合的公司相对较少。推进战略和拉动战略各自的侧重点不一样。推进战略注重销售队伍、促销资金的使用，而拉动战略侧重广告、促销以及其他促销使用方法的手段的使用。顶级的营销公司，如可口可乐、英特尔和耐克等能够技巧性地同时使用推进和拉动战略。只有让推进战略和拉动战略相辅相成，涉及中间商的营销渠道才能更加有效地发挥作用。

营销中介机构

按照不同的归类方法，我们可以将营销中介机构分成不同的类型。在此，我们主要介绍两种分类方法：

1. 按所有权的归属划分

按照所有权的归属我们可以将营销中介机构分为经销中间商、代理中间商和辅助机构三大类。

(1)经销中间商。经销中间商是指在商品流通过程中，取得商品所有权，然后再出售商品的营销中介机构，又称经销商。如我们常说的一般批发商、零售商等。在第十三章中，我们将详细介绍这两种营销中介机构。

除此之外，还有一种经销中间商称为工业品经销商。它们主要是将工业品或耐用消费品直接出售给顾客的中间商。工业品经销商通常同它们的供应者之间建立有持久的关系，并在某个特定的区域内拥有独家经销的权利。

(2)代理中间商。代理中间商是指这样一种中间商，在商品流通过程中，它们参与寻找顾客，有时也代表生产厂商同顾客谈判，但不取得商品的所有权，因此也无需垫付商品资金，它们的报酬一般是按照商品销售额的多少，抽取一定比例的佣金。比较常见的有企业代理商、销售代理商、采购代理商、佣金代理商和经纪人。

(3)辅助机构。在营销中介机构中，还有这样一种类型的机构：它们既不参与买或卖的谈判，也不取得商品的所有权，只是起到支持产品分配的作用，我们把这类机构称为辅助机构。

配送中心是这类辅助机构中的重要形式之一。配送中心主要是对商品进行集中储存，然后根据销售网点的需要，定期或不定期地对商品进行组配和发送的机构。

辅助机构还包括运输公司、独立仓库、银行和广告代理商。

2. 按商品流通渠道中承担的不同角色划分

如果按照商品流通渠道中承担的不同角色来划分，我们还可以将渠道成员分为批发商、零售商、批发零售商和辅助机构。如果从国际贸易的角度考虑，还有进口商、内外贸兼营等形式。在此，我们主要向大家介绍批发零售商、进口商和内外贸兼营等几种类型。

(1)批发零售商。批发零售商是指批零兼售的中间商。在外国许多城市里，大零售商经常将商品批发给本地小商店出售。如英国有经营服装、纺织品、食品、水果及工业原料零售业务的独立批发商。有的零售商兼营建筑材料、谷物等批发业务。

(2)进口商。进口商是指那些直接向海外制造厂商采购商品，然后出售给批发商、零售商的中间商。一般来说，制造厂商可以将其产品同时卖给多个进口商。在我国，这样的中间商过去主要由对外经济贸易部所属的各进出口公司或其他部门所属的各种专营或兼营进出口贸易的公司以及省、直辖市所属的对外贸易公司担任。外贸放开经营以后，开始出现专门从事进出口业务的服务企业，这些服务企业成为一般情况下我们所称的进口商。

(3)内外贸兼营。在内外贸兼营的例子中，最为突出的是瑞典的“批发商和进口商联合会”，其成员包括进口商、批发商、代理商等。营业额约占瑞典进口总额的 2/3。其实这种类型的中间商是批发商和进口商的综合体，只不过对外以同一名义进行业务活动。

服务领域的渠道

营销渠道并不局限于实体商品的分配。提供服务和创意的生产商同样面临如何使其产品接近目标公众并为其采用的问题。学校发展了“教育传播系统”，医院发展了“健康传送系统”，这些机构必须找出适合在本地区传播给当地人群的代理机构和本地企业。

随着互联网技术的进步，某些行业如银行、保险、旅游和股票的买卖，都已通过网络渠道进行。线上与线下渠道的结合也成为一种趋势，例如餐饮和零售企业目前已普遍使用“手机下单＋外卖送达”的方式扩大服务范围和服务内容。

第二节　营销渠道的基本策略

渠道对于企业来说十分重要，但由于它同时具有非常强大的惯性，不能轻易地被改变，因此企业非常有必要在建立渠道之初就尽量地做到尽善尽美。企业在建立渠道时，一般需要考虑渠道的长度、宽度和各种渠道的联合策略等。

渠道的长度策略

渠道级数是指产品所经过渠道的环节数目。每个中间商，只要在推动产品及其所有权向最终买主转移的过程中承担了若干工作，就是一个渠道级。由于生产者和最终消费者都担负了工作，它们也是渠道的组成部分。我们用中介机构的级数来表示渠道的长度(见图12-3)。

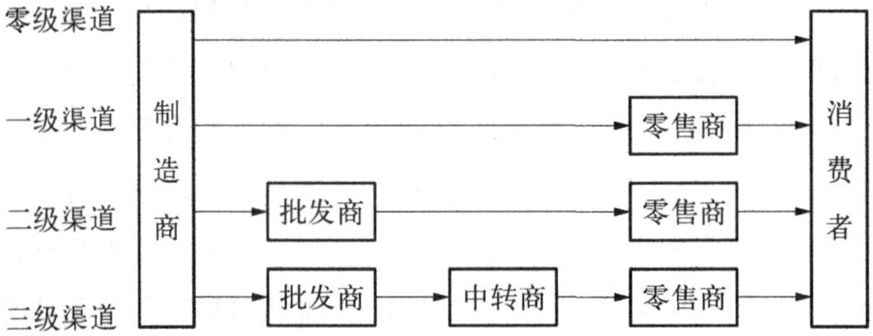

图12-3 渠道级数类型

1. 零级渠道

零级渠道是由生产者直接销售给消费者,有时又称为直销。直接营销的主要方式是上门推销、邮购、制造商自设商店、电视直销和电子通信营销等。

2. 一级渠道

一级渠道包括一个销售中介机构。在消费者市场,这个中介机构通常是零售商。在工业品市场,它常常是一个销售代理商或经销商。

3. 二级渠道

二级渠道包括两个中介机构。在消费者市场,它们一般是一个批发商和一个零售商。在工业品市场,它们可能是一个工业分销商和一些经销商。

4. 三级渠道

三级渠道包括三个中介机构。通常由一个批发商、一个中转商(专业批发商)和一个零售商组成。

级数更高的营销渠道也有,但是不多。从生产者的角度看,渠道级数越高,控制也越成问题,制造商一般总是和最近的一级中间商打交道。

渠道的长度策略是指企业根据产品特点、市场状况和企业自身条件等因素来决定渠道的级数。

一般来说,技术性强的产品(需要较多的售前、售后服务)、保鲜要求高的产品等都需要较短的渠道;而单价低、标准化的日用品则需要长渠道。从市场状况来看,顾客数量少,而且在地理上比较集中时,宜用短渠道;反之,则宜用长渠道。如果企业自身的规模较大,拥有一定的推销力量,则可以使用较短的渠道;反之,如果企业的规模较小,就有必要使用较多的中间商,渠道也就会较长。

渠道的宽度策略

渠道宽度是指企业在某一市场上并列地使用多个中间商。企业在制定渠道宽度策略时面临着三种选择。

1. 独家分销(exclusive distribution)

独家分销是指在一定地区、一定时间内只选择一家中间商经销或代理，授予对方独家经营权。这是最窄的一种分销渠道形式。生产和经营名牌、高档消费品和技术性强、价格较高的工业用品的企业多采用这一形式。这种做法的优点在于：中间商经营积极性高，责任心强；缺点是市场覆盖面相对较窄，而且有一定风险，如该中间商经营能力差或出现意外情况，将会影响到企业开拓该市场的整个计划。

2. 广泛分销(intensive distribution)

广泛分销又称密集性分销。即使用尽可能多的中间商从事产品的分销，使渠道尽可能加宽。价格低、购买频率高的日用消费品，工业用品中的标准件、通用小工具等，多采用此种分销方式。其优点是市场覆盖面广泛，潜在顾客有较多机会接触到产品；缺点是中间商的经营积极性较低，责任心差。

3. 选择性分销(selective distribution)

选择性分销即在市场上选择部分中间商经营本企业产品。这是介于独家分销和广泛分销之间的一种中间形式。主要适用于消费品中的选购品，工业用品中的零部件和一些机器、设备等。当然，经营其他产品的企业也可以参照这一做法。如果中间商选择得当，采用此种分销方式可以兼得前两种方式的优点。

渠道的联合策略

分销渠道不是一成不变的，新型的批发机构和零售机构不断涌现。在发达国家，一些渠道正在逐渐走向现代化和系统化，全新的渠道系统正在逐渐形成。这里，我们将考察垂直营销系统、水平营销系统和多渠道营销系统的发展变化。

1. 垂直营销系统的发展

垂直营销系统(vertical marketing system，VMS)是近年来渠道发展中最重大的发展之一，它是由生产者、批发商和零售商所组成的一种统一的联合体。某个渠道成员拥有其他成员的产权，或者是一种特约代营关系，或者这个渠道成员拥有相当实力，迫使其他成员合作。垂直营销系统可以由生产者、批发商、零售商中的任一组织担任支配者。这种系统的特征在于专业化管理和集中执行的网络组织，它们有计划地取得规模经济和最佳市场效果。垂直营销系统有利于控制渠道行动，消除渠道成员为追求各自利益而造成的冲突。它们能够通过规模、谈判实力和重复服务的减少而获得效益。

目前，垂直营销系统主要有以下三种类型：

(1)公司式垂直营销系统(corporate VMS)。公司式垂直营销系统是由同一个所有者名下的相关生产部门和分配部门组合而成。垂直一体化能向后或向前一体化，能对渠道实现高水平的控制。如假日旅馆正在形成一个自我供应的网络。

(2)管理式垂直营销系统(administered VMS)。管理式垂直营销系统不是由同一个所有者属下的相关生产部门和分配部门组织形成的,而是由一家规模大、实力强的企业出面组织的。名牌制造商有能力从再售者那里得到强有力的贸易合作和支持。因此,吉列和宝洁等公司能够在有关商品展销、货柜位置、促销活动和定价政策等方面获得其再售者强有力的贸易合作和支持。

(3)契约式垂直营销系统(contractual VMS)。契约式垂直营销系统是由各自独立的公司在不同的生产和分配水平上组成,它们以契约为基础来统一行动,以求获得比其独立行动时所能得到的更大的经济和销售效果。契约式垂直营销系统近年来获得了很大的发展,成为经济生活中最引人注目的发展之一。契约式垂直营销系统有三种形式:

一是批发商倡办的自愿连锁组织。批发商组织独立的零售商成立自愿连锁组织,帮助它们和大型连锁组织抗衡。批发商制定一个方案,根据这一方案,使独立零售商的销售活动标准化,并获得经济采购的好处。

二是零售商合作组织。零售商可以带头组织一个新的企业实体来开展批发业务和可能的生产活动。成员通过零售商合作组织集中采购,联合进行广告宣传,利润按成员的购买量进行分配。非成员零售商也可以通过合作组织采购,但是不能分享利润。

三是特约代营组织。其方式可分为三种:第一种是制造商倡办的零售特约代营系统;第二种是制造商倡办的批发特约代营系统;第三种是服务公司倡办的零售特约代营系统,它由一个服务公司组织整个系统,以便将其服务有效地提供给消费者。

2. 水平营销系统的发展

另一个渠道发展形式是水平营销系统(horizontal marketing system),即由两个或两个以上的公司联合开发一个营销机会,通过同一渠道系统,面对同一市场开展营销活动。公司间的联合行动可以是暂时性的,也可以是永久性的,还可以创立一个专门公司,这被称为共生营销。

3. 多渠道营销系统的发展

多渠道营销(multi-channel marketing)是指一个公司建立两条或更多的营销渠道以达到一个或更多的顾客细分市场时的做法。

通过增加更多的渠道,公司可以得到三种重要的利益:增加市场覆盖面、降低渠道成本和更趋向顾客化销售。公司不断增加渠道是为了获得它当前的渠道所没有的顾客细分市场(如增加乡村代理商以达到人口稀少的农业地区顾客市场);或者,公司可以增加能降低向现有顾客销售成本的新渠道(如电话销售而不是人员访问小客户);或者,公司可以增加一些销售特征更适合顾客要求的渠道(如利用技术型推销员销售较复杂的设备）。

第三节　营销渠道设计

渠道设计是指建立以前从未存在过的营销渠道或对已经存在的渠道进行变更的策略活动。设计一个渠道系统要求建立渠道目标和限制因素，识别主要的渠道选择方案，以及对它们做出评价。下面是进行渠道设计的一般步骤。

分析服务产出水平

渠道的服务产出水平是指渠道策略对顾客购买商品和服务问题的解决程度。这是设计营销渠道的第一步，其目的是了解在其所选择的目标市场中消费者购买什么商品（what）、在什么地方购买（where）、为何购买（why）、何时购买（when）和如何购买（how）。营销人员必须了解为目标顾客设计的服务产出水平。影响渠道服务产出水平的因素有这样一些：

第一个因素是批量的大小。所谓批量是营销渠道在购买过程中提供给典型顾客的单位数量。一般而言，批量越小，由渠道所提供的服务产出水平越高。

第二个因素是渠道内顾客的等候时间。也即渠道顾客等待收到货物的平均时间。顾客一般喜欢快速交货渠道，但是快速服务要求一个高的服务产出水平。

第三个因素是营销渠道为顾客购买产品所提供的方便程度，也就是空间便利程度。如果顾客能够在他所需要的时候不需要花费很大的精力和时间，就能获得所想要的产品或服务，那么我们认为这个渠道的空间便利程度是较高的。

第四个因素是营销渠道提供的商品花色品种的宽度。一般来说，顾客喜欢较宽的花色品种，因为这使顾客满足需要的机会增多了。

第五个因素是被称为服务后盾的因素。服务后盾是指渠道提供的附加服务（信贷、交货、安装、修理）。服务后盾越强，渠道提供的服务工作越多。

营销渠道的设计者只有了解目标顾客的服务产出需要，才能较好地设计出适合的渠道。

设置和协调渠道目标

无论是创建渠道还是对原有渠道进行变更，设计者都必须将公司的渠道设计目标明确地列示出来。这是因为公司设置的渠道目标很可能因为环境的变化而发生变化，只有明确列示出来，才能保证设计的渠道不偏离公司的目标。在这种情况下，明确地列示出渠道目标比言传意会更有效。

渠道目标因产品特性不同而不同。体积庞大的产品要求采用运输距离最短、在产品从生产者向消费者移动的过程中搬运次数最少的渠道布局。非标准化产品则由公司销售代表直接销售,因为中间商缺乏必要的知识。单位价值高的产品一般由公司推销员销售,很少通过中间商。

渠道策略作为公司整体策略的一部分,还必须注意与渠道的目标和其他营销组合策略目标(价格、促销和产品)之间的协调,并注意与公司其他方面的目标(如财务、生产等)的协调,以避免产生不必要的矛盾。

明确渠道任务

在渠道的目标设置完成后,渠道设计者还必须将达到目标所需执行的各项任务(一般包括购买、销售、沟通、运输、储存、承担风险等)明确列示出来。

在渠道任务的设计中应反映不同类型中介机构的差异,以及它们在执行任务时的优势和劣势。如使用营销中介机构能使得制造商的风险降低,但中介机构的业务代表对每个顾客的销售努力则低于公司销售代表所能达到的水平,两者各有优势,因此要多加斟酌。除此之外,在进行渠道任务的设计时,还需要根据不同产品或服务的特性进行一定的调整,以最大限度地适应渠道目标。

确立渠道结构方案

在确立了渠道任务后,设计者就需要将这些任务合理地分配到不同的营销中介机构中去,使其能够最大限度地发挥作用。由于不同的设计有不同的优劣之处,因此我们可以产生若干个渠道结构的可行性方案以供最高决策层进行选择。

一个渠道选择方案包括四方面的要素确定:渠道的长度策略、渠道的宽度策略、中介机构的类型以及渠道成员的权力和责任。

1. 渠道的长度策略

渠道的长度策略是指渠道级数的数目是多少。一般而言,渠道的级数至少有零级,也就是我们所说的直接销售,最多可以达到 3 级甚至 3 级以上。

2. 渠道的宽度策略

渠道的设计者除了要对渠道总的级数的数目做出决定,还必须对每个渠道级上使用多少个中间商做出决定,这就是渠道的宽度策略。根据在前文介绍的,渠道的设计者有三种基本的策略可供选择:广泛分销、独家分销和选择性分销。

3. 中介机构的类型

第三个需要渠道设计者加以考虑的是如何对渠道内的中介机构进行具体的选择。

公司应该弄清楚能够承担其渠道工作的中介机构的类型。

4. 渠道成员的权力和责任

生产者必须确定渠道成员的权力和责任,真诚地对待每个渠道成员,并让它们有盈利的机会。其中主要因素有价格政策、销售条件、地区权力以及每一方所应提供的具体服务。

价格政策要求生产商制定价目表和折扣细目单,使中间商确信这些是公平而且充分的。

销售条件是指付款条件和生产商的担保。大多数生产商对于付款较早的分销商给予现金折扣。生产者也可以向分销商提供有关商品质量不好或者价格下跌等方面的担保。

分销商的地区权力是贸易关系组合的另一个要素。分销商需要知道生产商打算在哪些地区给予其他分销商以特许权。

对于双方的服务和责任,必须十分谨慎地确定,尤其是在采用特许经营和独家代理等渠道形式时更应如此。

确定影响渠道结构的因素

进行渠道的设计工作,就不能不对影响渠道结构的因素进行分析。影响渠道结构的因素很多,我们在此只讨论一些比较基本的影响因素:市场因素、产品因素、公司因素、中间商因素、环境因素和行为因素。

1. 市场因素

市场因素在渠道策略中起着举足轻重的作用,其对渠道的影响主要通过以下三个方面来实现:

(1)市场规模。也就是市场潜在的顾客数目。市场规模直接决定着渠道的长短和宽度。一般而言,规模越大,渠道的长度和宽度相应也会更大一些。

(2)市场在地理上的分散程度。市场在地理上的分散程度是由每单位区域面积上的销售量决定的。市场的地理分散程度越高,则渠道的控制越难,费用也相应越高。

(3)市场的主要购买方式。市场上的消费者习惯于哪种购买方式对于渠道的结构也十分重要。比如说,中国的顾客就习惯于在商店里购买商品,如果生产商采用直接上门推销的方法就可能事倍功半。

2. 产品因素

产品因素是另一个在评价渠道结构中十分重要的因素。产品因素主要有以下几种:

(1)产品的价值和重量。笨重的、价值高的商品往往意味着高装运成本和高重置成本，因此一般而言，高价值、笨重的商品往往采用较短的渠道结构。

(2)产品的耐腐性。产品是否会迅速地腐烂是一个在实体运输和储存中非常关键的问题。如果产品十分容易腐烂，那么渠道的长度就不易太长，而应该采用短而迅速的渠道结构。鲜活产品的渠道一般都较短，就是这个道理。

(3)产品标准化程度。一般而言，渠道的长度与宽度是与产品的标准化程度成正比的。产品的标准化程度越高，渠道的长度也越长，宽度也越大。

(4)单位产品的价值。如果是低单位价值的产品(如方便面、零食等)，它往往会通过中间商来进行销售，以让中间商承担部分的销售成本。另外，只有通过大量的中间商，方便食品才有可能最大限度地覆盖整个市场。

(5)产品的技术特性。一个高技术的产品往往会采用公司的销售人员向目标顾客直接销售，因为中间商可能对产品的各项性能不是很了解，有可能对顾客产生误导，为以后埋下隐患。

(6)产品的创新程度。许多新产品进入市场都需要进行广泛而深入的宣传促销活动，而且需要公司随时掌握市场的变化情况。因此，在实际销售工作中，短渠道被视为是新产品进入市场时最好的渠道结构。

3. 公司因素

前文中讲过，渠道的设置需要与公司的整体情况相一致。因此，在渠道的设计中，我们也必须将公司的因素考虑在内。在公司因素中影响渠道结构的最主要的因素有：

(1)公司的规模。不同渠道结构的选择范围会受到公司本身规模大小的限制，这是由于小的公司往往难以获得理想的中间商的支持，而大的公司则不必担心没有中间商加入它们的渠道。

(2)公司的基本目标和政策。公司的政策和目标在很大程度上决定了公司在渠道结构策略中所采取的政策和态度。如果公司追求的是严格控制，那么公司就会要求减少中间商的数目，以加强自身权力的集中程度。

(3)管理的专业水平。有一些公司缺乏必要的进行渠道管理活动的能力，在这种情况下，寻找一个能够提供良好服务和配合的中间商就显得十分重要。尤其是在进行国际市场的贸易时，由于面临的可能是一个完全不同的市场体系，因此，寻求一个良好的中间商就显得格外重要。假以时日，当管理者已经获得了足够的管理经验，可以再进行对渠道的改进工作。

4. 中间商因素

作为渠道中的主要成员，中间商自然对渠道的结构产生举足轻重的影响。与渠道结构有关的中间商的影响因素包括：

(1)中间商的能力。中间商的能力在很大程度上影响着渠道策略。如果中间商的能力不能令公司感到放心，那么公司有可能宁可增加成本进行直接销售，也不愿采用中间商来进行销售。

(2)利用中间商所花费的成本。如果公司认为中间商进行销售或向公司提供的服务小于公司的付出，那么公司对渠道的选择就有可能偏向于减少中间商的数目。毕竟公司采用渠道的目的是减少自己的成本与不便。

(3)中间商的服务。公司总是希望能用最为“合理”的价格获得最多的来自于中间商的服务。但评价中间商服务的优劣往往是从公司的直观感觉出发的，带有较强的主观性，所以在渠道结构的设计中这是一个需要谨慎对待的问题。

5. 环境因素和行为因素

渠道的活动属于组织的运作，不可避免地要受到经济、社会文化、法律、竞争、技术等环境因素的影响。在这些因素中，有的是直接对渠道的结构造成影响，有的则通过对市场、对顾客产生影响而反映到渠道结构上。比如计算机网络的发展使得企业可以通过网络直接与异地顾客交易，然后通过当地的中间商送货上门，从而减少了企业在各个地区设立门市网点的成本。对顾客而言，通过网络直接与生产商交易也能够获得较低的购买成本。这种电子商务的发展必然对营销渠道的任务、性质产生重大的影响。

近年来，由于公司开始注重对市场长远利益的关注，而不是仅仅满足于对短期效益的追求，因此，渠道的控制和渠道的适应性已逐渐成为渠道设计者们考虑的重要因素。

选择“最佳”的渠道结构

从理论上讲，我们可以在所有的备选方案中找出最优化的方案，得到最好的效果。即要求用最少的成本来确定各渠道任务在中间商之间的分配是最有效的。但实际上，寻求最优的方案是不可能的。因为这意味着设计者将考虑所有的可能因素，列示出所有可能的方案，而这样做成本就太高了。因此，我们在此所说的最佳方案实际是指在已经列示的方案中选择最好的方案，它将对渠道的任务做出相对比较合理的分配。

评估方案的方法有多种，如财务信息分析法、储运成本法、管理科学方法和加权计分法等。在此，我们只介绍加权计分法。

加权计分法是由菲利普·科特勒首先提出的，这种方法强调在方案筛选过程中的定量化分析。该方法包括以下五个步骤：

(1)对策略的影响因素加以明确列示。在第一步中，我们应该尽可能将所有我们认为对营销渠道策略产生影响的因素分类加以列示。具体的各种可能影响因素我们在前面已有论述，在此不再重复。

(2)对每一个影响因素都根据它们的相对重要性尽可能精确地给予一定的权数。

每个企业都有自己的特点，每个企业的决策者都应该根据企业的特点对所有的影响因素做一个评价。根据其影响程度的大小，给每一项影响因素一个权数，所有的权数累计应为1。权数越大，说明对企业越重要。

(3)对每一个可能方案的每一项影响因素都进行评分，分数越高，表明企业在该方面做得越好，或者该项因素对企业越有利。

(4)对所有方案进行加权分的计算，得到最终的评分。对评分进行加权计算是为了更为精确地反映各项影响因素对企业的影响程度。比如说，企业的品牌知名度很高，可以打到4分，销售增长率一项只能打到2分；但品牌知名度的权数很小，只有0.02，那么其加权分只有0.08分，而销售增长率的权数却有0.15，其加权分有0.30。在这种情况下，我们发现销售增长率的因素对企业策略的实际影响更大。

(5)得到最后的分数后，从中选出分数最高者，就可以认为该方案是在考虑了已列示的因素后得到的最佳方案。

第四节 营销渠道的控制与评估

企业(在这里，一般指制造商)在确定了方案、选择了渠道成员后，营销渠道就建立起来了。但这并不意味着企业的工作就结束了。营销渠道必须作为企业的一项宝贵资源而加以长期、有效的管理。这就意味着企业必须对渠道的每个成员进行必要的激励和评价的管理工作。此外，随着时间的变化，企业还必须不断地调整渠道以适应新的市场状况和环境变化。

激励渠道成员

同企业的员工一样，渠道的成员也需要激励。促使渠道成员参加这一渠道体系的条件固然已提供了若干激励因素，但是这些因素还必须通过制造商经常的监督管理和再鼓励才能得到补充。

首先，中间商作为一个独立经营的商业企业，必然会追求利润。因此，从某种意义上讲，中间商是充当顾客的采购代理人，其次才是它的供应商的销售代理。它对顾客希望从它那儿买到的任何产品都感兴趣。所以，如果企业能及时向中间商提供市场热销的产品，那么中间商就会感到企业对它的重视。而且，出于自身的利益，中间商也会更为热情地投入制造商的产品中去。

由于中间商往往同时为多个制造商经销产品，因此中间商就有可能把它的商品编成一个品种组合。它可以把商品像一揽子品种组合那样综合起来出售给单个顾客。

由于这样的做法能使它的商品更快地流转,资金更有效地得到使用,所以中间商的销售努力往往用于获取这类品种组合的订单,而不是个别的商品品目。如果企业能提供这样一个产品组合的建议或能够较好地满足中间商所提出的类似的要求,那么企业也能达到激励中间商的目的。

同样,由于中间商为多个企业经销产品,因此除非有一定的刺激,中间商不会为所出售的各种品牌分别进行销售记录。有关产品开发、定价、包装或者促销计划的大量信息都被埋没在中间商的非标准记录中,有时它们甚至有意识地对供应商保密。而对企业来说,这些信息是非常宝贵的。因此,企业及时提供必要的业务折扣、销售支持就显得十分必要,它将会给企业带来重要的市场信息。

对中间商进行适当的培训也是一种激励的方式。由于中间商并不是对企业的所有商品都了解得很详细,因此对中间商的销售和维修人员进行适当的培训是非常重要的一环。而中间商出于更快地售出商品,也非常愿意接受企业的这种培训。

评价渠道成员

制造商要想对中间商进行适当的激励,首先需要按一定的标准来衡量中间商的表现,并将这种衡量活动长期化。这些标准可以根据中间商的不同而不同。这种标准往往包含以下几个方面的内容:

中间商的渠道营销能力是每一个制造商在选择中间商时首先考虑的问题,也往往是衡量中间商的能力与参与程度的第一个标准。其中又包括销售额的大小、成长和盈利记录、偿付能力、平均存货水平和交货时间等内容。

中间商的参与热情也是评价中间商的一个重要标准。一个十分有能力的中间商不积极配合制造商的营销活动,其结果可能比一个普通的中间商积极配合制造商的活动的效果要差许多,甚至可能会危害到制造商目标的完成。衡量中间商参与程度的内容包括对损坏和遗失商品的处理,与公司促销和培训计划的合作情况以及中间商应向顾客提供的服务等。

由于中间商往往是经营多种品牌或多种类型的产品,因此我们也可以通过对中间商经销的其他产品进行调查来衡量中间商的能力。如果中间商的经营品种多、总体的销售量大,那么说明该中间商十分具有实力。同时,我们还可以从中了解到自己的产品销量在中间商销售的产品总量中占有多大比例,处于什么样的地位,从而决定对中间商进行的激励着重于哪个方面。

营销渠道评估

除了对渠道成员要进行评估以外,我们还需要对每一条渠道的经济性、控制性和适应性进行评估。

1. 经济性标准——合理控制不同的销量和成本

公司努力整合消费者和资源，以整体最低的成本获得最大化的需求，很明显，只要每销售单位的附加价格足够高，卖方会用低成本渠道来取代高成本渠道。例如，现在很多公司都开通了公司专用网页和博客，安排专业人员，鼓励顾客通过互联网与公司相关人员进行业务交流，满足了精兵简政的需要。

2. 控制性和适应性标准

使用中间商需要考虑经济性标准，而寻找代理商则需要考虑控制性问题。销售代理商是一个独立的追求利润最大化的公司。代理商会注意那些购买商品最多的客户，而不是那些购买生产商产品的顾客。代理商的销售人员无法掌握整个公司的所有技术环节，因此公司所配置的促销材料可能也就无法尽其所用，从而使得公司的促销活动既不经济也没有收到期望的效果。

同时，每个阶段的渠道成员都应生产商的需要在特定时期做出了一定程度的承诺，满足了控制性的需求，但是这一承诺也会在一定程度上影响生产商对市场变化的反应能力。因此，在注重控制性的同时，另一项最重要的事情是寻求高度适应性的渠道结构和政策，从而保证生产商的灵活生产。

营销渠道控制

对渠道成员进行激励、评价的目的都是为了更好地对渠道成员进行管理、控制，使渠道能够按照企业的目标共同前进。首先，营销渠道的目的是促使商品不断地、更好地向消费者或用户运动，而只有所有渠道成员的目标一致时，渠道才能很好地运转。所以控制渠道的首要任务是使中间商了解企业的营销目标。

其次，制造商的任务不能仅限于设计一个良好的渠道系统并推动其运转。由于各个独立的业务实体的利益总不可能一致，因此无论对渠道进行多好的设计，总会有某些冲突存在。尤其是当消费者的购买方式发生变化、市场扩大、新的竞争者兴起和创新的分销战略出现时，这种冲突更为突出，所以渠道结构需要不断改进，以适应市场新的动态。

互联网络正在被视为一种新兴的渠道，它并非如往昔的渠道一样层次分明，谁是制造商、谁是批发商、谁是零售商在网上是难以分辨的。任何一个渠道成员都有可能设置网页，将商品直接展示在顾客面前，回答顾客提问，直接进行面向消费者的促销活动。这种直接互动与超越时空的电子购物无疑是营销渠道的革命，所以所有的营销经理都应该仔细审视企业的渠道营销策略，早日将互联网络纳入企业的营销渠道之中。

第五节 分销渠道的发展趋势

随着互联网在20世纪90年代的异军突起,互联网技术的发展对社会经济生活的各个方面,包括企业的生产和经营都产生了巨大的影响。作为企业营销系统的一个重要部分,分销渠道及其结构形式在这种影响下也正在发生着深刻的变化。

互联网对传统分销渠道的影响

进入21世纪,蓬勃发展的互联网对传统的分销渠道产生了巨大的冲击。互联网对传统分销渠道的影响主要体现在以下几个方面:

1. 增加分销渠道

在互联网的环境下,分销渠道不再仅仅是实体的,而是虚实相结合的,甚至是完全虚拟的,即所谓的e-Distribution。在线销售、网上零售、网上拍卖、网上采购、网上配送等新的分销形式使分销渠道多元化。分销渠道由宽变窄、由实变虚、由单向静止变为互动。虚拟渠道的一个主要表现形式就是电子商店。

2. 疏通分销渠道

在互联网环境下,由于信息沟通成本低、效率高,分销渠道各环节的信息可以充分沟通。各分销渠道主体之间的关系逐渐由零和博弈转变成非零和博弈,最终创造了双赢的合作竞争关系。同时,由于虚拟渠道的介入,使分销渠道之间的竞争加剧,传统的分销渠道主体渐渐意识到原来做法的危险性,从而迫使它们放弃原来的各自为政的想法和行为,从单独活动逐步走向合作双赢,最终使渠道越来越畅通。

3. 细化分销渠道

通过互联网,制造商和中间商可以直接了解消费者的真实消费需求,可以直接向消费者提供产品,可以低成本地向消费者提供定制化服务,与消费者实现互动,即一对一营销。一对一营销的兴起和实现,使分销渠道由粗放型变成集约型,分销渠道的细化是互联网时代一个显著的渠道特征。

4. 整合分销渠道

在互联网时代,由于制造商与消费者之间的沟通十分方便,因此,传统的中间商就显得多余了,不仅在信息沟通方面显得多余,在商品销售方面也显得多余。制造商开始钟情于直销,它们按照顾客的要求生产,在生产中应用SCM、CRM、JIT等先进的技术,吸引顾客参与设计,从而使产销结合得更加紧密。这种新的生产经营模式,要求分销渠道快捷高效,同时也要求产销不再脱节。

5. 降低分销成本

分销成本的降低是互联网带来的最直接的利益，这主要表现在降低交易成本、降低沟通成本和减少流通成本。

6. 提高分销效率

利用互联网，实现大规模客户化加工。在市场上捕捉每一个、每一种商业机会，更好的客户集成，获得更高的产品利润。没有互联网，靠过去的电话接单，客户大规模化是不可能形成的。

7. 使渠道透明化

在互联网时代，通过把互联网系统引入渠道，就可以使渠道透明起来。在互联网平台上，企业可以引进实时管理(JIT)，动态跟踪产品的流通情况，在产品的运输过程中，通过引入全球定位系统(global position system，GPS)，实时动态跟踪商品的在途情况，为商家的及时供货提供保障。

互联网渠道的类别和运营方式

互联网渠道也称电子营销渠道或网络营销渠道，是指利用互联网将产品和服务从生产者转移给消费者的途径，通过电子技术手段来达成交易。互联网渠道将产品的销售与服务数字化，实现渠道交流、交易和分销功能的信息化和电子化。互联网渠道作为一种自助式新型营销服务渠道，能够满足客户实时服务和节约搜索成本的需求。在某种意义上，互联网渠道是传统营销渠道的电子化、信息化和虚拟化。

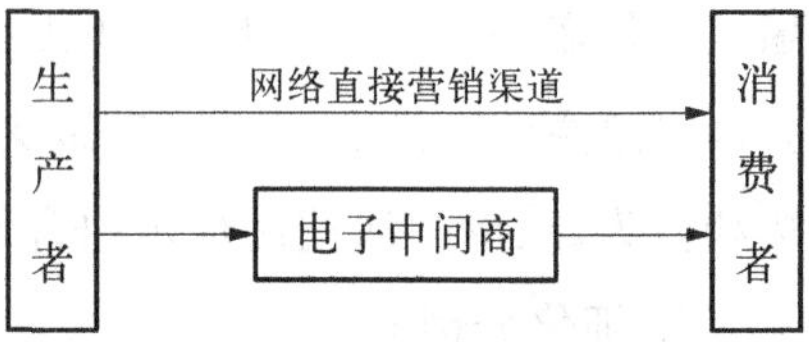

图 12－4　互联网营销渠道模式

常见的面向消费者的互联网渠道形式主要有 B2C 和 C2C，以及随着互联网的发展而兴起的 O2O 模式；面向企业的互联网渠道主要是 B2B 和逐渐发展的 C2B 模式。从生产商的角度来看，互联网渠道可以分为直接渠道和间接渠道(见图 12－4)。直接渠道与传统的零级渠道类似，属于直销范畴。间接渠道在功能上类似于传统营销渠道的批发商、代理商或零售商，只不过由电子中间商构成。电子中间商可分为平台式和自营式两种。平台式电子中间商相当于网上的百货商场，为制造商和消费者交易提供平台。制造商品牌入驻平台需要交纳类似于柜台租金的保证金，平台通常还要抽取部分销售收入作为佣金。淘宝网推出的天猫商城就属于此类。消费者可以在这些网站上得到正品保障，生产企业则可以规避自建购物网站的相关风险，平台式电子中间商可获得各大品牌的协同放大效应。自营式电子中间商相当于现实中的超级市场。自营式电子中间商基于对消费者需求的判断自行采购商品，在自己的网站上售卖，从中赚取差价。京东商城、当当网、亚马逊等企业在初创时都属于自营式电子中间商。

平台式与自营式电子中间商的运营模式并不相同。自营式电子中间商采用集采购、展示、销售以及物流配送为一体的运营模式，制造商、品牌商等主要扮演供应商的角色，并不参与整个销售流程。平台式电子中间商主要负责商品展示的部分，制造商和品牌商依然是起决定作用的卖家，它们决定商品的价格。在配送方面，平台式电子中间商既可以是参与者，也可以是“局外人”，由卖方决定物流配送商（见图 12－5）。

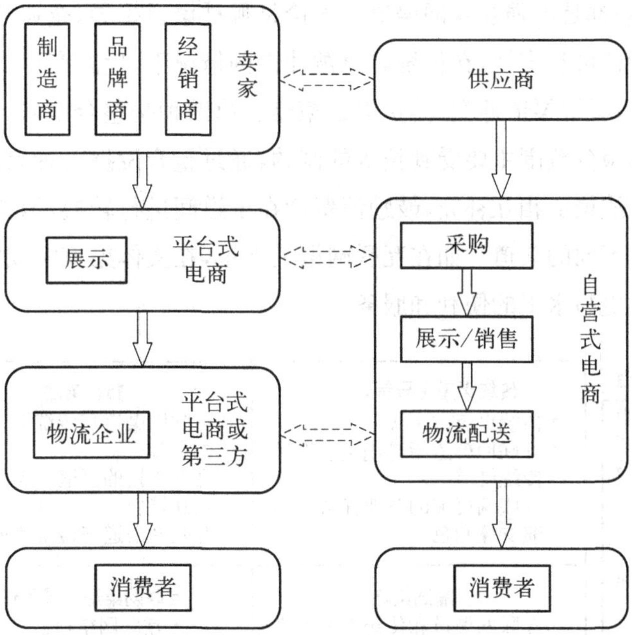

图 12－5　平台式与自营式电子中间商的供应链对比

资料来源：范小军，《营销渠道管理》，中国人民大学出版社 2015 年版，第 281 页。

互联网渠道与传统渠道的协调与整合

互联网改变了人们的消费习惯，网上购物已经成为不可逆转的趋势，截至 2016 年中国网络购物用户规模达到近 5 亿人。无论生产商和中间商都不得不开拓互联网渠道，互联网渠道与传统渠道并存已经成为绝大多数企业的常态。在这种情况下，渠道冲突是难免的，目标、领域以及认知与理解等方面的冲突都会存在，互联网渠道与传统渠道的管理成为企业面临的新问题，企业需要认真考虑自身的渠道策略，确定互联网渠道与传统渠道各自的功能和任务。制造商要估计冲突的严重程度，并根据渠道策略决定采取什么行动来解决这些问题。企业对互联网渠道与传统渠道的管理存在四种策略(见图 12-6)。第一种是隔离策略。电子渠道和传统渠道分开管理,两种渠道供应不同的品牌或产品,这也意味着两种渠道分别面对不同的目标市场。这种管理方法能够避免渠道冲突。第二种是传统渠道主导策略。互联网渠道的作用是提高传统渠道的效率,网站提供商店的具体位置,以及部分产品信息和售后服务信息。这种管理方式能够优化提供产品的实体渠道,形成良好的分销系统,并通过店内顾客咨询服务实行差异化战略。第三种是互联网渠道主导策略。传统渠道为互联网渠道提供支撑,传统渠道的作用是指导消费者使用公司的网站、线下交流和促销活动,以及线上的价格促销活动,目的都是加强互联网渠道。无论是哪种渠道主导,企业的渠道策略都需要得到中间商的认可和支持,在传统渠道被冲击的情况下,生产商可支付传统渠道成员更高的佣金,以缓解渠道冲突,落实渠道策略。第四种是整合策略。互联网渠道和传统渠道各自的服务范围主要受到技术的制约,通过整合发挥两种渠道各自的优势,互联网渠道与传统渠道相互补充,鼓励消费者在渠道间进行转换,消费者可以在不同的购物阶段选择不同的渠道。如在互联网渠道下单,在实体渠道完成实物运送等,从而为消费者提供更高水平的便利和服务。

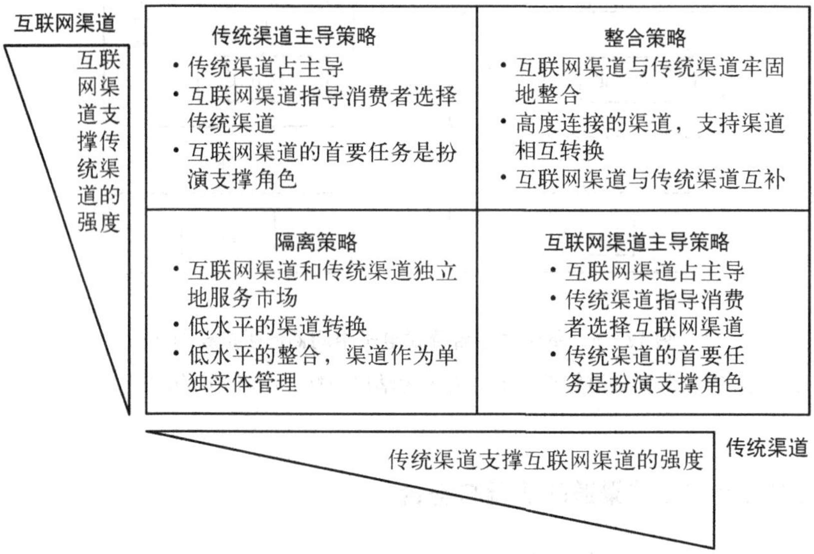

图 12-6 互联网与传统渠道的管理策略

资料来源:范小军,《营销渠道管理》,中国人民大学出版社 2015 年版,第 296 页,有修改。

互联网渠道与传统渠道的整合能够产生协同效应,给企业带来以下几方面的机会:首先是节约成本的潜力。互联网渠道与传统渠道的整合能够降低存货、市场/促销、人力资本和分发/配送的成本。其次,渠道整合能够帮助企业提供新品种的服务,提高顾客价值,增加企业的差异化。例如:售前阶段,实体展示与在线下单相结合;购买阶段，在线付款、定制与实体配送相结合；售后阶段，在线服务预约与上门服务相结合。再次，整合能够增加信任。真实感缺乏是互联网渠道的主要劣势，与传统渠道的整合能够减少消费者的感知风险，利于企业融入当下社会和商业网络，以及利用品牌知名度，从而使消费者对互联网渠道产生更大的信任。最后，渠道整合有利于市场扩展。互联网渠道打破了时空界限，实现了商品市场和地理市场的扩展，为传统渠道提供优势。O2O 模式的兴起说明了互联网渠道与传统渠道整合的潜力和必要性。

互联网渠道与传统渠道并不完全是此消彼长的关系。便捷是互联网渠道的最大优势，现场体验则是互联网渠道的先天缺陷，传统渠道在这两点上恰恰能够与互联网渠道取长补短，整合互联网渠道和传统渠道是渠道管理的未来趋势。消费者决定通过实体店还是网络进行购物已经不再重要，他们的购物过程正在越来越多地将店铺、网络、移动应用、社交媒体融合在一起。互联网渠道商品繁多，产品信息丰富，买家评论和小窍门都颇有助益；传统渠道提供高度个性化的服务，买家可以对产品进行细致检查，享受全方位的购物体验。消费者期待无缝渠道一体化，兼享互联网渠道和传统渠道的优势。随着我国消费的升级，互联网渠道已经不再以低价为吸引消费者的手段，而是在便捷的基础上与传统渠道合作，为消费者提供个性化高品质的消费体验。例如 2017 年阿里举办的“理想生活狂欢节”，正在努力将线上消费与线下场景结合起来，将互联网及各种高科技应用于生活场景。体验是未来商业的核心，整合互联网和传统渠道是为消费者提供更好体验的有效方式，不仅能满足需求，甚至可以创造需求，为企业带来更多商机。

思考题

1. 企业应当如何在渠道的长度和宽度上进行决策？
2. 什么是垂直营销系统？它有哪些主要类型？
3. 设计一个高效的分销渠道主要应做哪些工作？
4. 如何实施对分销渠道的有效控制？
5. 互联网对分销渠道管理产生了哪些主要影响？有哪些协调方式？

第十三章　中间商和物流管理

学习目的与要求

1. 掌握零售商与批发商的主要区别
2. 了解零售商的主要类型和特征
3. 了解批发商的主要类型和特征
4. 掌握零售商和批发商的营销策略
5. 了解物流的概念和基本方式
6. 了解供应链的含义及对现代物流发展的影响

在这一章中，我们将介绍构成营销渠道的主要成员——中间商和物流机构。它们是帮助和促使企业的产品进入市场、转移到消费者手中、满足消费需要、实现产品价值的主要营销中介。

第一节　零售商

零售商的特征

零售(retailing)包括将商品或服务直接销售给最终消费者供其非商业性使用的过程中所涉及的一切活动。零售商(retailer)或零售店则是指主要从事零售业务的商业企业。

零售商的主要特征有三点：一是商品的销售对象是直接消费者，包括城乡居民和社会集团单位，不是转售或加工者；二是商品一经出售就脱离了流通领域，进入消费领域,零售商店处于商品流通末端,其商品的价值随着使用价值的消失而消失;三是零售商店的商品销售数量往往小于批发商的销售数量。而其中销售对象对于所购商品的用途则是零售与批发最为本质的区别。

零售商处于流通领域的终端,直接连接消费者,承担实现产品最终价值的任务,因此它对于满足各种各样的消费者需求、促进产品的顺利销售以及推动社会再生产的正常运转具有十分重要的作用。

零售商的主要类型

零售机构多种多样、五花八门,新形式不断涌现。在此,我们仅对主要的零售商的形式作一个简单的介绍。

1. 综合商店(general store)

综合商店是指在同一家商店内,不分门类,销售多种类型商品的零售商。实际上,最早的零售商大多数属于综合商店。在一些城镇和乡村,一家小商店常常是连服装带食品,从锅碗瓢盆到农药化肥,什么东西都经营,有时还会提供邮政服务。

2. 专业商店(specialty store)

专业商店是专门经营一类或几类商品的商店。大体有服饰商店、钟表店、家具店、花店等。有的只经营本行业商品,有的则兼营其他行业但在消费上带有关联性的商品(如礼品商店中既有工艺品又有文具等)。这类商店的特点在于经营的商品大类比较单一,专业性较强(系列少、项目多、深度大),具体的商品品种、花色、规格比较齐全。它有利于消费者广泛挑选,同时也能及时研究消费者的需求变化。

3. 百货商店(department store)

百货商店是一种大规模、综合性、分部门经营日用工业品的零售商业企业。其特点在于经营的商品类别多,同时每类商品(每条商品线)的花色、品种、规格比较齐全。实际上,百货商店是许多专业商店的综合体。通常每一大类商品作为一个独立的部门,有各自的管理人员负责商品的进货业务、控制库存、安排销售计划等工作。

4. 超级市场(supermarket)

超级市场是一种开架销售、自助服务、低成本、低毛利的零售商店。它是为了更便利地满足消费者对食品和家庭日常用品的种种需求而创建的一种新的零售形式。超级市场一般以经销食品和日用品为主,有的大型超级市场还兼营化妆品、文具、五金、服装等商品。

5. 便利店(convenience store)

便利店是一种以经营最基本的日常消费用品为主,规模相对较小,位于住宅区附近的综合商店。便利店营业时间较长,不少是 24 小时营业,一般经营周转较快的方便商品，如日用百货、药品、应急商品、即食食品等。由于便利店能随时满足消费者的即时需要，所以商品的价格相对较高。

超级市场与便利店的销售形式是类似的，两者都采取开架陈列、自我服务、一次结算的方式，但两者的经营定位却有很大差异。超市是满足顾客日常生活所需商品的商店，而便利店则是以满足顾客即时消费需求的商店；超市以居民区一般消费者为主，以家庭为主要销售单位；而便利店则以追求生活质量、习惯于夜生活、生活节奏快的人为主；超市以居民区为主要选址点，而便利店除了选择居民区外，还可以选择闹市区、交通枢纽地带，以便于顾客购物；超市是满足顾客日常生活所需的“一次性购足”的商店，其商品品种至少在 3 000 种以上，最多可以达到 15 000 种，而便利店则是以消费者日常消耗率较高的商品为主，具有即时消费性、应急性、小容量性的特点；超市的营业时间在 12～16 小时，而便利店则在 16 小时以上，甚至达到了 24 小时全天候营业。由于便利店向顾客提供了更多的服务，因此其商品售价要高于超市 10%～20%，利润率要高于超市 2%～3%。所以，便利店并非是“低档店”，也并非卖“细、小、零、杂”商品的杂货铺。

6. 超级商店(superstore)

超级商店又称“综合大卖场”，一种大规模的、开架自助服务的，以销售食品和其他各种日用消费品为主的大型零售商店。其规模远远大于一般的超级市场，可达 2 万～4 万平方米以上。经营的商品品种少则四五万种，多则十几万种。与超级市场的一个重要区别是超级商店的非食品类商品占较大比重，一般在 50%以上，包括家电、自行车、简易家具等大件商品。一些超级商店还设有洗衣、美容、冲印照片等服务项目，并配有各种快餐店。超级商店由于经营规模大、商品周转快、经营成本较低，所以商品价格很便宜。

7. 专业大卖场(category killer)

一种专门销售某一类商品的、大规模经营的零售商店，如家电大卖场、家具大卖场、装潢材料大卖场等。商店面积一般都在 1 万平方米以上，专业经营的种类繁多，能充分满足对该类商品的选择性需求。由于大规模经营成本较低，其价格比其他商店销售的同类商品便宜得多，有很强的竞争力，使得其他商店很难同其竞争，甚至不得不放弃对该类商品的经营，所以专业大卖场也被称为“品类杀手”。

8. 折扣商店(off-price retailer)

折扣商店是第二次世界大战之后兴起的有影响的零售企业，它也是一种百货商店，主要以低价竞销、自助选购的方式出售家庭生活用品。其价格低于一般商店，毛利较少，薄利多销，销售量较大。

9. 大型购物中心(shopping mall)

大型购物中心从严格意义上讲并不是一种独立的零售业态，而是各种业态零售商店的一种集聚形式，以满足综合性、休闲性消费需要为主。通常是在同一建筑或同一区域中集中了百货商店、专业商店、超级市场(或超级商店)、品牌专卖店以及影视娱乐中心和各类餐饮店。环境舒适幽雅，并配有很大的停车场，是一种符合现代生活品位的零售形式，已成为人们购物与休闲的主要场所。

10. 厂家直销中心(factory outlets)

厂家直销中心是一种集中了许多著名品牌的厂家直销店的购物中心。这些直销店一般销售过时、断码或清仓的名牌商品，相对于市场上同品牌的商品价格要便宜得多，对消费者有很强的吸引力。

11. 连锁商店(chain stores)

连锁商店是指由许多中小企业通过组织上和经营上的联合而形成的联营网。连锁商店的经营业务在不同程度上受总店的控制。其主要特点在于管理制度相当标准化，规模适当、数量较多、分布面广，能获得规模经营的各种利益。比如，通过统一的连锁形象，能够提高和扩大商店规模经营的声誉；能够通过大量采购来降低进货成本；市场信息比较充分，利于随时了解消费者的需求变化，做出相应的变动。当然，由于连锁商店进行统一管理、集中进货，因此在一定程度上降低了各分设商店的灵活性。

连锁商店的组织形式一般有三种，即正规连锁(公司连锁)、特许连锁(加盟连锁)和自由连锁。

正规连锁，又称公司连锁，是指在同一资本控制之下的众多分散经营的店铺组合。正规连锁的特点是所有的店铺都由其总部直接控制，总部实行统一采购、统一定价、统一核算、统一配送，各门店实际上只具有销售的功能。正规连锁是一种最紧密的连锁组织形式。

特许连锁，又称加盟连锁，是指连锁公司以签订特许协议的方式，将其店名、经营方式以及所经营的商品转移给系统之外的商店使用，对其进行统一配货并加以业务指导，同时要求其按公司的统一要求开展经营。特许连锁的特点是加盟店一般独立核算，在遵守特许协议的前提下有一定的经营自主权。特许连锁是一种相对松散的连锁组织形式。

自由连锁是指由许多独立经营的小店铺自愿联合，统购分销，相互协作的连锁组织形式。自由连锁有以零售店铺为首自行组织的，也有以某批发企业牵头，联合一批中小店铺共同组成的。自由连锁的特点是各店铺有很强的独立经营权，实际上是一种比较松散的连锁经营形式。

12. 其他零售商店形式

(1)仓库商店(warehouse club)。仓库商店是一种不重形式、价格低廉而服务有限的商店。这种商店出售的商品，大多是顾客需要选择的大型笨重的家用设备。如家具、冰箱、电视等。仓库商店往往在租金比较低廉的地段租用场地，一部分开辟为展销地点。一旦顾客选中商品，付清价款，即可在仓库取货，自行运走。

(2)样品目录陈列室(catalog showroom)。样品目录陈列室是一种将商品目录和折扣原则应用于大量可供选择的毛利高、周转快的有品牌商品销售的零售方式。店铺中往往只有大量的商品目录和少量的样品。顾客只需对其所喜欢的商品进行登记，就能由店家按要求送货上门。

(3)流动售货。流动售货是一种相当古老的推销方式，近来也开始重新被越来越多的企业所采用。

13. 无店铺零售(nonstore retailing)

无店铺零售是相对于店铺销售而言的零售形式，指制造商和经销商不通过专门的营业店面，直接向消费者提供商品和服务的一种营销方式。通过无店铺零售，厂商和中间商可以实现短渠道经营，无需投入大量资金开设店铺、装修设计、广告促销、招聘人员、保证存货等，在降低渠道成本的同时，提高了渠道效率。无店铺零售可分为四种形式：直复营销、直销、自动售货机和购货服务。

零售商营销策略

过去，个别零售商通过销售特别的或独特的花色品种，提供比竞争者更多更好的服务来赢得竞争优势，但现在各零售商在服务上的分工差异正在逐渐缩小，因此许多零售商不得不重新考虑营销策略。下面我们讨论零售商在目标市场、产品品种与服务、商店气氛、定价、促销和销售地点等方面的营销策略。

1. 目标市场策略

零售商最重要的策略是确定目标市场。只有当零售商确定目标市场并且勾勒出其轮廓时，它才能对产品编配、商店装饰、广告词、广告媒体和价格水平等做出一致的策略。为此，零售商应该定期进行市场信息的收集工作，以检查其是否满足目标顾客的需求，是否已成功地使自己的经营日益接近目标市场。

2. 产品品种和服务策略

零售商所经营的产品品种必须与目标市场可能购买的商品相一致，这已成为同类零售商竞争的一个关键原则。零售商必须决定产品品种组合的宽度(窄或宽)、深度(浅或深)和产品质量。因为顾客希望商店能够尽可能多地提供产品，使顾客拥有足够多的挑选余地。

零售商要想在产品品种上确立自己的优势，就必须制定在保持与目标市场一致前提下的产品差异化战略。采用“人无我有、人有我好、人好我新、人新我快”的经营方法来取得商业竞争的优势。

3. 商店气氛策略

每个商店都有一个实体的布局,使人们容易或不容易走动;每个商店都必须精心构思,使其具有一种适合目标市场的气氛,使顾客乐于购买。

4. 价格策略

零售商的价格是一个关键的定位因素,必须根据目标市场、产品服务编配组合和竞争的有关情况来加以确定。毫无疑问,所有的零售商都希望能以高价销售商品,并能扩大销售量。但是两者往往是矛盾的,这使得零售商不得不在两者之间谋求一种平衡。常见的零售商店较多地表现为高成本和低销量(如高级的专用品商店)或低成本和高销量(如大型综合商场和折扣商店)两大类。

5. 商店选址策略

零售商店的店址选择是它能否吸引顾客的一个关键性竞争要素。零售商必须在商店选址时考虑以下几个因素:(1)区域的性质。主要是指区域的功能特征,如是商业区、金融区、商务区、旅游区、文化区、居住区还是交通枢纽区,因为不同的区域性质会集聚不同的人群,从而决定了该区域零售市场的特征。(2)客流量及其流向。客流量由静态客流和动态客流两部分构成。静态客流主要是指区域内的居住人群和工作人群;动态客流则是指区域内的游客或过往人群。而客流的流向对于商店的位置和设计也是十分重要的。(3)交通条件。主要是指区域内及周边的道路与公共交通的状况。交通条件影响着客流进出本区域的便利程度,从而也决定了区域内商店的市场辐射能力。(4)其他环境条件。包括区域内或周边有无自然障碍(如河流、桥梁、山包等),或有无快速交通干道的阻隔,等等。只有综合考虑了各种因素,才能保证商店的经营效益。

第二节　批发商

批发的性质和意义

批发(wholesaling)是指供进一步转售或进行加工生产而买卖大宗商品的经济行为,专门从事这种经济活动的商业企业被称为批发商(wholesaler),又称分销商(distributor)。

批发商的特征表现在如下几个方面:

第一,批发商一般处于商品进入流通后运动的起点或中间阶段,因此在商品流通过程中,批发商始终表现为中间环节。

第二，批发商较少注意促销、气氛和店址，因为它们的交易对象是商业顾客，而不是最终消费者。

第三，批发交易通常大于零售交易，批发商所涉及的交易领域常常大于零售商，当然也有部分例外。

批发商熟悉市场情况，熟悉社会需求和各种复杂的销售条件，有较丰富的市场经营经验。因此，由它们经销商品可以大大缩短商品流通时间，加速占用资金的周转。

制造商可以越过批发商将产品直接售给零售商或最终消费者。但由于批发商能带来种种利益，因此，只要当批发商能更有效地执行一种或几种功能时，它们就会被制造商利用。比如当制造商规模较小，资金有限，无力发展直接销售组织的时候；或者制造商虽有足够的资本，但它们宁愿将其资金用来扩展生产，而不愿自营批发业务的时候，批发商就是它们最好的选择。而且有时经营多种产品的零售商常常愿意从一个批发商那里购买有各种花色品种的产品，而不愿直接从每个制造商那里购买。

总体看来，批发商的意义体现在以下几方面：

第一，在销售方面，批发商可以帮助生产商以较低的成本获得小型的客户。顾客更倾向于相信批发商而不是离他们很远的生产商。

第二，在产品分类方面，批发商具备选择产品的能力，从而建立符合顾客需求的产品分类，减轻生产商大量的工作。

第三，在仓储和运输方面，批发商拥有很多仓库，可以降低供应商和客户的库存成本。而且批发商向顾客运输货品要比生产商更加快捷。

第四，在风险承担方面，批发商要承担持有货物的风险，如产品被盗、破损、过时、腐烂等情况。

第五，在掌握市场信息方面，批发商可以向顾客与供应商提供竞争者活动、新产品发布和产品定价等最新的市场信息。

批发商的类型

按照批发商在进行商品交易时是否拥有所有权，可以将批发商分为经销商和代理商；按照批发商提供服务的范围和程度，可以将其分为提供完全服务和有限服务两种批发商类型。所谓完全服务，是指批发商提供诸如存货、顾客信贷以及协助管理等服务。而有限服务则是指批发商对其供应者和顾客只提供部分或极少的服务。在此，我们主要按照所有权的拥有与否进行分类。

1. 经销商

经销商(dealer)是指买下所经销商品的所有权，然后再出售的那一类批发商。它们往往是独立的商业企业，有自己的经销网络。经销商也有多种表现形式，常见的有以下这些。

(1)批发中间商(wholesale merchant)。批发中间商主要向零售商销售,并提供全面服务。在其下面又可细分为综合批发商(一般商品批发商)、专线经营批发商和专业批发商这样几种。综合批发商一般都经营几条各有特色、花色品种较为齐全的产品线,并且往往雇用自己的推销员。而专线经营批发商则经营一条或两条产品线,但是品种深度较大。至于专业批发商则是专门经营一条产品线中的部分专业产品的批发商(如海味商品批发商等)。

(2)工业经销商(industrial distributor)。工业经销商是指向制造商销售的批发商,也是一种正规的批发商。工业经销商可以集中经营诸如 MKO 品目(保养、维修和作业供应品),或者 OEM 品目(原始设备零部件供应,如滚珠轴承等),或者设备(如手工工具等)等产品线。

(3)现销批发商(cash-and-carry wholesaler)。现销批发商又称现销交易批发商,它们经营一些周转快的商品,卖给小型零售商,收取现款,一般不负责送货。由购货单位到批发商那里挑选商品,支付现款,自行负责提货和运输。

(4)货车批发商(truck wholesaler)。货车批发商主要执行销售和送货职能。它们经营一些容易变质的商品(如牛奶、面包和快餐),现货现卖。

(5)承运批发商(dorp shipper)。承运批发商具有产品所有权,但它们不是存货而是代替制造商完成运输的功能,并承担其中的风险。它们专门经营一些笨重的工业产品,如煤、木材和重型设备等。

(6)邮购批发商(mail-order wholesaler)。邮购批发商向较为边远地区的零售商、工业用户、相关顾客寄送商品目录,获得订单后以邮寄或用其他的运输方式交货。

在上述六种方式中,后四种属于有限服务的批发商,而前两种则提供较为全面的服务。

2. 代理商

代理商(agent)是指不拥有经营商品的所有权,代制造商进行经销活动的批发商业企业。由于使用代理商可以在制造商收到货款以后才支付佣金,因此对于财务资源有限的新企业和小企业而言,这种形式就特别有利。

(1)企业代理商(manufacturers' agent)。又称区域代理商,是指在某一区域范围内为多家制造商代理销售业务的代理商,是代理商中的主要形式。它们代表一家或几家制造商推销商品,与制造商就价格、地区、承接订单程序、运输服务方法、质量保证以及佣金标准等订有书面的协议。

(2)销售代理商(selling agent)。销售代理商是在协议规定的时间和范围内,为某一生产厂商独家代理销售业务的代理商,它们代理制造商销售全部产品,并为制造商提供很多的服务(如设置产品陈列和负责广告费用等)。实力雄厚的销售代理商还以票据或预付款等方式向制造商提供资金方面的资助。它们对于产品价格、交易条件等有很大的影响。

(3)采购代理商(purchasing agent)。采购代理商一般和买主建立有长期关系,为其采购商品,经常为买主收货、验货、储存和送货。该种形式的代理商常见于服装市场。

(4)佣金代理商(commission merchant)。是指为企业临时代理销售业务的代理商,通常是以每一笔生意为单位同生产厂商建立委托代理关系。生意做完,委托代理关系也就结束,然后按销售额的多少提取佣金。

(5)经纪人(broker)。经纪人是一种独特的代理商。它的作用是为买卖双方牵线搭桥,协助谈判。说它比较特别是因为经纪人往往是针对业务进行代理,而不是针对企业。也就是说,经纪人只负责介绍业务的买卖双方,帮助交易达成。

3. 其他批发商类型

其他的批发商类型主要包括一些制造商和零售商在批发领域延伸的办事机构。

(1)销售分部和营业所。制造商为了加强存货控制,改进销售和促销工作,经常开设自己的销售分部和营业所。销售分部备有存货,常见于木材、汽车设备和配件行业。

(2)采购办事处。又称进货营业所。许多零售商在大的市场中心,如纽约和芝加哥等地设立采购办事处。这些采购办事处的作用与采购代理商的作用相似,但是前者是买方组织的组成部分。

(3)拍卖行。拍卖行在一定时间内,把货物大量集中在一定地点,按照一定的章程和规则,通常以公开叫价竞购的方式,将现货按批卖给出价最高或最低的买主。采取拍卖方式进行交易的商品,一般都是品质不能高度标准化或容易变质的商品,如茶叶、烟草、毛皮、水果、旧家具等。

(4)其他批发商。在某些特定的经济领域,可以看到一些特殊的批发商,如农产品集货商、散装石油厂和油站以及租赁公司等。

批发商营销策略

批发商近年来正在遭遇着日益增长的竞争压力。它们面临着竞争的新力量、顾客的新需求以及新技术和来自大的机构及零售买主的更多的直接购买计划。因此,它们不得不制定适当的营销对策,在目标市场、产品品种、服务、定价、促销以及批发地点等方面改进其战略和策略。

1. 目标市场策略

批发商应该明确自己的目标市场,而不能企图为每一个人服务。它们可以按顾客的规模、顾客的类型、所需要的服务或者其他标准,选择一个目标顾客群。在这个目标顾客群里，它们可以找出较有利的顾客，设计有吸引力的供应物，与顾客建立良好关系。

2. 产品品种和服务策略

批发商的"产品"是指它们经营的品种。批发商迫于巨大的压力，花色品种必须齐全，而且要有充足的库存，以便随时供货。但是这会影响盈利，因此批发商正在重新研究应该经营多少品种最为合适。批发商还在研究，在与顾客建立良好关系的过程中，哪种服务最为重要，哪些服务可以取消，哪些服务应该酌情收取费用。这里的关键是找出一种被顾客视为是有价值的独具一格的服务组合。

3. 定价策略

批发商通常在货物成本上，按传统的比例加成，比如说 20%，以抵补自己的开支。其中，开支可能占 17%，余下 3%就是毛利。杂货批发商的平均利润率一般在 2%以下。批发商正在开始试用新的定价方法。它们可能减少某些产品的毛利，以赢得新的重要的客户。

4. 促销策略

批发商主要依靠它们的销售人员以获得促销目标。即使如此，大多数批发商仍然把推销看成是一个推销员和一个客户的交谈，而不把它当作向主要客户推销商品、建立关系和提供服务的协同努力。至于非人员促销，批发商可以从使用零售商所采用的树立形象的技术中获益。它们还需要充分利用供应商的一些宣传材料和计划方案。

5. 批发地点策略

批发商将批发地点一般设在租金低廉、征税较少的地段，以尽可能地降低成本。为了对付日益上升的成本，富有进取心的批发商正在研究货物管理过程中的时间和动作。其中最大的一项发明就是自动化仓库。在那里，订单被输入计算机，商品由机器自动取出，通过传送带输送到平台，在平台处集中送货。

第三节 物流管理

商品流通是由商品收购、商品储存、商品运输、商品销售四个环节组成的。商品收购和商品销售是整个商品流通或某个流通阶段的起点和终点，商品储存和商品运输则是为了实现商品实体从购到销过程中的必要滞留和空间转移的中间环节。在前两节中，我们介绍了主要承担商品收购、商品销售的渠道成员——批发商和零售商。在这一节中，我们将介绍承担商品储存和商品运输的渠道中介机构——物流机构。

物流的性质

“物流”一词源于英语的“logistics”，原意是军事后勤保障。第二次世界大战后，物流的概念被广泛运用于经济领域。根据美国物流管理协会对物流的定义：“物流是为满足消费者需求而进行的对原材料、中间库存、最终产品及相关信息从起始地到消费地的有效流动与存储的计划、实施与控制的过程。”该定义具体突出了物流的四个关键组成部分：实物流动、实物存储、信息流动和管理协调。物流就是指对原料和最终产品从生产点向使用点转移，以满足顾客需要，并从中获利的实物流通的计划、实施和控制。物流的经济效果对社会再生产全过程的经济效果有着重大影响，这是因为，物流的费用在产品成本中占有相当大的比重，必须通过采用现代化的流通设施和经营管理方法，挖掘物流的潜力以获得信息灵敏、周转加快、效率提高、渠道畅通、费用降低、经济合理的综合效果，使物流成为“第三利润源泉”。

物流不仅仅涉及一个成本问题，也是制造需求的一个很有潜力的工具。公司可以通过改善物流活动、提高服务质量、降低价格来吸引新的顾客。公司如果不能及时供应商品，就会失去顾客。

商品储存管理

在流通过程中，大量的产品会不断地停留在流通的各个环节，形成商品储存，这也是物流系统的两大主要职能之一。加强商品储存管理，对于加速企业资金周转、降低流通费用具有重要作用。对储存的商品进行管理，使商品库存具有合理的数量、结构和分布，是商品储存管理的重要工作。

1. 合理储存标准的制定

商业企业在经营过程中到底需要多少库存量，是管理工作中比较复杂的问题。因为库存量太少会导致脱销，影响企业正常销售活动；而库存量过大，又会造成库存商品积压，影响企业资金的正常流转。因此合理制定一个储存的标准十分重要。在储存管理中较为常见的两个制定标准是经济批量（最佳订货量）和保险储备（安全存量）。下面，我们将详细介绍两种标准的一般的制定方法。

(1)经济采购批量的确定。一般而言，仓储管理的费用包括仓储费用和采购费用。经济采购批量是：确立一个最佳的进货数量以求得两者的平衡。较大的批量导致了较高的库存水平，但采购次数较少；较小的批量导致较低的库存水平，但具有较多的采购次数。图 13－1 表明了两种费用随进货数量变化的情况。

从图 13－1 中可以看出：当批量较小时，仓储费用较低，但采购费用较高；反之，仓储费用高，但采购费用低。而其中代表仓储费用和采购费用之和的总费用曲线在仓储

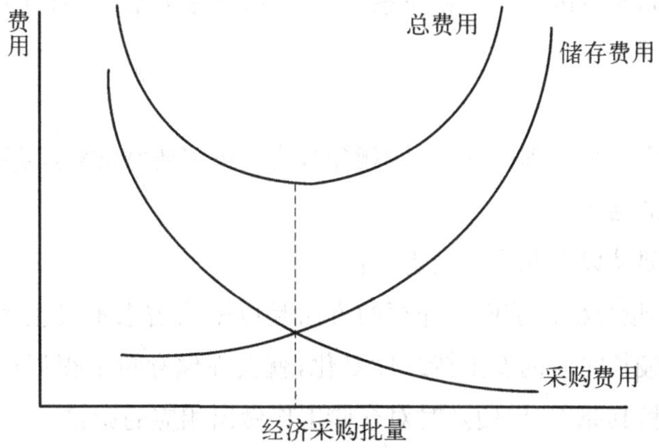

图 13－1　经济采购批量示意

费用曲线和采购费用曲线交叉时获得最小值。我们所确立的经济采购批量就是对应这一最小总费用值的采购数量。在此，我们给出计算经济批量的公式：

$$Q=\sqrt{\frac{2CD}{IP}}$$

式中：Q 表示经济批量；C 表示固定进货费用；D 表示年销售量；I 表示平均年仓储费用率(元/单位库存价值)；P 表示单位商品成本(商品价格＋运杂费)。

在实际工作中，经济采购批量总是选取一个近似值，这是因为总费用曲线在经济采购批量附近的变动相对比较平缓。在一小范围内，采购数量所引起的总费用变化很小，所以不要求很精确地按照经济采购批量进货，只要取大致的一个整数就可以了。

(2)保险储备的制定。一定量的保险储备对于商业企业保证销售是非常必要的，因为实际需求总是围绕平均需求量上下浮动，在商品需求大于平均需求的情况下，没有保险储备，就有可能缺货，带来不可估量的损失。在此，我们给出计算保险储备的步骤：

第一，获取历史销售量数据。

第二，计算标准差 σ。

$$\text{期望值}\,\overline{x}=\frac{\sum x}{n} \qquad \text{标准差}\,\sigma=\sqrt{\frac{\sum fd^2}{n}}$$

式中：σ 表示标准差；d 表示实际与期望值的差值；f 表示事件发生的频率；n 表示总观测值。

第三，确定保险储备定额。

在此，我们的计算是假定需求的变化是正态分布的，所以可以利用 $[x-\sigma,x+\sigma]$

的区间来确定保险储备的量。根据正态分布理论，当偏差取 3σ 时，保证程度几乎可达到 100%。

2. 库存分析

仅仅依靠制定一个合理的标准是不够的，我们还需要经常对库存进行了解、分析，以评定管理工作的绩效。

库存分析主要从以下几个方面进行：

(1)商品储存量分析。前面所介绍的方法是以平均需求不发生大的变动为前提。如果商品需求在较长时间内发生持续性变化，就会在储存量上得以体现。此时，我们就非常有必要分析其原因，以便及时对仓储工作做出相应的调整。

(2)商品储存结构分析。对库存的分析还应考虑库存结构是否合理。商品库存结构的不合理是指当总的库存量合理时，某些商品积压而某些商品缺货。分析商品的库存结构的合理性时，我们必须深入研究每种商品的市场情况，做出合理的调整决策。

(3)库存周转情况分析。这类分析是作为前两者的辅助工作而存在的，它主要出于加速企业资金流转的目的，而其工作量也因涉及更为具体的细节从而显得比较庞大。

商品运输管理

商品运输是商品流通领域的又一重要环节，是整个物流体系的一个重要分支。它如同一面镜子反映出国家各经济区间联系的程度、交通运输网的发展变化以及运输方式的发展与变化。尤其是运输方式的变化与更新会对商品运输产生深远的影响，是影响商品运输最重要的因素。我国的商品运输体系主要有四种运输方式：公路、铁路、水运、航空。这四种运输方式使用不同的运输工具，在商品运输中发挥着不同的作用。

由于各种运输方式都有各自的优缺点，所以仅靠单一的运输方式是难以达到商品运输"及时、准确、安全、经济"的总体要求的。综合利用各种运输方式，合理调整公路、铁路、水运、航空等主要运输方式的分工，扬长避短，建立既平衡又协调的商品运输体系，是运输工作的关键所在。

联合运输是一种综合性的运输业务，它可以使各种运输工具衔接起来，提高工作效率，加速车船周转，减少运费支出。但由于联合运输涉及面广，业务环节多，要使商品从起运地到目的地的整个运输过程能够顺利地运行，就必须有严格的规章制度来保证。联运包括四种常见的方式，如：猪背联运(铁路和卡车的联合运输)、鱼背联运(水路和卡车的联合运输)、水陆联运(水路和铁路的联合运输)和空陆联运(航空和卡车的联合运输)。现在的托运人越来越多地将两种以上的运输方式结合起来。

仅仅将各种方式组合起来实行联运并不意味着合理地进行了商品运输。商品合理运输必须综合考虑各种运输方式的优缺点和各种运输方式之间的运量分配。由于商品运输在地区和数量上是相对固定的，而地区市场需求和供给却是随时变化的。这就使得商品运输量出现不足或过多，而这种运输量的不足或过多将直接影响地区市场的消费和人民需求的满足。因此在商品运输的组织工作中，必须以均衡为原则。

商品运输均衡组织的基本内容就是通过揭示商品运输的不均衡的表现形式、产生的原因和影响因素，寻求克服的措施，以便尽可能地使商品运输趋于均衡。

商品运输的不均衡现象可以分为方向不均衡和时间不均衡两大类。

1. 方向不均衡

方向不均衡是指在一定时间内在各路线的两个相反方向上所通过的运输量不相当。方向不均衡产生的最主要原因在于资源分布的不均衡。比如，中西部地区矿产资源较为丰富，重工业较为发达，因此其产品多是加工的生产资料。而东南沿海轻工业发达，其产品多是日用消费品。但是中西部的消费者需要日用品，而东南沿海地区的生产厂家需要扩充各种生产资料，这样，当地区内供不应求时，跨地区的商品运输就形成了。在这些运输中，由于上述条件使得运输的商品大不相同。在日用品的运输中，流入中西部地区的要大于流入东南沿海地区的；而流入东南沿海的轻工业生产资料也大大多于流入中西部地区的运输量。减少方向上的不均衡的最主要途径是综合利用各种运输货源，如尽量利用回程的空车(船)顺路装运，以充分利用运输能力。

2. 时间不均衡

时间不均衡是指在一年内各季、月、旬运量上的不均衡。季度或月度运输不均衡又称运量的季节性波动。它以最大季(月)运量和平均季(月)运量作对比，即用运量波动系数表示其不均衡程度：

$$运量波动系数=[最大季(月)运量\div全年平均季(月)运量]\times 100\%$$

运量波动系数的值越接近100%，其均衡程度就越高。

减少时间不均衡运输的主要方法是创造储存和大量组织淡季运输，以缓和季节性波动。总而言之，要想使商品进行合理运输，在运输各环节的空间、时间上需要紧密衔接、均衡协调，以实现商品的均衡运输。

第四节　物流现代化与供应链管理

随着市场经济的发展，流通的作用越来越重要。商品流通包括商流、物流、信息流与资金流，是“商品所有者的全部相互关系的总和”。我国国民经济的现代化，离不开流通的现代化，而流通的现代化离不开物流的现代化。

现代物流的特点

现代物流一个明显区别于传统物流的特点就是：传统物流是生产企业自己办物流，其特点是“小而全”“大而全”。现代物流则是第三方物流（third part logistics，3PL），又称“代理物流”。它是指由物流劳务的供、需方以外的第三方（即专业物流公司）去完成物流服务的物流运作方式。物流业发展到一定阶段必然会出现第三方物流，而且第三方物流的占有率与物流产业的水平之间有着非常紧密的相关性。西方国家的物流业实证分析证明，独立的第三方物流至少占社会的50%时，物流产业才能形成。所以，第三方物流的发展程度反映和体现着一个国家物流业发展的整体水平。

第四方物流（forth party logistics，4PL）综合了咨询管理和第三方物流的优点，能从较大的范围去改善整个供应链的管理，对供应链的复杂的要求做出高效率的反应。

随着互联网时代的来临，现代物流具备了以下一系列新特点：

1. 信息化

互联网时代，信息化是现代物流发展的必然要求。物流信息化表现为物流信息的商品化、物流信息收集的数据库化和代码化、物流信息处理的电子化和计算机化、物流信息传递的标准化和实时化、物流信息存储的数字化等。因此，条码技术（bar code）、数据库技术（database）、电子订货系统（electronic ordering system，EOS）、电子数据交换（electronic data interchange，EDI）、快速反应（quick response，QR）及有效的客户反应（effective customer response，ECR）、企业资源计划（enterprise resource planning，ERP）等先进技术与管理策略在发达国家的物流中已经得到普遍应用。

2. 自动化

自动化的基础是信息化，自动化的核心是机电一体化，自动化的外在表现是无人化，自动化的效果是省力化；另外，自动化还可以扩大物流作业能力，提高劳动生产率，减少物流作业的差错等。物流自动化的设施非常多，如条码/语音/射频自动识别系统、自动分拣系统、自动存取系统、自动导向车、货物自动跟踪系统等。

3. 网络化

物流领域的网络化有两层含义：一是物流配送系统的计算机通信网络化，包括物流配送中心与供应商或制造商的联系要通过计算机网络；另外，与下游顾客之间的联系也要通过计算机网络通信。二是组织的网络化，即所谓的组织内部网（intranet），是按照客户订单组织生产，生产采取分散外包形式，再由物流配送中心将组装的商品迅速发给订户。

4. 智能化

这是物流自动化、信息化的一种高层次应用。物流作业过程大量的运筹和决策，如库存水平的确定、运输(搬运)路径的选择、自动导向车的运行轨迹和作业控制、自动分拣机的运行、物流配送中心经营管理的决策支持等问题都需要借助于大量的知识才能解决。为了提高物流现代化的水平,物流的智能化已成为互联网条件下物流发展的一个新趋势。

5. 柔性化

柔性化本来是为实现“以顾客为中心”理念而在生产领域提出的。但要真正做到柔性化,即真正地能根据消费者需求的变化灵活调节生产工艺,没有配套的柔性化的物流系统是不可能达到目的的。这就要求物流配送中心要根据消费需求(即“多品种、小批量、多批次、短周期”)的特点,灵活组织和实施物流作业。

另外,物流设施、商品包装的标准化,物流的社会化、共同化也都是现代物流的新特点。

快递业的发展

快递又称速递(courier service/express service),是指按照客户的要求,在承诺的时限内,保证物件优质、高效、快速地从发件人运送到收件人的门对门服务。快递对象包括文件、包裹和物品等。快递是物流发展到一定阶段的产物,满足了人们多元化的服务需求。

快递与物流具有一脉相承的联系,从提供的服务类型来说,快递和物流属于同一类,都是通过运输,实现物品的流动。快递产业是物流产业的重要组成部分,快递专注于物流服务链条的一部分环节,其实是一种特殊的物流服务业态。快递与物流在服务标准、服务范围、服务方式、服务价格等方面都有所差异。总体上,快递服务的范围更小更细、服务更加个性化。

1. 快递业与物流业运送的物品特点不同

物流产业运送的一般都是大件、批量货物,而快递产业运送的则是零散的小件物品或者是资料文件;物流的客户更关注的是运输费用和货物的安全,而快递的客户更关注的是速度,当然也有对安全的要求。

2. 快递业与物流业的运作方式不同

物流产业的运作方式通常是大批物资的整车运输,是点对点的批量直达运输,所运的物资被称作货物;而快递所运的物品称为快件,是多点对一点和一点对多点的集散式运输方式。

3. 快递业与物流业的服务方式和要求不同

物流产业一般是不负责送件的,发件要送到物流点,提货也要到相应的物流点提货,覆盖面积较小,缺乏严格的时限标准,省外件一般在 7～10 天,省内件 1～2 天,适合较大的货物流通，不适合要求时间短的货物运输。快递实行门到门、桌到桌的服务，对快件送达的时限有严格的标准，一般省会城市之间1～3天可以到达；此外，快递还可以提供许多附加的服务，比如电子返单、代收货款等。总之，快递服务比物流服务要求更高、更细、更加周到和贴心。

4. 快递业与物流业的定价标准不同

物流服务的定价标准是物流企业与客户双方根据市场情况协商确定的，价格是买卖双方博弈的结果。而快递产业是按照产品的时限标准来定价的，即价格高低主要取决于快递产品的要求时限。时限越快的产品，价格越高，如当日达产品价格最高，其次是次晨达，再次是次日达等。快递企业在制定价格标准时首先要满足客户的需要，同时还要考虑到竞争对手的价格，也要考虑到企业本身的运营成本和承受能力。

快递企业的商业模式

目前我国快递业有三种常见的商业模式，即自营（如EMS、顺丰）、加盟（如申通、韵达）和自营加盟兼有的混合型模式（如宅急送）。

采取自营模式的快递企业自上而下全权把控所有网络节点，以总部为中心，通过在各地开设分公司拓展网络，需要大量的资金、人力和物力来扩大市场。自营模式的优势是管理便捷、质量可控，企业可以规范服务流程、设立服务标准、监控服务质量、打造品牌形象、服务高端客户；缺点是成本高。

加盟模式就是特许商将品牌出让给加盟商有偿使用。特许快递企业控制主要地区的运转、集散中心，下一级的运转、分拣都交由地区加盟商负责。加盟模式的核心是特许权的转让，其中品牌经营是快递特许加盟经营系统的关键，特许者与加盟点之间是完全依靠品牌来维系的共同体。加盟商在人事、财务上独立自主，但使用统一商标、进货、店面布置、人才培训、价格制定、广告宣传，即所有权分散，经营权集中。加盟模式的优势在于成本低廉、扩张迅速，但是管理混乱、服务质量差的劣势同样明显。

混合商业模式是快递行业发展过程中为兼具自营与加盟两种模式的优点而产生的。一些采用加盟模式的快递企业将主要的运转中心改为自营，其余的网点继续采取加盟模式，整个公司就形成了混合模式。总体上，加盟模式向自营模式或混合模式转型是我国快递业发展的必然趋势。

供应链管理

供应链管理作为一种新的学术概念首先在西方被提出来，很多人对此进行研究，企业也开始了这方面的实践。在经济全球化的今天，从供应链管理的角度来考虑企业的整个生产经营活动，形成这方面的核心能力，对广大企业提高竞争力将是十分重要的。

企业从原材料和零部件采购、运输、加工制造、分销直至最终送到顾客手中的这一过程被看成是一个环环相扣的链条，这就是供应链。供应链的概念是从扩大的生产(extended production)概念发展而来的，它将企业的生产活动进行了前伸和后延。供应链与分销渠道的概念有联系也有区别。供应链包括产品到达顾客手中之前所有参与供应、生产、分配和销售的公司和企业，因此其定义涵盖了分销渠道的概念。供应链对上游的供应者(供应活动)、中间的生产者(制造活动)和运输商(储存运输活动)以及下游的消费者(分销活动)同样重视。

思考题

1. 零售商和批发商的主要区别在哪里？它们各有哪些主要形式？
3. 物流包括哪些主要活动和功能？现代物流具有哪些基本特征？
4. 如何理解多种运输方式的综合运用能使运输成本降低？
5. 供应链的含义与性质是什么？

第十四章　促销策略:传播价值

学习目的与要求

1. 掌握促销的基本含义和本质特征
2. 掌握促销传播的基本原理
3. 掌握整合营销传播的基本含义
4. 了解人员推销的特征及人员推销的管理方法
5. 了解营业推广的基本特征和主要手段

由于现代市场营销活动是在广泛的地域范围和复杂的人际关系为背景的社会化大生产条件下进行的,所以仅有优质的产品、合理的价格和适当的渠道,并不一定就能立即招来大量的顾客。因为在商品经济的大千世界中,人们并不一定会对某一企业的产品及其相关情况加以注意,甚至会闻所未闻。这就需要企业采取各种有效的方法,把企业的有关信息传递给自己的目标市场,以引起消费者的注意,激发他们的需求欲望,吸引他们购买企业的产品。这一系列做法及其策划,即为企业的促销组合。从价值链的角度来看,企业对其所创造的价值,不仅需要有一个通过分销活动完成的价值传递过程,也需要有一个通过促销活动所进行的价值传播过程。促销活动的本质就是传播价值。

第一节　促销活动及整合营销传播

促销的本质与功能

促销(promotion)是企业市场营销活动的基本策略之一,它是指企业以各种有效的方式向目标市场传递有关信息，以启发、推动或创造对企业产品和服务的需求，并引起购买欲望和购买行为的综合性策略活动。它一般包括广告(advertising)、人员推销(personal selling)、营业推广(sales promotion)、公共关系(public relations)和直复与数字营销(direct and digital marketing)等具体活动。促销的本质是通过传播，实现企业同其目标市场之间的信息沟通。所有的促销活动均具有以下一些基本功能。

1. 告知功能

促销活动能把企业的产品、服务、价格、信誉、交易方式和交易条件等有关信息告诉给广大公众，使他们对企业由无知转为有知，从知之不多到知之较多，从而能使他们在选择购买目标时，将企业的产品或服务纳入其选择范围。

2. 说服功能

促销活动往往致力于通过提供证明、展示效果、解释疑虑和表示承诺等方法来说服消费者，加强他们对本企业产品或服务的信心，以促使其迅速采取购买行为。

3. 影响功能

促销活动通过对社会广泛经常的信息传播，往往能使消费者的印象不断加深，甚至形成一种社会舆论，从而通过从众心理的作用，对目标市场的消费者产生舆论导向，使他们在不知不觉中，接受本企业的各种宣传，建立对本企业的认识，形成对本企业及产品的好感。

信息传播

因为促销的本质是同目标市场之间的信息沟通，其主要手段就是通过各种形式的信息传播活动传播企业所创造的价值。所以在激烈的市场竞争中，要确保企业的竞争优势，就必须掌握信息传播的客观规律，努力提高促销活动中的信息传播效果，以强化促销的各种基本功能。

无论是哪种形式的促销活动，其信息传播的一般过程可用图 14－1 表示。

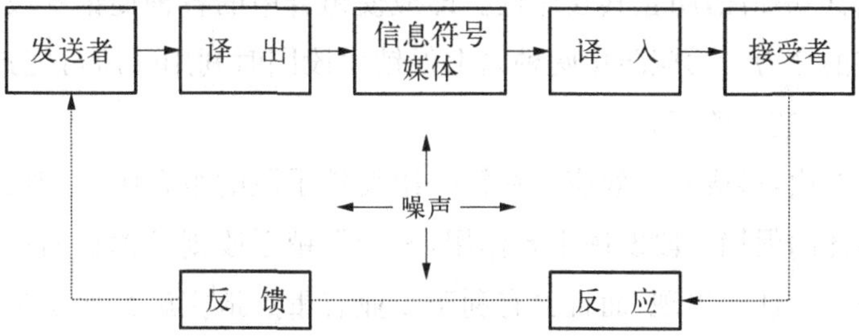

图 14－1　信息传播过程

从图 14－1 中我们可以看到，信息传播(communication)的一般过程包含五个要素、四个阶段。这五个要素为:发送者、接受者、信息符号、媒体和噪声。四个阶段为:信息译出阶段、信息传送阶段、信息译入阶段和信息反馈阶段。信息传播的一般过程为:信息的发送者将信息译出为信息符号,并通过一定的媒体进行传送;又由接受者将信息符号译入还原为信息并予以接收;接受者对所接收的信息做出反应,并将部分反应反馈给发送者。

促销作为一种有目的的信息传播活动,必须重视通过信息传播对接受者(消费者)行为加以控制和引导。这就要求在促销的信息传播活动中掌握好四个层次:一是要求信息能被目标市场的消费者所感知,引起他们的注意;二是要求信息能被目标市场的消费者所接受,被他们准确理解;三是要求信息能成为促进目标市场消费者行为的动力,激发他们的购买动机;四是要求信息能引导目标市场消费者的行为方向,使他们的行为能为企业所控制。掌握好这四个层次,才能真正实现企业同目标市场之间的信息沟通,从而提高企业促销活动的效益。

促销策略组合

企业的促销活动是由一系列具体活动所构成的,它们主要可归结为五种主要手段,即广告、人员推销、营业推广、公共关系以及直复与数字营销。同时又可将其分为以人员活动为主的促销活动(如人员推销)和以非人员活动为主的促销活动(如广告、营业推广和公共关系)。当然,在某一个具体的促销活动中,人员促销和非人员促销往往是同时存在、相互补充的。

对各种促销手段加以适当地组合,就有可能产生出积极的综合效应,企业产品的促销策略往往是在对各种促销手段加以认真组合的基础上产生的。对促销手段的组合必须考虑以下一些问题。

一是促销手段的组合应紧紧围绕企业的营销目标,应以营销目标的最佳实现为促销手段组合的基本出发点。

二是利用其互补性,防止其互斥性。即应使组合中的各种促销手段能相互补充,形成促进销售的合力。而应防止两种以上促销手段同时利用时所可能造成的相互能量抵消,甚至产生逆向效应。

三是有主有次,形成立体效应。在每一组促销手段的组合中,一般都应有一个在某阶段作为主体的促销手段发挥主要作用,其他促销手段则发挥辅助作用,这样就可能有效地防止互斥性的出现,而且也有利于企业有重点地实施其促销策略,形成立体效应。

四是合理分配促销费用。对于促销费用的预算,既要考虑总的预算水平应保持在一个最佳的尺度上,又要考虑在不同的销售阶段和不同的促销组合中各种促销手段费用的合理分配，使各种促销手段都有可能达到预期效应，而总的预算水平又不至于被突破。

整合营销传播

整合营销传播（integrated marketing communications，IMC）的概念最早是由唐·舒尔茨（Don E. Schults）等学者在 1993 年提出来的。他们认为，进入 20 世纪 90 年代，科学技术的发展和以顾客为中心的观念得以强化，围绕顾客利益对企业的经营活动与传播活动进行统一整合成为必要，于是提出了整合营销传播的概念，认为“整合营销传播（IMC）是一种战略性经营流程，用于长期规划、发展、执行并用于评估那些协调一致的、可衡量的、有说服力的品牌传播计划，是以消费者、潜在顾客和其他内外部相关目标群体为受众的”。信息化、品牌化、全球化则是整合营销传播的主要驱动力。由此可见，整合营销传播是一个从确定目标受众开始，了解受众特征，组合营销信息，设计传播符号，整合传播方式和测定传播效果的全过程整合，同时也是对各种传播媒体和传播方式的协同整合。正如美国广告代理商协会的解释：“整合营销传播是对各种传播方法及策略进行综合计划的增值效应的确认，如对一般的广告、营业推广和公共关系进行组合，通过对这些分散信息的无缝结合，以提供出明确的、连贯一致的和最大的传播影响。”因此说，整合营销传播实际上是系统理论在企业营销传播中的实际运用。它突出了这样一些特征：

1. 整体性

要求围绕企业的营销目标对可利用的各种营销资源（系统要素）加以统一整合，从而形成具有层次感和节奏感的营销传播计划（系统结构），最终产生最佳的传播效应（系统功能）。

2. 目标性

要求营销传播必须从接受者的需求和特征出发，有的放矢，具有针对性。而且不仅是传播内容上的针对性，还应包括传播符号、传播方式以及传播媒体方面的针对性。

3. 动态性

要求整合营销传播必须是贯穿全过程的，是对每一个时点和节点的准确把握，同时要根据传播过程中的情况变化不断调整传播计划，以保证最佳的传播效果。

整合营销传播所整合的基本传播策略仍然是人员推销、广告宣传、营业推广和公共关系。由于第十五章将集中讨论广告宣传和公共关系问题，所以本章主要讨论人员推销和营业推广问题。

第二节 人员推销

人员推销的特征

人员推销(personal selling)是企业派销售人员直接同目标市场的顾客建立联系，传递信息，促进商品和服务销售的活动。这里所指的销售人员包括销售员、市场代表、商店售货员以及其他直接同消费者接触的销售人员。人员推销是促销组合的组成部分之一，是企业重要的促销手段。

人员推销是企业所有促销手段中唯一不通过任何媒体而同顾客面对面进行的信息传播活动，因此它具有同其他促销手段所不同的显著特点。

1. 亲切感强

销售人员同顾客直接见面，便于交流感情，增强沟通，消除对立情绪，培养与顾客间的友好关系。

2. 说服力强

销售人员能当场示范，回答问题，解释疑虑，介绍使用方法，容易使顾客信服。

3. 灵活性强

销售人员能根据时间、场合、环境及顾客心理随时调整销售手法，有的放矢地开展销售，提高销售效果。

4. 反馈及时

销售人员能及时带回顾客的意见建议，促使企业随时调整营销策略。

5. 竞争性强

销售人员在一定的利益机制驱动之下，相互间会展开竞争，从而能促使销售实绩不断上升。

人员推销的这些特点决定了其在顾客评估、决策、采取购买行为的阶段以及促使顾客对企业和产品建立长期信心方面能发挥最有效的作用。但是由于人员推销接触的顾客面毕竟很窄，所以运用人员推销作为促销手段比利用其他促销手段的平均费用水平要高得多。

人员推销的功能

从创造性销售工作的要求来看，人员推销应具备以下一些基本功能：

1. 销售功能

接受企业的产品销售任务,努力寻找顾客,开发市场,促进产品的销售。

2. 宣传功能

积极扩大企业及其产品的社会影响,并以企业代表者的身份,通过自身的行为树立和维护企业的良好形象。

3. 协调功能

主动发现企业与顾客之间所存在的矛盾,努力协调并解决企业与顾客之间的摩擦。

4. 服务功能

指导和帮助顾客选购满意的商品,向顾客提供好的建议,帮助顾客解决选购商品过程中所遇到的各种技术问题。

5. 反馈功能

开展市场调查和情报收集,反映顾客的意见和市场的变化状况,向企业提供市场有关情况的报告。

6. 评价功能

对企业的市场地位和顾客群体的基本特征作出评价,以帮助企业作好营销规划。

人员推销的这些基本功能一般是通过销售人员访问顾客(电话访问或面对面的交谈),参加销售会议,接待采购客户,举办展销会以及进驻柜台销售等工作得以发挥的。

人员推销的过程

销售进程就是销售人员围绕一定的销售目的而设计的为达到预定目标的工作程序,一般表现为以下几个步骤:

1. 寻找并识别目标顾客

销售人员必须首先寻找自己的销售对象——目标顾客。哪些消费者能够成为自己的目标顾客?这取决于销售人员的识别能力。识别有误,会使销售的成功率下降。所以准确寻找和识别顾客应当是销售人员的基本功。

2. 前期调查

对于已确定的目标顾客,销售人员应当首先搜集他们的有关资料,如他们的需求类型、经济实力、谈判方式、购买方式等等,以便针对不同的对象制定相应的销售方案。

3. 试探性接触

在正式向目标顾客销售之前,可以先做一些试探性的接触,而不要急于向目标顾客直接销售。如可以公开的方式向社会公众进行产品的一般介绍,然后观察目标顾客的反应,以进一步了解目标顾客需求的紧迫性,对产品的评价,以及可能接受的价位。

4. 介绍和示范

在对目标顾客已有充分了解的基础上,销售人员可以直接向目标顾客进行产品的介绍。应当根据所掌握的情况，有针对性地介绍目标顾客可能感兴趣的方面，以提高销售的成功概率。必要时，应主动地进行一些产品的使用示范，以增强目标顾客对产品的信心。

5. 排除障碍

在大多数情况下，顾客对销售人员的销售都会提出一些质疑，甚至予以拒绝，这就是销售活动中几乎必然会出现的障碍。销售人员只有善于排除这样的障碍，才能顺利地完成销售任务。有经验的销售人员对于销售中可能出现的各种障碍都有事先准备，往往能随机应变，有效地排除障碍，达到销售目的。

6. 实现交易

当各种障碍被排除之后，销售人员就有可能同目标顾客达成交易。此时，应当注意各种交易所必需的程序不要疏漏，应当使交易双方的利益得到保护。

7. 后续工作

交易实现后，并不意味着销售活动的结束，各种后续工作必须跟上，如备货、送货、配套服务及售后服务等。这些工作的妥善处理，将有利于企业同目标顾客建立起稳固的交易关系，这正是企业销售活动所追求的最终目标。

只要能准确把握销售过程的各个环节，相应采取不同的销售策略，循序渐进，逐步深入，就可能取得完美的销售效果。

人员推销的技巧

人员推销是一种对象各异、环境多变的促销手段，随机性很强，因此销售人员的销售技巧对销售活动的成败有很大影响。销售技巧是一种艺术，变幻无穷，这里只介绍一个销售人员所应掌握的一些基本技巧。

1. 把握时机

销售人员应能准确地把握销售的时机，因人、因时、因地而宜地开展销售活动。一般而言，销售的最佳时机应选择在对方比较空闲，乐意同人交谈或正好有所需求的时候，如社交场合、旅行途中、茶余饭后或参观游览的时候，都是进行销售的较好时机；而应当避免在对方比较繁忙或心情不好时开展销售。有时候，环境的变化往往会造成对某些企业和产品有利的销售时机。销售人员应能及时抓住这些时机，不使其失之交臂。

2. 善于辞令

语言是销售人员最基本的销售工具，所以销售人员必须熟练掌握各种语言技巧，充分发挥语言对顾客的影响力。具体来讲，一是要在各种场合下寻找到便于接近对方的话题；二是在谈话中要能牢牢把握交谈的方向并使之逐渐转入销售活动的正题；三是善于运用适当的词句和语调使对方感到亲切自然；四是对顾客的不同意见不轻易反驳,而是在鼓励顾客发表意见的同时耐心地进行说服诱导。

3. 注意形象

销售人员在销售过程中同时扮演着两种角色:一方面是企业的代表;另一方面又是顾客的朋友。因此销售人员必须十分重视自身形象的把握。在同顾客的接触中,应做到不卑不亢,给顾客留下可亲可敬的印象,以使顾客产生信任感,在同顾客进行的交易活动中应做到言必信,行必果,守信重诺,以维护自身和企业的声誉;应避免惹人讨厌的倾力销售,而努力创造亲密和谐的销售环境。

4. 培植感情

销售人员应重视发展同顾客之间的感情沟通,设法同一些主要的顾客群体建立长期关系,可超越买卖关系建立起同他们之间的个人友情,形成一批稳定的主顾群体。要做到这一点,销售人员往往不能局限于站在企业的立场上同顾客发生联系,而应学会站在顾客的立场上帮其出主意,当参谋,指导消费,选购商品,甚至可向其推荐一些非本企业的产品,以强化销售活动中的"自己人效应"。

销售队伍的建设

企业的人员推销活动需要一支组织合理、素质较高的销售人员队伍来完成,因此企业必须重视销售人员队伍的建设。

(一)销售队伍的结构

建立怎样的销售人员队伍要从企业的实际情况出发,按照营销活动的实际需要去加以组织。销售队伍的组织结构一般有以下几种情况。

1. 按地区结构组织销售队伍

产品组合比较单一而市场分布面较广的企业通常按地区结构来组织销售人员队伍。其基本做法是将销售人员按所划定的市场区域进行分配。这种结构的好处是:(1)比较容易评价个别销售人员的销售实绩;(2)销售人员容易同顾客建立长期关系;(3)差旅费用相对较少。

2. 按产品结构组织销售队伍

企业的产品组合面广,各产品线关联性不大的情况下,通常采取按产品线组织销售队伍的做法。即每一组销售人员专门负责销售某一种特定的产品。这样做的好处是:销售人员可以在技术和业务上十分熟练,并能对该产品的目标市场有全面的了解。但若两种产品消费关联性比较密切的情况下,则有可能出现同一企业的两个销售人员同时对同一顾客销售同类产品的情况。

3. 按顾客结构组织销售队伍

也有些企业按顾客的不同类型来组织销售队伍,即由一组销售人员面对一种类型的顾客群体。如：有专门对批发商销售的人员，也有专门对零售商销售的人员；有专门对老年顾客销售的人员，也有专门对家庭妇女销售的人员。这样做的好处是销售人员对顾客的特点很熟悉，能有的放矢地开展销售活动。问题是若顾客分布面很广，销售人员的差旅费用可能增加。

4. 复合结构的销售队伍

若将以上几种销售队伍的组织方式结合起来，就能形成一种按复合结构组织的销售队伍。如企业可按地区—产品、地区—顾客或产品—顾客的结构组织销售队伍，也可按地区—产品—顾客的结构组织销售队伍，将销售队伍的结构逐步分细，这样就有可能克服以上几种组织方法可能存在的缺点，使销售队伍的结构合理化。当然复合结构的销售队伍一般要由较多的销售人员组成，所以是一种比较适合于大型企业的销售队伍组织形式。

(二)销售人员的选聘

由于人员推销基本上是销售人员个人的努力而获得成功的，所以销售人员的素质是很重要的。企业可从众多的社会应聘者中挑选素质较好的人员来充当企业的销售员，也可以从企业现有人员中选拔和培养自己的销售员。无论采用哪种方式，都应对销售员的素质有一个基本衡量尺度。

从最基本的角度考虑，一名合格的销售人员至少应具备这样一些条件。

1. 熟悉产品情况

销售人员应对自己所销售的产品十分熟悉，能详细地对顾客进行介绍，并且应了解市场上同类产品的基本情况，能正确地进行比较和鉴别。

2. 熟悉企业情况

销售人员应充分了解自己企业的基本情况，对企业的经济实力、技术设备、生产能力、经营方式、销售条件等都应当很清楚，以便能随时回答顾客的咨询。

3. 熟悉营销知识

销售人员应掌握市场营销的基本知识和技能，在市场上灵活地开展销售活动。

4. 熟悉同销售活动有关的各种政策法规

销售人员应认真学习并努力掌握各种政策法规，以便使自己的销售行为能时刻符合政策法规的要求，不至于出现违法违纪的现象。

当然对于销售人员的个人品质和能力，也可以提出一些要求，但这并不是绝对的。如一般认为销售人员应由性格外向、交际广泛、反应敏捷、表达能力较强的人来充当。但在实际工作中，一些性格内向、交际面窄、反应迟钝，甚至表达能力不强的人，销售成绩也不错。所以有些西方营销学家认为，好的销售人员最基本的品质在于两条：一是有亲和力，善于从顾客的角度考虑问题；二是有成功欲，能执着地为实现自己的目标而不懈努力。

(三)销售岗位设置

能否选聘到优秀的销售人员并不是企业销售经理能力的唯一体现，更重要的是能否将适当的人员安置在适当的销售岗位上。企业的销售经理必须对企业的销售岗位进行分类，明确各个岗位的任务与性质，然后再考虑在相应的岗位上应当安置怎样的销售人员，这样才能使销售人员的才能得到充分的发挥。

松下幸之助曾经说过，在其手下有两种类型的人才：一种人特别具有创新思维能力，经常会想出一些新点子；另一种人工作十分细致，能考虑到工作中的一切细节问题。松下幸之助就让前一种人专门进行创新设计，不断拿出新的点子，但从不让他们去实施这些创意，而是将这些创意交给第二种人去小心求证，并安排实施。因为松下很清楚，若让第一种人来实施他们自己的创意，也许就永远不会有任何结果；而让第二种人去提创意，那也就永远不会有新的创意。这就是人尽其才的道理。

销售队伍的培训

在对企业的销售人员进行培训的问题上主要应做好三方面的工作，那就是：

1. 明确培训目标

企业必须十分明确为什么要对销售人员进行培训，想要解决什么问题，哪些是销售人员所不知道的或还不能做得很好的。使他们知道所不知道的，训练他们做得更好，是对销售人员进行培训一般意义上的目的。由于销售人员的来源不同，知识和能力的结构不同，所以对销售人员培训的目标往往也不尽相同。

对于安置在不同工作岗位上的销售人员培训的目标有时候也是不同的，这主要是由于不同岗位上的销售人员所需要的知识和技能是不同的。但是销售人员往往会有岗位之间的流动，所以培训的目标也不能过于单一或功利，应将培训销售人员的普遍适应性与岗位专业性有机地结合起来，形成一种科学的组合。

销售人员的培训应当是持续的和阶段性的。新选聘的销售人员、工作一段时间的销售人员和准备提拔重用的销售人员都需要接受相应的培训。企业应当根据对象的不同制定不同的培训目标，并形成企业系统的培训计划，实施对销售人员的持续培训和终身培训。

2. 确定培训内容

如前所述，对于不同对象、不同岗位、不同阶段销售人员的培训应当有不同的目标和内容，但基本的内容主要是以下一些。

(1)销售技能。销售技能的内涵十分丰富，但最为基本的一般是：聆听技能、表达技能、调研技能、时间管理技能、顾客服务技能、组织技能、交易技能等等。

(2)产品知识。产品知识的培训可分为两个层次:一是基本产品知识,对于以推销某一类产品(如药品)为主要任务的销售人员来说,对这一类产品的性质、种类、特点、价格都应当有广泛的了解;二是对当前所推销的新产品知识的了解。

(3)顾客知识。对于顾客的了解是销售成功的前提,所以对于销售人员的培训就必须将顾客知识的培训作为重要内容。对顾客的了解并不仅仅是指对销售人员所面对的具体顾客的了解,而是指对其产品所面对的市场群体的性质、特点、影响因素和行为方式的了解。对顾客需求的了解还必须关心其派生需求(derived demand)。

(4)行业(竞争者)知识。销售人员不仅要了解自己的企业优势在哪里,更重要的是要了解自己的企业比竞争对手强在哪里、弱在哪里。只有这样才能在向顾客推销产品时扬长避短,充分展示企业和产品的竞争优势。同时对行业总体情况及发展变化趋势的了解也是十分重要的,这能使销售人员在推销产品时给顾客以更强的信任感和说服力。

(5)企业知识。对企业的了解是销售人员的必修课程,其中包括企业理念、企业道德标准、部门之间的关系以及企业对各种社会和经济问题的看法等等,当然这里也包括对企业各项主要政策和规章制度的学习。

3. 选择培训方法

确切地讲,培训方式和培训方法并不是一回事。培训方式指的是用什么样的形式将销售人员组织起来进行培训,如是课堂培训,还是上岗培训,或是远程培训(电子培训);培训方法则是指用什么样的方法传授知识或进行训练,如教师讲演、案例分析、角色演练、项目讨论、情景模拟等。

课堂培训是最常见的一种培训方式,通常适用于对新聘用的销售人员进行培训,以便进行基础知识的系统教育,以及对公司和产品情况的系统介绍;但是仅有课堂培训是不可能训练出优秀的销售人员的,必须通过实践的训练才可能学会如何处理各种复杂的情况,所以即使已经接受过课堂培训的销售人员也仍然要进行必要的上岗培训。

在销售人员培训中,案例分析、角色演示和情景模拟等方法往往成为很受欢迎且十分有效的培训方法。

销售定额与报酬

设立销售定额,并将其作为销售人员的考核指标,并依此确定销售人员的报酬水平是销售管理的一项重要工作,也是对销售人员和销售过程实现控制的有效方法。

设立销售定额的原因在于:(1)有利于为每一位销售人员确立明确的工作目标。有了明确的工作目标才能最大限度地调动销售人员的积极性;(2)有利于控制销售业绩的增长,以使企业的经营目标能如期实现;(3)有利于测定一定销售水平上的销售费用投入，以使总销售费用能得到有效控制。

(一)销售定额

销售定额的类型主要有：

1. 销售量定额

通常是指销售的金额数，而不是商品的单位数。用以直接考核销售业绩，并作为销售人员计酬和奖励的标准。销售量定额并不是一成不变的，而会根据产品、市场及环境的变化而重订或修正，并且每次都会在原有的基础上有所提高，以推动企业的业绩不断上升。

2. 财务定额

一般是指除销售定额外还要完成一定的利润指标(或利润率指标)。这可以在一定程度上防止销售人员为追求销售额的增长而不计成本地倾力推销。

3. 费用定额

即对销售活动中的费用水平确定一个标准，以从总体上控制企业的销售成本。销售费用定额可以根据销售额的一定比例来定，如销售总额的5%；也可以确定一些费用的上限，如招待费不得高于5 000元等；也可实行费用包干，将销售费用直接分配到每一个销售人员，由其根据实际需要自主安排。

4. 活动定额

即规定销售办事处或销售人员在一定时期内必须完成的销售活动，如对目标市场顾客访问的次数，新客户建立的数量，组织各类促销活动的数量，等等。

5. 组合定额

一些企业为了全面实现企业经营目标，或为了综合考察销售人员的业绩并加以公平比较，就会将以上各种定额进行组合，实行“一揽子”定额的做法。对各项定额进行评分，根据重要程度赋予权重，然后对分值综合后作为考核销售人员的依据。

制定销售定额时必须遵循三项原则：

一是连续性。即必须充分考虑原有的销售定额，并在此基础上制定新的销售定额，相互间能有衔接。

二是先进性。即销售定额不宜太低，应使得销售人员感到只有下一些功夫才可能实现规定的定额。

三是可行性。销售定额尽管可略高一些，以成为努力的方向和目标，但也不可脱离环境和市场的限制，以及销售人员能力的限制。定额应当是经过努力后大多数销售人员都可能实现的指标。

(二)销售报酬

销售人员的计酬和奖励办法是调动销售人员积极性的重要方面。目前常用的计酬方法有以下几种：

1. 固定工资

即将报酬与销售业绩分开，采取按时给员工发放固定工资的做法。这种方法能使销售人员收入趋于稳定，但对刺激销售的力度并不大。

2. 销售提成

即按照实际销售量的一定比例进行提成计酬的方法。这种方法简便易行，对销售刺激的力度大，但销售人员收入的稳定性很差，从而也可能使销售人员的流动性比较大。

3. 混合奖酬

大多是以一部分基本工资为底数（俗称“底薪”），然后再根据销售业绩提成。这种方法既能维持销售人员基本收入的稳定性，又能在一定程度上刺激销售人员提高销售额的积极性，所以被越来越多的企业所使用。

4. 销售竞赛

即采用设立较高的销售奖项，鼓励销售人员开展销售竞赛，对优胜者除其原有报酬外再给予重奖。这种奖酬方法常用于全年一次性奖励，或某项重大的突击性销售活动。销售竞赛不宜滥用，否则有可能导致恶性倾销，影响产品声誉和企业形象。

第三节 营业推广

营业推广的性质

营业推广又称销售促进（sales promotion），是企业在某一段时期内采用特殊的手段对消费者进行强烈的刺激，以促进企业销售迅速增长的一种策略。营业推广常用的手段包括：赠送样品，发放优惠券，有奖销售，以旧换新，组织竞赛和现场示范，等等。营业推广有时也用于对中间商的促销，如转让回扣，支付宣传津贴，组织销售竞赛等等。各种展销会和博览会也是营业推广经常采用的手段。

营业推广同其他促销策略的显著区别在于：它以强烈的呈现和特殊的优惠为特征，给消费者以不同寻常的刺激，从而激发起他们的购买欲望。营业推广不能作为一种经常的促销手段来加以使用，但在某一个特定时期内，对于促进销售的迅速增长则是十分有效的。

营业推广的主要作用在于：(1)企业可利用各种营业推广手段来吸引新顾客和新用户；(2)企业可利用各种营业推广手段来报答那些忠诚于本企业品牌产品的顾客；(3)企业可利用各种营业推广手段来补充和配合广告等其他促销策略，实现企业的营销目标。

营业推广的基本策略

(一)对消费者的营业推广

营业推广的手段是多种多样的,其中对消费者推广的手段主要有:

1. 赠送样品(sample)

企业将一部分产品免费赠与目标市场的消费者,使其试尝、试用、试穿。可直接赠送,也可随销售其他商品时附送或凭企业广告上的附条领取。这种方式对于新产品的介绍和推广是最为有效的。

2. 发放优惠券(coupon)

企业向目标市场的部分消费者发放一种优惠券,凭券可按实际销售价格折价购买某种商品。优惠券可分别采取直接赠送或广告附赠的方式发放。这种方式可刺激消费者购买品牌成熟的商品,也可用以推广新产品。

3. 开展奖售(premium)

企业对购买某些商品的消费者设立特殊的奖励。如凭该商品中的某种标志(如瓶盖)可免费或以很低的价格获取此类商品或得到其他好处;也可按购买商品的一定数量(如10个以上),赠送一件消费者所需要的礼品。奖励的对象可以是全部购买者,也可用抽签或摇奖的方式奖励一部分购买者。这种方式的刺激性很强,常用来推销一些品牌成熟的日用消费品。

4. 网络红包

在网络朋友圈中发红包(电子货币)原是网络社群中人们的一种交往手段,现已被不少企业用来作为营业推广的手段之一。即在特定的时间(如重大节庆或购物节)在网上用散发红包以吸引消费者争抢的方法,增加网上平台或店铺的流量,并促使消费者进行购物和消费。通过发红包不仅可以增加流量,扩大销售,更重要的是能积累更多顾客的身份信息资料,以便同他们建立相互沟通的渠道与关系。

5. 组织展销

企业将一些能显示企业优势和特征的产品集中陈列,边展边销,由于展销可使消费者在同时同地看到大量的优质商品,有充分挑选的余地,所以对消费者吸引力很强。

6. 现场示范(POP promotion)

企业派人将自己的产品在销售现场当场进行使用示范表演,促使消费者接受企业的产品。

7. 返点折现

这是近年来在我国的零售企业中比较常见的一种营业推广方式。其做法是规定一定的购买数额(如 300 元、500 元、800 元等),达到这一数额则可进行“积点”(或积分),每一点(分)都规定了相应的现金折价数额,可当场进行现金折价。

8. 事件营销(event marketing)

企业为了提高品牌的影响力或为了大幅增加即时的销售量,会通过制造自身的品牌事件或赞助一些有影响的社会活动来进行促销。

(二)对中间商的营业推广

对于中间商,企业通常可采用以下一些营业推广的手段。

1. 批发回扣

企业为争取批发商或零售商多购进自己的产品,在某一时期内可按批发商购买企业产品的数量给予一定的回扣。回扣的形式可以是折价,也可以是附赠商品。批发回扣可吸引中间商增加对本企业产品的进货量,促使他们购进原先不愿经营的新产品。

2. 推广津贴(allowance)

企业为促使中间商购进本企业产品,并帮助企业推销产品,还可支付给中间商以一定的推广津贴,以鼓励和酬谢中间商在推销本企业产品方面所做的努力。推广津贴对于激励中间商的推销热情是很有效的。

3. 销售竞赛(sales contest)

企业如果在同一个市场上通过多家中间商来销售本企业的产品,就可以发起由这些中间商所参加的销售竞赛活动。根据各个中间商销售本企业产品的实绩,分别给优胜者以不同的奖励。

4. 交易会或博览会

同对消费者的营业推广一样,企业也可以举办或参加各种商品交易会或博览会的方式来向中间商推销自己的产品。由于这类交易会或博览会能集中大量优质产品,并能形成对促销有利的现场环境效应,对中间商有很大的吸引力,所以也是一种对中间商进行营业推广的好形式。

企业对于各种营业推广策略的选择应当根据其营销目标,根据其产品的特性,根据目标市场的顾客类型以及当时当地的有利时机灵活地加以选用。但任何营业推广的前提是产品必须能够达到规定的质量标准或具有明显的优势,而绝不能利用营业推广来推销损害消费者利益的假冒伪劣产品。同时也不能以“先提价,后折价”等虚假的利益让渡方式来欺骗消费者。在营业推广策略的运用上,企业必须建立起高度的社会责任感和道德意识。

思考题

1. 促销活动具有哪些基本功能？
2. 请指出信息传播活动的基本要素和主要过程。
3. 人员推销具有哪些基本特征？销售人员应当掌握哪些基本技巧？
4. 企业应当如何组织销售队伍？
5. 营业推广都有哪些主要作用？对消费者和对中间商的营业推广各有哪些主要手段？

第十五章　广告宣传与公共关系

学习目的与要求

1. 认识广告的特征和类型
2. 学习广告策划的程序和技巧
3. 了解各种广告媒体的特点和适应性
4. 掌握公共关系的基本策略

广告与公共关系都是主要利用大众传播媒体进行信息传播的促销手段，有其传播面广、影响力大、艺术表现力强、促销效果明显等特征，为企业在促销组合中最为常用的促销工具。广告与公共关系的运用策略对于企业促销效应的提高和促销成本的控制有着重要影响。

第一节　广告宣传

广告(advertising)是企业促销组合中十分重要的组成部分，是运用得最为广泛和最为有效的促销手段。广告以其意想不到而又难以捉摸的效应使企业对其既迷恋又困惑。

广告的基本特征

广告的概念，严格地来说可划分为广义和狭义两种。广义的广告即“广而告之”，是指向广大公众传递信息的手段和行为；狭义的广告，确切地讲，即商业广告，是指企业为扩大销售获得盈利，以付酬的方式利用各种传播手段向目标市场的广大公众传播商品或服务信息的经济活动。

广告主要是利用各种传播媒体来传递商品和服务信息的，这就形成了广告宣传的一些固有特征。

（一）传播面广

由于传播媒体能大量地复制信息并广泛地进行传播，所以广告的信息覆盖面相当大，可以使企业及其产品在短期内迅速扩大影响。

（二）间接传播

由于是通过传播媒体进行宣传，广告主同广告的接受者并不直接见面。所以广告的内容和形式对于广告的宣传效果就会产生很大影响。

（三）媒体效应

由于消费者是通过传播媒体来获得产品和服务信息的，所以媒体本身的声誉、吸引力及其接触的可能性都会对广告信息的传播效果产生正反两方面的效应。

（四）经济效益

由于广告对传播媒体的利用是有偿的，所以企业的广告活动就必须重视经济效益，必须对广告费用的投入及其产生的促销效果进行核算和比较。

广告分类

广告分类是指为适应广告决策和策划的需要，按照一定的标准将广告活动划分为不同的类型。在此，我们主要依据广告的内容、目的、诉求方式、地域范围、媒体形式、作用期及产品的生命周期标准分别对广告进行分类。

（一）按广告的内容分类

根据广告内容的不同，可将其划分为商品广告、服务广告、公共关系广告及启事广告。

1. 商品广告

商品广告主要传递企业商品或服务的品牌、质量、性能、特点等信息，以宣传、推销企业的商品（包括有形商品和无形商品）为主旨，其数量在现代广告中占有较高的比重。

2. 服务广告

服务广告是宣传企业在销售某类产品时所提供的附加服务项目的广告，如对顾客购买的空调，实行免费送货、安装、维修等，以激发消费者购买某产品的欲望。

3. 公共关系广告

公共关系广告是为增加企业知名度和美誉度，以宣传企业整体形象为主要内容的广告。

4. 启事广告

广告活动不含促销信息，而只是传递某些必要的信息，如更名启事、迁址启事等。

(二)按广告的目的分类

按照广告具体目的的不同，可将其分为显露广告、认知广告、竞争广告和扩销广告。

1. 显露广告

显露广告以迅速提高知名度为目的，着重突出品牌等简单明了、便于记忆的文字或符号等信息，而对商品和企业则不做具体的介绍。

2. 认知广告

为使受众全面深入地了解商品，详细介绍其特性、用途、优点的广告，其目的是增加受众对商品的认知度。

3. 竞争广告

与竞争对手的广告等其他促销手段针锋相对，有意识地展开攻击或进行防御，是一种针对性极为明显的广告。

4. 扩销广告

短时期内为推动销售量的急剧扩大而实施的广告，如有奖或优惠销售的广告等，这类广告的刺激性较强。

(三)按广告的诉求方式分类

消费者购买行为的产生往往源于不同的动机，广告的诉求方式指的是广告所期望激发的消费者的购买动机。依此标准，广告可分为感情诉求和理性诉求两大类。

1. 感情诉求广告

通过广告对无生命的商品赋予一定的生动的感性色彩，与消费者对某种情感的追求相吻合，即动之以情，使其在好感和共鸣的基础上采取购买行动。

2. 理性诉求广告

通过直接或间接的形式科学论证商品的优点，理性地说服受众，即晓之以理，使其在信服的基础上采取购买行动。

除此之外，按照传播的地域范围，可将广告划分为地方性广告、区域性广告、全国性广告和国际性广告；按照媒体形式不同，可将广告划分为报纸广告、杂志广告、广播广告、电视广告、户外广告、POP广告(售点广告)、邮寄广告、其他广告等；按照广告的作用期不同，可划分为即时广告、近期广告和战略广告；按照广告产品的生命周期不同，又可将广告划分为导入期广告、成长期广告、成熟期广告、衰退期广告；等等。

广告策划

作为一个企业的营销经理，在围绕某一营销目标进行广告策划时，必然会考虑五个主要问题：任务(mission)——广告的目标是什么；资金(money)——要投放多少费用；信息(message)——要传送什么信息；媒体(media)——要选择什么样的媒体；测评(measurement)——如何评价广告效果，我们也可称其为“5M”决策(见图 15-1)。

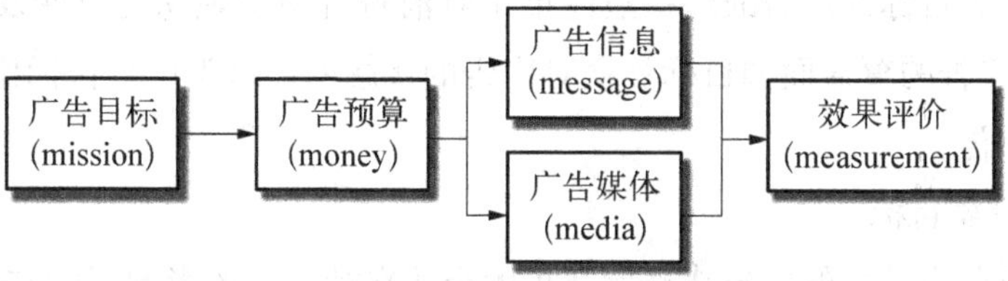

图 15-1 广告策划的主要步骤(5M)

(一)广告目标

所谓广告目标，是企业借助广告活动，在规划期内所期望达到的最终效果。广告目标对广告总体活动具有指导意义，也是制定广告战略和策略的首要步骤及准则。

一般而言，完整的广告目标包括五个方面的内容：

(1)时间跨度，即广告活动的规划期，从何时起至何时止；

(2)地域界限，即广告活动传播的地域范围；

(3)目标受众，面向哪一部分广告受众进行宣传也应在广告目标中明确界定；

(4)性质描述，即期望通过广告活动达到什么样的效果，比如，是销售量上升还是美誉度提高；

(5)数量指标，这也是广告实施后进行效果评定的重要依据。

例如，对某种品牌的广告目标可以这样来表述：到今年 12 月 1 日止，使本品牌在上海市 18～45 岁的女性消费者中的知晓度由 30%提升至 80%。

一个企业的广告目标往往不是唯一的，且可以根据不同的标准进行分类。例如，从时间上可以分为长期目标、中期目标和短期目标，从地区上可以分为全国性目标、区域性目标和地方性目标，而最为重要且具实际意义的一种方法是按其具体内容进行分类，可分为以下四种：

1. 销售增长目标

销售增长目标是企业广告活动中较为常见的广告目标，旨在提高企业的销售业绩，它往往通过销售额、销售量等指标来衡量。以此为重点的广告战略一般注重于对消费者购买欲望的刺激，适用于在市场上已具备一定影响和销路的商品。

2. 市场拓展目标

以市场拓展为目标的广告战略旨在拓展新的市场，其期望通过一段时期的广告活动能使一批新的消费者加入本企业产品的消费行列，所以以市场拓展为目标的广告战略一般注重于在新的消费群体中加强商品或品牌的知晓度及偏好度。

3. 产品推广目标

以产品推广为目标的广告战略旨在扩大产品的认知度或知晓度，其期望通过一个阶段的广告活动能使企业的某一种产品或品牌为目标市场的消费者了解和接受。所以以产品推广为目标的广告战略一般注重于对消费者消费观念的改变及品牌知名度的提高，重视广告的覆盖面和目标受众对广告的接触率。这类广告目标比较适用于企业新产品的宣传。

4. 企业形象目标

以企业形象为目标的广告战略旨在扩大企业在社会上的影响，其期望通过一段时期的广告活动能使企业整体的知名度和美誉度得到提高。所以，以企业形象为目标的广告战略不单纯追求短期内商品销售量的增长，而注重于同目标受众之间的信息和情感沟通，追求他们对本企业的文化理念及视觉形象的认同，努力增强目标受众对企业的好感和信任。

(二)广告预算

广告是有偿地使用传播媒体进行宣传的手段，因此广告必须投入大量的费用。企业在广告策划时必须根据其广告目标和自身能力对广告费用的提取和使用作出预算。

在实践中，企业广告费用的提取一般有以下几种方法：

(1)定率提取法。定率提取法就是企业依据产值、销售额或利润的适当比率提取广告费。如某企业全年的销售额为 1 000 万元，该企业按 3%的比率提取广告费，该企业全年的广告费应为 30 万元。

(2)贡献提取法。贡献提取法主要指企业的广告费用只能在超出企业预期利润的收入中提取，故也称“量入为出法”。如某企业的产品销售量为 12 万件，单位产品利润为 50 元，全部产品利润为 600 万元，企业目标利润为 500 万元，那么该企业的广告费用最多不得超出 100 万元。

(3)目标达成法。目标达成法是根据实现未来经济的需要来提取广告费用的方法，即根据某一广告活动的实际需要进行费用预算，然后根据预算“盘子”的大小来提取广告费用。这种做法能真正为广告活动的开展提供足够的资金，同时也有助于合理地进行广告预算。

(4)竞争比照法。竞争比照法是企业根据其主要竞争对手的广告费支出水平来确定自己相应的广告费用。一般来讲，企业都不愿意因过多地增加广告费用来刺激竞争对手，而只希望能使自己的广告费用同竞争对手保持均衡，这就是竞争比照法的依据。

在广告预算策划中，应当对广告费用的具体分配和使用做出安排。通常有以下几种做法：

(1)按地区分配。企业若要同时在各个不同地区的市场开展广告宣传，在费用安排上就可以按地区来进行分配，根据不同地区的重要性、广告量和实施宣传的难度，投放不同的广告费用。

(2)按时间分配。由于企业的广告宣传是一个持续性的活动,所以广告费用的安排上,也要根据不同阶段和时期的广告活动加以统筹,以体现其持续性,即应根据不同阶段和时期的广告活动内容分阶段地规划广告费用的投入。

(3)按媒体分配。企业的广告活动通常是一种多媒体的宣传活动,各种媒体的广告费用也有所不同,企业应当根据对各种媒体的使用状况和各媒体的费用水平,将广告费用合理地分配到各种媒体上,以形成最佳的广告媒体组合。

(4)按活动分配。如果企业在规划期内要组织几次大型的广告宣传活动,在广告费用的安排上,则可根据各种活动的需要来加以分配,在总费用水平确定的前提下,按各个活动的规模、重要性和技术难度投入广告费用。

以上几种广告费用的分配和使用方法,在实际广告活动中通常是结合在一起的,即在规划广告费用使用时,要综合考虑到地区、时间、媒体和活动等各方面的因素,使广告费用的使用能体现出最佳的效益。

(三)广告信息

广告是企业向消费者传播信息的主要手段,信息内容是广告宣传的核心。但是同一般的通知、报道不同,广告信息有明确的促销目的,必须对受众有强大的吸引力,所以广告信息的创意和设计就变得十分重要。

广告信息能否吸引消费者取决于三个基本条件:一是符合消费者一定的利益诉求,因为消费者只会对其感到有益的信息感兴趣;二是利益承诺明确可信,消费者不会相信那些模糊不清、模棱两可的信息;三是必须新颖独特、有刺激度,在广告信息铺天盖地,信息大量溢出的市场上,只有具备独特创意的广告信息才可能被人注意。

广告信息创意设计的过程基本上可分为三个阶段:概念构想、素材组合、形式设计。

概念构想是指通过某种形象(文字、图像、影像或情节)的创意,来表达广告主的目的和意图,是广告信息的核心内涵。概念构想基于广告诉求。广告诉求是指广告所期望激发的消费者的购买动机,主要可分为理性诉求和感性诉求两大类。理性诉求是希望消费者通过理性的思考来选择和购买商品,如出于对质量、价格、用途、好处的比较而决定购买;感性诉求则是希望消费者能由于感情的触动而产生购买欲望,如出于亲情、爱情、友情、自尊、炫耀等情感因素而引发购买动机。而概念构想就是要设计出某种形象载体或故事情节,来激发相应的诉求。在构想阶段主要是确定主题思想和表现形式,然后再进行具体的设计。

素材组合是指在能够表现广告主题思想的各种可取要素中去选择相关要素,然后对其进行组合,以形成广告的信息内容。可表现广告主题的要素十分广泛,包括商品、人物、动物、植物、静物、场景、文字、图案、色彩、音乐、数据、证言等等。素材的选择应当切合主题、寓意明确、简单明了、相互协调。

形式设计是指进行具体广告作品的设计与制作。主要包括：

(1)广告文稿设计。广告文稿是表现广告主题和内容的文字材料。在平面广告中，主要是指出现在广告中的所有文字。而在广播、电视等音像广告中，则是指广告剧本及相关的台词、音乐等。在广告文稿中广告语(或称“广告口号”)的设计是十分重要的。广告语是一种反映商品基本特征或企业形象的相对固定的宣传语句。好的广告语不仅能够传递信息，甚至会因脍炙人口而在大众中广为流传，成为企业或产品的特定标志。

(2)广告画面设计。广告画面是广告的艺术表现形式。在平面广告中，主要由静止的图画、照片、装饰、色彩以及相关文字所组成。画面设计的基本要求是构图简洁明了，主题突出，并要考虑对受众视觉流程的引导，使其能按广告主的要求去注意画面中重要信息。在影像广告中，画面设计是一个连续动态的展示过程，设计上不仅要求能充分调动影视手段，增强广告的艺术感染力，而且要求对主题内容的强烈呈现，最好能有同主题内容密切相关的“兴奋点”，使观众能对广告的重要信息在瞬间留下深刻印象。

(3)广告技术设计。现代的信息传播技术高度发达，从而使广告设计中可利用的技术要素也越来越多。在广告形式设计中就应当根据广告的目的和信息内容综合利用好各种传播技术，来最大限度地提高广告的效果。广告技术设计的基本要求应当是适用、适合、适度。即要选用同相关广告信息相匹配的可利用的传播技术，而不要过度地使用不必要的技术，以免增加成本，甚至使广告效果适得其反。由于广告的技术设计是广告制作的前提，所以也要考虑相关技术在广告制作中的可行性和经济性。

(四)广告媒体

广告，从本质上来讲是一种沟通信息的传播活动，它的实现往往需要借助一定的传播媒体。广告媒体就是介于广告发布者与接受者之间，用以传递信息的手段与设施。

1. 广告媒体的类型

总的来看，现代广告媒体主要包括八大类型。

(1)印刷媒体。印刷媒体是指在广告的制作、宣传中利用印刷技术的媒体，包括报纸、杂志、书籍、宣传册及其他各种印刷品。

(2)电子媒体。电子媒体是指利用电子技术进行广告宣传的媒体，如电视、广播、电影、幻灯等，这一类媒体在近年来的发展变化尤其突出。

(3)网络媒体。网络媒体是在互联网出现以后利用网络进行文字、图像、视频等进行广告信息传播的手段，随着网络信息技术的发展，网络媒体正在以其越来越强的功能和越来越丰富的表现手段成为广告宣传的主流媒体之一，如标题广告、游动广告、微博广告、邮件广告等等。移动通信技术的发展更使网络信息可通过手机、平板电脑等便携工具随时随地地接受，从而也就大大提高了网络媒体的信息传播效率。

(4)社交媒体。社交媒体是指在互联网背景下，人们利用网络在特定群体中进行相互沟通与交流的平台。主要有微博、微信、QQ、社交网站、主题论坛等。

(5)户外媒体。户外媒体是指在户外公共场所，使用广告牌、霓虹灯、灯箱及邮筒、电话亭等公共设施进行广告宣传。户外媒体还具有装饰市容、美化环境的作用。

(6)直复媒体。直复媒体指直接邮递广告或电话、电视直销广告等。此类媒体担负着直接推销的双重功能，即宣传者、销售者原则上是合二为一的。由于可根据其购买行为掌握和分析消费者对广告的反应，所以这种形式的广告媒体体现了广告发布者与接受者之间的双向沟通。

(7)售点媒体(point of purchase，POP)。售点媒体指在销售现场及其周围用于广告宣传的设施和布置，包括商店的门面、橱窗、商品陈列及店内外的海报、横幅、灯箱等，这类媒体在消费者最后的购买决策中体现了较为明显和直接的沟通与引导作用。

(8)包装媒体。包装媒体指同时兼有广告传播效应的包装纸、包装盒、包装袋等。许多包装在完成"第一使命"后还可以继续发挥价值，如用作装饰品、器皿、手袋等，由此也使其广告宣传的作用得到较长时间的延续和更广空间的传播。

(9)交通媒体。交通媒体指在广告中利用车、船、地铁等交通设施进行宣传，表现为汽车或火车、船等交通工具内部的产品、品牌广告，以及一些汽车的车体广告，即通过汽车外部的装饰或图画进行传播。

(10)植入式广告。植入式广告是广告媒体利用中的一种特定方式，它主要是指将广告信息(主要是商品及品牌信息)巧妙地融入各种文学或文艺作品之中，以潜移默化的方式传递广告信息。如通过场面背景、对话台词、服装道具等突出宣传某些商品及服务的信息。植入式广告具有隐含性、温和性的影响力和说服力，会产生很好的广告效果。

除了以上几种主要的广告媒体之外，广告的触角还深入人们生活的各个角落，似乎任何存在的事物都具有被广告媒体选中的可能性。如：烟雾广告、写云广告、空中飞艇广告、服装媒体广告等。

2. 广告媒体选择的因素

媒体策划是广告策划的重要组成部分，在媒体选择时需要考虑以下因素：

(1)商品的性质与生命周期。商品本身的性质、特点是选择广告媒体的重要依据。商品按其用途可以分为生产资料和生活资料，这些产品又有高、中、低档之分。一般而言，生产资料技术性强、结构用途复杂，所以宜用文字图形印刷广告，如报纸、杂志、产品说明书等，这些广告媒体能够详细地说明产品的结构、性能、保养、维修方法。而日用消费品最好用形、声、色兼备的电视媒体，或广播媒体，因为这种媒体具有形象感，能诱发消费者的购买欲望。

从产品生命周期看，导入期要利用覆盖面广的广告媒体；成长期则要界定目标受众，增加广告频次；成熟期时需针对使用者，实施媒体的重点覆盖；衰退期的广告媒体分配在销售好的地区，主要针对品牌忠诚者，或分配在新地区。

(2)目标受众的接受习惯与接受能力。做广告一定要考虑到不同广告对象对媒体的偏好。如妇女对电影、电视、流行杂志等感兴趣，在这些媒体上宣传化妆品、流行服装，就容易引起妇女的注意和兴趣。而如农药、农机等农业生产资料的购买对象是农民，他们有听广播或看电视的习惯，所以利用广播来介绍这些商品就比用报纸杂志更容易被农民接受。此外，还必须根据消费者的接受能力来选择广告媒体，才能保证广告信息被准确传达。

(3)广告信息的时效性。广告信息有不同的时效要求。有些广告信息要求及时、迅速地传递，以便捷足先登，取得“先入为主”的市场竞争优势。从商品类型看，凡鲜活易腐、容易变质的商品，或一些时令、时髦商品以及演出、比赛等文体活动，必须尽快发布广告信息，这一类的广告可以借助报纸、广播或海报等媒体。反之，广告信息传播的时间要求不是太迫切，就可以考虑制作时间或发行间隔较长的电视、杂志等广告媒体。

(4)媒体的覆盖范围与特点。从地域上来说，媒体有全国性媒体和地区性媒体之分，由于广告的最终目的是为了销售，所以广告的传播范围应该与商品的销售范围基本一致。如果是地产地销的产品，就不必到全国性的广告媒体上做广告。反之，如果是面向全国市场的产品，本企业又有巨大的资本能力及扩产潜力，就可以选择有全国影响的电视、广播、报刊等媒体做广告。

(5)广告费用。广告费用是选择广告媒体的制约因素之一。不同的广告媒体的广告费用不一样。一般而言，电视、电影媒体的广告费用最高，广播、报刊次之，路牌、橱窗、招贴的广告费用则较低。

3. 广告媒体选择的原则

在选择广告媒体时应当遵循以下一些基本原则：

(1)目的性原则。即在选择广告媒体时，应当遵循企业的经营目标，适应企业的市场目标，并充分考虑广告所要达到的具体目标，选择那些最有利于实现目标的广告媒体。

(2)有效性原则。即所选择的广告媒体及其组合，能有效地展示企业产品的优势，能有效地传递企业的各种有关信息，不失真、少干扰，有说服力和感染力，同时能以其适当的覆盖面和影响力有效地建立企业及产品的良好形象。

(3)可行性原则。选择广告媒体还应当充分考虑各种现实可能性。如自身能力的可行性，即是否具有相应的经济实力，能否获得期望的发布时间；受众能力的可行性，即目标受众能否容易地接触你所选择的媒体，理解这些媒体所传递的信息；环境的可行性，即目标受众所处地区的政治、法律、文化、自然交通等条件能否保证所选择的媒体有效地传播企业的广告信息。

（五）广告效果评价

就本质而言，广告活动是一种经济活动，它是以大量的广告费用为代价的，因此任何一位企业主都不可能漠视广告的效果，而应当根据其投入和产出并对比广告目标来进行综合评价。虽然广告效果的评价属于事后评价，但它却可以在总结前期活动的基础上，有效地指导下一步的广告计划和广告策略。

1. 广告效果的分类

(1)社会效果和经济效果。按照性质划分，广告效果可分为社会效果和经济效果。前者是指广告所引发的社会公众各种心理反应、行为反应的总和，即对受众的舆论导向和意识形态的影响，又称广告的宏观效果；后者是指广告对目标受众的消费心理和购买行为所产生的、与企业经营活动密切联系的效应，又称广告的微观效果。广告的社会效果和经济效果并非毫不相关。假如企业的广告产生了不良的社会效果，有悖社会消费观念或道德规范，那么就可能导致企业社会声誉的下降，间接破坏了企业的经营环境和效益。所以企业在进行广告宣传时，必须兼顾社会效果和经济效果，甚至可以通过创造良好的社会效果来提高企业的声誉。

(2)即时效果、近期效果和远期效果。从广告效果的作用期分，包括即时效果、近期效果和远期效果。即时效果是广告传播时当场就产生的效果，如广告受众有时在接收到某一广告信息时，有可能立即就做出反应。近期效果是广告在企业所期望的一个短时期内所能产生的效果。远期效果是广告对将来一个长时期内可能产生的潜在效果。

(3)传播效果、促销效果和心理效果。从广告效果的目标层次来分析，可分为传播效果、促销效果和心理效果。传播效果是广告被接受的情况，如广告的覆盖面、接触率、注意度、记忆度和理解度等，是广告效果的第一层次。促销效果是广告所引起的产品销售增长情况，这往往是广告最为明显的实际效果，这是广告效果的第二层次。心理效果则是广告所引起的广告受众的心理反应，如产品知名度的提高，顾客消费观念的转变，对企业好感的增强或某些误解和疑虑的消除，为广告效果的第三层次，也是最高的层次。

2. 广告效果的评价方法

广告效果的评价分为三个方面：其一是对广告传播效果的评价，也可称之为对广告本身效果的评价；其二是对广告促销效果的评价，也可称之为对广告经济效果的评价；其三是对广告形象效果的评价，也可称之为对广告心理效果的评价。

(1)广告传播效果的评价。广告的传播效果可以通过以下指标来分析：

①接收率。

$$接收率=(接收广告信息的人数\div目标市场总人数)\times100\%$$

接收率测试是对广告受众接收广告的情况所进行的定量测试，以此来评价广告传播的广度和深度。接收率一般是指接收该媒体广告信息的人数占目标市场总人数的比率。

②注意率。

$$注意率=(注意到此广告的人数\div接触该媒体的总人数)\times100\%$$

这里所谓的“注意到”广告的人数包括只对广告有点印象的人数和所有粗略或详细阅读过广告的人数。注意率说明了广告被接收的最大范围，反映了广告的接收广度。

③阅读率。

$$阅读率=(阅读过此广告的人数\div接触该媒体的总人数)\times100\%$$

这里所谓的“阅读过”广告的人数包括只粗略地阅读过广告的人数和详细阅读过广告的人数。阅读率在一定程度上说明了广告被接收的深度，但由于大多数人可能只是粗略地阅读广告，所以阅读率基本上还只能算是一个接收广度的指标。

④认知率。

$$认知率=(理解广告内容的人数\div注意到此广告的总人数)\times100\%$$

这里所谓的“认知率”指的是在所有注意过、粗略阅读过和详细阅读过广告的人中，真正理解广告内容的人数所占的比率，这个指标才真正反映了广告被接收的深度。

(2)广告促销效果评价。广告促销效果评价，是指通过广告活动实施前后销售额的比较，监测广告对产品销售业绩的影响。其一般可由以下指标来衡量：

①销售增长率。

$$销售增长率=[(广告实施后销售额-广告实施前销售额)\div广告实施前销售额]\times100\%$$

销售增长率指广告实施后的销售额相对于广告实施前所增长的比率，能在一定程度上反映广告对促进产品销售所发挥的作用。但是由于销售增长的影响因素比较复杂，单以销售增长率来评价广告促销效果，未免有失准确性，所以通常是将销售额的增长情况同广告费的投入情况相比较，以求更确切地反映广告的促销效果。

②广告增销率。广告增销率是一定时期销售额的增长幅度与同期广告费投入的增长幅度的比率，以反映广告费增长对销售带来的直接影响。其公式为：

广告增销率＝(销售增长的幅度÷同期广告费增长幅度)×100％

③广告占销率。广告占销率指一定时期内企业广告费的支出占该企业同期销售额的比例。这也是一种通过广告费和销售额的比较来反映广告效果的方法。其公式为：

广告占销率＝(广告费支出÷同期销售额)×100％

广告占销率越小,表明广告的促销效果越好。

④单位广告费收益。单位广告费收益是以平均每元广告费支出所带来的促销收益评价广告效果的一种方法。其公式为：

单位广告费收益＝(销售增长额÷同期广告费用)×100％

值得一提的是,单位广告费收益这个指标不仅可用于考察各时期的广告费的效益,也可用于不同媒体或不同地区的广告效果的分析比较,利于企业进一步的广告决策。

(3)广告形象效果评价。广告的效果不仅仅反映在产品的促销上,它可能会在消费者心目中建立一定的印象或观念,尽管不会立即形成购买行为,却会在以后根据这些印象去选择和购买。广告效果的一个重要方面就是塑造企业和产品的良好形象,广告形象效果评价就是对广告所引起的企业或产品的知名度和美誉度的变化情况进行的测定和评价。企业形象可分为总体形象和具体形象两个方面：

①总体形象评估。总体形象是指企业或产品品牌在公众心目中的综合印象,一般用知名度、美誉度、品牌忠诚度三项指标来衡量。

②具体形象评估。具体形象是指受众对企业或产品的各方面的具体形象的评价,如企业的产品、售后服务、效率、创新以及便利性等指标。而企业的总体形象也往往是建立在这些具体形象之上的。只有进一步了解了受众对企业各具体形象的变化,才能掌握影响企业总体形象变化的主要因素。

第二节　公共关系

公共关系的性质

公共关系(public relations)是企业促销的又一重要策略。公共关系是指企业利用各种传播手段,同包括顾客、中间商、社区民众、政府机构以及新闻媒体在内的各方面公众沟通思想情感,建立良好的社会形象和营销环境的活动。

企业形象

企业形象是企业在社会公众心目中从内在到外表的整体特征和综合印象。企业形象的树立和扩展是企业公共关系活动的核心，因为只有当广大社会公众，包括目标市场的消费者对企业有比较深刻的印象和比较强烈的好感，他们才会对企业的营销活动给以积极的支持，才可能成为企业品牌的忠实者，从而使企业获得良好的经营环境。

企业形象主要可表现为企业在社会公众心目中的知名度和美誉度。企业的知名度是指社会公众中知道企业的人数占全部人数的比例。企业的美誉度是指社会公众对企业综合评价的平均指数。

企业形象通常由两方面的要素构成：一为形象素质，即企业的产品、服务、历史、规模、管理、效率以及道德精神等基本情况，这是形成企业总体形象的内在要素；二为形象标志，如企业的名称、商标、徽记、建筑、门面装潢、广告风格以及代表色等等，这是形成企业总体形象的外在要素。企业形象必须由这两方面共同构成。形象素质决定了企业形象的本质特征，形象标志则为社会公众对企业形象进行识别、记忆和传播的必要条件。

企业公共关系首先必须确定企业的形象目标。企业形象目标的建立同企业产品发展规划一样，也有一个"形象定位"的问题。应当根据企业形象目标的基本特征和发展水平，准确地确立企业的形象位势。企业形象位势的确立应当同企业的营销目标和产品的市场位势相一致，应当从企业形象的现状和实际发展能力出发，应当避免同其他企业特别是竞争企业的形象位势发生重叠，而应当突出自己的特征，发挥自己的优势。

公共关系的基本策略

具体来讲，企业营销活动中的公共关系主要涉及以下一些活动。

(一)新闻宣传

企业可通过新闻报道、人物专访、记事特写等形式，利用各种新闻媒体对企业进行宣传。新闻宣传不用支付费用，而且具有客观性，能取得比广告更为有效的宣传效果。但是新闻宣传的重要条件是：所宣传的事实必须具有新闻价值，即应具有时效性、接近性、奇特性、重要性和情感性等特点。所以企业必须十分注意提高各种信息的新闻性，使其具有被报道的价值。企业可通过新闻发布会、记者招待会等形式，将企业的新产品、新措施、新动态介绍给新闻界；也可有意制造一些新闻事件，以吸引新闻媒体的注意。制造新闻事件并不是捏造事实，而是对事实进行适当的加工。如利用一些新闻人物的参与，创造一些引人注目的活动形式，在公众所关心的问题上表态亮相等等，都可能使事实的新闻色彩增强，从而引起新闻媒体的注意并予以报道。公共关系的新闻宣传活动还包括对不良舆论的处理。如果在新闻媒体上出现了对企业不利的报道，或在社会上出现了对企业不利的流言，企业应当积极采取措施，及时通过新闻媒体予以纠正或澄清。当然若确因企业经营失误而导致不良舆论，则应通过新闻媒体表示诚恳的歉意，并主动提出改进措施，这样才能缓和矛盾，重新获得公众的好感。

（二）广告宣传

企业的公共关系活动中也包括利用广告进行宣传，这就是前文所提及的公共关系广告。公共关系广告同一般广告之间的主要区别在于，其以宣传企业的整体形象为内容，而不仅仅是宣传企业的产品和服务；其以提高企业的知名度和美誉度为目的，而不仅仅为了扩大销售。公共关系广告一般又可分为以直接宣传企业形象为主的声誉广告，以响应某些重大的社会活动或政府的某些号召为主的响应广告，以及通过广告向社会倡导某项活动或提倡某种观念为主的倡议广告。

（三）企业自我宣传

企业还可以利用各种能自我控制的方式进行企业的形象宣传。如在公开的场合进行演讲，派出公共关系人员对目标市场及各有关方面的公众进行游说，印刷和散发各种宣传资料，如企业介绍、商品目录、纪念册等等，有条件的企业还可创办和发行一些企业刊物，持续不断地对企业形象进行宣传，以逐步扩大企业的影响。

（四）社会交往

企业应通过同社会各方面的广泛交往来扩大企业的影响，改善企业的经营环境。企业的社会交往活动不应当是纯业务性的，而应当突出情感性，以联络感情、增进友谊为目的。如对各有关方面的礼节性、策略性访问；逢年过节发礼仪电函，送节日贺卡；进行经常性的情况通报和资料交换；举办联谊性的舞会、酒会、聚餐会、招待会等等；甚至可以组建或参与一些社团组织，如联谊会、俱乐部、研究团体等等，同社会各有关方面发展长期和稳定的关系。

（五）捐赠与赞助

捐赠是指企业以无偿赠与的方式对一些受灾地区、贫困人群以及特定的社会机构或群体（如学校、福利院、研究机构、文艺团体等等）进行捐款或捐物的行为；赞助则是指企业对特定的活动、赛事、演出及其他社会项目出钱予以资助的行为。捐赠与赞助的共同特征是并不直接使用广告信息发布的手段宣传企业或产品，而主要是以进行社会参与的形式来体现企业的价值倾向和社会责任，但最终也能提升企业的知名度和美誉度。相比而言，赞助往往会要求在活动现场展现企业的名称或品牌标志，比捐赠显得更为功利一些。

（六）危机处理

当企业面临各种营销危机事件时，公共关系是处理这些危机事件的主要手段。其主要包括：了解和评价舆论动向，接待公众投诉和媒体采访，及时发布企业的态度与观点，加强同消费者、媒体、政府有关部门等各方面的沟通，化解和平息冲突与矛盾，控制危机的持续效应和溢出效应。成功的公共关系介入有时甚至能将危机事件转化为对企业有利的形象宣传机会。

公共关系对于促进销售的效应不像其他促销手段那样容易立见成效，但是一旦产生效应，其作用将是持久的和深远的，对于企业营销环境的根本改善能够发挥特殊的作用，是企业促销策略组合中不可忽视的重要策略。

思考题

1. 广告主要有哪些类型？
2. 广告形式设计主要包括哪几个方面？怎样才能设计出好的广告？
3. 应当如何正确选择广告媒体？
4. 什么是公共关系？

第十六章　无店铺销售和网络营销

学习目的与要求

1. 了解无店铺销售的内涵与类型
2. 了解无店铺销售的特征与条件
3. 了解直复营销的概念与类型
4. 了解网络营销的内涵与主要类型
5. 掌握管理在线销售的基本方法
6. 掌握管理在线传播的基本方法

第一节　无店铺销售

无店铺销售虽然只有40余年的历史，但作为一种现代营销方式，它具有强大的生命力。随着技术的进步和各种社会条件的变迁，其形式和手段也将多样化。企业在开展无店铺销售时，应关注无店铺销售的特点和发展条件。无店铺销售与传统的店铺销售在一定程度上具有竞争和替代关系，但是二者将会长期共存。

无店铺销售的内涵

无店铺销售（又称无店铺零售），是与店铺销售相对的概念，指制造企业或经销商不通过店铺而直接向消费者销售商品和提供服务的营销方式。从广义上说，凡不设固定店铺而将商品销售给消费者的行为都可称为无店铺销售。因此也有学者将无店铺销售定义为一种“无固定地点的批发和零售行为”。

1992年,俄克拉荷马大学的罗伯特·卢斯等人提出无店铺销售是零售商业的第四次革命的观点,获得了广泛认可。同前几次零售商业革命一样,无店铺销售也是零售组织在市场竞争中适应生产力发展水平和消费水平变化而进行变革创新的产物。之所以称无店铺销售为第四次零售商业革命,是因为它给零售商业带来了如下革命性的变化:(1)不需要设立店铺,打破了传统零售商业经营的空间限制。在传统零售商业中,商店选址是否得当是企业成功的关键。但随着城市化的不断发展,商业区内各类店铺林立,店面租金和其他营运成本日趋上涨,企业的发展受到限制;而无店铺销售则能让企业节省大量店面租金和其他费用开支,从而得到较多的利润(如美国亚马逊公司的网上书店能提供超过100万条的售书目录。据其CEO杰夫·贝索斯介绍,网上书店的全部费用只是一家大型超市书店的一半,而其目录几乎是世界上最大的超级书店目录的两倍。而最近几年来,亚马逊公司更是成功地实现了从网上书店向网上综合性超市的成功跨越)。除了节约成本的优点之外,无店铺销售的"虚拟商店"还可以扩大市场辐射半径,突破传统商圈理论的限制,甚至可以跨国界经营,绕过贸易壁垒的保护,避免直接投资的风险损失。(2)无店铺销售使商业经营的技术含量不断提高,更易于操作和管理。无店铺销售几乎消除了交易过程中的手工操作,使购物的自助化程度大为提高。零售管理的重点是由店面设计转向以广告设计为主的"虚拟商店"的制作,技术密集型特征明显。以现代通信技术、计算机技术和自助识别技术为媒体的无店铺销售使零售经营管理的随意性大为减少,更易于操作和模仿。这会引起传统分工方式的改变,使越来越多的生产企业参与到零售业务中来,便于减少流通环节,提高流通效率。

无店铺销售的类型

由我国商务部制定的新的《零售业态分类》国家标准于2004年10月1日正式实施。新标准按照零售店铺的结构特点,根据其经营方式、商品结构、服务功能,以及选址、商圈、规模、店堂设施、目标顾客和有无固定营业场所等因素,将零售业态从总体上分为有店铺零售业态和无店铺销售业态两大类。2000年颁布的《零售业态分类》中增加了6种无店铺销售方式:电视购物、邮购、网上商店、自动售货亭、厂家直销中心、电话购物。多数学者把无店铺销售分为以下三种类型:

1. 直接销售(direct selling)

直接销售简称"直销",也称访问销售或直接推销,是指企业通过销售人员直接向用户或消费者介绍商品,说服他们做出购买行为的一种销售方式。直销在方法上有上门零售(逐门逐户推销)、家庭聚会零售、展示零售等;在形式上按计酬方法不同分为单层次直销和多层次直销两种。国内在这一概念的表述上较为混乱。direct selling 在台湾译为直销，在香港译为传销。而在中国内地，直销是中性词，而传销等同于在许多国家被禁止的锁链式销售、金字塔式销售等欺骗性销售活动的代名词。

从 2004 年 10 月 1 日开始实行的新《零售业态分类》标准也取消了“直销”这一无店铺销售模式的名称，而是使用了“厂家直销中心”业态。所谓的厂家直销中心就是由生产商直接设立或委托独立经营者设立，专门经营本企业品牌商品，并且多个企业品牌商品的营业场所集中在一个区域的零售业态，实际上就是所说的生产系统、连锁店铺和人员直销相结合的直销模式，是直销在中国发展的过程中结合中国国情的一种变形。

2. 直复营销(direct marketing)

美国直复营销协会(ADMA)认为，直复营销是一种不受空间限制，利用一种或多种媒体手段来得到消费者可测定的回复和达成交易的一种互动式的市场营销体系，其本质是从商品广告、订货、配送到收款都利用邮政通信来完成。随着多种通信工具的发展，直复营销的手段更加多样化，电视购物、邮购(直接邮寄)、网上商店、电话营销以及基于其他媒体的直复营销等都是直复营销的具体形式。菲利普·科特勒曾在《营销管理》(第 11 版)中将“面对面推销”(企业派销售人员上门访问预期客户)也归入直复营销的类别，并且认为它是直复营销的主要渠道之一。

3. 自动售货机销售(automatic vending)

自动售货机的运营和管理由商品制造商或零售商负责，自动售货机生产厂家将机器以转让、出租或转卖的形式交付运营商，运营商再与机器设置地所有者签订协议，按照一定比例交纳场地占用费；运营商工作人员以携带式电脑与销售机和总部终端连接，及时接收信息指令，并兼做配送员，负责补充商品、取走货币、清洁卫生和信息管理等日常工作。它的好处在于 24 小时连续营业，给消费者以极大便利，而且由于实现了无人销售，可以大量节约劳动力，降低流通成本。但局限在于仅适合销售规格统一、质量有保证、价格一定、及时性消费的商品和服务。

无店铺销售的特点

无店铺销售具有区别于传统店铺销售的若干特点，其主要表现在以下几个方面：

(1)在经营场所方面的特点。没有实体性的商业店铺是无店铺销售最根本、最明显的标志和最主要的特点。随着互联网应用的普及和零售电子商务的发展，网上虚拟商店在许多国家和地区已经成为无店铺销售最主要的形式。

(2)在经营商品种类方面的特点。在无店铺销售企业经营的商品中，有许多商品是特色日用消费品，这些商品是消费者在一般的实体性零售店铺内很少见过的。

(3)在目标市场选择方面的特点。消费者对无店铺销售中的各种具体形式的接受和选择主要受其文化程度、收入及相关技术环境的影响。网上虚拟商店作为无店铺销售的最主要形式，其主要的目标顾客是高收入、高教育程度的消费者。

40 多年来，无店铺销售之所以在全球范围内持续高速发展，显示出强大的生命力，是因为除了无店铺销售的具体形式不断得到创新之外，还在于其自身所具有的各种优势。这些优势主要体现在以下四个方面：

(1)在经营成本和价格上的优势。无店铺销售可以为零售企业节省店面租金、店面装潢费、水电费、营业税等多种经营成本，除此之外，网上虚拟商店还可节约存货、人事等方面的费用，因而网上虚拟商店比普通实体店铺具有明显的价格优势。

(2)在经营时间上的优势。借助于现代信息技术手段，现代无店铺销售(尤其是网上虚拟商店)可以突破经营时间的限制，实现“7－24”模式的销售，即 1 年 365 天中，实现每周 7 天、每天 24 小时不间断的销售。

(3)在市场地理范围上的优势。由于不需要实体性店铺，因此，只要在信息流、物流和资金流能够实现的地方，尤其是在互联网和物流能够到达的地方，都可以进行商品及相关服务的无店铺销售。这使得越来越多的零售企业可以突破地理范围的限制，开展全国性的甚至跨国家(或经济体)的无店铺销售。

(4)在满足顾客需要方面的优势。借助于信息沟通技术，无店铺销售不仅可以在一定程度上减少买卖双方之间的信息不对称，而且可以灵活地开展促销，因而能够向顾客提供更加个性化的商品和服务，甚至为顾客量身定制产品。这是传统的店铺销售所无法比拟的。

无店铺销售的发展条件

任何商业形态和营销方式都是在一定的社会历史条件下产生和发展起来的。无店铺销售的发展必须具备的条件主要包括以下几个：

(1)技术条件。在某种意义上，零售营销的每一次革命都是新技术应用于商业领域的结果。现代无店铺销售具有明显的技术密集型行业的特征，特别是计算机技术、通信技术、信息安全技术以及数据挖掘与处理等技术的发展推动了以无店铺销售为代表的现代营销方式的产生和向前发展。在当今社会，几乎所有“无店铺销售”公司都需要应用先进的电算化数据库管理系统，从而可以记录顾客特征和历史交易数据，这为营销分析、目标市场选择和营销方案的制定提供了技术支持。

(2)渠道变革的压力。传统的经销渠道，产品从工厂到达消费者之间经过多次转卖，导致企业经营成本比较高。同时，由于土地费用和建筑费用的高速增长导致店铺的成本大大增加，影响了企业投资的回报率和利润率。此外，随着经济全球化、一体化的速度不断加快，企业所面临的行业竞争也越来越激烈，如何缩减运营规模、降低对人力资源和媒介宣传的广告投入，从而达到降低经营成本和日常开支，获取竞争优势的目的很现实地摆在企业面前。而“无店铺销售”的绝对竞争优势消除了运营商在土地成本和劳动力成本上的顾虑，不仅营销形式多样，而且还避免了很多中间环节，大大压缩了经营成本。

(3)市场需求的变化和发展。第二次世界大战结束以后，西方资本主义国家于20世纪60年代进入经济发展的黄金时期，这一时期诞生的婴儿潮世代在80年代成长为新一代主流消费人群，其特点是教育程度高、收入水平较高、工作压力高，他们在个人价值观、家庭结构、休闲时间的活动、消费观念和消费习惯、对未来的预期等方面表现出不同于其长辈的特点，他们追求时间和金钱的双重节约和购物的高效率，并开始追求消费的个性化和时尚化，其消费理念和消费行为也对其他消费人群产生了潜移默化的影响。至于“70后”、“80后”和“90后”等消费人群，不仅能更快地接受新的技术和通信方式，而且在追求消费的个性化和时尚化方面比他们的父辈更是有过之而无不及。这些无疑为无店铺销售的发展创造了市场需求条件。

(4)零售企业的战略决策和营销创新能力。零售企业在考虑什么时候、在什么地点、面向什么样的消费者、以什么的形式和手段开展无店铺销售的时候，必须具备对营销环境、资源和目标进行科学分析预测并在此基础上对未来的业务投资组合进行正确谋划决断以及对相关营销策略组合进行创新的能力。这是无店铺销售发展的主观条件。

(5)商业基础环境。只有当无店铺销售的所有利益相关方都能共享合适的社会资源和相应的保障条件时，无店铺销售才能成为产业化商业行为。这些必须共享的社会资源和保障条件主要包括完善的法律法规体系、完善的行业自律体系、完善的社会信用体系、完善的社会物流配送体系以及完善的电子支付体系。

第二节　直复营销

“直复营销”的英文名是“direct marketing”。菲利普·科特勒对直复营销下了一个更为简单的定义：直复营销是一种不通过中间人而是使用消费者直接(consumer-direct，CD)渠道来接触顾客并向顾客传递产品和服务的营销方式。直复营销想要获得的是可测量的市场反应，这通常体现为顾客订单。直复营销人员可以使用多种渠道来接触潜在顾客和现实顾客：直接邮寄(简称“直邮”)、产品目录营销、电话营销、互动电视、自助服务机、网站以及移动通讯设备等。借助这些接触渠道，顾客不仅可以直接了解企业的产品，而且可以直接订购产品。

直复营销的特点和好处

1. 直复营销的主要特点

直复营销的特点可以总结为“直”和“复”两个字。“直”是指它不受空间限制，相对于等待顾客上门的销售方式而言更加直接；“复”指出了直复营销的基本精神，它是一种双向沟通式的营销体系，强调双向交流信息。在传统的市场营销活动中，信息交流的方式是单向的，营销人员总是试图将信息传递给目标顾客，但是却无法了解这些信息对目标顾客产生了何种效果；而直复营销人员能确切地知道何种信息交流方式使顾客产生了反应行为，并且能知道反应的具体内容是什么，如目标顾客是想订货还是要获取更详细的资料等等。直复营销与传统的市场营销的区别表现在许多方面(见表16－1)，这些方面包括目标顾客、市场细分基础、信息传递的方式和媒介、针对消费者的决策、消费方式、附加服务价值等。

表16－1　直复营销与传统的市场营销的区别

营销方式 具体区别 方面	直复营销	传统的市场营销
目标顾客	单个顾客	目标顾客群
市场细分基础	顾客的姓名、住址及购买习惯	人口、心理等统计因素
信息传递的方式	与顾客进行双向的信息交流	向顾客进行单向的信息传递
信息传递的媒介	主要利用针对性很强的媒体	相对来说，范围广的大众媒体
针对消费者的决策	相对精确	相对来说，有误差
消费方式	通过各种媒介手段进行销售	通过零售店进行销售
附加服务价值	服务有送货上门的附加价值	服务中没有送货上门的优势

有的学者将直复营销的特点归纳为以下五个方面：

(1)直接反应性。直复营销是采用能直接引起目标顾客反应的各种手段作为沟通营销者与目标顾客的媒介，如电话、网络、邮件等，使得顾客接受这些信息之后可以立即作出实质性的反应，如查询、拨打订购电话、网上浏览等，形成直复营销者与目标顾客之间的强烈互动。

(2)信息的双向交流性。在直复营销活动中，营销者与目标顾客之间的信息交流是双向的。营销者利用电视网络、电话等手段将企业的产品信息发送给顾客，顾客再根据收到的信息选择商品进而订货付款，因而直复营销者根据营销活动的结果进行决策就会十分准确。

(3)直复营销活动不受制约性。即在直复营销活动中，任何时间、任何地点都可以进行信息双向交流。在传统营销活动中，只有当顾客来商店或推销员亲自上门时，方可双向沟通。但在直复营销中只要某一媒体能将双方连接起来，信息交流就可进行，充分表现出其在空间上的广泛性。

（4）效果可测量性。即直复营销活动的效果可以测定。直复营销者可以通过回复的信息确切地知道何种交流方式使目标顾客产生了反应行为，并且能知道反应的具体内容是什么。

（5）直复营销对数据库的依赖性。直复营销离不开数据库的密切配合，通过建立数据库企业可以选出其目标顾客，等一轮直复营销活动结束后，目标顾客回复的反馈信息继续存入顾客数据库中，作为下一轮直复营销活动的依据。直复营销活动之所以效率高在一定程度上是因为借助对顾客数据库的分析从而使营销决策更具有针对性。

2. 直复营销对企业的好处

从事直复营销的企业可以通过服务于利基市场而获利。当今消费社会正日益显示出市场分众化的特征，各种具有某种特征的小众市场纷纷出现，比如喜欢收藏 ZIPPO 打火机的人群、左撇子人群、攀岩爱好者、超重人群等。企业可以将营销信息进行定制化和个性化，以满足这些顾客的个性化需求。在此基础上同每一位顾客建立长期的关系，还可以实现不同产品的交叉营销。如针对经常在同一家网站上购买进口婴儿奶粉的父母，网络零售商可以根据孩子的成长，以短信或电子邮件定期向其父母推介新衣服、玩具和其他产品。

直复营销可以让企业在目标市场上更有效地接触到对产品有现实需求的潜在顾客，从而拓展市场销售。例如，借助互联网搜索引擎，潜在顾客可以很方便地找到与该产品相关的关键词排名靠前的零售网站。在一个具体的零售网站的页面上，潜在顾客可以通过站内搜索引擎找到他感兴趣的产品。而这个顾客的浏览行为及兴趣都可以在无打扰的情况下被记录和分析，企业从而可以通过动态页面的推荐区域向这个顾客进行个性化的推荐。

直复营销可以成为一种隐蔽的竞争方式，直复营销人员可以在与顾客的个性化沟通中提供个性化的营销组合（产品、价格、促销、服务等）而不被竞争对手发觉。

最后，直复营销人员可以通过测量消费者对营销的反应来分析不同的营销方案的效益，判断哪一种营销方案最赚钱。

直复营销的主要形式

1. 直邮营销

作为直复营销的一种具体形式，直邮营销是指通过邮政系统直接向顾客传送宣传材料以获得顾客反馈并向顾客提供产品和服务的营销方式。直邮营销者向个体消费者发送的信息内容包括报价、产品信息或新产品上市信息、商品动态提示、商品促销信息等。邮件的形式也是多样的，包括信件、传单、插页广告和其他营销宣传材料（如多媒体等）。

直邮营销具有个性化、灵活性强的特点，它不但可以对目标市场进行筛选，而且能轻而易举地检测市场的反应。尽管直邮营销的每千人成本高于大众媒介广告，但是直邮营销能够使产品和服务的信息更精准地到达目标群体。

直邮广告是直邮营销中的最基本的内容。为了成功地开展直邮广告，直邮营销人员必须对直邮广告的目标、目标市场、促销内容、测试广告活动效果的方法以及衡量活动是否成功的标准等进行确认。

直邮广告的目标通常是获取目标市场的订单，而回复率往往作为衡量活动成功的标准。一般说来，回复率在2%～4%之间的营销活动就被认为是成功的，但这应当是基于收支平衡的回复率，即在考虑费用加总和有效销售收入且剔除了退货和坏账之后得到的数据。

直邮营销人员在筛选目标客户时，常常使用RFM方程式。R指现在离顾客最后一次购买过去了多长时间（recency），F指顾客在一个统计周期内总共购买了多少次（frequency），M指顾客从第一次购买企业产品以来总共花费了多少钱（monetary amount）。可以用打分的方法来衡量顾客的吸引力。不同的RFM水平分别具有相应的分数，分数越高，顾客的吸引力就越大。直复营销人员也可以用细分消费者市场的方法来筛选目标客户。

2. 产品目录营销（邮寄目录模式）

在经营销售的产品种类、款式和花色很多的情况下，直复营销企业可以将所有的产品按照一定的分类标准进行分类后制作成一个便于顾客查询的产品目录，再将此产品目录、订购单和联系方式提供给潜在顾客以获得顾客的订单。这种营销方式就是产品目录营销。在产品目录营销中，公司可能会以印刷品或网络通信的方式向消费者邮寄完备的产品目录、专业消费者目录或企业目录。因此，产品目录营销又称邮寄目录模式。邮寄目录模式有100多年历史。

成千上万的小企业聚集于某一大类的产品经营，因此它们倾向于使用专业目录。将产品目录与互联网结合起来尤其是与网站的网页内容结合起来而形成的网上目录营销是目前电子商务领域中最流行、最有效的一种销售方式。

产品目录营销的成功需要具备多种条件。首先，公司要提供高品质的产品并控制好库存，以降低退货率，保证货品充足率，建立并维护公司和产品的良好形象。其次，要对客户数据库进行认真管理，避免客户信息的重复和过时，并通过数据分析和挖掘发现黄金客户和白银客户，在此基础上制定个性化的营销方案。再次，用良好的服务将维护重点客户与开发新客户统一起来。如：创新有特色的文字或信息；提供一个畅通无阻的、能为顾客提供有价值的服务的24小时服务热线或在线咨询；制作分类合理的产品目录并将其公布在互联网上（这样既方便顾客又节约印刷和邮寄成本）；向最佳顾客发送礼品；严格履行有关配送和售后服务的承诺；等等。

3. 电话营销

电话营销是指这样一种营销方式：使用电话和呼叫中心吸引潜在顾客，向已有顾客提供答疑、产品方案选择和销售等服务。公司可以通过使用呼叫中心接受顾客的来电或主动呼叫目标顾客。这种营销方式能帮助公司增加销售收入，降低销售成本，并在一定程度上提升顾客满意度。

公司通过电话向企业用户推销产品、提供服务，可大幅度降低人员推销的成本（尤其是降低销售人员差旅费用），提高销售效率。随着视频电话的普及，昂贵的现场销售活动不会完全被取代，但它在整个销售活动中所占的份额将变小。

4. 借助其他媒体的直复营销

除了以上介绍的几种形式的直复营销之外，从媒体利用的角度看，还有多种借助其他媒体的直复营销。传统的四大类型的媒体——报纸、杂志、广播和电视，都可以用作直复营销的媒体。借助这些媒体，直复营销企业将产品和服务信息及免费订购电话号码（或销售网站的网址信息）传递给潜在顾客，顾客可以通过热线电话或互联网订购产品和服务。而货物配送也会在24小时或48小时之内完成。通过互联网网站进行的在线销售是目前最繁荣的直复营销形式。

第三节　网络营销

网络营销（E-marketing）是网络时代的市场营销，是利用以互联网技术为核心的信息技术向客户创造、宣传和传递价值，从而实现企业和各种利益相关方的利益目标的管理过程。网络营销的技术条件不断进化，为买卖双方参与市场经济活动提供日益丰富的机会、工具和手段。

网络营销的发展

网络营销是指利用万维网和其他信息沟通工具整合而形成的数字化、信息化体系开展的营销活动。

1. Web 1.0 时代

第一代互联网（Web 1.0）时代，互联网本身能够提供主页、巨量的存储能力、个人电子邮箱、音乐播放器、共享照片簿、视频、书签、网络搜索等服务，这些功能属性把人和计算机联系在一起，帮助用户从网络获得信息。从整体上看，第一代互联网的应用呈现出以下特征：

(1)联网计算机和网站数量迅速增长。

(2)通过联网计算机上网浏览网站的个人和企业数量迅速增长。

(3)主要由网站编辑人员创作网站内容。

(4)网站经营者以网站内容吸引用户浏览网站，提供免费浏览和下载，并借此吸引用户点击网络广告。

(5)面对来自纳斯达克的诱惑，企业和天使投资者、风险投资者们参与电子商务的热情持续高涨，电子商务成为一种时髦的淘金方式。许多企业网络销售与日俱增，以此占领市场和扩大市场份额，但真正通过网络营销而获利的企业极少，多数企业处于亏损状态。

2. Web 2.0 时代

在继承兼容第一代互联网的功能属性的基础上，第二代互联网(Web 2.0)又增加了博客(BLOG)、RSS、百科全书(如 Wiki)、网摘、社交网络(SNS)、P2P、即时信息(IM)等多种互动性强的应用工具，不仅把人和计算机联系在一起，更把人与人联系在一个社交网络中，方便用户创造内容并分享信息。人与人之间通过网络进行互动交流是 Web 2.0 最显著的特征。人们把社交网络中的网页统称为"社交媒体"，其中的内容主要是由网络用户制作的，所以这类媒体又被称为"用户制作媒体"或"消费者制作媒体"。社交媒体网站数量与日俱增的最重要的原因之一，是这些网站对用户的吸引力远远大于传统的网站。

在 Web 2.0 环境下，由于消费者权力占据优势，厂商的明智选择就是努力让消费者利用网络来发现自己，也就是吸引客户参与。这种新营销模式叫做集客营销(inbound marketing)(又称"许可营销")。用户参与将企业内容与消费者特征融合在一起。为了激励用户参与，企业必须开展内容营销，将自主开发的对用户有吸引力的内容传递到公司网站和社交网站上。内容营销的工具或载体包括普通的公司网站、社交网站(如推特网、脸谱网、博客网)上的网页、文章或帖子、视频、网络白皮书、电子书以及搜索引擎优化技术等。

3. Web 3.0 时代

Web 3.0 的核心技术基础就是语义网。所谓语义网，就是能够根据语义进行判断的智能网络，它能够在人与电脑之间实现无障碍沟通。它就像一个巨型的智能化程度极高的大脑，拥有非常强大的理解和协调能力。在语义网上连接的每一台电脑，不仅能理解词语和概念，还能够理解它们之间的逻辑关系，可以替代人进行工作。通过称为软件代理的智能程序，语义网中的计算机能从万维网上的海量资源中找到用户所需要的信息，并根据人的委托指令，做出合理的决策。

在 Web 3.0 时代，每个人都拥有一个属于自己的独一无二的个人数据库和一个公共数据库，这些数据库中有一个人所需要的所有信息。Web 3.0 时代的网络还能在信息处理上融合虚拟和现实，过去、现在和未来，个人与社会，横向与纵向。Web 3.0 与人工智能高度融合，在感知智能、认知智能和运筹决策智能等层面成为人类最信赖的聪明管家。

管理在线销售

管理在线销售以促成消费者购买和提升卖家或品牌声誉为目的，担负着为消费者提供满意的销售服务的使命，涵盖电子商务平台和在线渠道类型选择、网络商店的页面设计与商品展示、网店服务、顾客在线评论管理等内容。

(一)电子商务平台和在线渠道类型

在传统的商业贸易活动中，卖家和买家集中在一个固定的物理地点进行交易，这种地点被称为集市(marketplace)。在互联网上，卖家和买家聚集在一个网站上进行交易，这样的网站称为电子集市(electronic marketplace)，又称电子商务平台(e-business platform)。卖家自己建立一个电子商务平台，并在该平台上销售其从生产商或供应商那里采购来的货物或代理销售他们的货物，这样的电子商务平台，就是自营型电子商务平台。由独立的第三方机构建立的电子商务平台，为很多卖家和很多买家提供交易服务，这种电子商务平台称为第三方电子商务平台(independent e-business platform)。习惯上，人们把第三方电子商务平台和混合型电子商务平台统称为电子商务平台或平台电商。

大多数品牌厂商选择第三方电子商务平台和混合型电子商务平台作为其产品的网上销售渠道。有少数知名品牌厂商，由于产品组合丰富、产品数量巨大、目标市场分布广泛，除了在第三方电子商务平台和混合型电子商务平台销售其生产的产品外，也同时在本公司创建的销售网站上售卖自产商品。顾客在电子商务平台上购买产品时，如果产品是平台直营，那么销售物流则由平台直接负责；如果产品由官方旗舰店销售或官方授权代理店销售，那么销售物流则由与卖家签约的第三方物流公司来执行。

(二)网络商店的页面设计与商品展示

1. 通过商品目录和搜索引擎为消费者提供商品查找服务

在电子商务平台上，每个卖家都有自己的虚拟店铺(网络商店)，除了为店铺设计主页，还为店铺中的每一款产品设计一个商品展示页面。虚拟店铺主页的构成元素，除了卖家或品牌的 LOGO、卖家名称、卖家联系方式之外，其主要成分就是以分层超链接的形式(即分级下拉式菜单)存在的商品目录。顾客可以按照由粗到细的产品分类次序在商品目录中查找自己所需要的产品种类和具体型号。在一个综合性的电子商务平台上,喜欢直接到卖家的虚拟店铺的商品目录中查找自己所需产品的消费者恐怕很少。但是,这并不意味着虚拟店铺主页的设计工作不重要。原因在于:第一,肯定会有消费者访问卖家的店铺主页;第二,平台上的每个卖家的店铺主页都能被搜索引擎(包括平台搜索引擎和互联网搜索引擎)搜索到。

绝大多数消费者在电子商务平台上购物时,习惯于以下两种典型的商品查找方式:

(1)使用平台的商品目录查找商品。平台的商品目录,是一个随鼠标指针而展开的多级菜单。第一级菜单显示的是商品大类,如家用电器、手机/运营商/数码、电脑/办公、家居/家具/家装/厨具、男装/女装/童装/内衣等等;第二级,以家用电器为例,有电视、空调、洗衣机、冰箱、厨卫大电、厨房小电、生活电器、个护健康、家庭影音、进口电器等;第三级,以厨卫大电为例,有抽油烟机、燃气灶、烟灶套装、消毒柜、洗碗机、电热水器、燃气热水器、嵌入式厨电、商用厨房电器等。如果在厨卫大电的菜单中点击抽油烟机,则呈现出一个抽油烟机的商品筛选页面,访问者可以按不同的筛选条件进行商品筛选。该页面不仅提供了入驻平台的所有抽油烟机品牌 LOGO(每个品牌 LOGO 都是一个内部链接,点击其中一个品牌 LOGO,就会打开呈现出该品牌抽油烟机全部型号的页面),还提供了价格、烟机款式、烟机排风量、能效等级等菜单作为筛选条件。顾客既可以以其中一种条件进行筛选,也可以将这些条件按照一定先后顺序连在一起进行组合式筛选。

(2)使用平台内的搜索引擎查找商品。电子商务平台网站上的每一个页面都在置顶或靠近置顶的位置提供了一个站内搜索条,访问者可以输入特定的关键词对平台上的商品进行搜索。关键词可以是品类关键词(例如空调、电视、热水器、男装、女装等),也可以是以企业名称、品牌名称或企业产品专有名称形式出现的特殊关键词。在实施搜索时,可以使用单一的关键词,也可以使用组合的关键词。在输入有效的关键词并点击“搜索”后,结果会生成一个由所有符合搜索条件的在该平台上销售的商品的展示标志组成的页面。每一个商品的展示标志,一般由商品图片、价格标签、“品牌名称+产品名称+产品特征”等要素构成。

2. 通过商品展示页面向消费者详细介绍商品及相关信息

当消费者在电子商务平台上使用商品目录或搜索引擎找到一款产品的展示标志并点击该标志上的商品图片或产品名称时,就会打开该款产品的商品展示页面,卖家可以在该页面上向消费者提供与这款产品及其销售和服务相关的详尽信息,如价格、外观式样、产品功能、性能参数、材料和制作工艺情况、质量检验结果、相比于竞争品的优点、售后服务待遇、卖家及售后服务部门的联系方式、正在或即将进行的促销活动信息、顾客评论的数量和具体评价内容、对顾客疑问和抱怨的解释、企业资质和荣誉、已售出商品数量/已购买的顾客人数、是否可以使用由平台提供的分期付款服务、“放入购物车”按钮、“立即购买”按钮等。有的卖家还在商品展示页面上放置视频，用来介绍产品功效或使用方法。商品展示页面带给消费者的体验，在很大程度上影响消费者的购买欲望和决策，因此，对商品展示页面的管理是在线销售管理中的重点内容之一。

（三）网络商店的服务管理

前面阐述的网络商店的页面设计与商品展示，基本上属于售前服务的范畴。从消费者将商品放入购物车开始到完成付款、生成订单的过程，属于售中服务。订单生成之后的物流配送、物流信息查询、顾客确认收货、安装、维修、退货、换货等事务，属于售后服务。顾客对于网络商店的销售服务有着多方面的期望，网络营销者（包括平台和平台上的卖家、品牌厂商等）应在充分了解顾客的服务期望的基础上，合理规划服务蓝图、服务标准，并对服务过程进行有效监控，尽量缩小在服务质量方面顾客期望与服务提供者/管理者之间的差距，以便获得较高的感知服务质量。

在网络销售中，绝大部分引起顾客不满的原因都与服务偏差有关，如：延迟发货、物流时间过长、发货错误、收到的货物与网站上的宣传存在明显出入、包装或商品损坏、送货人员态度差或缺乏敬业精神、客服人员态度恶劣或不能为顾客解决问题、卖家不能信守退货或换货的承诺、上门安装或维修服务不到位等。有时候，由于顾客对产品/服务的期望过高，或者由于顾客缺乏足够的商品知识，或者由于买方双方之间缺乏及时有效的沟通，也会导致顾客的失望和不满。这些问题的发生，会对平台、卖家及品牌厂商的声誉以及顾客的忠诚度带来负面影响。如何尽量减少这些问题的发生，以及问题发生之后如何拯救，是摆在网络营销者面前的重要课题。

（四）网络商店的顾客在线评论管理

正规的电子商务平台作为品牌厂商的主流在线销售平台，通常会在每一个商品展示页面上提供动态的、涵盖一定时间周期的（如以月为统计期间）顾客在线评论信息。某个卖家的某款商品的顾客在线评论的内容是由从该卖家购买了商品的顾客撰写并上传的，顾客可以把自己购物和使用产品的体验写进评论文本中，还可以上传产品照片、安装和使用场景照片、视频、与卖家的通信证据等，给予卖家好评、中评或差评。顾客可以在初次评论之后，再根据使用后的情况，对购物进行追评。品牌厂商或在线卖家的营销人员应当通过良好的服务和沟通，校正顾客的期望，提升感知服务质量，增加顾客对产品的正确认知，减少顾客抱怨和负面评论的发生率。当在线负面评论出现时，营销者应在第一时间与顾客取得联系，与顾客进行诚恳的沟通并及时帮助顾客解决问题，同时将沟通的过程和结果发表在紧靠负面评论的位置，以降低负面评论的不良影响。

管理在线传播

互联网时代消费者的媒体接触习惯是基本上每天的日常生活都离不开网络。所以，当今绝大多数企业在营销传播方面必须解决的问题不是“要不要开展网络营销传播”的问题，而是“怎样开展网络营销传播”的问题。

(一)企业官方网站与搜索营销

1. 管理企业官方网站

作为展示企业形象和品牌产品信息的窗口以及联系潜在和现实客户的桥梁，企业的官方网站实际上是企业的综合门户，即企业专属的门户网站。很多时候，消费者想通过互联网对企业及其产品进行详细的考察和了解，首先想到的就是访问企业官方网站。一个好的企业官方网站，应该具有丰富的内容和比较齐全的功能，能够向社会公众和潜在顾客传递关于公司发展、公司文化、公司动态、行业动态、公司产品和服务、合作伙伴、人才招聘、联系方式等多样化的信息，也可以提供在线咨询、在线产品展示和查询、在线销售与支付、紧急报修和救援等与销售有关的服务，还可以提供各种对顾客有价值的链接(如引导顾客访问在第三方电子商务平台上的公司官方旗舰店的链接，引导顾客访问公司重要合作伙伴网站的链接等)。

官方网站设计初步完成之后，正式上线之前要对网站进行技术测试、专家测试和用户测试，从而进一步修订和完善网站设计。企业官方网站正式运行之后，要注意做好网络安全工作，并及时对网站相关页面内容进行更新。

2. 搜索引擎营销

利用互联网对产品/品牌信息进行搜索已经成为越来越多的消费者的行为习惯。消费者进行网络搜索的过程可以分为五个步骤：(1)输入搜索关键词通过搜索引擎进行搜索。(2)查看显示出来的搜索结果页面。(3)点击结果页面上符合兴趣的链接。(4)待链接页面打开后，进入并浏览相关企业的网站。(5)实现转化。转化是指潜在客户完成一次广告主期望的行动。这些行动包括以下形式：在网站上停留一段时间；浏览网站上的特定页面，如注册页面、“联系我们”页面等；在网站上注册或提交订单；通过网站留言或网站在线即时通信工具进行咨询；通过电话进行咨询；上门访问、咨询、洽谈；实际付款、成交。搜索引擎营销的任务和目标，就是设法让企业网站的特定页面被在线消费者在网络搜索中找到并完成企业所期望的转化行为。有必要开展搜索引擎推广的企业网站主要包括企业官方网站和企业在电子商务平台上的官方旗舰店。对于这两种网站，管理者需要从中挑选出一些比较重要的页面作为推广的内容，通过搜索引擎向网上潜在顾客进行推广。

通过搜索引擎对企业网站的页面进行推广的方式通常可以分为付费推广和搜索

引擎优化两种。付费推广就是通过向搜索引擎服务商购买关键词搜索结果页面链接位排名或关键词搜索结果页面特定广告位链接而对网站特定页面进行推广。搜索引擎优化是指利用搜索引擎的搜索规则来提高网站特定页面在搜索引擎中的自然排名。了解搜索引擎的排名规则以及消费者网上信息搜索行为(如潜在消费者喜欢用什么搜索引擎、哪些关键词最容易在消费者大脑中与企业销售的产品形成关联、他们如何使用组合关键词等)是开展搜索营销的重要前提。

(二)移动营销

现在是智能手机和移动互联网普及的时代,以手机为中心的智能设备,成为"万物互联"的基础,手机成为网络营销传播最重要的媒介,越来越多的企业对移动营销倾注了更多的热情。

移动营销的传播路径很多,目前常见的主要有以下几种:(1)移动 APP,即手机应用程序。在移动 APP 中,应用最频繁、用户人数最多的当属社交类 APP(如微信)、支付类 APP(如支付宝)和电子商务平台类 APP(如手机淘宝、手机京东等)。其次是对人们日常生活有比较重要帮助作用的 APP,如手机邮件 APP、手机导航 APP/手机电子地图、天气预报 APP、健身运动 APP 等。(2)手机短信。(3)手机浏览器。(4)手机桌面。企业可根据实际情况,选择上述路径开展移动营销传播(例如在应用界面的适当位置插入广告促销信息和网站链接)。另外,手机具有定位功能,这为零售、旅游、餐饮等行业的企业针对特定顾客开展基于位置的移动营销传播提供了便利。

在开展移动营销项目时,要注意移动信息的简洁性。由于手机的屏幕面积明显小于电脑显示屏,移动网站页面和移动广告方案的设计要力求简洁,广告语要简短,颜色对比度和广告链接放置方位要适当。同时,要高度重视手机用户的体验和手机网站的导航,可通过测试和反馈,不断改进用户体验和导航。

(三)社交媒体营销

社交媒体营销是指企业利用社交媒体的分享功能和交互功能向目标受众传播企业、品牌和产品信息的活动。社交媒体有多种平台,常见的有三种:(1)社交网络(如中国的微信、新浪微博,美国的 Facebook、Twitter 和 YouTube 等);(2)博客;(3)在线社区和论坛。在社交媒体中,信息的沟通是双向的,顾客和公司员工都可以参与互动,而且互动的广度和深度可以达到前所未有的程度。企业可以利用社交媒体做很多有价值的事情:传递产品和服务信息;接受顾客咨询;收集顾客的创意和意见,为产品/服务改进和营销改进提供依据;发现危机苗头并及时妥善处理;联络顾客感情;等等。

(四)在线口碑营销

口碑就是人们对某个事物或话题进行讨论或发表看法,它属于人与人之间的传播。口碑可以成为一种强大的营销工具,让企业的品牌营销事半功倍。

在线口碑营销的一种重要形式就是在线病毒营销，它鼓励顾客在互联网上向其他人宣传公司的产品和服务，上传与公司产品有关的文字信息、图片、音频和视频。口碑可分为正面口碑和负面口碑。据研究，消费者往往自己产生正面口碑并与他人分享自己的消费体验，对于负面口碑，他们通常只是转述。消费者是否参与网上口碑传播，取决于多种因素的共同影响(比如内在因素的激励、外在因素的诱导或制约)。企业可以面向那些网络社区参与度高的人群，帮助创造有关产品和服务的话题，并借助他们的网络分享行为扩大口碑传播的范围，提升传播效果。在线病毒营销能否取得成功，关键取决于顾客是否愿意在网络上参与对特定话题或信息的谈论。所以，拟讨论的话题或信息应当具有足够的吸引力。

顾客在线评论也是在线口碑的一种重要形式。如果阅读顾客在线评论的潜在顾客觉得顾客在线评论是可信的、有用的，那么他(她)会把该评论作为购买决策的重要参考。有些顾客在线评论可能有偏颇，这样有可能产生误导；有些顾客在线评论可能是假的(例如请人刷单并发表好评)，如果让消费者产生怀疑，品牌的声誉就会受到损害。

网络信息技术的成熟，使企业追踪在线网络口碑传播状态并测量在线口碑传播效果变得比较容易。通过网络日志、cookie、代理服务器和插件，企业能够监测顾客在何时何处发表博客和评论、发帖、跟帖、分享、交友、更新资料等。通过建立或采用合适的评价指标，测量在线口碑传播的实际效果。例如，对博客上的口碑传播效果的评价可以采用三个维度的指标：相关性、情感性和权威性。对在线口碑传播的追踪和效果测量，可以作为目标受众定位的决策依据。

(五)网页广告

网页广告最常用的形式是横幅广告(又称陈列式广告)，是出现在网页上的一种带有文字或图片的长方形小广告。横幅广告通常按照每千人成本法进行收费。网站或网页的访问量越大，点击广告的人越多，广告成本就越高。企业在第三方网站投放横幅广告有三种可供选择的方式。第一种是利用横幅广告交换网站。它是免费的并实行会员制。横幅广告交换网站通常要求每个会员的网站接受至少两个广告，作为交换，该会员的广告会出现在某个其他会员的网站上。第二种方式是企业在细分市场目标群体会访问的网站上付费投放横幅广告(例如登山设备制造商在登山爱好者经常光顾的网站上投放横幅广告)。第三种方式是使用横幅广告网络(广告主与刊登广告的网站之间的经纪公司)。横幅广告目前面临的最大困境是点阅率持续下滑，营销人员想了很多办法来阻挡这种趋势，但总体上效果并不明显。

除了最常见的横幅广告外，还有其他形式的网页广告，如弹出式广告、插入式广告、富媒体广告等。但由于这些形式的网页广告对用户的正常浏览有一定的干扰作用，加上浏览器和杀毒软件可以对它们进行屏蔽或过滤，因此使用率比较低。在重要的促销日子(如电商创造的双 11 狂欢节、618 年中促销等),许多电子商务平台网站、门户网站还是会选用这些形式的网页广告,而且浏览器和杀毒软件好像不会对它们进行屏蔽或过滤,这可能是因为这些平台和门户在浏览器服务商和网络安全服务商那里获得了“可信网站”的认证。

(六)电子邮件

许多企业喜欢用电子邮件向现有顾客或潜在顾客宣传新产品特性以及新产品和现有产品的促销信息。在客户服务和客户关系维护中,电子邮件也能发挥比较重要的作用。用于营销活动的电子邮件必须是适时的、有针对性的和恰当的。未经消费者同意而主动向消费者发送的电子邮件被认为是垃圾邮件。垃圾邮件常常受到人们的批评。许多人使用垃圾邮件过滤器,以摆脱海量垃圾邮件的包围。一些电子邮件服务商为免费电子邮件用户提供邮件分类管理,其电子邮件服务器能自动地将用户收到的电子邮件分为正常邮件、广告邮件、垃圾邮件等,并将不同类型的邮件分别放入不同邮箱文件夹中,方便用户查看和处理。电子邮件营销的关键在于,企业在发送任何营销或促销的电子邮件之前必须获得消费者的同意。向那些询问过某个专题或特定产品信息的人发送的电子邮件称为许可电子邮件。以许可电子邮件的方式开展的营销称为许可营销。只向明确表示过愿意接收某种产品或服务的促销信息的顾客发送特定信息,其效果要比通过大众媒体发送一般促销信息的营销策略好得多。

思考题

1. 无店铺销售有何特点?为什么要发展无店铺销售?
2. 直复营销有哪些特点和形式?
3. 简述网络营销的发展背景及主要类型。
4. 何谓在线销售?在线销售有哪些主要方法?
5. 何谓在线传播?在线传播有哪些主要手段?

第十七章　顾客价值和顾客关系管理

学习目的与要求

1. 掌握顾客让渡价值模型的内涵
2. 掌握顾客满意理论的内涵与顾客满意的研究方法
3. 了解顾客忠诚的价值及忠诚与满意的关系
4. 了解关系营销的含义
5. 了解顾客关系管理的含义
6. 了解 CRM 应用软件的基本构成和 CRM 项目的实施过程
7. 掌握数据库营销的定义
8. 了解 SCRM 的定义和应用

顾客关系管理的核心理论——关系营销——的有关思想及观念起源于 20 世纪 70 年代欧洲的服务营销学派和产业营销学派。这两个学派主要致力于研究如何通过发展长期稳定的顾客关系来建立顾客忠诚，提高企业的市场竞争力。20 世纪 90 年代以来，顾客关系管理已成为市场营销学研究的热点问题。研究的重点也开始从顾客关系管理的重要性深入到对顾客关系价值的测定与评价，乃至将顾客关系管理环节作为产业链组成部分进入研究和运作的阶段。

本章将对顾客关系管理的基本问题进行介绍，从顾客关系理论的基础——顾客让渡价值——谈起，深入顾客满意和忠诚理论，然后对 CRM 的一般理论和应用系统基本架构作一些介绍。

第一节　顾客让渡价值理论

消费者是否会购买某一产品，取决于两个方面：一是其可能获得的满足，即消费者所得到的效用或价值；二是其在得到这一满足时的必要支出，即消费者所付出的代价和成本。两者比较，若效用大于代价，顾客就会倾向于购买；而若代价大于效用，顾客则可能放弃购买。这就是消费者购买行为中最基本的规律——顾客让渡价值理论想说明的道理。

顾客让渡价值理论

顾客让渡价值理论研究的是构成顾客价值的基本内涵和消费者评价价值的基本标准。消费者购买某一产品是为了获得一定的顾客价值，满足其期望利益；而消费者会不会购买这一产品则取决于“顾客让渡价值”的高低，即顾客总价值（其获得的全部利益，包括产品价值、服务价值、人员价值和形象价值）与顾客总成本（其支付的全部成本，包括货币成本、时间成本、体力成本和精力成本）之间的差额（见图 17－1）。如前所述，顾客让渡价值为正时，购买行为很有可能实现；顾客让渡价值为负时，购买行为则很难发生。

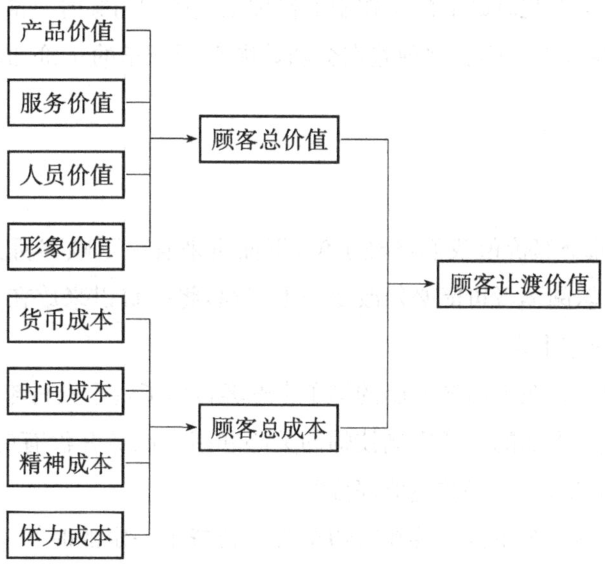

图 17－1　顾客让渡价值模型

资料来源：菲利普·科特勒、凯文·莱恩·凯勒著，梅清豪译，《营销管理》（原书第 12 版），上海人民出版社 2006 年版，第 155 页。

顾客总价值

我们可以选取一个轿车车主走进某品牌的特约维修站换一个轮胎的简单例子来说明这个问题。

首先,我们看一看顾客得到了什么:

第一,顾客得到了产品价值——一只新轮胎的使用价值。轮胎质量是否合格以及各项性能高于标准水平的程度将决定产品价值的高低。

第二,顾客得到了服务价值。顾客不需要去轮胎销售商处提货,而是在维修站就得到了这只轮胎。这还不是最重要的,最重要的是有人为他换好了轮胎并且做了校正。当然,服务价值的大小除了和换轮胎的技术有关,还与耗时有关。

第三,顾客得到了人员价值。人员价值的含义十分广泛,主要指的是服务人员的可靠性、响应性、安全性和移情性。假如,一位年长的技师不仅在几分钟内换好了轮胎,而且向顾客讲述了加速轮胎磨损的几种原因。不仅如此,当老技师知道车主是个新司机时,还提醒他一个新司机经常会犯的错误及因此导致的严重后果。离开时,车主顺便问了一个有关汽车保养方面的问题,老技师给予了解答。是否能向顾客提供高额的人员价值,取决于服务提供者的技能和对企业的忠诚度。

第四,顾客得到了形象价值。形象价值在许多时候表现在顾客心理上得到的满足。顾客走进一个路边的修车铺和走进一个装修精致的特约维修站所得到的形象价值不一样,顾客与穿着肮脏破旧的工作服的修理工交谈和与穿着整洁制服的技师交谈所得到的形象价值也不一样。这种差别会随着顾客所开车的车价和品牌地位的上升而增大。

顾客总成本

顾客所得到的全部价值我们已经了解,下面再来看一下顾客所支付的成本的构成。需要强调的是,阅读者可能必须改变一下习惯,将一贯以来放在货币成本上的注意力转移到其他成本上来。

第一,货币成本。在上面换轮胎的例子中顾客付出了货币支付轮胎和修理服务的费用。但是请注意,上面的例子中老技师的关心和指导服务并没有向车主收取费用。所以这种人员价值将是真正的"超值部分"。

第二,时间成本。车主为了寻找特约维修站花费了一定的时间,这是时间成本的一个方面;另一方面,如果车主走进了一家缺乏经验的修理店换轮胎,可能因为修理工缺少经验和训练,使他等了近一个小时才得到换好轮胎的车。这样他在修车站所支付的时间成本就会远远高于他在特约维修站所花费的时间成本。车主越是处于紧急状态，就越会在乎这种时间成本。

第三，精神成本。顾客可能在进站维修前，路过了一个社会修理厂或一个轮胎专卖和服务店，他曾犹豫是不是非要到特约维修站修理，为了作出决策，他用心作了比较，这就是顾客付出的精神成本。在换上轮胎后，顾客就有了潜在风险。假如他的轮胎是在一个路边修车摊换的，并且比平均价格便宜了许多，顾客可能就更担心新轮胎有问题，这也是顾客的精神成本。所以，大多数顾客为了降低这种成本，自愿选择了特约维修站或品牌轮胎的专卖店。

第四，体力成本。顾客当然可以选择购买一个轮胎，然后自己把它换上。这样他就耗费了自己的体力。为了节省体力、降低风险，很多顾客选择了专业的技师来完成这项工作。

了解顾客让渡价值理论，主要应明白两点：一是顾客在信息基本透明的情况下，会以顾客让渡价值的最大化作为购买决策的主要依据；二是顾客的总价值和总成本都是包含有多种因素的综合体，而不仅仅是产品效用和产品价格之间的比较。

如何使用顾客让渡价值模型

顾客让渡价值模型的普遍接受是顾客行为研究在 20 世纪 80 年代后的又一次突破，这个概念提供了一个十分有用的分析框架，无论是有形商品的出售，还是无形服务的消费都可以用到这个最基本的概念。其意义包括两个方面：一是对卖方而言，可以考虑竞争性产品在顾客总价值和顾客总成本方面的情况，从而制定相应的竞争性策略；二是给在顾客认知价值方面处于不利地位的卖方，提出了改进思路，那就是提高顾客总价值和/或降低顾客总成本。

通常，经理们使用顾客价值分析来发现公司相对于其他竞争者的优势和劣势，该分析包括以下的步骤[①]：

1. 确定消费者认为有价值的主要功能和利益。询问顾客在选择商品和厂商时想要的功能、利益和表现水平。

2. 量化评估不同特征和利益的重要性。让顾客给不同的特征和利益评分。如果他们的评分差异不大，营销者应该将他们分成不同的细分市场。

3. 基于不同的重要性，评估公司和竞争者在不同的顾客价值上的表现。顾客描述在每项功能和利益上公司和竞争者的表现。

4. 了解某一细分市场的顾客如何评价公司和某一主要竞争者在某个功能或利益

---

① 菲利普·科特勒、凯文·莱恩·凯勒、卢泰宏著，卢泰宏等译：《营销管理》(第 13 版，中国版)，中国人民大学出版社 2011 年版，第 91 页。

上的表现。如果在所有重要的功能和利益上公司所能提供的都优于竞争者，那么公司可以定更高的价格（因此获得更高的利润），或者可以制定相同的价格（因此得到更大的市场份额）。

5. 定期监察消费者价值。随着经济、科技和形势的变化，公司必须定期重新研究顾客价值和竞争者情况。

第二节 顾客满意与忠诚理论

在本节，我们要讨论顾客忠诚问题，研究忠诚带来的好处。首先，我们要明白什么样的顾客才会是忠诚的顾客。根据本章第一节的分析，我们发现，消费者对顾客价值的评价十分重要，因为它影响着顾客让渡价值的大小，从而也就影响着企业的产品或服务的销售和市场占有率。消费者对顾客价值的评价在很大程度上取决于消费者对其获得的利益的满足程度。我们将会在本节看到，消费者的这种满足程度（满意度）和忠诚度有着直接的关系。

顾客满意（CS 理论）

顾客满意是一个人通过对一个产品的可感知效果（或结果）与他的期望值相比较后，所形成的愉悦或失望的感觉状态。顾客满意的理论研究者，多数为服务营销学派的学者，他们从服务营销的角度总结了影响满意度的五个方面因素[①]，我们根据这些理论，将影响顾客满意度的因素总结为四个方面：

1. 产品和服务让渡价值的高低

消费者对产品或服务的满意会受到产品或服务让渡价值高低的重大影响，这个概念我们在上一节已经讨论过了：如果消费者得到的让渡价值高于他的期望值，他就倾向于满意，差值越大就越满意。

2. 消费者本人的个体因素

消费者的个体因素主要指消费者个人的情感会影响其对产品和服务满意的感知。这些情感可能是稳定的、事先存在的，比如情绪状态和对生活的态度等。另外，消费过程本身引起的一些特定情感也会影响消费者的满意度。

3. 参考群体

---

① 瓦拉瑞尔·A. 泽丝曼尔、玛丽·乔·比特纳著，张金成、白长虹译：《服务营销》（原书第 3 版），机械工业出版社 2004 年版，第 59～60 页。

参考群体的影响是指其他消费者、家庭、同事等人对消费者满意度的影响。在消费过程中，存在着大量的消费者之间的互动，其他消费者的合作、反应等各种行为，都会影响某个消费者对整个消费过程的感受。

4. 对产品和/或服务购买成功或失败的归因

归因是指一个事件感觉上的原因。当消费者被一种结果(服务比预期好得太多或坏得太多)而震惊时，他们总是试图寻找原因，而他们对原因的评定能够影响其满意度。例如，一辆车虽然修复，但是没有能在消费者期望的时间内修好，消费者认为原因是什么将会影响到他的满意度。如果消费者认为原因是维修站没有尽力，因为这笔生意赚钱不多，那么他就会不满意甚至很不满意；如果消费者认为原因是自己没有将车况描述清楚，而且新车配件确实紧张，他的不满程度就会轻一些，甚至认为维修站是完全可以原谅的。相反，对于一次超乎想象的好的服务，如果顾客将原因归为"维修站的分内事"或"现在的服务质量普遍提高了"，那么这项好服务并不会对提升这位顾客的满意度有什么贡献；如果顾客将原因归为"他们因为特别重视我才这样做的"或是"这个品牌是因为特别讲究与顾客的感情才这样做的"，那么这项好服务将大大提升顾客对维修站的满意度，进而将这种高度满意扩大到对品牌的信任。

5. 对平等或公正的感知

消费者的满意还会受到对平等或公正的感知的影响。消费者会问自己：我与其他的消费者相比是不是被平等对待了？别的消费者得到了比我的更好的待遇、更合理的价格、更优质的服务了吗？我为这项服务或产品花的钱合理吗？以我所花费的金钱和精力，我所得到的比人家多还是少？公正的感觉是消费者对产品和服务满意感知的中心。

满意与忠诚的关系

感到满意的顾客都会再掏钱并成为忠诚顾客吗？满意程度和消费者忠诚是什么关系呢？

研究表明，顾客满意与顾客忠诚之间有高度的正相关关系，但是这种关系的具体情况会因为行业的不同而不同。20 世纪 80 年代，施乐公司通过广泛的顾客研究(这一研究的详情在下文关于"满意和忠诚的测量"中会有介绍)发现，在顾客满意等级表上给施乐公司打 5 分(非常满意)的顾客比打 4 分(基本满意)的顾客再次购买施乐公司产品的可能性大 6 倍。进一步的研究取得了如图 17－2 所示的更有广泛意义的结论。

从图 17－2 中可以看出，在竞争程度较低的行业中，忠诚度并不说明问题，这些较高水平的忠诚度只是垄断、高转移成本等原因带来的，而只有满意度才真正地说明这些行业中的企业所出售的产品和服务的水平的高低；反之，在一个高度竞争的行业中，

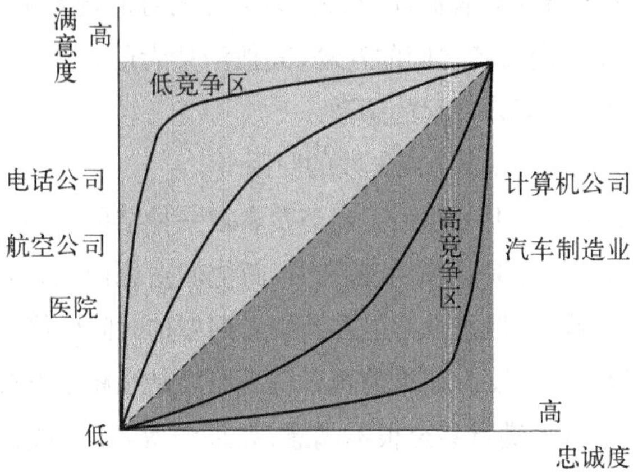

图 17－2 不同竞争环境中顾客满意度与忠诚的关系

资料来源：Jones Thomas，Sasser W. Earl Jr.，"Why Satisfied Customer Defect"，*Harvard Business Review*，Nov/Dec，1995，Vol. 73，Iss. 6，pp. 88－100.

只有高度满意的顾客才会是高度忠诚者。

这一发现告诉我们：必须持续不断地提高顾客的满意度，增加完全满意的顾客的比例，才能使忠诚顾客的数量不断增多。尽管如此，CS 理论并非要求企业绝对地追求顾客满意最大化。CS 所创导的实际上是在总资源一定的限度内，公司在保证其他利益相关者至少能接受的满意水平的前提下，尽量提供一个高水平的顾客满意。

忠诚顾客的最直接表现就是再购。然而，他们带给企业的真正利益绝不止"掏钱"这么简单。那么，忠诚的顾客到底会给我们带来什么呢？这就是下面要讨论的内容。

忠诚的价值

我们已经知道满意与忠诚之间的关系，知道在一个高度竞争的行业里，只有高度满意的顾客才会是高度忠诚的顾客。高度的满意和愉悦创造了对品牌在感情上的一种共鸣，而不仅仅是一种理性偏好，正是这种共鸣创造了顾客高度的忠诚。

研究表明，企业经营的大部分情况下，顾客的利润预期与其停留的时间成正比。失去一个成熟的顾客与争取到一个新顾客，在经济效益上是截然不同的。

除了利润之外，一个对企业高度满意的顾客会做以下的"好事"：

1. 忠诚于品牌更久

高度满意带来的不仅是理性的偏好，而且还有情感上的依赖，所以这种关系会比纯粹的理性的交易关系维持更久，因为这种情感不仅指向某个具体产品，还指向该公司的品牌。

2. 提高购买产品的量和(或)等级

高度满意的顾客会对品牌有高度的信任而不仅是对某个产品，这种信任还会向该企业的其他产品扩张，当消费者想要购买更高等级的产品时，这种信任就降低了他对风险的评估，所以他们更倾向于作出购买该品牌属下的更多产品或高等级产品的决定。

3. 为公司和它的产品说好话

这就是我们已经多次讨论的口碑效应。在某些复杂产品行业和服务行业，他人的意见对购买决策者的影响尤其大，这种正面的口碑首先会促使被建议者将该企业列入考虑的范围，如果正面的口碑有足够的强度，同时又与消费者的经验相符的话，就会促成这个消费者与企业发生交易。

4. 向公司提出产品或服务建议

研究表明，在美国，有96%的不满意的顾客是不愿意投诉的，其中的原因包括：投诉无门；以前有过不悦的投诉经历；认为更换供应商更省力。如果这样，企业将很少有机会知道自己真正的缺陷，也就没有机会改进和完善自己。

5. 由于交易的惯例化而降低了交易成本

调查表明，争取一个新客户的成本是与一个老客户交易的5倍以上。为了把新顾客请进门来，几乎每个企业都得先行投入资金。这部分成本大多包括：针对新顾客开展的广告宣传；向新顾客推销所花费的佣金；销售人员的管理费用；等等。而与老顾客交易就相对简单和省钱。

6. 更易接受新产品并推广它

顾客接受新产品是有风险的，在服务行业这种风险更高，只有对品牌信任的老顾客才会将这种风险评估得低些，因为他们完全有理由将他们对老产品的信任转移至新产品——因为这两个产品出自同一家他所信任的企业之手。

7. 忠诚顾客的行为对员工有激励作用

忠诚顾客是对企业高度满意的顾客，这种高度满意来自企业员工提供给顾客的超过他们期望的服务。人的感情往往是相互的，忠诚顾客更容易对他所忠诚的企业及其雇员产生感情，并会给予他所忠诚的企业及其雇员朋友一样的关心，以此来表达自己对该企业和雇员所提供服务的高度满意。这种来自顾客的关心，让员工觉得自己的工作十分有意义，从而将对该企业的员工产生更大的激励作用。

与CS理论研究相对应的是更早时候取得的研究成果。1985年，巴巴拉·本德·杰克逊强调了“关系营销”，强调的是企业进行销售的目的不仅是为了同顾客达成某种交易，而且是为了建立起对双方都有利的长期的稳定的关系。巴巴拉的贡献在于他使人们了解到关系营销将使公司获得较之其在交易营销中所得到的更多的利润。有学者认为，关系营销比交易营销更好地抓住了营销的精神实质。

顾客满意理论及忠诚管理的进一步研究对服务营销策略组合作了新的拓展，发展成 4Ps＋3R 管理。这 3R 分别指顾客保留管理（retention）、相关销售（或称交叉销售）管理（related sales）和推荐人管理（referrals）。

顾客满意与忠诚的研究方法

在实践领域，关于顾客满意最著名的研究是 1987 年施乐公司的研究。① 当时，为扭转施乐公司逐日下滑的市场份额，公司首席执行官和总裁带领全体管理人员制定了名为“以质取胜”（leadership through quality）的大型营销计划，最终确定总体满意度包括以下几个问题：(1)你对施乐公司的满意程度如何？(2)你是否会从施乐公司购买其他产品？(3)你是否将施乐推荐给生意伙伴？每一个问题用五个等级的李克特量表回答。

除了总体满意度，施乐公司分别从总体质量、销售服务、售后支持三个方面测量满意度。表 17－1 列出了所有这些问题，除了标记“★”的题目外，其他测项同样用五级李克特量表回答。

表 17－1　　施乐公司分项满意度测项小结

分项名称	测项陈述
总体质量 （您对下面这些质量满意吗？）	施乐公司的产品
	您得到的销售支持
	您得到的技术支持
	您得到的管理支持
	您提出要求的处理情况
	您得到的供应帮助
	施乐公司的用户培训
	施乐公司提供的文件
	施乐公司提供的软件
	施乐公司的系统分析支持
	施乐公司的电话挂线支持

① 根据詹姆斯·赫斯克特等著，牛海鹏等译：《服务利润链》，华夏出版社 2001 年版，第 87～91 页的内容缩编。

续表

分项名称	测项陈述
销售支持的满意度 (您对施乐的销售人员满意吗?)	您提出的问题的回应时间
	为满足您的需求而与您接触的频繁度
	为提供施乐新产品和服务信息,与您接触的频繁度
	产品知识
	应用知识
	对您的业务需求的了解
	解释术语/条件的准确性
	解决问题的能力
	专业性
售后服务满意度 (您对得到的帮助满意吗?)	您最近一次给施乐打电话是为了什么? ★
	您是在多久之前打的电话? ★
	您与施乐的哪个职能部门联系的? ★
	能够很快找到负责人吗?
	为您服务的施乐员工的态度
	提供解决方案的能力
	提供解决方案的时间
	解决方案的有效性
	对得到的帮助的总体满意程度

除了以上的问卷调查法外,企业还通过顾客满意度专项调查、投诉和建议制度、神秘购物者、研究流失的顾客等方法来了解顾客的满意度、忠诚度并探究其中的原因与关系。

第三节　关系营销和顾客关系管理

20 世纪 90 年代,企业界对一个新名词越来越感兴趣,那就是 CRM(顾客关系管理,customer relationship management),也有人称之为客户关系营销(customer relationship marketing)。这一发展一方面和满意与忠诚的研究有关,另一方面和信息技术的突飞猛进有很大的关系。在过去,企业通过单一的渠道接近客户,即销售队伍、分支机构、经销商、电话或邮件;但是随着信息技术的发展,企业增加了营销渠道,包括呼叫中心、网站、自动柜员机、自动售货机等。问题是，要获得客户的忠诚，也就是长时期地保留客户，必须将这些渠道综合起来，使企业对不同渠道的客户有全面的了解。于是，有敏锐嗅觉的软件公司如Siebel、Oracle和SAP这样的企业成为CRM应用软件设计的领头羊，Sybase、People Soft(Vantive)、Onyx等新兴软件公司在利用互联网构建企业CRM方面表现也十分卓越，一时间CRM风靡全球。

关系营销

追求顾客终身价值的导向其实质就是培养长期的顾客关系，体现了营销理念从关注一次性交易到关注长期关系贡献的转变。关系营销(relationship marketing)的目标是与重要团体——顾客、供应商、分销商和其他营销伙伴——建立长期的、互惠的满意关系，以获得并保持长期的业绩和业务。①

科特勒认为，在建立顾客关系时有五种不同的投入，这体现了关系营销五个不同的层次。②

(1)基本营销：简单地销售产品。当公司拥有许多顾客而且产品的单位利润率很低的时候，多数公司仅进行基本营销。

(2)反应营销：销售产品，并鼓励顾客提出问题、评价或建议。例如公司建立起消费者热线电话或电子邮件的联系方式。

(3)责任营销：在销售产品后跟进，以了解产品是否如所预期的，并询问改进的建议以及是否有任何失望。随着利润水平的提高，公司采取特别的程序和人员安排来进行这些询问。

(4)主动营销：定期与顾客联系，以帮助其了解改进的产品使用方法和新产品。主动与公司联系成为一种制度长期存在，并以此作为战略制定的重要依据。

(5)合作营销：一贯地与顾客共同努力，以找到更好的行动方式。在顾客数量很少而利润率很高的市场(如飞机制造)，制造商会转向与销售商/客户合作的方式。

顾客关系管理的含义

顾客关系管理的英文原文为customer relationship management，在译成中文时通常有两种，一种称客户关系管理，另一种称顾客关系管理。有的学者认为要严格区分顾客和客户的概念，认为顾客是指最终消费者，而客户是指包括消费者和机构顾客

---

① 菲利普·科特勒、凯文·莱恩·凯勒、卢泰宏著，卢泰宏等译：《营销管理》(第13版，中国版)，中国人民大学出版社2011年版，第12页。

② 菲利普·科特勒、凯文·莱恩·凯勒、卢泰宏著，卢泰宏等译：《营销管理》(第13版，中国版)，中国人民大学出版社2011年版，第9页。

在内的"大客户"的范围。我们认为，没有必要进行这样严格的区分，顾客的概念本身就是随着营销学理论与实践的不断深入而扩大的，忠诚管理甚至已经将顾客这一概念内部化，提出雇员是"内部顾客"的概念。所以，我们只要清楚顾客关系管理所涉及的顾客范围主要是消费者、机构顾客和分销商就可以了。

顾客关系管理(CRM)是一个综合性的概念，它反映了人们在三个不同层面对CRM概念的理解。

1. CRM是一种战略

作为一种战略，CRM并非直接以提高利润为目的，而是以提高企业的核心竞争力为目的，遵循以客户为导向的原则，主张对客户信息进行系统化的分析和管理，通过改进提供给客户产品、服务及其品质，同时与客户建立起个别化的关系，提高客户的满意度，从而提高他们的忠诚度，最终实现企业长期利润得以增长的目的。

这种角度来理解CRM是实施CRM的基础，它在理念的层面建立起了导向和原则，主张摒弃原先以利润为直接目的的做法，将利润视为客户高度忠诚的自然结果。

2. CRM是一种经营管理模式

CRM意味着管理模式和经营机制的改革。作为一种旨在改善企业与客户之间关系的新型管理机制，它的实施要跨部门进行，这些部门包括营销、销售、生产(制造)、服务与技术支持等部门。当然，CRM的成功推进也是各部门合作的结果，并非一个项目小组就能推进。

在整个CRM流程中，营销部需要对客户的需求进行测量，对客户进行评估和选择，并且对分类后的客户的喜好和购买习惯进行深入的研究。这些信息都将与销售部、制造部、服务与技术支持等部门共享。

CRM管理模式的一个重要突破在于其所创造的客户价值最大化的决策和分析能力，管理者可以通过管理流程和决策模型来"驾驶"企业，及时了解业务信息并调整业务计划。

3. CRM是一种应用系统、方法和手段的综合

在操作层面，CRM是一个信息产业的术语，它是先进的信息技术、数字化硬件，以及优化管理方法等设备、技术和方法的总和。这个应用系统通过整合企业资源、实时沟通和电子化、自动化业务流程，不断改进企业与客户的关系，从而为企业创造利润。

Sybase公司在其网站上将CRM解决方案界定为七个方面：

(1)客户概况分析(profiling)，包括客户所属的细分市场、层级、爱好、习惯及该客户的诚信与风险等；

(2)客户忠诚度分析(persistency)，即客户对某个产品、品牌或机构的忠实程度、持续购买程度和变动情况等；

（3）客户利润分析（profitability），指不同客户所购买产品或服务的边际利润、总利润和净利润等数据的分析；

（4）业绩分析（performance），这是指不同客户所购买的产品或服务按其种类、购买渠道、销售地点、合约年限等指标划分的销售金额；

（5）客户预估分析（prospecting），也就是对客户的数量、类别、行为特点等情况的未来发展趋势进行预测和分析，以得出划分、获得客户及发展客户关系的手段；

（6）产品分析（product），即就有关产品或服务设计、产品关联性和供应链设计等方面向有关部门提出分析结论和建议；

（7）客户沟通分析（promotion），包括就传播工作的各个方面，如广告、营业推广、公共关系和人员销售等活动提出分析结论和建议。

CRM 项目实施的基本步骤如下①：

1. 确立业务计划

企业需要清楚认识自身对于 CRM 系统的需求，以及 CRM 系统将如何影响自己的商业活动，制定一份最高级别的业务计划，力争实现合理的技术解决方案与企业资源的有机结合。

2. 建立 CRM 团队

企业在 CRM 项目成立之后，应当及时组建一支团队。为保证团队的工作能力，应当进行计划的早期培训和 CRM 概念的推广。

3. 分析客户需求，开展信息系统初建

CRM 项目团队必须深入了解不同客户的不同需求或服务要求，了解企业和客户之间的交互作用有哪些，以及人们希望它如何工作，建立客户信息文件。

4. 评估销售、服务过程，明确企业应用需求

对企业原有业务处理流程进行分析和评估，在广泛征求员工意见的基础上，制定规范合理的业务处理流程。

5. 选择合适方案，投入资源全面开发，分段推进

企业根据业务流程需要，选择应用软件和实施的服务商。然后，投入相应的资源推进软件和方案在企业的安装、调试和系统集成，组织软件实施。应该以渐进的方式实现 CRM 方案，即分段实现方案，这样可以避免系统实现上的混乱。

6. 组织培训

企业应该针对 CRM 方案实施相应的培训，培训对象主要包括销售人员、服务人

---

① 王广宇：《顾客关系管理——网络经济中的企业管理理论和应用解决方案》，经济管理出版社 2001 年版，第 228～230 页。

员和管理人员，培训目的主要是使系统的使用对象掌握使用方法，了解方案实现后的管理与维护方面的需要，以使 CRM 系统能成功运行。

7. 使用、维护、评估和改进

企业最终评审通过使用新的系统，如通过衡量管理绩效的数据监控体系、内部管理报表体系、决策数据及分析体系对企业经营状况作出分析。在此过程中，企业要与系统的供应商一起对系统应用的有效度进行评估，在使用中发现问题，对不同模块进行修正，不断提高其适用程度。

数据库营销和 SCRM

与 CRM 相关的另一个重要概念就是数据库营销。CRM 软件的核心组成要素顾客数据库（customer database）有助于实现产品和服务销售，也有助于分析与维护客户，这是一个关于个人或预期顾客的综合性信息集合。数据库营销（database marketing）是一个为了实现接洽、交易和建立客户关系等目标而建立、维护和利用顾客数据库与其他顾客资料（产品、供应商、零售商）的过程。

公司利用顾客数据库开展营销活动主要可以达到如下五个目的：确定预期顾客；决定哪些顾客应收到特定的报价单；强化顾客忠诚；促进顾客购买；避免重大失误。

并不是所有公司都值得去建立昂贵的数据库，对如下四种公司而言，数据库营销是不值得的：产品在顾客一生中只会购买一次的公司；顾客不具备品牌忠诚度的公司；每次的单位销售量微乎其微的公司；信息收集成本过高的公司。

随着社交媒体的广泛使用、大数据处理技术的提升和社会化协作的推广普及，顾客关系管理进化到了社会化顾客关系管理（social customer relationship management，SCRM）。

传统的客户关系管理的本质还是销售导向的，目的是维护企业客户，最大可能维持稳定的合作关系，提升客户满意度，以达成企业利益的优化和提升。因此，传统 CRM 的重点是收集和管理静态的客户资料，如过去的购买信息、联系方式和联系过程记录以及客户的个人属性信息。传统 CRM 是由企业主导的，注重的是企业如何去管理客户，而非真正着眼于与客户建立强关系。

SCRM 的目的是让客户驱动企业与客户的关系，达成企业的利益提升。SCRM 首先基于客户属性、需求、社交网络中的位置等进行客户细分，通过促进细分子类内的客户之间、子类的客户之间、客户与企业之间在社交网络上广泛的倾听、学习、参与、互动和学习，来集成信息。SCRM 的最终目的是通过个性化、定制化的交互方式增强客户体验，传递更好的产品和服务，从而实现客户关系强化的最终目的。

在 SCRM 理念下，企业业绩的考量标准也要进行变革，那些销量、市场份额、品牌知晓度等传统指标要让位于企业的客户关系资本，包括客户信任、客户忠诚度、客户活跃度、客户平均贡献等。

思考题

1. 什么是顾客让渡价值？为什么影响顾客购买决策的不仅仅是产品效用和价格的比较？
2. 什么是顾客满意？影响顾客满意的因素有哪些？
3. 如何研究顾客的满意度？
4. 满意与忠诚之间的关系怎样描述？
5. 顾客忠诚与否对企业有何重要意义？
6. 什么是关系营销？关系营销可分为哪几个层次？
7. 怎样实施 CRM 项目？
8. 什么是数据库营销？
9. 什么是 SCRM？SCRM 和 CRM 的区别是什么？

第十八章　市场竞争策略

学习目的与要求

1. 认识市场竞争的不同性质和类型
2. 了解评估企业主要市场竞争者的途径
3. 掌握市场竞争的三大通用战略
4. 掌握不同市场地位的企业应采取的市场竞争策略

处于竞争日趋激烈的当今社会，每一家企业都不可避免地受到竞争者的攻击，同时也可能自身就是竞争行列的新加入者，或者是试图改变市场地位而展开竞争攻势的老企业。如何参与竞争并使自己在市场竞争中拥有优势，是企业能否获得营销成功的核心所在。

第一节　识别市场竞争的性质与类型

企业所面临的竞争力量一般有五种：同行业现有竞争力量、买方竞争力量、供应方竞争力量、潜在竞争力量和替代品竞争力量（见图 18－1）。

同行业现有竞争力量

同行业内现有企业之间的竞争是最直接、最显见的。这种竞争往往因为企业争取改善自身的市场地位而引发，一般通过价格、新产品开发、广告战以及增加为客户服务的内容等手段表现。

一般而言，行业内的竞争往往会表现为四种基本状态。

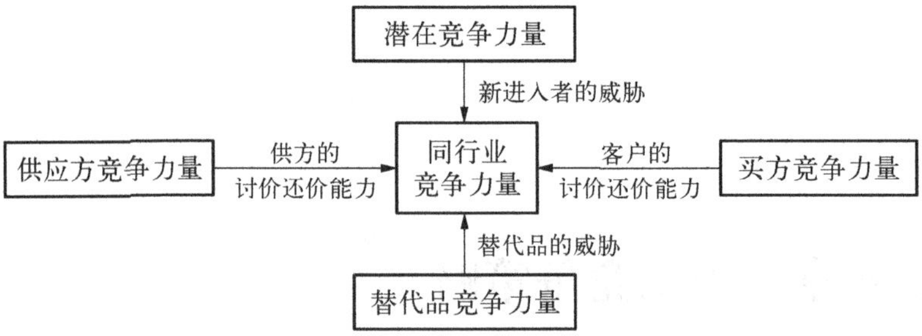

图 18-1 五种竞争力量示意

1. 完全竞争

完全竞争是指有较多的企业参与某个目标市场竞争,买卖交易都只占市场份额的一小部分。在完全竞争的市场中,各企业生产或经营的产品(服务)差异很小,买卖双方对市场的信息充分了解,市场的进入和退出基本没有障碍。

2. 垄断性竞争

垄断性竞争是指参与目标市场竞争的企业尽管比较多,但彼此提供的产品(服务)是有差异的,一些企业会由于其在产品或服务上的某些优势而获得对于部分市场的相对垄断地位。

3. 寡头竞争

寡头竞争是指一个行业被少数几家相互竞争的大企业所控制,其他企业只能处于一种从属的地位。寡头竞争中控制市场的企业依赖的主要是实力优势而不是产品或服务的差异。

4. 完全垄断

完全垄断是指由某一家大企业对整个市场全部占有,其他企业基本无法进入。完全垄断除了极少数是由于实力的优势之外,基本上是由于资源上或技术上的垄断地位所形成的,也有的是由于政府对于某些行业所实行的政策性垄断所致。

买方竞争力量

买方是企业产品(服务)的直接购买者和使用者,关系到企业营销目标的实现与否。买方的竞争威胁往往意味着企业让利的代价,他们可以通过压低价格、追求更好的产品质量、寻求更全面的服务项目等获得好处;也可以从竞争企业彼此对立的状态中获得好处。

因此,为了减少买方讨价还价的威胁,企业应该向最可能赢得的客户推销自己的产品。一般而言,企业选择的目标客户为:其特定的购买需求必须与企业的相对供应能力相匹配;其讨价还价的能力和所要求的服务成本相对比较低;其具有比较大的发展潜力。

供应方竞争力量

企业营销目标的实现，必然要依赖于某些特定的原材料、设备、能源等的供应。如果没有供货保障，企业也就无法正常地进行营销运转。因此，企业面临的所有供应方，自然就构成了一种对企业营销活动产生威胁的竞争力量。供应方可以通过提价或降低其所提供的货物（服务）的质量，或者从供货的稳定性和及时性等方面显示其讨价还价的能力。供应方的这种威胁，会迫使购货企业的产品成本变大而失去利润。

因此，为了减少供应方的竞争威胁，企业应该在保证供货相对稳定的基础上，尽可能使自己的供应方多样化，这样可以促使供应方之间的竞争，使企业处于相对有利的竞争地位。

潜在竞争力量

作为一种潜在竞争力量，威胁主要表现在参与竞争时可能遇到的阻力程度。如果新进入者势如破竹，那么其就会长驱直入，甚至给企业造成某种剧变；反之，如果遇到竞争对手较为强烈的反应，那么其就会因为障碍重重，可能带来的竞争威胁就会相对小一些。

对于新进入者与竞争对手之间的抗衡情况，应该重点注意以下三个方面：

1. 卖方密度

卖方密度是指同行业或同一类商品经营中卖主的数目。卖方密度在市场需求量相对稳定时，直接影响到企业市场份额的大小和彼此竞争的激烈程度。如果在容量相对稳定的目标市场中，同类产品经营者比较多，那么有新进入者的参与就会相对降低部分老企业的市场份额。显然，在卖方密度较高的目标市场，新进入者往往会遭到竞争对手较为强烈的抵御。

2. 产品差异

产品差异是指同一行业中不同企业同类产品的差异程度，这种差异在许多产品上均有表现，它应该是消费者所能够察觉的，代表着企业努力追求的品牌和顾客忠诚度。产品差异使各企业的产品有不同特色而互相区别，它与企业竞争实力的大小相关度很大。

如果新进入者能有为消费者所认可，并具有明显特色的产品进入目标市场，那么它就具有较强的竞争力。

3. 进入难度

进入难度是指某个企业在加入某个行业时所遇到的困难程度，特别是技术的难度和资金的规模。

不同的行业，新进入者遇到的进入难度是不同的。进入难度大的行业，价格和利润往往比较高,竞争相对较弱;而进入难度不大的行业,其结果则相反。

替代品竞争力量

广义地看,企业的竞争对手并不局限于同一行业中。许多企业尽管彼此生产的产品(服务)在形式、内容等方面并不雷同,然而这些产品(服务)却都从特定的角度满足市场的需求而吸引社会购买力。事实上,对于争取社会购买力而言,替代产品竞争力量同样会影响到企业的市场地位,甚至是生死攸关的大问题。

一般而言,替代品竞争力量会有以下表现:

1. 愿望竞争力量

愿望竞争力量是指提供不同产品以满足不同需求的替代竞争力量。在整个市场一定时期内相对稳定的购买力面前,大家都在竭力争取消费者最终的购买投向,这样,那些满足相同市场需要或服务于同一目标市场的经营者,就形成了一种现实的替代竞争力量威胁。

愿望竞争力量的提出,明确了现实的和潜在的竞争者范围是非常广泛的。如果企业不能全方位识别自己的竞争对手,那么好多营销实践已经证明,最终打败你的可能不是提供相似产品或服务的竞争者,而是来自某种愿望竞争力量。

2. 平行竞争力量

平行竞争力量是指提供能满足同一种需求的不同产品的替代品竞争力量。

平行竞争力量的提出,表明竞争者的识别并非易事。一般情况下,市场很容易反映出替代产品的关系。如咖啡的消费量会直接影响茶叶和其他软饮料的市场份额,因为它们之间的替代关系比较明显。但是现代市场的特殊性,决定了满足消费者某种需要的替代产品关系复杂。如对铅笔经营者而言,能满足消费者“书写能力”的替代产品,不仅是钢笔、圆珠笔等书写工具,而且包括打字机、电脑等。

3. 产品形式与品牌竞争力量

产品形式竞争力量是指生产同种产品,但不同规格、型号、款式的替代品竞争力量;产品品牌竞争力量是指产品相同,规格、型号等也相同,但品牌不同的替代竞争力量。显然这两种替代竞争力量来自同行业,竞争同样十分激烈。

第二节 评估市场竞争者

通过对市场竞争者,包括所有重要的现有竞争对手和可能出现的潜在竞争对手的营销目标、营销假设、现行营销战略、营销能力,以及市场竞争者面对竞争挑战的相对反应等方面的了解，可以帮助企业对市场竞争者做出比较全面的分析。

市场竞争者的营销目标

对市场竞争者营销目标的分析，有助于了解其对企业目前市场地位和财务状况的满意程度，从而可以推断这个竞争对手是否会改变其营销战略，了解其对外部营销环境变化所能做出的反应能力。

市场竞争者营销目标一般包括以下内容：

1. 竞争对手的经营理念

包括竞争者是否想成为市场领导者、行业的发言人、行业标新立异者、技术领导者；竞争者是否重视产品开发和产品质量；竞争者是否对营销地区有特殊偏好；经营理念是否成为全体员工的行为指南；是否存在已成为企业惯例化行为的特定营销战略或职能方针；等等。

2. 竞争对手的组织结构

包括竞争者企业的职能结构；这种结构对资源分配、定价和产品换代等关键性决策的责任和权力分配如何；竞争者最高领导层的背景和经历如何；竞争者对企业管理人员的培养要求和激励措施如何；等等。

3. 竞争对手的财务目标

包括竞争者在长期和短期营销业绩之间的权衡；竞争者在利润和收入增长之间的权衡；竞争者在获利能力、市场占有率、销售增长率、风险期望水平等因素之间的权衡；等等。

4. 竞争对手的控制系统

包括竞争者的会计制度如何评估库存、分配成本、计算通货膨胀；竞争者企业各级人员的报酬；竞争者股份分布情况；竞争者营销业绩评估措施；等等。

市场竞争者的营销假设

每个企业都会对自己所处的营销环境进行一系列的假设，其中既有对自身情况的假设，也包括对整个行业及行业中某些企业情况的假设。不管企业的这种假设正确与否，都将成为指导企业的行为方式和其对营销环境变化的反应方式。

市场竞争者营销假设一般包括以下内容：

1. 竞争对手对优劣势的看法

包括竞争者表现在对本企业成本、产品质量、技术领先和营销实务中其他关键方面相对地位的看法，以及这些看法正确与否，等等。

2. 竞争对手对市场竞争的看法

包括竞争者对其竞争对手营销目标和营销能力的看法，是否会高估或低估其中的任何一位竞争对手的实力，等等。

3. 竞争对手对市场需求及行业发展趋势的看法

包括竞争者对产品设计、质量、制造地点、销售方法、分销渠道等方面是否有某些历史原因和感情色彩而迅速扩展营销策略；这种思维方法左右其认识事物的程度；竞争者是否会毫无根据地对市场需求缺乏信心而不愿投入更多营销能力，或者因为相反原因而迅速扩展营销能力；竞争者是否容易错误估计某种特定趋势的重要性，如信奉行业的“传统思路”；等等。

市场竞争者的现行战略

任何一个企业都有自己的竞争战略，从根本上讲一项具体竞争战略的制定，即为企业规定了一种广泛应用的程式，以指导企业在营销实务中该如何投入竞争，应该有什么样的竞争目标，以及在贯彻执行这些目标时需要采取的措施等。

市场竞争者的现行战略一般包括以下内容：

1. 竞争对手企业内部实现营销目标的一致性

包括竞争者的营销目标是企业全体成员的共识还是仅仅是领导层的意愿；竞争者企业各职能竞争部门对营销目标实现的协调措施如何；等等。

2. 竞争对手营销目标和方针与营销环境的适应性

包括竞争者是否存在影响企业对环境看法严谨的组织准则或法规；竞争者企业创始者当初信奉的策略如今是否仍起作用；竞争者是否存在影响企业对事物认识的文化性、地区性或民族上的差异；等等。

3. 竞争对手的特定产品、具体营销策略的业绩

包括竞争者获得成功的历史如何；竞争者曾经在什么情况下遭到失败，为什么；等等。

市场竞争者的营销能力

市场竞争者的营销目标、营销假设和现行战略会影响其对市场竞争做出反应的可能性，同时也决定了这种反应行为的时间选择、性质和强度。市场竞争者的营销能力则决定其在营销活动中竞争出击和反击的实力。

市场竞争者的营销能力一般包括以下内容：

1. 竞争对手的核心能力

包括竞争者各职能部门的实力如何；竞争者的最佳能力在哪个部门；最薄弱环节在何处；随着企业发展，竞争者具体能力的发展趋势如何；等等。

2. 竞争对手的成长发展能力

包括竞争者是否存在潜在的能力;这种能力发展的潜能在何处;竞争者在人员、技能、营销能力、财政方面能承受的增长速度和幅度如何;等等。

3. 竞争对手的适应变化能力

包括竞争者对成本竞争的适应力;竞争者对产品更新换代的适应力;竞争者对服务竞争的适应力;竞争者对政府行为的适应力;等等。

4. 竞争对手的持久耐力和快速反应能力

包括竞争者的资金储备量;竞争者管理层的协调统一性;竞争者财务目标的中长期水平;竞争者的借贷能力;竞争者固定设备的利用率;竞争者准备推出的新产品;等等。

市场竞争者的反应

在市场竞争者的营销目标、营销假设、现行战略和营销能力分析的基础上,能明确构成关于市场竞争者可能对营销活动中种种问题如何做出反应的概况。

1. 进攻性行为

(1)把竞争对手的营销目标与其现有市场地位进行比较,结果显示该竞争对手对自身地位的满意程度,这种满意程度预示其是否可能会着手发起改变市场地位状态的战略行为。

(2)再进一步根据竞争对手与其现有市场地位相关的具体营销目标、营销假设、营销能力分析,则能了解竞争对手对营销趋势的见解,及其对自身实力的评估。这些见解和评估反映了其将视谁为竞争对手,会如何去竞争。

(3)对竞争对手营销目标和营销实力的对比研究,能够用来评估其可能采取行动的强度。同样,评估竞争对手可能从这次行动中获取什么样的收益和对其营销目标了解相结合,就可以判断该竞争对手采取行动的严肃程度。

2. 防御性行为

在市场竞争中,除了企业主动采取竞争攻击行为以外,另外的情况就是面对进攻企业的防御反击行为。

(1)对于进攻者来说,寻找的是竞争对手容易受到打击的那些战略行动、政府行为、宏观经济政策、行业事件等。实施的是在一定时限或一定范围内,使竞争对手无法冒风险而采取相应行为,自己则能获利的战略行为。

(2)对于防御者而言,当遇到的竞争挑战威胁到自身地位和营销目标实现时,不管愿意与否,都会被迫实施报复反击行为。而且大多数企业都有反映在既定目标、情感上的承诺等方面的"敏感点",一旦被触及,往往会做出超常反应。

第三节 市场竞争的主要策略

了解竞争环境，摸清市场竞争者的情况，分析企业自身的竞争能力等等，目的是要争取竞争优势。根据企业的营销目标、营销环境、营销资源及企业在目标市场、竞争性行业市场中的地位所确定的竞争策略，能恰当地促进企业创造和保持竞争优势，争取有利的市场地位，从而最终帮助企业实现营销目标。

基本的市场竞争战略

从市场竞争的普遍规律来看，企业为增强竞争能力、争取竞争优势的通用市场竞争战略有三种：低成本战略、差别化战略和聚焦战略（见图 18－2）。

	成本优势	特色优势
行业范围	低成本战略	差别化战略
细分市场	聚焦战略	

图 18－2 通用竞争战略

1. 低成本战略

低成本战略（overall cost leadership）是指通过降低产品生产和销售成本，在保证产品和服务质量的前提下，使自己的产品价格低于竞争对手的价格，以迅速扩大的销售量提高市场占有率的竞争策略。

对于一个在成本上占领先地位的企业而言，同时还必须重视自己产品和服务的相对质量。如果企业一味地追求低成本而致使消费者失去了对企业产品和服务的信任度，那么企业所依赖的成本领先优势会使其无法取得满意的市场占有率，而企业必须进一步提高降价幅度，这种实际营销状况已经抵消了原有成本优势所能给企业带来的竞争优势。

2. 差别化战略

差别化战略（differentiation）是指通过发展企业别具一格的营销活动，争取在产品或服务等方面具有特色，使消费者产生兴趣而消除价格的可比性，以差异优势产生竞争力的竞争战略。

企业采用差别化战略，利用产品设计、使用功能、外观、包装、品牌、服务、推销方式等途径，形成在同行业中别具一格的企业形象。如果一个企业能够取得并保持自己的差别化优势，并使消费者乐意接受其产品和服务的较高价格，那么这种价格足以弥补其形成自身特色而发生的额外成本。

3. 聚焦战略

聚焦战略(focus)是指通过集中企业力量为某一个或几个细分市场提供有效的服务，充分满足一部分消费者的特殊需要，以争取局部竞争优势的竞争战略。企业采用聚焦战略，利用完善适应自身能力的目标市场营销策略，达到原本并不拥有全面竞争优势的目标市场中的有利地位。聚焦战略的运用可以着眼于企业目标市场上的成本优势，从某些细分市场上成本行为的差别中争取竞争优势；也可以着眼于在企业目标市场上取得差别化优势，从满足特定市场中消费者需求获取竞争优势。

竞争定位

竞争策略的核心问题是企业在市场上的相对地位，这种地位显示了企业是否具有竞争优势。一个地位选择得当的企业，即使在行业平均盈利水平不高的情况下，也能有较高的收益率。决定企业市场地位的因素是企业的营销目标、营销实力和实际地位，企业要根据具体情况制定相应的竞争策略。

在一个不完全竞争的市场上，企业一般可以分为四种不同的类型。

(1)市场领导者(market leader)。市场领导者是指在行业中占绝对竞争优势的企业。

(2)市场挑战者(market challenger)。市场挑战者是指在行业中仅次于市场领导者的一些企业。

(3)市场追随者(market follower)。市场追随者是指一大批在竞争实力方面远远不如市场领导者或市场挑战者的企业。

(4)市场弥缺者(market nicher)。市场弥缺者是指一些虽然竞争实力不强，但并不追随市场主流趋势，而选择市场上大多数企业所忽略的或不愿意进入的市场为自己的目标市场的企业。

1. 市场领导者竞争策略

处于市场领导者地位的企业，往往有着行业内比较大的市场占有率，在产品价格变动、新产品开发、市场覆盖率的变化、销售方式的选择等许多方面起着相对支配或者领先的作用。同时树大招风，领导者企业面临着众多其他企业的竞争威胁。因此，市场领导者企业必须保持高度警惕，采取适当的竞争策略，以维护自己的竞争优势。

一般而言，市场领导者企业要维护竞争优势有以下三种竞争策略。

(1)扩大市场需求总量。当一种产品的市场需求总量扩大时，收益最大的往往是处于领导者地位的企业。所以促进产品需求总量不断增长，扩大整个市场容量，是领导者企业维护竞争优势的积极措施。

市场领导者企业可以有三个途径达到扩大市场需求总量的目的：①寻求新的消费对象；②开辟产品新的用途；③刺激原有消费者群体增加使用量等。

(2)维护市场占有率。在市场领导者企业面临的竞争对手中，相对总会有一个或几个实力雄厚者。防止和抵御其他企业的强攻，维护自己现有的市场占有率，是领导者企业守住阵地的有效竞争策略。

市场领导者企业可以有两个途径达到维护市场占有率的目的：

①进攻措施。即在降低成本、产品创新、提高销售效益和服务质量等方面争取始终处于行业领先地位，同时针对竞争对手的薄弱环节主动出击。

②防御措施。即根据竞争的实际情况，在企业现有阵地周围建立不同防线。如构筑重点在企业目前的市场和产品上的防线；构筑不仅能防御企业目前的阵地，而且扩展到新的市场阵地，作为企业未来新的防御和进攻中心的防线等。

(3)扩大市场占有率。市场占有率与投资报酬率密切相关，一般来说，企业的市场占有率越高，其投资收益率相应就越大。许多企业把市场占有率作为自己的营销目标，领导者企业可以根据经济规模的优势，降低成本，扩大市场占有率。

市场领导者企业在采用扩大市场占有率的竞争策略时，必须注意三个问题：①引起反垄断的可能性；②为提高市场占有率所付出的成本；③采用何种营销组合策略；

2. 市场挑战者竞争策略

处于市场挑战者地位的企业，一般都具有相当的规模和实力，在竞争策略上有相当大的主动性，它们随时可以向市场领导者企业或其他企业发动进攻。然而，作为市场挑战者的企业，盲目进攻是愚蠢甚至有害的，要使自己的挑战获得成功，必须明确企业营销目标和挑战对象，然后选择适当的进攻策略。

(1)确定挑战目标。明确企业的竞争对手和主攻方向，是市场挑战者企业成功与否的基础。

一般有三种挑战目标可供市场挑战者企业选择：①向处于领导者地位的企业挑战，旨在夺取其市场份额和产品优势；②向与自己实力相当的企业挑战，旨在夺取其市场阵地；③进攻力量薄弱的小企业，旨在夺取其顾客甚至小企业本身。

(2)选择挑战竞争策略。市场挑战者企业发起挑战是一种主动的攻击行为，进攻方向及具体运用的营销策略是经过认真选择的。

①正面进攻。当市场挑战者企业实力明显高于对方企业时，可以采用正面或全面进攻的策略。比如经营和竞争对手相同的产品，进行价格竞争，或者采用势均力敌的促销措施等。这是集中全力向对手主要市场阵地发动攻击的策略，进攻的是对手的强

项而不是弱点，胜负取决于双方力量的对比。

②迂回进攻。如果竞争对手的实力较强，正面的防御阵线非常严密，市场挑战者企业可以采用迂回进攻的策略。比如选择竞争对手忽视的细分市场进攻，或者选择竞争对手产品销售薄弱地区、服务较差的地区进攻。这是集中自己的优势力量攻击对手弱点的策略，成功的可能性更大。

③游击进攻。如果挑战者企业暂时规模较小，力量较弱的话，可以采用游击进攻的策略，根据自己的力量针对竞争对手的不同侧面，进行小规模的、时断时续的攻势。比如进行有选择、有限度的降价，采用突然的高强度促销措施，与中间商联合行动等，达到干扰对手的士气，争取消费者的目标。

3. 市场追随者竞争策略

优胜劣汰的竞争法则是无情的，在市场竞争中，持续的正面竞争往往会造成两败俱伤，因此许多企业会避免与市场领导者企业正面发生冲突。同时，对于相当一部分中小企业而言，在产品创新上所需的大量人力、财力、物力以及相应的市场风险是它们无力承担的。因此在实际营销活动中，许多企业采用追随策略，从事产品仿造或改良，在投资少、风险小的基础上，获取较高的利润，并保持企业相对有利的竞争地位。

一般而言，市场追随者企业有三种可供选择的追随策略：

(1)紧密追随。市场追随者企业在进行营销活动的所有市场范围内，都尽可能仿效市场领导者企业，以借助先行者的优势打开市场，并跟着获得一定的份额。但是要注意，所谓的紧密追随并不等于直接侵犯市场领导者企业，那样的话会遭到被追随者的凶狠报复。

(2)保持距离追随。市场追随者企业在营销策略的主要方面紧跟市场领导者企业。比如选择同样的目标市场、提供类似的产品、紧随其价格水平、模仿其分销渠道等。在企业营销策略的其他方面发展自己的特色，争取和领导者企业保持一定的差异。

(3)有选择追随。市场追随者企业根据自身的具体条件，部分地仿效市场领导者企业，择优追随。同时在其他方面自行其是，坚持独创。比如主动地细分和集中市场、有效地研究和开发等，尽量在别的企业想不到或者做不到的地方去争取一席之地。

4. 市场弥缺者策略

处于市场弥缺者地位的企业，其目的在于利用自身特长寻找市场中的空隙并努力去满足。在现实营销活动中，这类企业可以在市场、消费者、产品、渠道等各个方面实现自己的目标，比如为一些特殊的消费者群体服务。市场弥缺者企业的竞争策略关键在于专业化、精细化营销，由于营销目标和营销力量的相对集中，所实现的产品高度差别化，会使企业具有其他企业无法轻易仿效的特殊竞争力量。当然弥缺者企业实施专营化竞争策略并非易事，必须注意两个问题。

(1)识别“弥缺基点”。所谓的弥缺基点就是市场空隙。一个好的弥缺基点应该具备以下特征:①所发现的弥缺基点,对主要的市场竞争者不具有吸引力,或者是大部分市场竞争者不屑一顾的;②所发现的弥缺基点,有足够的购买潜量,企业如果进行开发,是有利可图的;③企业具备弥补该市场空隙的营销能力,并且能够与竞争者抗衡。

(2)坚持弥缺观念。市场弥缺者企业一般是指精心服务于市场某些细小部分,在这些小市场上通过专业化经营来获取最大限度收益的企业。这种在大企业夹缝中求生存和发展的策略,是坚持弥缺观念,以连续不断创造新的弥缺市场为基础,而不是只追求一个弥缺基点。

①创造弥缺市场。弥缺观念指导企业积极适应特定的市场环境和市场需要,努力开发专业化程度很高的新产品,从而创造无数的弥缺市场。

②扩大弥缺市场。弥缺观念指导企业在开发出专业化程度很高的新产品以后,还要进一步提高产品组合的深度,创造更多需要这种专业化产品的市场需求者,以扩大市场占有率。

③保护弥缺市场。弥缺观念指导企业关注竞争者的动向,及时采取相应的策略,提高市场忠诚度,全力维护自己在特定市场的领先地位。

思考题

1. 企业面临有哪几类竞争力量?它们各自的具体表现如何?
2. 应该从哪些途径全面分析市场竞争者?
3. 基本的市场竞争战略有哪些?
4. 根据所处的市场地位不同,企业有哪几种类型?它们的竞争策略有何差异?

第十九章　全球营销

学习目的与要求

1. 了解全球营销发展的背景
2. 掌握全球营销观念的内涵
3. 掌握全球企业的含义和特征
4. 认识构成全球市场环境的基本要素
5. 了解全球营销战略组合的特征
6. 了解全球企业组织结构的特点

经济全球化是当前世界发展的大背景。科学技术的进步缩短了人与人之间的距离，简化了数据传递、处理和应用的程序，大大方便了企业的生产经营活动，加速了企业进入全球市场的进程。为了更快地适应多变的市场环境，全球营销应运而生。所谓全球营销是指企业全球性的布局与协调，企业通过制定全球性的战略，使世界各地的营销活动趋于一体化，以获得全球范围内的竞争优势。

第一节　全球营销概述

全球营销的发展背景

促进全球营销诞生与发展的因素是多方面的，主要可以归纳为以下三点：

1. 信息技术的进步

随着信息化在全球的快速发展，世界对信息的需求快速增长，信息产品和信息服务对于各个国家、地区、企业、单位、家庭、个人都不可缺少。信息技术已成为支撑当今经济活动和社会生活的基石。在过去的10年中，全世界信息设备制造业和服务业的增长率是相应的国民生产总值(GNP)增长率的2倍，成为带动经济增长的关键产业。信息产业本身经过多年的高速增长，已成为全球最大的产业之一。在20世纪90年代中期，一些发达国家信息经济领域的增长超过了GNP的50%，美国则超过了75%，2011年全球电子信息产品产值增长4.3%，成为世界经济的重要支柱产业。

最近一百年科学技术的进步是人类历史上任何时代都无法企及的。尤其是从第二次世界大战结束以来的计算机和通信技术的发展，彻底改变了人们的生活习惯和行为方式，同时也使企业的运作模式经历了一次翻天覆地的变革。互联网技术贯穿了企业生产、经营、管理的每一个环节。企业通过网站可以最低成本发布相关信息、树立企业形象；运用先进的统计软件可以准确地分析并利用各种大量复杂的数据；借助网站和互联网平台可以接受来自世界各地的订单；利用网上交易则可以减少交易的环节，简化交易的手续；使用快捷廉价的通讯设备可以与地球上任意一家子公司进行沟通与协调。而对于消费者来说，无论处于什么时候、身在什么地方，都可以与企业取得联系，购买产品和服务。信息技术的进步使企业开展全球业务不再是梦想，全球营销的时代已经到来。

2. 国际经济活动的频繁

目前，一个公司进行国际经济活动主要可采用以下几种形式展开：

(1)出口。出口又可以分为间接出口和直接出口两种。间接出口是公司利用设立在母国的代理商将产品销售到国外市场的行为；而直接出口则是公司自己建立独立的代理商或分销商在国外市场上销售产品，也可以是公司所有的子公司直接与国外的购买者交易联系。间接出口的好处在于：一是投资少，公司无须组建出口部门，也不用组织国外销售队伍，比较节省成本；二是风险小，因为中介机构更加熟悉国际市场的操作流程，避免出口厂商犯错。直接出口主要有三种方法：一是成立出口部，从纯服务部门变为自负盈亏的独立利润中心；二是成立海外销售分公司，负责管理销售和配送，甚至作为展示和客户中心；三是利用海外分销商或代理商，在一定程度上代理公司在国外的业务运作。

(2)承包经营。承包经营，它可以使企业通过在国外市场上建立据点的方式来打入国际市场。主要的形式有许可、制造合同和特许经营。许可是指本公司向国外的公司提供技术和专利，自己则收取一定的费用和利润作为酬金。制造合同就是公司将自己设计好的产品承包给国外的制造商生产，并销售给制造承包商所在国家的市场。这种形式可以避免产品因为在母国生产而与目标市场的文化习惯有所脱节的问题。特许经营通常应用于连锁餐饮企业或集团，如麦当劳等，它是指公司向国外的转售商提供专业技术，并给予特许经营管理方面的帮助。

(3)外商直接投资。外商直接投资通常是指外国企业和经济组织或个人(包括华侨、港澳台胞以及我国在境外注册的企业)按我国有关政策、法规，用现汇、实物、技术等在我国境内开办外商独资企业，与我国境内的企业或经济组织共同举办中外合资经营企业、合作经营企业或合作开发资源的投资(包括外商投资收益的再投资)，以及经政府有关部门批准的项目投资总额内企业从境外借入的资金。其中，外商独资企业，又称外资企业，是指依照中国法律在中国境内设立的全部资本由外国投资者投资的独立核算、自负盈亏的企业。中外合资经营企业是由中国投资者和外国投资者共同投资、共同经营、共同管理、共负盈亏、共担风险的企业。中外合作经营企业是根据平等互利原则，由中方与外方自行协商成立的有限责任公司，合营双方的责任、义务、权利由双方通过协议合同加以明确。反之，中国企业向海外或国外直接投资的类似企业形式，我们称为本国企业的对外直接投资。

(4)跨国公司和全球企业。跨国公司简单地说是由设在两个或更多国家的实体所组成的企业，从第一次世界大战结束至今，跨国公司已有上百年的历史。全球企业是在近二三十年才发展起来的。两者的联系与区别将在后文展开。跨国公司和全球企业在世界范围内利用并配置生产要素和生产资源，使资本和技术在全球范围内流动，对提高各国的竞争力、推动经济全球化具有重要的作用。

这些日益频繁的国际经济活动推动了全球化的进程，也促进了全球营销活动的发展。

3. 国内市场的饱和与全球市场的形成

早期企业总是把自己的母国视为最重要的市场，而国外市场只是对母国市场的一个补充。但是随着社会的发展与进步，一些重要的发达国家的市场已经逐渐趋向饱和，而许多发展中国家则以其欣欣向荣的态势表现出不断增长的市场繁荣和社会需求，这使得许多企业开始转而关注其所在国之外国家的市场。

所谓全球市场，就是指各国顾客具有相似偏好的市场。在这个市场中，可以存在多个细分市场，但是与以往不同的是，国界不再是划分市场的边界，尤其当贸易壁垒被逐渐破除之后，国界的概念将日趋淡化。

全球营销观念

1. 全球营销观念的演变

全球营销观念是20世纪90年代以后，市场营销观念的最新发展，它是指导企业在全球市场进行营销活动的一种崭新的营销思想。全球营销观念在某种程度上完全抛弃了本国企业与外国企业、本国市场与外国市场的概念，而是把整个世界作为一个经济单位来处理。全球营销观念强调营销效益的国际比较,即按照最优化的原则,把不同国家中的企业组织起来。以最低的成本、最优化的营销去满足全球市场的需要。

美国哈佛大学的珀尔马特(Perlmutter)教授总结了全球营销观念形成所经历的四个阶段,即母国中心主义、多元中心主义、区域中心主义和全球中心主义,简称EPRG模式。

在母国中心主义营销观念的指导下,国内的公司把国际市场看作本国市场的延伸,它们认为只要它们所生产的产品在本国市场上畅销无阻、所制定的营销方案在国内可行有效,那么这些产品和营销方案同样可以应用到国外的市场上去。国外业务在这些公司里并不得到重视,它们常常只是隶属于国内业务。对某些公司,尤其是制造公司而言,它们开展国外业务的动机只是为了解决国内生产力过剩的问题。

多元中心主义又称多国中心主义,它恰好与母国中心主义相反。这种观念承认世界上各个国家和民族之间存在着差异,因此管理者必须对每一个不同的国家制定独立的计划。持有多元中心主义营销观念的国际公司,其分布在不同国际市场上的子公司在制定营销计划的时候都是独立的,相互之间很少影响,它们只是强调自己的产品要适应所在国家的市场。

在区域中心主义中,企业的管理层将每一个地区看作一个独特的整体,如北美地区、欧洲大陆等。在同一个区域中,企业管理层寻找所有市场存在的共性,制定一个适用于整个地区的营销战略。

全球中心主义将整个世界看作统一的市场。全球企业在世界范围内进行市场的细分,尽一切可能推出标准化的全球产品,并采用全球营销计划和全球营销方案的组合。当然,全球中心主义也认识到了各个国家存在的差异,因此它们在追求标准化效益的时候也会针对文化的独特性适当地对产品进行调整。

2. 全球营销观念的重要性

(1)有利于公司实现规模经济。

(2)有利于实现资源的共享与合理配置。

(3)有利于树立全球品牌。

全球企业(global firm)

1. 从跨国公司到全球企业

跨国公司(multinational firm)是指由分设在两个或两个以上国家的实体组成的企业,而不论这些具体的法律形式和活动范围如何;这种企业的业务是通过一个或多个活动中心,根据一定的决策体制经营的,可以具有一贯的政策和共同的战略;企业的各个实体由于所有权或别的因素相联系,其中一个或一个以上的实体能对其他实体的活动施加重要影响，尤其可以与其他实体分享知识、资源以及分担责任。而我们目前所说的全球公司或全球企业则是近二三十年在跨国公司的基础上发展起来的，它的层次要高于跨国公司。从字面上区别，跨国公司着眼于“不同的国家”，全球企业强调“统一的世界”。具体而言，我们可以从以下几个方面理解两者的区别：

(1)营销观念的区别。跨国公司以多元中心主义为指导，它们认为各个国家的市场是不同的，因此针对不同的市场应该制定不同的营销策略。而全球企业则是以全球中心主义为理念，它们在制定营销策略的时候总是力图寻找世界上所有国家市场之间的共性，尽可能地达到全球标准化的要求。

(2)营销组合的区别。跨国公司主要以适应各国市场的需求为准则；而全球企业则遵循国际标准，适应的是全球市场的需要。

(3)组织结构的区别。跨国公司具有很强的“国籍属性”，其海外经营是以子公司的形式展开的，它们的分工有国内和国外的区别。而全球企业则大大淡化了“国别”的观念，本国公司与海外子公司都属于全球企业总部管理，它们之间是平等的关系。

(4)战略导向的区别。跨国公司在进行竞争的时候是以国家为单位的，是各个子公司在国别市场上与其他跨国公司和地方性公司展开的，其竞争地位仅仅受到国别市场行业和竞争情况的影响。全球企业在制定竞争战略的时候则是立足于公司整体的战略目标，子公司的竞争地位会受到其他国家市场竞争情况的影响，而且也会反过来影响其他市场的竞争。

2. 全球企业的概念与特征

全球企业是一种新型的打破国与国界线的联合企业。根据菲利普·科特勒的定义：“全球性企业是指企业在一个以上国家经营，以在营销、生产、研发以及融资方面获得那些单纯在本国经营的竞争对手所无法获得的优势。全球性企业将世界看成一个市场，它降低了国界的重要性，企业在任何最适宜的地方集资、获取原料和零部件、生产并销售产品。”

全球企业的特征主要概括为以下几个方面：

(1)针对全球市场生产标准化的全球产品，使产品获得全球消费者的认同；

(2)采用全球一致的竞争战略，并具有一个整合的全球战略远景，全球竞争力与地方性的竞争优势互为联动；

(3)将不同的生产经营活动及职能行为，包括金融、财务、法律、培训等安排在最有利的市场上进行，各种资源可以在世界范围内得到交换与共享；

(4)所有国家或地区的子公司一律平等，公司总部负责加强各个子公司之间的协调与联系。

当然，我们在一再强调标准化、一致性的同时，必须指出所谓的标准化和一致性只是指一种思考的方式，并不是说全球企业在其产品生产中一成不变，也不是说它们在营销的时候使用一种完全相同的营销方式。这就是常说的“思维全球化，行动本土化”，也是绝大多数全球企业开展生产经营活动的主要指导思想。

3. 全球企业面临的挑战

全球企业的经营是将整个世界视为单一的市场，使产品的设计、功能或款式保持大致一致，并在这些产品的价格、质量和交货等方面最佳组合的基础上展开竞争。在实行全球性营销时，这些全球企业会遇到许多国内营销较少或未曾碰到的问题。

(1)目标顾客的变化。全球营销同时面对国内和国际市场，各国消费者的消费行为、爱好、需求均有差异。这意味着全球营销者虽然可以拥有更多的营销机会，但一致的产品或许就无法同时满足大众迥异的需求。

(2)营销环境的不同。营销环境因素包括政治、经济、文化、技术、社会、法律等因素，但从构成这些因素的子因素来看，却有很大的不同。例如法律环境，全球营销不仅要了解本国对外销售、出口管制等方面的法律，还要了解外国的法律以及国际法，需要充分利用各国法律的不同，在全球范围内最大可能地实现企业的利益。关于营销环境的具体情况我们将在第二节中详细介绍。

(3)营销管理问题的复杂化。由于环境的变化和目标的不同，全球营销中产生的营销管理问题将是多变的。营销者需要具备更多更新的全球营销知识与技能，诸如语言问题、货币问题、信息问题、风险问题等，才能更好地制定出全球营销策略，实现企业的目的。营销管理中一般遇到的问题主要有高额外债、外汇波动、关税和其他贸易壁垒、贪污腐败和技术剽窃等。

第二节　全球营销的市场环境分析

文化环境

在全球营销中，跨文化的现象是不可避免地存在的。对于一个全球企业来说，从市场的调查、产品的设计、员工的管理，到价格的制定、分销渠道的选择以及售后服务等所有环节，无不与文化息息相关。任何看似平常的选择在另一个文化环境中可能会被视作异端行为而产生冲突或损失，这是值得我们深思和重视的。

具体而言，文化在全球营销中的影响主要表现在多个方面：价值观的差异；宗教信仰的差异；语言沟通的差异；审美的差异；教育水平的差异；民族习俗的差异；社会组织结构的差异。

由于世界各国在文化上存在着各种方面的差异，因此跨文化问题是我们在进行全球营销中无法避免的，也是一个非常重要的问题。如何更好地应对这些问题是所有全球企业的管理者和营销人员值得认真思考的。在此我们提出以下几个方面的策略：

(1)尊重地方风俗，客观评价海外顾客对产品的感知和认识。营销者不能以自己的文化为标准去审视他人的文化，文化间的差异是客观存在的，但是并非表现为孰优孰劣，不能妄加判断。海外顾客对于事物的认识和感知可能完全出乎我们的意料，这是正常现象，因此也需要我们做深入的市场调查，进一步了解消费者。

(2)加强企业员工在跨文化方面的培训。在员工的培训方面除了要求他们掌握必要的经营管理和专业知识以外，对于全球企业来说，文化方面的培训也必不可少。帮助员工了解国际市场的主要文化，对于他们在进行生产经营或制定营销策略时具有重要意义。

(3)直接聘用当地员工。土生土长的当地员工对于当地的文化习俗具有更强的认识，直接知道什么可以做，什么不可以做。公司的其他员工通过与当地员工的交流，也能够更好、更快地了解地区文化，占有市场。

(4)全球营销的本土化策略。尽管全球营销将世界看作统一的市场，但是完全相同的标准化产品和标准化营销显然不能够满足文化背景差异的民族。标准化只是思考的出发点，在不能满足标准化的地方，细微的改动和本土化的经营更为重要。

经济环境

对经济环境我们主要把握的是它的经济体制以及所处的市场发展阶段。

从市场配置的角度来看，世界上主要的经济体制形态包括资本主义、社会主义和混合经济。美国及欧洲的发达国家大多属于资本主义体制，需求和供给决定了资源配置和市场竞争，国家和政府的作用主要在于规范市场秩序、推动竞争。社会主义形态下的经济体制多数采用计划配置，生产什么产品完全是由国家决定的。在这种情况下，消费者往往不能购买到称心如意的商品，国家的经济发展不活跃，如古巴、朝鲜等国家仍旧沿用这一体制。相比之下，很多原先实行计划经济的国家开始转型，并逐渐步入了市场的轨道，其中就包括我国和印度，其资源配置包括计划和市场两种形式，因此企业和个人都能取得相当程度的自由，商业也越发繁荣。

从市场发展的阶段来看，人们通常以国民生产总值和国民收入作为衡量的标准。约翰·邓宁根据人均国民生产总值将市场发展划分为四个阶段：人均 GNP 400 美元以下、人均 GNP 400～2 500 美元、人均 GNP 2 500～4 750 美元以及人均 GNP 5 000 美元以上。他认为国民生产总值的不同对国际投资活动有直接的影响：当国家处于第一阶段时，国家只有少量的外国直接投资且没有对外直接投资，随着人均国民生产总值的增长，一国的外国直接投资与对外直接投资之间的差距经历一个先拉大后缩小的过程，最后在第四阶段实现国家对外投资的正数增长。

随着信息技术的发展，目前世界经济正面临着全球一体化的局面。各个国家市场的开放度不断提高，开放的领域也日益扩大。生产自由化、贸易自由化和金融一体化不断推动着世界经济的前进。这对全球市场的形成和全球企业的经营无疑起到了很大的作用。但是另一个方面，新的保护主义也层出不穷，把各种新的困难摆在了我们的面前。

世界上的各种经济合作推动着经济全球化的前进，各种贸易组织打破了组织内部的贸易壁垒，推动了成员之间经济和贸易的交流与合作。如WTO是一个全球性的贸易组织，而欧洲联盟（EU）、北美自由贸易协作（NAFTA）、亚太经合组织（APEC）、东南亚国家联盟（ASEAN）、南方共同市场（MERCOSUR）等则为区域性经济组织。

在世界经济趋向一体化的同时，反对经济全球化的浪潮也不断涌现。许多国家贸易保护主义有增无减，而一些区域性组织不可避免地也对组织以外的国家树起了贸易壁垒，除了关税壁垒之外，还包括复杂的技术标准、繁琐的海关手续、配额、贸易禁运、本地成分要求等等，使得全球营销不得不面对各种新的变化和挑战。

随着经济全球化的发展，国际贸易新规则成为全球营销必须考虑的因素。正在重构的国际贸易新规则具有以下特点：

（1）服务贸易、投资取代货物贸易成为核心。服务贸易和投资在全球范围内的迅速发展已成为国际贸易的主要趋势。

（2）谈判议题向边境后规则转移。从传统的边境规则（border measures），如关税、市场准入等议题，深入到国境内部，构建边境后规则，包括竞争中立、贸易便利化、数据自由流动、非歧视政策、知识产权保护、信息技术发展、政府透明度等。

（3）标准和自由度更高。新贸易投资规则的标准比WTO与APEC现行规则更高，其中很多要求都超出了发展中国家的发展水平。

政治和法律环境

要研究全球营销背景下的政治和法律环境，必须从三个范围来考察：母国的政治法律环境、东道国（目标市场）的政治法律环境以及国际大背景中的政治法律环境。

研究一个国家的政治环境，首先包括这个国家政府的类型，是计划经济国家还是市场经济国家。对于前者，政府在经济运行中的参与度很高，而后者的经济运行主要还是依靠市场调节为主。其次政党体制也是一个关键的考察对象，因为不同的政党所代表的是不同的阶级或者社会团体的利益，并且他们在制定政治纲领和政策法规时都会采取不同的态度。同时我们还必须关注政局的稳定性，因为政局的稳定与否关系到政策所能够持续的时间的长短,对企业的营销策略能否长期执行会产生直接影响。最后,一个国家的民族主义也会反映出人们对外来经营活动的抵触情绪。由于民族主义的存在,国民被更多地号召去买"国货",使得跨越国界的营销成为一种具有威胁的外来力量。

对全球营销活动产生重要影响的法律环境包括贸易壁垒、外汇管制等。

以贸易壁垒为例,通常贸易壁垒可以分为关税壁垒和非关税壁垒。当国外的产品进入一个国家的时候都需要缴纳一定的赋税,这样做的目的是为了保护国内的厂商,同时也可以增加国家的财政收入。在 WTO 中,关税被肯定为唯一合法的保护手段,因为它的透明度较高,但是 WTO 仍旧鼓励成员方之间能够在互惠的基础上借助多边谈判来削减关税,以促进国际贸易的发展。除了关税壁垒之外,还有很多非关税的壁垒,比如进口配额、产品本地化、标准和检定等。进口配额是指一国限制向国外购买某种产品的数量,进口配额的极端行为也就是禁运。产品本地化是指法律规定外国的企业出口本国产品或服务中必须包含一定数量的由本国国内生产商提供的产品或服务。标准和检定则是对产品中必须含有或不能含有某种或某些特定原料的规定,也可以是产品必须经过测试并检定该产品符合某些标准的规定。此外,还有一些壁垒相对隐蔽,比如故意放慢海关程序以及官僚作风等,使得产品进入一国市场变得更加困难。壁垒的存在加大了进入的经济成本,当企业把这些成本转嫁给消费者后,意味着消费者必须为此承担更高的价格。

此外,在全球营销中,国家与国家间在经济贸易方面的争端也会必然存在。国际法庭在裁定这些冲突的时候通常会使用国际公约和国际惯例。因此全球营销人员在进行全球营销的时候也必须了解这些国际公约和国际惯例以及仲裁和诉讼的程序。

人口与自然环境

从第二次世界大战结束至今,人口的过增、环境的恶化已经成为摆在世界健康稳定发展面前的一大难题,越来越多的学者和专家给予了极大的关注。对于具有全球营销观念的全球企业来说,这一难题同样也考验着它们的生存与发展。目前,我们所面对的世界人口与自然环境问题主要表现在以下几个方面:

1. 人口总量增长过快,各国人口发展不均衡

据联合国所显示的数据,从 1987 年到 1999 年,世界人口仅仅用了 12 年就从 50 亿增长到了 60 亿,到了 2050 年,地球人口将超过 90 亿。世界经济发展水平不同的地区,人口增长也呈现出不同的态势,发达国家的人口增长缓慢,发展中国家的人口则增长迅猛。

2. 全球环境污染严重

废弃物严重地污染了环境，引起全球温度的升高、温室效应、臭氧层遭破坏、酸雨等一系列问题。受到污染的环境同时也会反过来影响人口的素质和人类的身体健康，成为一种恶性循环而愈演愈烈。

3. 以水资源为代表的各种资源面临短缺

人口的增长使得全世界的用水量需求激增，而另一方面可供人类饮用的淡水资源本身就不多，再加上许多地区的水污染严重，进一步引发了淡水资源的危机，许多地区已经面临着缺水和荒漠的威胁。

在这一背景下，1987 年人类正式提出了关于“可持续发展”的概念。所谓可持续发展就是要既能满足现代人的需求，又不损害后代人满足需求的能力，它是自然、社会和经济的统筹发展。同时，绿色运动也随之发展起来。许多国家和国际组织为了保护生态环境还制定了环保公约、环保法规和标准，提出了检验和检疫的要求，在一定程度上对贸易起到了限制的作用，形成了“绿色壁垒”。绿色壁垒的主要表现形式有绿色关税制度、市场准入制度、绿色技术标准制度、绿色环境标志制度等。

绿色营销是指企业以可持续发展为经营目标，以绿色文化为价值观念，以满足消费者的绿色需求为出发点，采取适宜的营销策略获取利润和谋求发展。绿色营销要求企业在营销过程中能够充分体现环境意识和社会意识，从市场的选择、产品的设计和生产以及废弃物的处理，直到销售，整个过程都必须有利于环境的保护和社会的和谐发展。由于我国社会经济发展水平不高，企业和消费者对绿色营销的认识也有限，在绿色营销上存在着诸多问题。因此，我国企业实施绿色营销需要依靠以下几个方面的共同努力：

首先是政府方面。政府要将环境保护和可持续发展真正落实下去，加强对消费者的绿色教育，完善立法，做到“有法必依，执法必严”。加大支持力度，通过信贷、税收等措施在资金上对实施绿色营销的企业给予大力支持。

其次是企业方面。企业在设计产品时应着眼于利于环境保护和节约能源，要易于回收、低污染、节省能源等；同时制定绿色价格，对于我国低层次的消费者，实行低价定价策略，实现薄利多销，而对于高消费的群体而言，实行高价策略；保证实施绿色管理，设立专门的管理机构来监督和管理企业绿色营销的实施和发展。绿色营销管理机构的职能主要有绿色信息管理、绿色产品质量的监测与控制、企业治理“三废”及其他环保指标的制定与监督管理等。

最后是对于消费者，要学习环保知识，自觉地加入各种环保组织。消费者作为绿色产品的消费主体，通过绿色教育，了解环境问题的严重性和有关绿色法规，增强生态和环境保护意识，同时应该自觉地加入一些 NGO 组织（non-governmental organization），为了我们生存家园的美好而做出努力。

科技环境

科技环境同样是全球营销需要考虑的因素。现代科技革命，尤其是互联网的普及，广泛而深刻地影响着社会经济、社会生活、企业经营管理及消费者的购买行为和生活方式。

互联网对国际营销的影响主要体现在四个方面：

(1)提高国际市场营销的效率。互联网扩大了企业的销售范围，改变了企业的传统营销方式，从而极大地提高了国际营销的效率。

(2)引起消费者行为的变化。互联网打破了地域分割，缩短了流通时间，降低了物流、资金流及信息流传输处理成本，使生产和消费更为贴近，为消费者提供了极大的选择空间，消费者的消费特征更加个性化和多样化，购买行为更加理性化和科学化。

(3)引发了企业营销管理的变化。网络的虚拟性给企业的经营带来了许多不确定因素，企业能否以客户为导向，快速响应客户的个性化需求，决定了企业能否在激烈的国际市场竞争中生存和发展。

(4)改变了企业国际市场营销的方式。国际市场消费者的需求差异大，利用互联网良好的互动性和引导性，企业可以引导用户对产品或服务进行选择或提出具体要求，从而使企业能够低成本地获得消费者反馈，改善产品和服务，设计更加适应消费者需求的营销组合。

第三节　全球营销战略的实施与控制

全球营销战略组合

1. 全球产品(global products)

与一般国内经营者不同的是，全球经营者在进行全球产品设计与生产的时候，要考虑的不仅仅只是产品的外观、功能、成本等方面的问题，还需要考虑不同市场的文化以及各国的法律规定。当产品与当地的文化传统、价值观、风俗习惯背离时，外来企业和外来产品必定是遭到反对的。

开展全球产品开发的关键因素主要有以下几个：

(1)管理上的优先权。全球产品开发需要对组织结构和组织文化做出重大的变动。因此，执行团队必须承担起成功开发全球产品的一些义务。这些义务包括对资源必要性的投资，通过任命一个全球产品开发的团队执行者来推动各个商业领域中的产品开发战略，建立全球化的设计中心（外派或外包），促进设计中心的工作，以保证所有的发展进程都能各司其位。

（2）核心竞争力。核心竞争力的发展对一个企业的可持续发展是显而易见的，因此，对这些竞争力的控制也显得尤为重要。“不外包核心业务”是全球产品开发的基本原则。伴随外包决定而来的是公司有失去那些作为信息和知识来源的产品开发专家们的危险。企业将有可能成为供应商工作中的资产，这些供应商也极有可能成长为一个竞争者。

（3）产品的模块性。模块性的产品构造对在完成子系统的开发和由分散于不同地区的各团队来完成的零件上的全球产品开发是非常有益的。对于推动各自发展的模块以及最终产品上的整合的界定有着非常明确的定义。没有了这些模块性，各设计点之间就需要有更强有力的合作。

（4）知识产权。由于重要的产品数据、设计和技术在企业之外被越来越广泛共享，对于知识产权的保护也变得更加困难。因此，在模块性结构下定义产品和程序不仅能够使此项活动顺利开展，还能对保护知识产权起到一个帮助的作用。

（5）数据质量。数据的实用性以及可查性在很多为产品开发作出贡献的场所中成为一个主要的挑战，设计者也会经常使用一些不同的工具和数据库。许多团队很可能致力于研究拥有相似“源数据”的产品的不同方面。

（6）基础构造。全球性分布的产品开发团队经常使用一些针对各自不同的工具、技术、系统和程序。全球产品开发需要在基础构造和系统上有一个更为统一的方法来确保合适的信息能被轻松获取，并且不受地域或者带宽的限制。由于设计中心坐落于诸如中国、印度、东欧等国家和地区，网络或能源的可靠性或许不会那么充分来足以支持一个操作中心。间歇性的能源和网络中断可能会极大地影响到中心的生产。

（7）项目的监督及管理。管理一个全球性分布的产品开发操作是一项复杂的活动，而在一个新的时间区的每一个外包安排也使得这项活动变得愈发复杂。在整个过程中，对重要事件、技术工作质量和成本方面有一个强有力的协调以及监管能力是至关重要的。详细的项目计划也确定了在何种层次及地域上所做出的决定，以及在操作过程中如何协调来确保团队的统一和恰当地执行。

（8）合作文化。向全球产品开发的转变使得企业必须整合出一个新的方法来使得来自不同时间区、语言、文化和公司也不同的团队与个人能够合作在一起，一个主要的方法便是一系列统一的程序和标准。

2. 全球定价（global pricing）

作为营销组合的另一个重要环节，如何制定有利的价格在全球营销中所要考虑的因素同样要比在国内营销复杂得多。从生产成本的角度看，定价必须涉及关税、税收、中间商和运输成本以及通货膨胀、币值波动等；从市场的角度看，还必须考虑市场需求、市场竞争以及全球的市场价格。定价还离不开政府的干预。当某一产品在国际市场上的销售价格要低于国内市场的价格时，就有可能被视为“倾销”行为。一些国家通过制定反倾销法来保护本国企业。

全球企业在制定价格时一般可以有三种导向：第一种是母国导向，在这种定价政策的引导下，企业在世界各地的价格保持一致，这样做可以帮助企业在全球范围内树立一个比较好的形象。第二种是东道国导向，也就是全球企业将价格的制定放手给各个市场上的子公司来完成，子公司会根据不同的市场情况采取不同的价格。这种定价的方法会导致某些人在低价的市场上买进产品，然后再到高价市场上卖出来赚取利润。第三种是全球导向，既不制定全球的单一价，也不完全听任于子公司的行为。这是一种折中的方法，企业会考虑到不同市场上的不同因素而制定出整体的定价策略。

3. 全球分销(global placing)

分销渠道，又称营销渠道，它是产品从生产者向最终用户转移的过程中所经过的途径。全球营销渠道跨越了国家的边界，它是指产品从一个国家的生产者向另一个国家或多个国家的最终消费者转移的过程，其间包括了相应设置的中间机构和设施等。

作为一家全球企业，它必须根据产品特征、销售区域、市场情况等一系列因素选择合适的中间商。从中间商所在的国家来看，可以分为母国中间商和国外中间商。当企业选择了母国中间商时，它就把向国外分销的任务转交给了另一家公司，这可以避免企业在全球营销时产生的一系列风险。当然，如果全球企业为了缩短分销渠道、接近目标市场，也可以雇用国外分销商。国外中间商包括销售代理人、外国分销商以及进口批发商和零售商等。

由于科学技术和社会发展的不断进步，许多新的分销渠道逐渐涌现，并取代了传统的销售方式，比如直销、折扣商店、邮购、电子营销等。所谓电子营销，也就是融入了信息技术和互联网的营销方式。它虽然诞生不过短短几年，但是所表现出的无穷威力已经使一些全球企业直接获利。

4. 全球促销(global promotion)

与一般的国内营销一样，全球营销的促销战略可以有全球广告、公共关系、人员销售等多种形式。值得注意的是，由于全球营销是一种跨国界和跨文化的行为，因此在进行促销战略组合的时候必须首先考虑各民族文化和各国法律规定之间的差异。

以广告为例，采取统一的全球广告可以帮助企业节约大量的制作成本，但是要使广告在不同国家和不同文化市场上都能起到有效作用，还需要考虑个别市场所处的特殊文化背景。

当采取人员销售的时候，销售人员对当地语言、文化以及礼节必须了如指掌。很多企业会雇用当地员工从事海外营销的工作，或者将自己的员工委派到重要的目标市场国家去生活工作一段时间，以熟悉当地的文化法律环境。

全球营销的组织结构

全球企业的组织结构必须寻求一体化与自适性之间的平衡。作为公司的总部，它必须便于信息的交流和传递，加大办事的透明度，促进经验和技术的分享，使这些知识能很快地传达给分布广泛的子公司。子公司除了要具备总公司在生产、营销和管理方面的基本知识之外，还必须掌握全球不同市场的政治、经济、文化、法律以及国际法律、国际经济走向、国际政局变动等一系列知识。

随着科学技术的进步和全球企业自身的发展需要，全球企业的组织结构形式逐渐向扁平化和网络化发展。原本需要大量的人力和物力才能够进行的信息收集、处理和传递，现在通过计算机和网络就可以更快、更准确地完成，这就缩短了基层与高层之间的信息传送渠道，使企业可以省去许多不必要的中间层次。同时，各地市场的子公司与总部的联系方便，构成了以公司总部为核心、子公司为节点的网状结构。

公司组织全球营销可以分为三种形式：

(1)出口部(export department)。当公司仅通过运出货物来扩张国际市场时，公司可以组建一个出口部。该部门由销售经理和助理组成，负责各种营销服务，协助公司更好地开展业务。但如果公司进行直接投资或者组建合资公司，那么出口部就不足以管理国际化运作了。

(2)国际分部(international division)。当公司在不同的国家拥有不同的投资项目时，他们就需要组建国际分部来管理国际事务。部门总裁是国际分部的领导，负责制定业务目标、业务预算，并对公司的国际业务增长负责。

(3)国际化组织(global organization)。一些公司已经成立国际化组织。公司领导人对全球范围内的产品生产能力、全球营销策略、财务状况以及物流管理进行计划。国际化的业务单元直接向首席执行官报告。另外，公司的管理人员会接受全球化运作的相关培训。国际化组织从各个国家招聘经理，以低价采购部件，并在投资回报率估计最高的地方进行投资。

全球营销的管理与控制

一个完整的管理循环过程，包括计划、实施、控制和处理四个阶段。当一个详细的营销计划被制定出来并付诸实施之后，企业有必要对计划实施的整个过程进行监督与控制，这样做的目的是为了及时发现该计划可能存在的漏洞，并立即做出反应和调整，防止一错再错而造成不必要的损失，使企业的营销活动能够顺利展开并达到预期目标。因此，在管理与控制过程中，我们要注意以下两点：

首先，过程控制重于结果控制。有些产品尽管在国内取得了良好的销售业绩，但是一旦输出到全球市场上，未必能取得同样的效果。国际市场上的未知因素更多，企业也将面临各方面的风险，包括政治风险、经济风险、金融外汇风险以及文化差异带来的不确定因素等。企业面对新的环境，必须对原有的计划进行实时的监控与调整。

其次，建立适当的评价指标体系作为营销管理的依据。传统情况下，我们对国际营销战略的评价主要集中于一些财务指标，如销售额、利润、股东报酬、股票价格、每股净利润等。作为一个完整的营销过程，评价的内容还应该涉及更广的范围，如消费者认知、消费者行为、中间商的作用、市场竞争情况等。要正确考察这些对象就必须考察诸多非财务指标，包括顾客满意度、顾客对品牌的忠诚度、企业形象、企业知名度、销售量、市场份额、市场渗透水平、竞争优势、新产品的开发情况等等。唯有如此，才能够使评价更有意义，使其能正确并全面地反映企业全球营销的状况，为企业实施、调整营销战略提供坚实有力的依据。

思考题

1. 一个公司在参与国际经济活动时的主要形式有哪些？各有什么特征？
2. 全球营销观念是如何演变的？与传统营销观念相比，它有哪些优势？
3. 跨国公司和全球企业的含义是什么？两者有什么联系和区别？
4. 如何理解“思维全球化，行动本土化”的含义？
5. 全球营销战略组合有什么特点？

第二十章　社会责任与可持续营销

学习目的与要求

1. 掌握可持续营销的概念和特点
2. 了解社会责任与可持续营销的关系
3. 描述可持续的市场营销的原则
4. 解释道德规范在市场营销中的作用

第一节　可持续营销的概念及意义

可持续营销是在新形势下的一种特定的营销观念，我们先界定一下一些相关的概念。

可持续性

近年来，可持续发展已经成为全球关注的热点问题。可持续性（sustainability），意味着满足当代人需求的同时又不对后代产生危害，包含环境、社会和经济三个维度。环境的可持续性指基本生态系统及其功能的持续保护；经济的可持续性指经济系统为人类需求持续提供产品和服务的能力；社会的可持续性指社会为其成员的福祉持续供给的能力。这三方面彼此依存和作用，人类的福祉要求经济活动，经济活动又依赖于自然系统。“人类（people）＋利润（profit）＋地球（planet）”的 3P 平衡成为可持续性的底线。负责任的市场营销者必须认识到，企业的市场营销活动对社会和环境产生着深远的影响，市场营销在创造可持续的社会中发挥着重要和独特的作用。

可持续营销

市场营销理念的基本原则认为，组织通过比竞争者更有效地确定和满足目标顾客的需要和欲望来实现繁荣和发展。但当前的营销实践往往致力于通过给予顾客当前需要的满足来实现公司短期的销售、成长和利润目标，而忽略了满足消费者当前需要和欲望并不总是符合消费者或企业未来的最佳利益这一客观存在的事实。有时，即使是满足某些消费者当前需求的初衷良好的市场营销活动，也可能在当前或未来产生对其他消费者或社会的损害，例如 SUV 在容量、动力和效用方面满足了许多驾驶者当前的需要，但在消费者安全和环境责任方面却引发了不得不由当代和后代消费者承担的严重问题。

社会营销观念引入了社会责任，扩展了市场营销哲学，要求营销者以不损害社会福利的方式满足消费者和企业的需求。战略计划观念考虑到了企业未来的需求和长远的发展。而可持续发展的观点则兼顾了两者，更进一步地要求企业承担对社会和环境的责任，既满足顾客和公司的当前需要，也满足他们的未来需要(如图 20－1 所示)。可持续营销(sustainable marketing)是以自然和人类资本都得到保护或强化的方式创造、共享和递送价值给顾客的过程。它并不与营销理念的基本原则相冲突，而是强调在整个营销过程中保护环境和可持续性，这就要求企业开发创造价值的新方式，也要求企业建立新思维和新的商业关系。

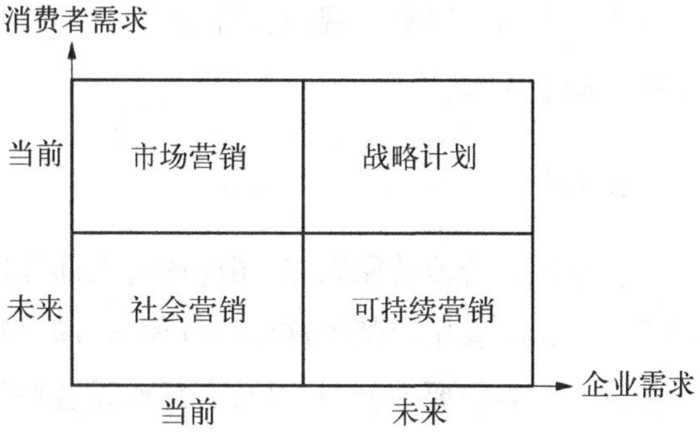

图 20－1　可持续营销

通过市场营销系统，我们大多数的物质需求和心理需求得到满足。作为企业与社会的交互活动，市场营销对形成社会文化的改变有巨大的潜力。可持续营销可以对人类的可持续性发展发挥重要的积极作用。正如菲利普·科特勒教授指出的，真正可持续的市场营销需要一个运行顺畅的市场营销系统，其中消费者、公司、公共政策的制定者以及其他人齐心协力，努力确保市场营销行为符合社会责任和道德规范。

第二节　可持续营销的原则

为支持营销系统长期的最佳业绩，企业的市场营销活动必须遵循可持续营销的原则。可持续营销不仅关注当今顾客的需要和欲望,还要关心未来的顾客,确保企业、股东、员工以及赖以生活的地球的存续和发展。根据菲利普·科特勒教授的思想,依据可持续市场营销所包括的五条指导原则——顾客导向、顾客价值、创新性、使命感以及社会责任,企业可通过为现在和未来的顾客创造价值并因此获得回报,来建立盈利性顾客关系。

顾客导向

顾客导向原则指公司应该从顾客的视角看待和组织市场营销活动,这是市场营销理念的核心。营销者应该始终将顾客放在心中,努力地感受、服务和满足特定消费者当前和未来的需要。向精心挑选的顾客递送卓越价值的激情是所有优秀营销公司的共同点。只有从顾客的视角看待世界,公司才能真正理解顾客的需求,建立持久和可盈利的顾客关系。

顾客价值

根据顾客价值的原则,公司应该将大部分资源投入为顾客创造和传递价值的营销活动中。市场营销应基于这样一种信念:满足顾客需求和欲望的公司能够兴旺发达;不能满足顾客需要的公司,以及有意或无意伤害当前顾客、社会或未来顾客的公司将衰亡。因此,唯有那些以承担社会、环境和道德责任的行为方式为顾客创造价值的公司才能够做到可持续发展,取得最终长久的成功。市场营销者的许多工作——一次性的促销、包装的改变、直接反应的广告等等,也许在短期内能够提高销售额,但与切实地改善产品质量、特色或便利性相比,增加的价值要少得多。越来越多的公司已经将可持续市场营销作为一种创造即时和未来顾客的价值、强化客户关系的手段。明智的市场营销者致力于不断改善顾客从公司的产品和服务中得到的价值,来建立长期的消费者忠诚。通过为顾客创造价值,公司反过来也可以从顾客那里获得回报。

创新性

创新性原则,要求公司不断改善其产品和营销方法。可持续营销不同于传统营销,需要企业寻求创造价值的新方式,为此,企业必须持续不懈地进行创新。例如,地板行业原是一个高污染行业,但一家位于亚特兰大的地板公司 Interface 却通过技术创新实现了可持续发展。该公司竭尽全力在满足顾客需求的同时,使自己对环境的不良影响降到最低。它重新检查和设计了企业经营流程的方方面面,积极开展各项环保技术的研究。公司于 2007 年导入一种创新技术帮助公司回收地板表面纤维再利用生产新产品,使其在运营中可降解和循环利用的原材料比重大幅度提高,极大地减少了废料的产生。该公司利用 14 年的时间，成功地将温室气体净排放量下降了 71%，每单位生产能耗下降了 44%。这一系列举措得到了顾客和社会的肯定，最终给公司带来很好的市场表现。可持续营销要求企业不断创新，而创新正是企业实现可持续发展的保证。

使命感

使命感原则要求企业以广泛的社会视角而非狭隘的产品视角定义自己的使命。企业的社会使命一旦确立，员工会对自己的工作感觉良好，并有更加清晰的努力方向。品牌如果能够与更广泛的社会使命相联系，则有利于最大化公司和消费者双方的长期利益。由使命驱动的企业知道，要“做好”，必须首先“做对”，致力于发展能够促进使命实现且有利可图的业务。

例如，多芬(Dove)改变自己仅仅是出售美容护理产品的狭隘观念，认为自己的使命是发现“真正的美”以及帮助女性以自己的方式获得幸福。2004 年，联合利华基于其在 10 个国家对娱乐节目、广告和时尚秀中所出现的女性形象如何影响消费者展开研究，在全球范围内推出一场重新定义美丽的多芬宣传活动——“真实的美”。广告展示了各种类型平凡而真实的女性形象(不是演员或模特)，并鼓励消费者从这些匿名图片中探寻和认识她们的美，试图传递“自然也是一种美”“真实的自我最美”等理念，引发了广泛的关注和讨论，公司的受欢迎程度迅猛提升。随后的一年，多芬围绕这一主题多次推出不同规模的“真实的美”广告，并借助网站 campaignforrealbeauty.com 和名为《演进》和《攻击》表现毁坏真实美的网络视频有奖比赛，很快将这场运动数字化，吸引了越来越多的人关注和思考。随着该运动的不断深入，多芬产品的销售量迅速提升。但多芬品牌及其“真实的美”活动的动机不仅仅是销售额和利润。根据联合利华营销经理所言，多芬责无旁贷的品牌使命是重新定义美丽并使女性对美的认识超越了金钱，深入内心。

拥有 12 440 家分店和 135 000 合作伙伴的星巴克咖啡店也是这场社会改革中出现的佼佼者。公司坚信“没有社会责任，企业将无法经营”。因此，在以极快的发展速度让股东满意的同时，献身于所有利益相关者——从员工到咖啡种植者。星巴克公司以向兼职员工提供完整的福利而闻名，甚至提供股票期权和健康计划，是《财富》杂志评选的百家最佳雇主名单中的常客。对凡是提高种植质量、环境、社会和经济标准的咖啡种植者，星巴克公司会把他们列为“优先供应商”，并且以高于平均“自由”市场价格 20%的高价收购他们的咖啡豆。公司还与致力于保护人类赖以生存的生物多样性、促进人与自然和谐共处的全球最大的非营利环境保护组织之一——保护国际(Conservation International)——一起，通过优先采购阴影种植的咖啡豆来促进农业的可持续发展和物种多样性。阴影种植方法可以节约开垦用于种植咖啡豆的热带雨林土地。他们的努力得到了认可，公司与其合作伙伴——保护国际——赢得了“世界可持续发展伙伴顶尖企业奖”。

社会责任

按照社会责任的原则，企业制定市场营销决策时，必须考虑利益相关者的欲望和利益、企业的要求和社会的长期利益。如今，顾客不断增长的期望、员工日益提高的目标、政府法规的日趋严厉、投资者和媒体的监督以及企业的不断自觉等等，众多力量正驱使企业实践更高水平的社会责任。事实证明，唯有那些以承担社会、环境和道德责任的行为方式为顾客创造价值的公司才能够做到可持续发展，取得最终长久的成功。采用和实施高水平社会责任的营销努力会使顾客、员工和其他利益相关者感到满意并获得商业成功，而且被认为具有社会责任的企业更容易吸引优秀的员工。相反，忽略消费者和社会长期利益，会给消费者和社会造成损害，最终损害公司的未来。

因此，明智的公司纷纷开展符合社会责任和道德规范的市场营销，为个体顾客和整体社会创造可持续的价值。例如，负责任的企业不仅提供使人感到愉悦的产品来满足消费者当前的需要，而且生产能为消费者和社会带来长期利益的产品。产品可以根据当前消费者满意和长期消费者利益两个维度分为四类：既没有即时的吸引力也没有长期利益的缺陷产品(deficient product)，如味道难吃且无效的药品；能带来高度的即时满足，但从长期看却可能对消费者造成损害的取悦产品(pleasing product)，如香烟和垃圾食品；当前吸引力很低，但从长期看对消费者有利的有益产品(salutary products)，如自行车头盔或者保险产品；既能够提供高度的即时满足，又能够产生长期利益的理想产品(desirable products)，如味美又有营养的早餐食品。许多公司通过技术创新尽力使自己的产品都转变为理想产品。

社会责任，原则上要求企业的营销活动对包括顾客、合作伙伴、投资人、员工和社会在内的利益相关者当前和未来的利益负责。如今，企业在承担利益相关者的社会责任和环境责任方面的表现，已经成为人们购买、投资和工作决策时重要的考虑因素。越来越多的公司不仅实践社会责任，而且公布企业社会责任报告向公众承诺并接受监督。亨氏食品公司就在其《2009 年企业社会责任报告》中对社会做出以下承诺：“遵循诚信、透明和社会责任的原则，实现使股东、消费者、客户、员工和社区都受益的可持续增长。”一些巨型企业在社会责任上小小的进步就可能产生巨大影响，例如沃尔玛通过减少其儿童商品系列中自有品牌的过度包装这一项举措就拯救了 3 800 棵树，少用了 100 万桶石油，同时每年节省了约 240 万美元的运输成本。沃尔玛在可持续发展项目上的诸多努力受到广泛赞誉，他不仅对自由品牌如此，还因对其合作伙伴，尤其是供应商环保行为的严格要求和敦促，赢得了“生态保姆”的称号。

事业关联营销(cause-related marketing)是企业将社会责任活动与营销活动结合常用的方法，指“本着至少一个和社会福利有关的非经济性目标，使用公司或合作者资源”的营销活动。成功的事业关联营销可以在提高社会福利的同时，为企业创造独特的品牌定位，优化品牌形象，激励员工，提高销售额乃至公司的市场价值。

第三节　市场营销伦理道德

优秀的道德标准是可持续市场营销的基石。长期而言，不道德的市场营销会损害顾客和整个社会的利益，最终毁掉企业的声誉和销售，危及企业的生存。于是，满足消费者利益和企业福利的可持续市场营销的目标，只有通过有道德的市场营销行为来实现。

一些营销行为明显不道德或不合法，如贿赂、窃取商业秘密、虚假广告、错误标签、价格操纵等等，但还有一些问题存在很大的争议和分歧。在日益复杂的商业环境中，即使是具有强烈社会责任感的企业，也很难划分正常营销行为和不道德行为之间的明确界限而面临艰难的道德选择。而且通常一个公司越是承诺可持续性和环境保护，就越会面对更多的道德困境。

但是，在道德和社会责任问题上，究竟应该以什么标准指导公司及其市场营销经理呢？较低的要求是由自由市场和法律制度来决定公司的道德水平，营销人员可以问心无愧地做市场和法律允许的任何事情。但更多的公司认为企业应该具有“社会良知”，承担更高的道德责任，而不是仅仅按“制度允许的”行事。为此，每位管理者不仅要遵守法律的规定，更要建立基于个人诚实、公司良知以及消费者长期福利之上的标准。例如，3M公司在处理氟化磺酸盐(PFOS)的棘手问题时，就体现出了较高的道德标准和社会责任。

1997年末，一项颇具影响力的关于血液检测的新技术总是得出相同的怪诞结论：从全美各地采集的血液样本中都检测出某种微量的化学成分，这种化学产品由3M公司生产了将近40年。如果检测结果成立，则意味着几乎所有美国人的体内都含有这种微量的化学物质。尽管当时对这种化学物质是否会危害人体健康尚未得出确切的结论，但3M公司做出了一个惊人的决定。在2000年年中，虽然没有接到相关部门的强制命令，但3M公司自愿停止生产和销售含有PFOS成分和相关化学物质的产品，包括流行的思高洁(Scotchgard)防油防水织物保护涂层。这是一个艰难的决定。由于还没有找到合适的替代物，这一决定意味着该公司每年会损失5亿美元的销售额。3M自觉停产的行动得到当局的称赞。“3M值得信任，它发现问题后能勇敢地面对，积极地行动。"一位环境保护署的官员说。"勇气可嘉，"另一位政府科学家评论道，"实际上大多数公司遇到类似问题时，会愤怒、否认，或者采取一些不明智的行动。我们常常看到关于一种化学物质是否真正有毒的争论长达数十年之久。"但是，对3M公司而言，这一决定并没有什么大惊小怪的——这只是做正确的事情。现在，该公司已经推出改良后的斯科奇加德防油防水织物保护涂层产品，它甚至比原始配方更加有效——销售依然不错。

公司需要制定营销道德准则——组织中的每位成员都必须遵守的一般原则。这些准则应该包括分销商关系、广告标准、客户服务、定价、产品研发和一般的道德准则等，以帮助营销管理人员评估每一种情况的道德重要性，并决定如何把握道德水准。由市场营销管理者和学者组成的国际性协会——全美营销协会，曾为市场营销者制定了一套道德准则（如表20-1所示），为众多公司制定自己的道德准则提供了参考。除了制定道德准则外，越来越多的公司制定道德计划来帮助管理者认识一些重要的道德问题，并指导他们如何恰当地应对道德问题；还有一些公司通过举办实习班和研讨班，成立道德委员会，甚至任命高级道德官来处理道德事宜，以帮助员工解决所面临的道德问题和困境。但是，书面的准则和道德计划并不能确保实际的道德行为。道德和社会责任要求整个公司的投入，它们必须成为公司整体文化的组成部分。普华永道就是一个很好的例子。2002年，普华永道建立了全球道德办公室和周详的道德计划，由高级全球道德官员领导。该道德计划以名为"我们做生意的方式"的行为守则为起点，普华永道的员工通过全面的道德培训项目学习行为守则，学会如何应对棘手的道德难题。这种培训项目从员工加入公司时就开始，且贯穿其整个职业生涯。全球道德计划还包括一条道德求助热线和各层次的日常沟通。普华永道的首席执行官萨穆尔·迪皮亚萨说："我认为道德对公司使命而言至关重要……深深地根植于我们是谁、我们在做什么等命题之中。它与我们的产品研发周期或分销系统一样重要……这涉及以诚实和尊重，而不是应付眼前的危机为基础创造一种文化。我们每天都扪心自问，'我们做的事情对吗？'"

表20-1　　全美营销协会道德准则

市场营销人员的道德规范和价值观序言
全美营销协会及其会员承诺奉行最高水准的职业道德规范和价值观。规范是由社会及专业组织希望和维持的既定的行动标准。价值观代表人们认为什么是理想的、重要的和合乎规范的集体认识。价值观是评价他人行为的标准。市场营销从业者必须认识到他们不仅仅服务于所在的企业，而且有责任在总体经济中创造、促进并实现交易的效率和效果。为此，市场营销者应该拥有最高的职业道德规范，以及对利益相关者（例如顾客、员工、投资者、渠道成员、政府政策制定者和社区公众）承担责任。

续表

总则
市场营销者不能对消费者或社会造成伤害。这意味着:接受恰当的培训或具有实践经验,积极主动地为组织和顾客增加价值;在做任何营销决策时,应严格遵守法律和道德规范。 市场营销者必须建立对市场营销系统的信任。这意味着:产品必须符合其计划和宣传的用途;关于产品和服务的营销沟通不存在故意的欺骗或误导;建立关系,对顾客的抱怨做出公正的协调和/或补救;争取获得良好的信誉和公平交易条件,提高交易过程的效率。 市场营销者必须遵守和履行基本的道德规范,以提升消费者对市场营销交换系统诚实性的信赖程度。积极主动地树立道德规范体系,包括真诚、责任、公平、尊重、公开和公民性。
道德价值观
真诚——在交易中,对顾客和利益相关者真诚和坦白。 我们随时随地讲真话。 我们提供产品,实现沟通中所承诺的价值。 如果产品没有提供事先所宣称的利益,我们负责补救。 我们信守明示和暗示的承诺。 责任——承担营销决策和战略的任何后果。 我们竭诚满足顾客的需要。 我们避免对任何利益相关者采取强迫措施。 我们承担伴随不断增强的营销和经济力量而来的对利益相关者的社会责任。 我们为经济能力较弱的细分市场(例如儿童、老人和其他弱势群体)提供特殊的支持。 公平——尽力公正地平衡买方需求和卖方利益。 我们在销售、广告宣传或其他形式的沟通中尽量以清晰的方式表现产品,包括避免使用虚假、误导和欺骗性的促销信息。 我们杜绝有损顾客信任的操纵和销售策略。 我们不采用价格操纵、掠夺性定价、价格欺诈或"引诱顾客购买高价产品"的策略。 我们不故意卷入物质利益冲突。 尊敬——承认所有利益相关者的基本人格尊严。 我们尊重个人差异,避免在促销活动中对顾客进行定型化,或以负面或不友善的方式描述具有特定人口统计特征的群体(例如性别、种族或性取向)。 我们倾听消费者的需求,并竭尽全力监督和持续改善顾客满意度。 我们努力了解具有不同文化背景的供应商、中间商和分销商。 我们以恰当的方式对咨询专家、员工和合作者等为企业的营销工作作出贡献的人表达谢意。 公开——保持市场营销运作的透明性。 我们努力与各方进行清晰的沟通。 我们接受来自顾客和其他利益相关者的建设性批评和意见。 我们对产品或服务的显在风险、零部件替换以及其他可预见的影响消费者购买决策的因素做出解释。 我们完全公开价格、融资条件、可能的价格优惠或价格调整。 公民性——履行经济的、法律的、人道主义的社会责任,战略性地服务于利益相关者。 我们在开展市场营销活动时努力保护自然环境。 我们通过志愿者行动和慈善捐赠回馈社区。 我们努力促进市场营销的发展及其声誉的改善。 我们鼓励供应链成员,确保交易对所有参与者都是公平的,包括在发展中国家的生产商。
执行
最后,我们认为每个产业部门和市场营销分支(例如市场营销调研、电子商务、直销、直复营销、广告)都有自己特殊的道德规范问题,需要政策指导。通过 AMA 网站上的链接,可以查阅这些道德规范和公约。我们鼓励这类团体制定和(或)精炼自己的行业和分支具体的道德规范,以补充本规范总则。

思考题

1. 什么是可持续市场营销？解释可持续市场营销概念与市场营销概念、社会市场营销概念之间的差别。

2. 描述五条可持续市场营销原则，并解释公司如何通过坚持这些原则获利。

3. 如何认识“优秀的道德标准是可持续市场营销的基础”？公司如何实施高道德标准？

参考文献

[1]Aaker, Jennifer, "Dimensions of Brand Personality", *Journal of Marketing Research*, 1997.

[2]Abraham H. Maslow, "*A Theory of Human Motivation*", *Psychological Review*, 1943; Abraham H. Maslow, *Motivation and Personality*, New York: Harper and Row, 1954.

[3]Ansoff, "Strategies for Diversification", *Harvard Business Review*, Sep. -Oct., 1957.

[4]Aradhna Krishna(ed.), *Sensory Marketing: Research on the Sensuality of Products*, New York: Routledge, 2010.

[5]Baker, M. J., *Marketing Strategy and Management*, 2nd ed, London: Macmillan, 1992.

[6]Bartels Robert, *The History of Marketing Thought*, 3nd ed, Columbus, Ohio: Publishing Horizons Inc., 1988.

[7]Ben M. Enis, Keith K. Cox & Michael P. Mokwa, *Marketing Classics: A Selection of Influential Articles*, 8th Edition, Prentice Hall International, Inc., 1977.

[8]Elliott Ettenberg, *The New Economic: Will You Know Where Your Customers Are*? McGraw-Hill Co., 2001.

[9]Frederick Herzberg, *Work and the Nature of Man*, Cleveland: William Collins, 1966.

[10]Fredrick, E. Webster Jr. and Kevin Lane Keller, "A Roadmap for Branding in Industrial Markets", *Journal of Brand Management*, 2004(5).

[11]Fredrick, E. Webster Jr. and Yoram Wind, *Organizational Buying Behavior*, Upper Saddle River, NU: Pretice Hall, 1972.

[12]Frey A. W., *The Effective Marketing Mix: Programming for Optimum Results*, Hanover, NH: The Amos Tuck School of Business Administration, Dartmouth College.

[13]Gerry Khermouth and Diane Brady, "Brands in an Age of Anti-Americanism", *Business Week*, 2003(8), 68－78.

[14]Graham Hooley et al, *Marketing Strategy and Competitive Positioning*, Prentice Hall, 2010.

[15]Graham Hooley, et al., *Marketing Strategy and Competitive Positioning*, 3rd ed., London: Prentice Hall, 2003.

[16]Houston S. Franklin & Gassenheimer B. Jule, "Marketing and Exchange", *Journal of Marketing* 51, October, 1987, 3－18.

[17]Jagdish N. Sheth, *An Investigation of Relationships among Evaluative Beliefs, Affects, Behav-*

ioral Intention, *and Behavior*, *in Consumer Behavior*; *Theory and Application*, Edited by John U. Farley, John A. Howard, and L. Winston Ring, 1974.

[18]John A. Howard and Jagdish N. Sheth, *A Theory of Buyer Behavior*, Changing Marketing System Customer, Corporate and Government Interfaces: Proceedings of the 1967 Winter Conference of AMA, 1967.

[19] Kevin L. Keller, "Building Customer - Based Brand Equity: A Blueprint for Creating Strong Brands", *Marketing Management*, 2001(7 - 8), 10, 15 - 19.

[20] Lazer W. and Kelly E. J., *Managerial Marketing*: *Perspectives and Viewpoints*, rev. edn, Homewood, IL: Richard D. Irwin, Inc.

[21]M. Joseph Sirgy, "Self Concept in Consumer Behavior: A Critical Review", *Journal of Consumer Research*, 1982.

[22]Maier, J. and Saunders, J. A., "The Implementation of Segmentation in Sales Management", *The Journal of Personal Selling and Sales Management*, 1990.

[23]McCarthy, E. J., *Basic Marketing*: *A Managerial Approach*, Homewood, IL: Richard D. Irwin, Inc.

[24]Michael J. Lanning, Edward G. Michaels, *A Business is a Value Delivery System*, Mckinsey Staff Paper no. 41, June 1988.

[25]Patrick J. Robinson, Charles W. Faris, and Yoram Wind, *Industrial Buying and Creative Marketing*, Boston: Aliyn & Bacon, 1967.

[26]Philip Kotler, D. C. Jain, and S. Maesicee, "Formulating a Market Renewal Strategy" *in Marketing Moves*(Part 1), Fig. 1 - 1, Harvard Business School Press, 2002.

[27]Philip Kotler, Gary Armstrong, *Principle of marketing*, 13th Edition, Pearson Education, Inc., 2010.

[28]Piercy, N. F., *Market-Led Strategic Change*: *Transforming the Process of Going to Market*, 2nd ed, Oxford: Butterworth-Heinemann, 1997.

[29]R. P. Coleman, "The Continuing significance of Social Class in Marketing", *Journal of Consumer Research*, December 1983.

[30]Richad P. Coleman, "The Continuing Significance of Social Class to Marketing", *Journal of Consumer Research*, 1983(12), 265 - 280; Richad P. Coleman and Lee P. Rainwater, *Social Standing in America*: *New Dimension of Class*, New York: Basic Books, 1978.

[31]Robert Lauterborn, *New Marketing Litany*: *4P's Passe*; C-Words Take Over, Advertising Age, 1990(10), 26.

[32] Smith, W. R., "Product Differentiation and Market Segmentation as Alternative Marketing Strategies", *Journal of Marketing*, July 1956.

[33]Svendsen, A., "Building Relationship with Microcommunities", *Marketing News*, 9 June, 1997.

[34]Theodore Levitt, "Marketing Success through Differentiation: of Anything", *Harvard Business*

Review,1980(1-2),83-91.

[35] Urban B. Ozanne and Gilbert A. Churchill Jr.,"Five Dimensions of the Industrial Adoption Process",*Journal of Marketing Research*,1971(8).

[36] W. O. Bearden, R. G. Netemeyer, and J. E. Teel,"Further Validations of the Consumer Susceptibility to Influence Scale", in *Advances in Consumer Research* Ⅻ, ed. M. E. Goldberg, G. Gorn, and R. W. Pollay.

[37] Willàm P. Putsis Jr. and Narasimhan Srinivasan,"Buying or Just Browsing? The Duration of Purchase Deliberation",*Journal of Marketing Research*,1994.

[38]"中华人民共和国国家统计局"官方网站。

[39]《2016 中国统计年鉴》。

[40]《麦肯锡中国消费者的现代化之路》,于《2016 中国消费者调查报告》,http://www.mckinsey.com.cn/wp-content/uploads/2016/03/The-Modernization-of-the-Chinese-Consumer_CN.pdf。

[41]《世界经济年鉴》。

[42]《中国人口老龄化发展趋势预测研究报告》。

[43]《中国人口年鉴》。

[44]艾略特·艾登伯格著,文武、穆蕊、蒋洁译:《4R 营销》,企业管理出版社 2003 年版。

[45]彼得·德鲁克著,齐若兰译:《管理的实践》,机械工业出版社 2006 年版。

[46]德尔·I. 霍金斯、戴维·L. 马瑟斯伯著,符国群等译:《消费者行为学》(原书第 11 版),机械工业出版社 2012 年版。

[47]菲利普·科特勒、加里·阿姆斯特朗著,楼尊译:《市场营销原理》,中国人民大学出版社 2010 年版。

[48]菲利普·科特勒、迪派克·詹恩、苏维·麦森西;高登第译:《科特勒营销新论》,中信出版社 2003 年版。

[49]菲利普·科特勒、加里·阿姆斯特朗,楼尊译:《市场营销:原理和实践》(第 16 版),中国人民大学出版社 2015 年版。

[50]菲利普·科特勒等著,陈燕茹译:《水平营销》,中信出版社 2005 年版。

[51]霍金斯、戴维·马瑟斯博著,符国群、吴振阳等译:《消费者行为学》,机械工业出版社 2012 年版。

[52]陆学艺:《当代中国社会阶层研究报告》,社会科学文献出版社 2002 年版。

[53]迈克尔·波特著,陈小悦译:《竞争优势》,华夏出版社 1997 年版。

[54]麦肯锡:《中产阶级重塑中国消费市场》,2013-10,http://www.mckinsey.com.cn/mapping-chinasmiddle/。

[55]世界人口网,http://www.renkou.org.cn/。

[56]唐·舒尔茨、海蒂·舒尔茨著,王茁、顾洁译:《整合营销传播》,清华大学出版社 2013 年版。

[57]王晓玉、晁钢令、吴纪元:《产品伤害危机及其处理过程对消费者考虑集的影响》,载《管理世界》,2006 年第 5 期,第 86～95 页。

[58]约瑟夫·派恩、詹姆斯·吉尔摩著,毕崇毅译:《体验经济》,机械工业出版社 2002 年版。